국제서예가협회 추천
한국한시 316

국립중앙도서관 출판예정도서목록(CIP)

한국한시 316

편역자 : 국제서예가협회 ; **감수자** : 김병기.
서울 : 다운샘, 2014. 487p. ; 22.5×15.2cm

표제관련정보: 국제서예가협회 추천
한자를 한글로 번역

ISBN 978-89-5817-312-0 03810 : ₩27000

한시[漢詩]

811.9-KDC5
895.712-DDC21
CIP2014035590

국제서예가협회 추천
한국한시 316

국제서예가협회 편역
김 병 기 감수

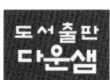

발간사

서양의 예술관, 특히 예술지상주의적 관점에서 본다면 서예는 흰 종이에 검은 먹으로 글씨를 쓴다는 단순한 행위의 반복으로 인하여 '변화가 없는 지루한 예술'이라는 인상을 떨칠 수가 없을 것입니다. 최근 2-30년 동안 우리 사회에 서양의 예술관이 팽배하면서 우리 서예는 실지로 그런 인상을 떨쳐내지 못함으로써 대중적 관심을 받지 못한 것이 사실입니다. 그렇다면 서예는 정말 변화가 없는 진부한 예술이라는 이유로 앞으로도 계속 시대와 어울리지 못한 채 쇠락의 길을 갈 수밖에 없을까요? 결코 그렇지 않을 것이라고 생각합니다. 오히려 서예는 변화의 쳇바퀴를 하도 돌다보니 이제는 현기증이 날 정도가 되어버린 현대의 예술에 새로운 청정제 역할을 할 것입니다.

지나친 산업화와 과학화로 인하여 인간 정신의 피폐를 피부로 느끼게 된 사람들이 다시 인문학의 중요성을 인식하고 인문학의 회복을 꿈꾸고 있는 지금이야말로 철저한 인문정신을 바탕으로 탄생하여 동아시아 한자문화권 예술의 정수(精髓)로 발전해온 서예가 그 진가를 발휘할 때라고 생각합니다. 서예는 예술이기 이전에 인문학입니다. 서예의 소재가 사람의 마음을 담은 글이기 때문에 서예는 인문학일 수밖에 없는 것입니다.

우리 국제서예가협회 회원들은 보다 더 탄탄한 인문학적 소양을 갖추기 위해 노력하고 있습니다. 글을 통해 영혼이 숨 쉬는 서예를 하기를 갈망합니다. 이에, 우리 국제서예가협회는 서예가로서 갖추어야 할 인문학적 소양을 보다 더 튼튼히 다지기 위하여 2014년도에는 예전에 해오던 정기전시회 대신 회원 각자의 영혼이 담긴 애송시를 모아 책으로 출간하는 작업을 하기로 했습니다. 책이름을 가칭 <서예가가 애송하는 한국 한시 300수>로 정하고 회원 1인당 애송하는 시를 2수씩을 골라 자구(字句)를 풀이하고 번역을 하고 자신의 소감을 쓰는 일을 했습니다. 이러한 과정에서 우리 회원들은 정말 많은 것을 배웠습니다. 평소 익히 알고 있다고 생각했던 시임에도 불구하고 막상 글로 옮겨 번역하고 소감을 붙이려니 그게 쉽지 않았습니다. 심지어는 지금까지 애송해온 시의 의미를 엉뚱하게 이해하고 있었다는 사실을 발견하고 부끄럽기도 했습니다. 많이 반성하면서 정말 많은 것을 배웠습니다.

이제 우리에게는 공부할 책이 생겼습니다. 우리 회원들이 추천해 준 애송시 316수를 모아 출간하는 ≪국제서예가협회 추천 한국한시 316≫은 누구보다도 우리가 먼저 나서서 공부하는 교재로 삼을 것입니다. 회원들이 추천한 시를 서로 바꾸어 읽으며 회원 상호간에 이해와 친목을 도모함은 물론 서로의 도움 속에서 한시를 읽고 감상하는 안목을 키워나갈 것입니다. 이 책에 실린 316수의 한국 한시를 가슴에 품음으로써 우리는 서예가로서 더욱 성장하게 되었습니다. 우리 국제서예가협회는 2014년에 정말 큰일을 해 냈습니다. 어찌 자축할 만한 일이 아니겠습니까?

이 책이 출간되기까지 시를 골라 추천해 주신 회원 여러분께 감사하고 이메일로 들어온 회원님들의 애송시 원고를 일일이 교정하고 체재를 통일하여 편집한 전북대학교 중어중문과 대학원 박사과정의 전가람 선생과 석박사통합과정의 박세늬 선생께 진심으로 감사드립니다. 그리고 감수를 맡아 원고를 일일이 검토해 주신 전북대 중문과 김병기 교수님께도 깊이 감사드립니다. 오늘의 이 ≪국제서예가협회 추천 한국한시 316≫ 출간을 계기로 우리 국제서예가협회는 더욱 더 정진할 것입니다. 이 ≪국제서예가협회 추천 한국한시 316≫의 출간을 축하해 주시고 애독해 주시며 우리 국제서예가협회에 많은 성원을 보내 주시고 격려해 주시기 바랍니다.

2014년 12월 13일 국제서예가협회 회장 이돈흥

일러두기

* 이 책은 한국의 국제서예가협회 회원들이 평소 애송하던 한국 한시 중에서 2수를 택하여 번역, 자구(字句)풀이, 감상소견 등을 첨부하여 추천하고 그 원고를 모아 수정, 윤색, 편집하여 출판하였다. 따라서, 책에 흐르는 전체적인 문투와 분위기가 한 사람이 집필했을 때처럼 일률적이지 않고 더러 개성적인 면이 있을 수 있다.
* 이 책은 한국의 선현들이 남긴 한국 한시를 모은 책으로서 5언, 7언 혹은 절구, 율시에 관계없이 추천한 사람의 성명 가나다 순으로 배열하였다. 그 중에는 한글 시조 2수도 포함되어 있다.
* 한문 원문에는 구두점을 찍지 않고 번역본에만 문장부호를 사용함으로써 시의 뜻을 이해하기 쉽게 하였다.
* 자구(字句) 풀이는 다양한 뜻이 있는 경우. 일일이 다 수록하지 않고 본시를 해석하는 데에 도움이 되는 뜻을 중심으로 수록하였다.
* 원시의 작자에 대한 설명은 책의 후미에 따로 모아 성명의 가나다 순으로 배열함으로써 찾아보기 쉽게 하였다.
* 시를 추천하신 분의 성명은 각 시의 '감상'이 끝나는 부분의 오른쪽 하단에 아호(雅號)와 함께 국한문으로 병기하였으며 아울러 오른쪽 꼬리말로도 표기하였다.
* 시 번역과 감상은 가능한 한 한글을 사용하였고 한자 병기가 필요한 경우에는 괄호 안에 한자를 병기하였다.

목 차

- 발간사 · 5
- 일러두기 · 7

詠菊 국화를 읊다 ················· 高義厚 023
友人李德操輓詞 나의 벗 이덕조를 위한 만사 ········· 丁若鏞 024
夢魂 꿈속의 넋이 되어 ················ 李玉峰 026
詠井中月 우물 속 달을 읊다 ············· 李奎報 027
月夜於池上作 달밤에 못 가에서 ············ 李建昌 028
齋居有懷 서재에서의 감회 ·············· 柳成龍 029
踏雪野中去 눈 내린 들판을 걸어갈 때 ········· 西山大師 030
天衾地席山爲枕 하늘을 이불 삼아 ··········· 震黙大師 032
西池賞荷 其一 서쪽 못에서 연꽃을 보다 제1수 ······· 丁若鏞 033
西池賞荷 其三 서쪽 못에서 연꽃을 보다 제3수 ······· 丁若鏞 035
開聖寺 개성사 ················· 鄭知常 037
閑居 한가로운 삶 ················· 玄德升 038
晚自白雲溪復至西岡口少臥松陰下作 서녁 내 백운계에서
다시 서강 어귀에 이르러 소나무 그늘아래 누워서 지음 ··· 李書九 039
書空 하늘에 쓰는 글씨 ················ 柳夢寅 041
看竹門 죽문을 바라보며 ··············· 柳成龍 042
見櫻花有感 앵두꽃을 보고 ·············· 韓龍雲 043
觀物 사물을 보다 ················· 金時習 044
詠月 달 ····················· 西山大師 045
山頂花 고갯마루에 핀 꽃 ·············· 申緯 047

秋日 어느 가을날에 ··· 金時習 048
謝名偶吟 이름을 거절하며 ······································· 中觀海眼 049
山中 산에 살며 ·· 釋卍雨 051
錦江箋(全州紙) '금강전'이라는 이름의 전주 종이 ········ 金時習 052
頭流山 天王峰 두류산(지리산) 천왕봉 ························· 曹植 055
落梨花 지는 배꽃 ·· 金坵 057
滿月 만월 ·· 宋翼弼 058
閑山島夜吟 밤에 한산도에서 읊다 ································ 李舜臣 059
偶題 우연히 짓다 ·· 奇大升 060
有客 어떤 나그네 ·· 金時習 061
梅梢明月 매화가지 끝에 걸린 밝은 달 ····························· 李珥 062
贈醉客 취하신 임께 ·· 李梅窓 064
相思夢 꿈에서라도 보고 싶은 사람 ······························· 黃眞伊 065
善竹橋 선죽교 ··· 李塏 066
遣懷 느낀 바가 있어 ··· 李基高 067
題矗石樓 촉석루에 제하여 ·· 申維翰 068
歸田詠 전원으로 돌아가리라 ·· 李晟 069
憶故鄕 고향을 그리며 ··· 尹汝衡 070
暮春宿光陵奉先寺 늦봄, 광릉 봉선사에 묵으며 ············ 李端相 071
智異山 지리산 ··· 崔致遠 072
乍晴乍雨 개었다가 다시 또 비 내리네 ························· 金時習 073
秋夜雨中 가을밤 비는 내리고 ······································· 崔致遠 075
曉雪 새벽 눈 ··· 金集 076
天柱寺看花 천주사에서 꽃을 보며 ································ 金時習 077
獨坐 홀로 앉아서 ·· 徐居正 079
岳陽亭 악양정 ··· 俞好仁 080

10 한국한시 316

宿復興寺 부흥사에 묵으며 ················· 卞季良 081
自笑 내 모습이 우스워서 ················· 徐居正 083
＜騎牛仙人圖＞ 畫題詩 ＜기우선인도＞에 제하여 ········ 金弘道 084
東郊馬上 교외에서 말을 타고서 ············· 郭預 085
山行卽事 산길을 가다가 즉흥적으로 읊다 ········ 金時習 086
海州虛白堂 해주의 허백당에서 ············· 徐敬德 087
高叟洞窟 고수 동굴 ··················· 朴令模 089
望天冠山 천관산을 바라보며 ··············· 金文鈺 090
獄中吟 옥중에서 읊다 ·················· 韓龍雲 092
偶成 우연히 짓다 ···················· 黃玹 093
示子芳 친구 자방에게 ·················· 林億齡 094
遊山 뒷산도 좋아라 ··················· 李栢淳 095
此翁 이 늙은이 ····················· 李山海 097
閑居卽事 한가로이 지내면서 즉흥으로 읊다 ······· 白光勳 098
偶詠 우연히 읊다 ···················· 徐憲淳 099
春日城南卽事 봄날 성남에서 즉흥으로 읊다 ······· 權近 100
寄松雲 송운에게 ···················· 浮休堂 101
悼亡室 먼저 떠난 아내를 애도하며 ············ 吳瑗 102
韓士炯 胤明 往天磨山讀書 留一帖求拙跡 偶書所感寄贈
한사형과 윤명이 천마산에 공부하러 가며 나에게 글을 부탁
하므로 우연히 느낀 바를 써서 준다 ··········· 李滉 103
紅桃花下 寄金季珍 붉은 복숭아꽃 아래에서 김계진에게 ···· 李滉 104
蓮 연 ··························· 徐居正 105
梅花 매화 ························ 李滉 106
古時調 옛 시조 ····················· 金宗瑞 107
題蔣明輔江舍 장명보가 강가에 지은 집에 제하여 ······ 許穆 108
桐千年老恒藏曲 오동나무는 천년의 곡조를 간직하고 ······ 申欽 109

목차 11

梅花 매화 ··· 李仁老 110
送人 임을 보내며 ·· 鄭知常 111
和宿德淵院 덕연원에 묵으며 ·································· 李奎報 113
訪嚴師 엄선사를 찾아뵙고서 ································· 李奎報 114
作墨戲 題其額 贈姜國鈞 장난 삼아 그림을 그리고 시
한 수를 얹어 강국균에게 주다 ································ 姜希孟 116
馬江煙雨 백마강 안개비 ··· 鄭奎漢 118
游洗劍亭 세검정에서 노닐며 ································· 丁若鏞 119
正房夏瀑 정방폭포 ··· 玄至滀 120
楓嶽贈小菴老僧 풍악산에서 작은 암자에 있는 노승에게 ··· 李珥 121
樂書齋偶吟 낙서재에서 우연히 읊다 ···················· 尹善道 122
花徑 꽃길 ··· 李荇 123
山中雪夜 눈 내린 산사의 밤 ·································· 李齊賢 124
絶命詩 이 한 목숨 바쳐 ·· 黃玹 125
北山雜題 북산잡제 ··· 李奎報 126
贈智光上人 지광스님께 드리는 글 ······················· 崔致遠 127
送禮部陸伯瞻使還 사신을 전송하며 ······················ 權近 128
示頼姪 조카에게 ··· 李惟泰 130
獨笑 나 홀로 웃는 까닭 ·· 丁若鏞 131
閑居卽事 한가롭게 지내면 즉흥으로 읊다 ············ 李彦迪 132
列子御風 열자가 바람을 탄다고? ··························· 李奎報 134
適意 제 멋에 겨워 ·· 李奎報 135
田家雜興 節錄 농촌 풍경 ·· 韓章錫 136
次大齊韻 대제의 운에 차운하여 ···························· 吳慶錫 138
不知誰氏作 누가 지었는지 모르는 시 ··················· 139
人境俱奪 어떤 풍경 ··· 西山大師 140

詠夕 저녁 풍경을 읊다 ·· 申欽 141

右別龔吳兩使 清白吏貞惠公府韻 중국 공·오 두 사신을 전별하며
청백리 정혜공의 운에 차운하여 ··································· 朴守良 142

叱咤倭政 일본의 정치권을 꾸짖음 ························· 朴來鎬 144

悶極 심히 답답해서 ··· 金時習 145

題江石 강가의 돌에 제하여 ······································· 洪裕孫 146

煮茶 차를 달이다 ·· 金時習 147

贈金上舍 次其與拱弟韻 김 상사에게 주다 그가 아우 공에게 준
시에 차운하여 ··· 尹拯 148

別仙巢 신선처럼 사는 친구와의 이별 ···················· 四溟大師 150

用太虛韻 紀嶺南樓之勝 贈崔經歷潤身 태허의 운으로
영남루의 좋은 경치를 기록하여 경력 최윤신에게 주다 ····· 金宗直 151

山寺夜吟 산사의 밤 ··· 鄭澈 153

野步 들판을 거닐며 ··· 陳澕 154

斜日西馳雨散東 해는 서쪽으로 지고··················· 草衣禪師 156

晝來一椀茶 낮에는 한 잔의 차 ······························· 西山大師 157

次子剛夜坐韻 밤에 앉아 자강의 시에 차운하여 ··········· 卞季良 159

還苕川居 초천 집으로 돌아오다 ································· 丁若鏞 160

德山卜居 덕산에 살 곳을 잡고서 ································· 曺植 162

奉別蘇判書世讓 소세양 판서를 보내며 ······················· 黃眞伊 163

山映樓 산영루 ··· 任叔英 164

瀟灑亭卽事 소쇄정에서 즉흥으로 읊다 ······················· 金麟厚 165

次僧軸韻 중이 쓴 시 작품 족자에 차운하여 ················· 申欽 167

萬竹亭四時詞(夏) 만죽정의 사계절 노래(여름) ············ 徐益 168

萬竹亭四時詞(秋) 만죽정의 사계절 노래(가을) ············ 徐益 169

楊花渡 양화도 ··· 成任 170

草堂詠柏 초당의 잣나무 ·· 西山大師 172

목차 13

伴鷗亭次韻 반구정에 차운하여 ················ 金止男 172
逸題 무제 ···································· 李瀣 174
無語別 말도 못하고 헤어지다 ················ 林悌 176
咸興客館對菊 함흥 객사에서 국화를 보며 ········ 鄭澈 177
明道先生 명도선생 ···························· 李漢 178
仲春之望 與冠童六七人溪行有作 2월 보름에 어른 아이
예닐곱 명과 시냇가에서 놀며 짓다 ·············· 李玄逸 180
古意 옛 뜻 ···································· 崔致遠 181
贈隋右翊衛大將軍于仲文 수나라 장군 우중문에게 ······ 乙支文德 183
萬里瀨 만리 여울 ······························ 朴誾 184
初乘海舶 처음 바다에 나가 배를 타고서 ············ 洪萬周 185
文殊臺 문수대 ································ 孝寧大君 187
春至 봄이 와서 ································ 申欽 188
말업슨 청산(靑山)이요 말이 없는 푸른 산 ·········· 成渾 189
折楊柳 묏버들 굴희 것거 ························ 洪娘 190
無爲 林居十五詠中一首 무위 임거사의 15수 중 1수 ········ 李彦迪 191
永興客館夜坐 한밤중 영흥객관에 앉아 ·············· 曺偉 192
賞蓮 연꽃을 감상하며 ························ 郭預 193
題叔保令公四時圖小屛 (夏帖) 숙보 영공이 그린 사시도
작은 병풍에 제하여 (여름 첩) ···················· 朴祥 195
奉恩寺僧軸 봉은사 스님의 족자에 ················ 崔慶昌 196
赴京 서울 가는 길에 ···························· 宋時烈 197
山居雜興 連作詩 二十首中一首 산거잡흥 연작시 20수 중 1수 · 丁若鏞 198
愼酬酢自警 山氣九首中第五首 교유를 조심하라고 자신에게
이르는 글 <산기> 9수 중 제5수 ···················· 許穆 199
惜春 가는 봄을 아쉬워하며 ······················ 西山大師 200
三角山 삼각산 ································ 金時習 201

三角山 삼각산	李穡	202
詠梅 매화	呂運弼	203
罷接詩 글 모임을 파하는 시	呂運弼	205
題枕流亭 三首中一首 침류정에 제하여 3수 중 1수	廉興邦	206
次白馬江懷古韻 <백마강 회고> 시에 차운하여	無用秀演	207
有友乘晴訪予 벗이 날이 갠 틈을 타서 나를 찾아왔기에	吳在彦	208
懷人 그리운 사람	吳在彦	209
山中 산중에서	李珥	210
卽事 즉흥으로 읊다	李穡	211
白雪이 ᄌᆞ자진 골에 백설이 잦아진 골에	李穡	212
風霜이 섯거 틴 날에 바람 불고 서리가 내리는 추운 날에	宋純	213
自警 스스로 경계하다	金時習	214
至誠 지극한 정성	金時習	216
無題六韻 제목 없이 지은 여섯 구절	李舜臣	217
閑山島歌 한산도의 노래	李舜臣	218
題沙斤驛亭 사근역 정자에서	俞好仁	219
偶吟 우연히 읊다	宋翰弼	221
述志 뜻을 적다	吉再	222
田家四時 (四) 농가의 사계절 (4)	金克己	223
示兒輩 자식들에게 당부하다	李堣	224
遊三角山 삼각산에서 노닐다	尹斗壽	225
宿光州館 광주 객관에 묵으며	具鳳齡	226
畵枯竹 마른 대나무를 그린 그림에 부쳐	李滉	227
訪金居士野居 김거사가 은거하고 있는 곳을 찾아가다	鄭道傳	228
早起雨晴書懷 비 갠 아침 회포를 쓰다	李石亨	230
感興 (一) 감흥 (1)	朴淳	232

感興(二) 감흥(2) ·· 朴淳 233
西山具濟伯 草堂 次疇孫韻(一) 서산에 있는 구제백의 초당
지난 번 손씨의 운에 차운하여(1) ······································· 宋時烈 234
西山具濟伯 草堂 次疇孫韻(二) 서산에 있는 구제백의 초당
지난 번 손씨의 운에 차운하여(2) ······································· 宋時烈 235
月桂寺晩眺 저녁 무렵 월계사에서 바라보니 ·················· 陳澕 236
平海郡 평해군 ·· 李達衷 237
讀書有感 독서유감 ··· 徐敬德 238
筆 붓 ·· 金炳淵 240
誠意 성의 ··· 金時習 242
愛日堂重新 次退溪 애일당을 중건하고 퇴계의 시에 차운하여 ·· 李賢輔 243
臨流亭公燮和韻復次之 임류정에서 공섭이 화운하고
거기에 다시 차운하여 ··· 奇大升 245
絶句 절구 ··· 趙仁壁 246
息機 마음을 내려놓고서 ··· 李穡 247
我思古人行 一首 옛 사람을 생각하며 제1수 ···················· 丁若鏞 248
練光亭 연광정 ·· 李家煥 249
訪曹處士山居 조처사를 찾아가서 ····································· 朴淳 250
泰山歌 태산가 ·· 楊士彦 252
黃池 황지 ··· 李時善 253
登蛾眉山 아미산에 올라 ··· 李齊賢 254
畵鶴 학을 그리다 ··· 李達 255
勸學小詩 배움을 권하는 작은 시 ···································· 奇大升 256
梅花幷題圖 매화에 대한 시를 짓고 아울러 그림도 그려
넣음 ·· 丁若鏞 258
石竹花 패랭이꽃 ·· 鄭襲明 259
自寬 스스로 위로하다 ·· 李藏用 260

浴川 냇가에서 몸을 씻으며	曺植 261
靜中吟 조용한 가운데 읊다	權韠 262
贈峻上人 其八 준상인에게 주다 제8수	金時習 263
穉子 어린 아이	丁若鏞 265
初雪 첫눈	柳楫 266
漢陽秋夕 서울에서 맞는 추석	申光洙 267
思親 어머니를 그리며	申師任堂 268
采蓮曲 연꽃 따는 노래	許蘭雪軒 269
送人 님을 보내며	鄭知常 270
詠琴 거문고를 타며	趙光祖 271
以烏几遺容齋 오피궤를 용재에게 보내며	朴誾 272
次尹洪州梅花詩韻兼柬吳君子 윤홍주의 매화시 운에 맞춰 지어 오군자에게 보내는 편지를 겸함	徐居正 274
逢孝直喪 효직 조광조의 상을 당하여	朴祥 275
詠黃白二菊 황·백 국화를 읊음	高敬命 276
金剛山 금강산	宋時烈 277
雨中賞蓮 빗속의 연	李滉 278
絶句 절구	崔冲 279
春景 봄경치	金三宜堂 280
詠梅十二絶 其一 매화를 읊은 12절구 제1수	盧守愼 281
詠半月 반달	黃眞伊 282
扶餘懷古 부여에서 옛날을 회상하다	金文鈺 283
旅懷六言 회포를 풀어 놓다 6언시	宋純 284
龜亭 구정	金得臣 285
撲棗謠 대추 따는 노래	李達 286
道中乍晴 길 가던 중 잠깐 개이니	朴趾源 287

목차 17

蓼花白鷺 여뀌꽃과 흰 해오라기 ·· 李奎報 289

四月中旬 前山杜鵑爛開 사월 중순 앞산엔 진달래
흐드러지게 피고 ·· 李匡師 291

許烟客汝正挽 허연객(허필)의 죽음을 애도하며 ················· 李用休 292

又賦梅 其二 또 매화를 읊다 제2수 ·· 兪肅基 294

偶吟 우연히 읊음 ·· 梁彭孫 295

金剛山 금강산 ·· 權近 296

雨夜有懷 비 내리는 밤의 감회 ··· 印邠 297

星山雜題 성산잡제 ··· 林億齡 298

次林石川韻 임석천의 시에 차운하여 ·· 李珥 299

送別 그대를 보내며 ··· 蔡裕後 301

<八月十五 挐舟溯江…> 四首 又賦 <8월 15일 밤에 배를 끌고 강물을
거슬러 오르다가…> 4수 후에 또 짓다 ··································· 金昌協 302

單于夜宴圖 선우의 밤 향연 그림 ·· 李恒福 303

無去來 본래 가고 옴이 없나니 ··· 金基秋 304

宿大興寺 대흥사에 묵다 ·· 洪吉周 305

偶吟 우연히 읊다 ··· 洪顯周 306

感秋回文 가을을 느끼다 ·· 李知深 308

寒食途中 한식날 길을 가다가 ··· 黃玹 309

詠梅 매화를 읊다 ··· 成允諧 310

懷端宗而作詩調 단종을 영월(寧越)로 모셔두고 돌아오며
지음 ··· 王邦衍 311

室人勸我止酒 詩以答之 술을 그만 마시라는 아내에게 시로써
답하다 ·· 權韠 312

香爐峰詩 향로봉시 ·· 西山大師 313

野草 들풀 ·· 金九容 315

夷山 이산에서 ·· 許筠 316

見四仙立馬 네 명의 신선이 말을 세우고 보다 ……………… 白光弘 317
對月獨酌 달을 마주한 채 홀로 기울이는 술잔 ……………… 鄭澈 318
秋日泛舟(一) 가을 뱃놀이(1) ……………………………… 吳漢卿 319
秋日泛舟(二) 가을 뱃놀이(2) ……………………………… 吳漢卿 321
守靜(節錄) 마음의 고요함을 지켜라 ……………………… 李滉 322
阻雨宿神勒寺 비에 막혀 신륵사에 묵으며 ……………… 申光漢 323
山行 산길을 가다가 ………………………………………… 金始振 324
次太和樓詩 태화루 시에 차운하여 ……………………… 李原 325
睡起 잠에서 깨어 …………………………………………… 徐居正 327
池上 못 가에서 ……………………………………………… 申欽 328
紫洞晴霞 자동의 맑은 노을 ……………………………… 車天輅 329
春日遊水種寺 봄날 수종사에서 노닐다 ………………… 丁若鏞 330
書諸橋驛壁上 제교역의 벽에 쓰다 ……………………… 鄭夢周 332
夜興 밤의 흥취 ……………………………………………… 鄭夢周 333
朴淵瀑布 박연폭포 ………………………………………… 申濡 334
宿證覺寺 증각사에 묵으며 ………………………………… 李穡 335
浮碧樓 부벽루 ……………………………………………… 奇大升 336
春興 봄의 흥취 ……………………………………………… 鄭夢周 337
日本奉使時作(一) 일본에 사신으로 가서(1) …………… 鄭夢周 339
日本奉使時作(二) 일본에 사신으로 가서(2) …………… 鄭夢周 340
題伽倻山讀書堂 가야산 독서당에 제하여 ……………… 崔致遠 341
村居 촌에 살며 ……………………………………………… 李崇仁 342
途中避雨有感 길 가다가 비를 피하며 느낀 바 있어서 …… 李穀 343
登潤州慈和寺上房 윤주 자화사 상방에 올라 …………… 崔致遠 345
閨情 여인의 정 ……………………………………………… 李玉峰 346
述樂府詞 악부사를 기술하다 ……………………………… 金守溫 348

목차 19

同諸友步月甫山口號 여러 벗들과 달밤 보산에서 거닐며
읊다 ·· 奇大升 349
又同諸友步月甫山口號 여러 벗들과 달밤 보산에서 거닐며
또 짓다 ·· 奇大升 350
望月 보름달 ·· 宋翼弼 351
鳳宇先生詞 봉우선생 말씀 ······································ 權泰勳 352
道中記所見 도중에 본 것을 적다 ···························· 李定稷 353
樂道吟 낙도음 ··· 李資玄 354
雨荷 빗속의 연잎 ··· 崔瀣 355
月夜憶兒 달밤 떠나간 아이를 그리며 ······················ 洪敬謨 356
無題 무제 ·· 李德懋 357
蚕珍詞七首贈內 누에치기의 노래 7수를 지어 아내에게 주다
··· 丁若鏞 359
夜景 밤경치 ··· 金鎭圭 360
詠月 달 ··· 白承昌 361
山居雜詠 산 속에 기거하면서 자유로이 읊다 ··········· 浮休大師 362
禪詩 선시 ·· 本淨禪師 363
閑中自慶 한가한 가운데 스스로 기뻐함 ·········· 圓鑑國師 沖止 364
浪吟 내키는 대로 읊다 ·· 朴遂良 365
次任大仲韻 임대중의 시에 차운하다 ······················· 權尙夏 366
甘露寺 次惠遠韻 감로사에서 혜원의 시에 차운하여 ········· 金富軾 367
寧越郡樓作 영월군의 누각에서 ······························· 端宗 369
新羅懷古 신라의 옛 자취를 돌이켜 생각하다 ·········· 柳得恭 371
鮑石亭 포석정 ··· 洪聖民 373
詠菊 국화를 읊다 ··· 徐敬德 374
重九日題益陽守李容明遠樓 중양절에 익양 군수 이용의
명원루에 제하여 ·· 鄭夢周 375

送洪光國晟令公之任西河 서하로 벼슬하러 떠나는 홍성을
전송하며 ·· 李用休 377
水月吟 물에 비친 달을 읊다 ································· 安鼎福 378
月夜偶題 달 밝은 밤에 ··· 金時習 379
題開寧門 개령의 문루에 제하여 ····························· 樓李原 380
船頭 뱃머리에서 ··· 偰遜 381
新雪 첫눈 ··· 李崇仁 382
途中憶癸娘 여행길에 계랑을 그리워하며 ············· 劉希慶 384
長干行 장간행 ··· 許蘭雪軒 385
讀書 독서 ··· 奇大升 386
次圓機韻 원기의 시에 차운하여 ····························· 奇大升 387
次雙溪寺石門韻 쌍계사 석문시에 차운하여 ········· 趙憲 388
青鶴洞 청학동 ··· 魏漢祚 389
佛日庵月臺 次季實韻 불일암 월대에서 계실의 시에 차운하여 ·· 高敬命 390
遊仙詞 신선 찾아 노니는 노래 ····························· 許蘭雪軒 391
靈谷歸來 不勝仙興 乃作步虛詞 영곡에서 돌아오는 길에
신선의 흥을 이기지 못해 '보허사'를 짓다 ················· 林悌 392
登漢拏山絶頂詩 한라산 꼭대기에 올라 ··················· 金緻 394
落花巖 낙화암 ··· 洪春卿 395
綾城文生宅 次玉峯韻二首中一首 능성의 문생댁에서 옥봉의 시에
차운하여 2수 중 1수 ··· 洪命元 397
過江陵珍富驛 강릉 진부역을 지나며 ····················· 洪敬孫 398
朴杏山全之宅有題 행산 박전지 댁에서 쓰다 ········ 洪奎 400
棲白雲 흰 구름 속에 살다 ······································· 李時善 401
自悼 스스로가 슬퍼서 ··· 李時善 402
壁上掛單 벽에 표주박 하나 걸어 놓고 ················· 涵月禪師 403
俊禪子 준선자에게 ··· 西山大師 404

江亭 강 가 정자에서 ·· 鄭澈 405
月夜 달밤 ·· 鄭澈 406

- 후기 · 407
- 한시 작가 편람 · 411
- 한시 제목 찾아보기 · 477
- 추천 회원 찾아보기 · 483

詠菊
국화를 읊다
― 高義厚고의후

有花無酒可堪嗟	꽃 있고 술 없으면 안타깝고,
유화무주가감차	
有酒無人亦奈何	술 있고 친구 없으면 또한 딱한 일.
유주무인역내하	
世事悠悠不須問	세상 일 하염없으니 따질 것 무엇이랴!
세사유유불수문	
看花對酒一長歌	꽃 보며, 술잔 들고 한바탕 노래나 부르세.
간화대주일장가	

□ 字句 풀이

◆ 堪嗟(감차): 탄식할 만한 일, 매우 아쉬운 감정을 나타냄. ◆ 奈何(내하): 어찌하랴! ◆ 悠悠(유유): 아득하게 먼 모양, 여기서는 속세의 일이 나와는 관계가 없다는 뜻으로 씀.

□ 감상

국화는 은일하는 선비를 상징하는 꽃으로 알려져 있으며, 동서고금 많은 사람들로부터 사랑을 받아온 꽃이다. 도연명(陶淵明)의 국화 사랑은 유별나서 "동녘 울타리에서 국화를 꺾어드니 멀리 남산이 바라보인다(彩菊東籬下 悠然見南山)."와 같은 명구를 탄생시키기도 하였다. 오상고절(傲霜孤節)의 하나인 국화를 어찌 선비들이 사랑하지 않을 수 있겠는가? 은거하는 선비가 국화가 흐드러지게 피는 가을에 잘 익은 술을 마련해 두고 친구를 불러 회포를 풀며 거문고의 풍류까지 곁들일 수 있다면 그야말로 더 바랄 것이 없을 것이다.

요즘에도 술 좋아하는 이들은 술 마실 일이 생기면 절로 기운이 솟는다. 향기로운 술과 적당한 안주, 그리고 마음이 맞는 친구나 임이 있어야 한다. 거기에 청량한 공기 속에 피어난 노란 국화까지 어우러진다면 그야말로 금상첨화일 것이니 저절로 노래가 나오지 않겠는가? 친구보다 사랑하는 임이 함께 한다면 밤이 새는 줄 모를 것이니 그 밤은 길고 또 길어야 할 것이다.

〔예송藝松 강덕원姜德遠〕

友人李德操輓詞
나의 벗 이덕조를 위한 만사

－丁若鏞정약용

仙鶴下人間 선학이 인간 세상에 내려왔던가!
선학하인간

軒然見風神 훤칠한 풍모가 절로 드러나 보였다네.
헌연견풍신

羽翮皎如雪 하얀 깃털은 흰 눈과 같아서
우핵교여설

鷄鶩生嫌嗔 닭이며 오리들이 미워하고 시기했지.
계목생혐진

鳴聲動九霄 학 울음소리 한 번에 구천(九天)이 진동하고,
명성동구소

嘹亮出風塵 우렁찬 목소리는 풍진 세상을 밝히는 소리였지.
요량출풍진

乘秋忽飛去 가을바람을 타고 훌쩍 날아가 버리니,
승추홀비거

怊悵空勞人 애닯구나! 이제 슬퍼한들 무슨 소용.
초창공노인

▶ 출전: 《여유당전서(與猶堂全書)》 제1집

□ 字句 풀이

◆ 軒然(헌연): 풍채가 좋고, 의기가 당당한 모양. ◆ 風神(풍신): 바람처럼 느껴지는 그 사람의 분위기와 정신세계, 흔히 '풍채'라는 말과 비슷한 말로 사용한다. ◆ 羽翮(우핵): 새의 깃털. ◆ 九霄(구소): 구천(九天), '九'는 본래 '많음'을 나타내는 글자이다. 그러므로 九霄(구소)나 구천(九天)은 모두 '먼 하늘', '아득히 먼 하늘의 가장 높은 곳'이라는 뜻이다. ◆ 風塵(풍진): 바람과 티끌, 세상에 온갖 어지럽고 잡다한 일. ◆ 怊悵(초창): 슬프고 섭섭한 마음.

□ 감상

　이 시를 이해하기 위해서는 이벽(李檗 1754~1785)이라는 사람에 대해 먼저 알아야 한다. 이벽의 자는 덕조(德操)이고, 호는 광암(曠庵)이다. 중국을 통해 들어온 서학을 받아들인 젊은 선비들 중 하나였던 이벽은 성리학 외에 다양한 학문을 공부하며 스스로 천주교를 받아들이고 이 땅에 천주교의 역사를 싹틔우려 노력하였다. 세계 천주교 사상 유일무이하게 단 한 명의 외국인 선교사도 들어오지 않은 조선 땅에 천주교를 자발적으로 받아들인 주인공이 된 것이다.

　정약용은 이벽의 묘지명을 지었는데 자신 뿐 아니라 형 정약전도 아주 일찍부터 이벽을 추종했으며, 이가환 역시 이벽을 추종했다고 밝히고 있다. 정약용이 강진에 유배돼 있을 때 중용강의(中庸講義)를 보충하면서 40여 년 전 세상을 떠난 이벽을 추모하며 "나에게는 비교가 안될 만큼 출중한 덕행과 해박한 지식(進德博學)이 있던 이벽이 세상을 떠났으니 이제 누구에게 물어보랴. 책을 어루만지며 흐르는 눈물 금할 수 없구나!"라고 하며 그를 그리워했다. 이 시는 이벽이 1785년 32살의 나이로 요절하자 정약용이 존경과 애통한 마음을 담아 지은 만시(輓詩)이다. 이벽의 역사적인 역할과 사상과 이상을 학에 비유하였고, 이벽의 활동과 정신을 반대하는 척사파에 대하여 천박한 닭과 오리의 시샘으로 비유한 부분이 강한 인상을 준다.

〔예송藝松 강덕원姜德遠〕

夢魂
꿈속의 넋이 되어

―李玉峰이옥봉

近來安否問如何 요사이 안부를 묻노니 어떠하신가요?
근래안부문여하

月到紗窓妾恨多 달 비친 비단 창에 저의 한숨이 많습니다.
월도사창첩한다

若使夢魂行有跡 꿈속의 내 혼더러 자취를 남기게 했다면,
약사몽혼행유적

門前石路半成沙 그대 문 앞의 돌길이 닳아 반쯤은 모래가
문전석로반성사 　　　　　　되었을 거예요.

▶출전: ≪가림세고(嘉林世稿)≫의 부록으로 수록된 ≪옥봉집(玉峰集)≫

□ 字句 풀이

◆ 紗窓(사창): 얇은 비단으로 만든 창, 여자가 기거하는 방을 이르기도 함.
◆ 若(약): 만약. ◆ 使(사): ~로 하여금.

□ 감상

　사랑하는 임을 그리워하는 연모의 정은 인간이 가지고 있는 가장 원초적인 감성이다. 이 시는 사무치는 연모의 정을 그려내고 있다.
　승구(承句)에서는 그리움을 달빛에 비추어 하소연하였고, 마지막 결구(結句)에서는 꿈속의 발자취가 현실로 옮겨진다면 자신이 찾아간 발걸음으로 인해 돌길이 닳고 닳아 반쯤 모래가 되었으리라고 말함으로써 임을 만나고 싶은 간절한 심정을 하소연하였다.
　비단 창에 달빛이 비치는 밤, 버림받은 여인의 한이 서린 그리움은 더욱 깊어지고 잠이 들어도 그리운 사람 생각뿐, 꿈속에서 얼마나 자주 찾아갔으면 발길에 닳은 돌길이 모래가 되었을까?

〔지영芝影 강미자姜美子〕

詠井中月
우물 속 달을 읊다

－李奎報이규보

山僧貪月色 _{산승탐월색}	산에 사는 스님이 달빛을 탐내어
並汲一瓶中 _{병급일병중}	병 속에 물과 달을 함께 길었네.
到寺方應覺 _{도사방응각}	절에 돌아와 비로소 깨달았다네
瓶傾月亦空 _{병경월역공}	병을 기울이면 달도 따라 비게 되는 것을.

▶ 출전: ≪동국이상국후집(東國李相國後集)≫ 제1권

□ 字句 풀이

◆ 並(병): 아울러, 함께. ◆ 汲(급): 물을 긷다. ◆ 方應(방응): 바야흐로 응당.
◆ 傾(경): 기울이다.

□ 감상

　시인은 달을 곁에 두고 오래오래 보고자 하는 스님의 어린아이 같은 순수하고 천진난만한 모습을 재치 있게 그리고 있다. 달을 탐욕의 대상으로 표현했다가 그것도 잠시 모든 게 다 '공(空)'임을 말하는 시인은 어느 선승보다도 더 높은 선의 경지에 이른 것 같다. 평이하고 간단한 문장이나 철학적 깊이는 가늠할 수 없을 만큼 깊다. 각 구의 마지막 글자를 연결해 보면 '색중각공(色中覺空)'이라는 불교진리가 드러나니 이 또한 이규보 시의 재치와 품격을 한층 높이는 요소라 할 수 있을 것이다.

〔지영芝影 강미자姜美子〕

月夜於池上作
달밤에 못 가에서

-李建昌이건창

月好不能宿 월호불능숙	달빛이 좋아 잠 못 이루고
出門臨小塘 출문임소당	문을 나서 연못가로 갔네.
荷花寂已盡 하화적이진	연꽃은 고요함 속에 이미 시들었는데
惟我能聞香 유아능문향	나는 여전히 향기를 느낄 수 있네.
風吹荷葉翻 풍취하엽번	바람이 살짝 연잎을 들추자
水底一星出 수저일성출	물 밑에 나타난 별 하나.
我欲手探之 아욕수탐지	살며시 만지려 하니
綠波寒浸骨 녹파한침골	푸른 물결 일어 뼛속까지 파고드는 서늘함이여!

▶ 출전: ≪명미당집(明美堂集)≫ 권3

□ 字句 풀이

◆ 小塘(소당): 작은 연못. ◆ 荷花(하화): 연꽃 ◆ 聞香(문향): 향기를 맡다.
◆ 翻(번): 나부끼다, 여기서는 온통 밤공기를 바꾸어 놓을 듯이 연 향기가 풍긴다는 뜻. ◆ 綠波(녹파): 푸른 물결.

□ 감상

늦가을일까? 연꽃이 다 지고 없다고 하였다. 아니, 한 밤중의 고요함속에 연꽃도 잠이 들었다는 표현일 수도 있다. 달은 밝고 잠은 오지 않아 일어나 연못으로 나온 사람, 바람에 마른 연잎이 일렁이자 물에 비친 별이 보인다. 그리고 그 별을 잡으려 내민 손에 물의 한기가 서늘하게 느껴진다. 마치 동시와 같은 청순함과 재치가 있는 시이다. 그러면서도 선비의 고아한 품위가 느껴지는 명작이다. 늦가을의 서늘한 밤공기를 무릅쓰고 나와 연못물에 손을 적시다가 뼛속 깊이 파고드는 한기에 놀란 시인, 병약한 몸의 이건창이었기에 그 한기가 더 차게 느껴졌으리라. 몸은 빼빼 깡마른, 그러나 눈만은 반짝반짝 살아 있는 이 사나이!

〔목천牧川 강수남姜守男〕

齋居有懷
서재에서의 감회

- 柳成龍 유성룡

細雨孤村暮 　가랑비 속에 산마을에 날이 저물고
세우고촌모

寒江落木秋 　차가운 강물에 잎이 진다.
한강낙목추

壁重嵐翠積 　먼 산 절벽엔 안개비며 구름이 짙고
벽중람취적

天遠雁聲流 　하늘 멀리 기러기 소리 흩어지네.
천원안성류

學道無全力 　공부에 온 힘 기울이지 못해
학도무전력

臨岐有晚愁 　기로에 서서 찾아오는 늦은 후회에,
임기유만수

都將經濟業 　다시 큰 뜻을 품어
도장경제업

歸臥水雲陬 　이 산 속 깊은 곳을 찾아왔네.
귀와수운추

▶ 출전: ≪서애집(西厓集)≫ <서애선생문집(西厓先生文集)> 권1

□ 字句 풀이

◆ 細雨(세우): 가랑비, 이슬비. ◆ 孤村(고촌): 외딴 마을. ◆ 嵐(람): 산 속에 생기는 아지랑이 혹은 안개비 같은 기운. ◆ 臨岐(임기): 갈림길에 임하여. ◆ 經濟(경제): 경국제세(經國濟世), 나라를 다스려 백성을 잘 살게 함. ◆ 陬(추): 외진 곳, 외딴 마을.

□ 감상

 가랑비가 부슬부슬 내리고 강마을엔 날이 저물어 가는데 강바람이 차갑게 불어와 나뭇잎이 우수수 떨어진다. 왠지 스산하고 서글프다. 먼 산 절벽에 안개비가 뿌옇고 아득한 하늘 끝을 기러기가 울면서 이따금 지나가고 있을 뿐이다. 저자는 학문에 뜻을 둔 지 오래 되었지만, 그간 전력을 기울이지 못하였기 때문에 지금도 기로에 설 때마다 후회하고 있으니 안타깝기만 하다. 이에 앞으로 학문에 정진하고자 하는 큰 포부를 품고서 이 산 좋고 물 맑은 산골로 돌아왔다. 어찌 감회가 새롭지 않겠는가?

〔목천牧川 강수남姜守男〕

踏雪野中去
눈 내린 들판을 걸어갈 때
― 西山大師 서산대사

踏雪野中去 눈 내린 들길을 걸을 때에도
답설야중거

不須胡亂行 함부로 어지러히 걷지 마라.
불수호난행

今日我行跡 오늘 내가 남긴 발자국이
금일아행적

遂作後人程 뒤에 오는 사람에게는 이정표가 될 수도 있으리니.
수작후인정

□ 字句 풀이

◆ 踏(답): 밟다. ◆ 雪野(설야): 눈 덮인 들판. ◆ 須(수): 모름지기, 반드시. ◆ 胡亂(호란): 함부로, 어지럽게. ◆ 遂(수): 마침내. ◆ 後人(후인): 뒤에 오는 사람, 후세 사람. ◆ 程(정): 이정표.

□ 감상

이 시는 백범 김구(金九) 선생이 애송하던 시로도 유명하다. 김구 선생이 광복 직후 많은 이들의 반대를 무릅쓰고 남북협상을 위해 북한을 갈 때 기자들의 물음에 대해 "사람의 한 평생이란 참으로 짧다. 그렇지만 꼭 한 번 밖에 없는 귀중한 것이 인생이요, 돌이킬 수도 없는 것이 또한 인생이다. 뒷날 남의 손가락질 받지 않게 언제나 양심에 비추어 부끄럼이 없도록 처신 하는 것을 좌우명으로 삼아 서산대사의 이 시를 애송해왔다."고 했다 한다.

예나 지금이나 자신의 흔적을 남기고 싶어 하는 것은 인지상정이다. 그러나 그 흔적이 후세 사람들을 잘 인도하지 못하고 오히려 나쁜 길로 인도하는 흔적이라면 절대 남겨서는 안 된다. 눈길도 함부로 걷지 않아야 할 이유이나.

이 시는 서산대사(西山大師 1520~1604)가 지은 시로 알려져 있다. 그러나 최근에 안대회 교수는 조선 순조 연간에 시인인 이양연(李亮淵)의 시라는 연구 결과를 내놓았다.(안대회, ≪한국한시의 분석과 시각≫ (연세대학교 출판부, 2000년, 270쪽) 서산대사의 시문집인 ≪청허집(淸虛集)≫에는 이 시가 수록되어 있지 않고 엄연히 이양연의 시집에 이 시가 수록되어 있기 때문에 이양연의 시로 보는 것이 당연하다는 주장이다. 이양연의 시집에는 첫 구절의 '踏雪'이 '穿雪'로 되어있고 '今日' 또한 '今朝'로 되어 있다. 의미에 큰 차이가 있는 것은 아니나 후자의 어기가 보다 더 센 감이 있다.

〔성재誠哉 강수진姜秀眞〕

天衾地席山爲枕
하늘을 이불 삼아

-震黙大師 진묵대사

天衾地席山爲枕　하늘은 이불, 땅은 깔 자리, 산으론 베개 삼고,
천금지석산위침

月燭雲屛海作樽　달은 촛불, 구름은 병풍, 바다 물은 술동이
월촉운병해작준　삼아,

大醉居然仍起舞　크게 취하여 문득 일어나 춤을 추자니,
대취거연잉기무

却嫌長袖掛崑崙　행여 긴 소매 자락이 곤륜산에 걸릴까 염려
각혐장수괘곤륜　되네.

□ 字句 풀이

◆ 天衾(천금): 하늘을 이불로 삼다. ◆ 地席(지석): 땅을 자리(깔개)로 삼다. ◆ 山爲枕(산위침): 산을 베개로 삼다. ◆ 月燭(월촉): 달 촛불. ◆ 雲屛(운병): 구름 병풍. ◆ 海作樽(해작준): 바다를 술동이 삼다. ◆ 居然(거연): 문득. ◆ 仍(잉): 인하다, 그대로 따르다, 전에 하던 대로 하다. ◆ 起舞(기무): 일어나 춤추다. ◆ 却(각): 도리어, 다시. ◆ 嫌(혐): 의심스럽다, ~할까 염려되다. ◆ 掛(괘): 걸리다. ◆ 崑崙(곤륜): 중국의 전설에 나오는 신성한 산, 중국 서쪽에 있다고 전해지며, 아름다운 옥이 난다고 알려져 있고 서왕모(西王母)가 살며 불사(不死)의 물이 흐르는 곳이라 함.

□ 감상

　진묵대사에 관한 많은 일화 가운데 특히 술에 관한 이야기가 많다. 늘 만취하였으므로 스스로 비승비속(非僧非俗)임을 자처하였다고 한다. 그가 남긴 유일한 게송(偈頌)은 술에 관한 것이었고, 술을 '곡차(穀茶)'라고 하는 말도 진묵대사로부터 유래한 말이라고 한다. 나는 이 시를 읽을 때면 전라북도 김제 심포리 바닷가에 있는 '망해사(望海寺)'를 떠올리곤 한다. 너른 호남평야의 끝자락 망망대해가 시작되는 곳에 낮은 산들이 연달아 솟아있고, 바닷가 절벽 위 숲속에 조그만 절집이 있다. 그야말로 하늘과 땅을 이부자리 삼고, 뒷산을 베개 삼았다고 할 만한 형세이다.

　이 시는 진묵대사가 이곳에 거처하던 어느 날 밤, 얼큰해진 곡차 기운에 한 수 남긴 것이 아닌가 생각된다. 속세와 불세계 사이를 오가는 한 구도자의 심경과 함께 호탕한 기풍이 잘 드러나고 있다. 중국의 천재 시인 이백(李白)의 기개를 뛰어 넘는 느낌이 드는 것은 나만의 생각일까?

〔성재誠哉 강수진姜秀眞〕

西池賞荷 其一
서쪽 못에서 연꽃을 보다 제1수
－丁若鏞정약용

群賢分席坐芳池　어진 선비들 자리 나누어 연못가에 앉고보니,
군현분석좌방지

綠暗紅酣笑語遲　푸른 잎 붉은 꽃 보며 담소가 무르익네.
녹암홍감소어지

誰障吾游眞絶境　이 절경 속에서 노는 우리들을 뉘라서
수장오유진절경　방해하랴.

不須人譽自殊姿　사람들이 추켜세우지 않아도 우리 스스로
불수인예자수자　　뛰어난 사람들인데.
蜂振玉淚收啼臉　벌은 연잎에 맺힌 구슬 눈물에 날개 짓 하여
봉진옥루수제검　　눈물 흔적을 거두게 하고,
鳥拂細房勸畫眉　새는 연꽃의 노란 꽃술을 털며 자꾸 눈썹을
조불세방권화미　　그리라 하네.
欲識夭夭含意處　그 곱고 아름다운 뜻 머금은 곳을 알고 싶거든
욕식요요함의처
請看菡萏未開時　아직 피기 전의 연꽃 봉오리를 보시게나.
청간함담미개시

▶ 출전: ≪다산시문집(茶山詩文集)≫ 제6권

□ 字句 풀이

◆ 群賢(군현): 어진 사람들. ◆ 笑語: 웃으면서 서로 나누는 말. ◆ 玉淚(옥루): 눈물. ◆ 夭夭(요요): 나이가 젊고 아름다운 모습, 생기가 있고 뜻이 깊은 모습. ◆ 菡萏(함담): 아직 피기 전의 연꽃 봉오리.

□ 감상

여름 날 서쪽 못에는 짙푸른 연잎 사이로 붉은 꽃들이 아름다운 자태를 뽐내며 피어나고 있다. 요란하지 않게 조용히 피는 모습이 사람들의 마음을 더욱 끈다. 이런 아름다운 풍경에 걸맞게 여러 현인(賢人) 친구들이 자리를 함께 하여 담론하며 즐거운 시간에 빠져들고 있는 동안, 못에서는 벌과 새들이 날아들어 연꽃을 희롱한다. 밤새 내린 이슬로 두터운 연잎엔 구슬이 아롱져 있는데 벌은 그 구슬 눈물을 닦아주기라도 하려는 듯 자꾸 건드리고, 새는 붉은 연꽃 속의 노란 꽃술을 헤쳐 대며 눈썹을 그리라고 재촉한다. 이렇게 연꽃을 의인화하여 청담하고 아름다운 모습을 형용함으로써 절로 시원한 감흥이 솟구치게 한다.

세상 사람들아! 진흙에서 나왔으나 더럽지 않고, 맑은 물에 씻겨 아름답되 요염하지 않은 모습으로 곧게 솟아오르는 연꽃 봉우리를 바라보소! 마음이 절로 맑아지지 않는가? 해맑은 웃음으로 다가오는 어린 아이들의 꾸밈없는 모습을 보면 마음이 편안해지듯!

〔창혜創惠 강영화姜英華〕

西池賞荷 其三
서쪽 못에서 연꽃을 보다 제3수
— 丁若鏞 정약용

垂柳光風轉碧池   늘어진 수양버들 사이로 따스한 바람이 못가에
수류광풍전벽지   불어오는데

芙蓉顔色使人遲   부용의 고운 자태가 발길을 머무르게
부용안색사인지   하는구나.

藐姑氷雪超超想   묘고산 신인(神人) 같이 눈처럼 흰 자태는 멀리
묘고빙설초초상   세속을 벗어났고

越女裙衫澹澹姿   월(越)나라 미인이 치마를 입은 듯 담담한
월녀군삼담담자   자태.

一榼兼宜彎象鼻   연잎에 술을 담으면 코끼리 코 모양 줄기로
일합겸의만상비   빨아 마시는 잔까지 겸하니

百花那得妬蛾眉   뭇 꽃들이 어찌 이 연꽃의 아름다움을 샘낼 수
백화나득투아미   있으랴!

天心留此娉婷物   하늘이 이 아름다운 물건을 이 세상에 머물게
천심류차빙정물   하여,

靜俟塵脾苦熱時 여름 열기에 지친 사람들을 조용히 기다려
_{정사진비고열시} 달래주게 한 게지.

▶출전: ≪다산시문집(茶山詩文集)≫ 제6권

□ 字句 풀이

◆ 垂柳(수류): 수양버들. ◆ 光風(광풍): 맑게 갠 날씨에 따사롭게 부는 바람.
◆ 芙蓉(부용): 연꽃. ◆ 藐姑氷雪(묘고빙설): ≪장자·소요유≫ 편에 나오는 고사,「묘고야산(藐姑射山)에는 신인(神人)이 사는데, 그 살결이 마치 얼음이나 눈 같고 자태가 마치 처녀와 같았다고 함. ◆ 越女(월녀): 월나라에서 서시와 같은 미인이 많이 나온 데서 미인을 이르는 말로 사용함. ◆ 彎象鼻(만상비): '구부러진 코끼리 코'라는 뜻으로 중국 삼국시대 위(魏)나라 사람 정각(鄭愨)이 삼복(三伏) 때마다 사군림(使君林)에 가서 피서를 했는데 널찍한 연잎에 술을 담고 연 줄기를 코끼리 코처럼 구부려 입을 대고 마셨다는 고사가 전해오는데 이를 '벽통주(碧筒酒)'라고도 함. ◆ 蛾眉(아미): 가늘고 길게 곡선을 그린 고운 눈썹을 두고 비유하는 말로서 미인을 이른 말.

□ 감상

푸른 못에 연잎 무리지어 피어있는 사이로 하얀 연꽃들이 살며시 얼굴을 내밀고, 길게 늘어뜨린 수양버들이 한 가닥 바람에 나부끼며 살랑거리는 정경이 시원스럽게 느껴진다. 한 폭의 문인화로 옮겨보고 싶은 충동이 인다. 빙설 같은 모습에 월녀(越女)의 치마저고리를 입은 듯이 얌전한 자태는 세속을 벗어난 선인(仙人)의 모습으로 다가온다. 게다가 연잎은 그대로 푸른 술잔이 될 수 있는 기능도 겸하고 있으니 이렇게 아름답고 고결한 꽃을 세상의 어느 꽃과 견주리오! 일찍이 중국 당나라 시인 백거이(白居易)도 "하늘아래 어느 꽃이 그대를 대적하리오(天下百草無眼色)."라는 말로 연꽃의 아름다움을 극찬한 적이 있다. 문득 더위에 지쳐 나른한 때면 잠시 몸을 연지(蓮池) 앞의 난간에 맡긴다. 연꽃을 바라보며 깊은 상념에 잠겨 마음의 때를 벗겨

내는 것만으로도 시원스러움을 느낄 수 있으니 하늘이 더위로 고통 받는 속인을 위해 이 꽃을 세상에 머물도록 하였나보다. 어찌 하늘의 큰 섭리가 아니리오!

〔창혜創惠 강영화姜英華〕

開聖寺
개성사

-鄭知常정지상

百步九折登巑岏 백보구절등찬완	백 걸음에 아홉 번씩이나 굽이진 길 가파른 메를 올라오니,
寺在半空唯數間 사재반공유수간	우뚝 반공에 솟은 집이 두어 칸.
靈泉澄淸寒水落 영천징청한수락	맑디맑은 샘에서는 찬 물이 떨어지고,
古壁暗淡蒼苔斑 고벽암담창태반	해묵은 어두운 암벽엔 푸른 이끼 아롱져 있네.
石頭松老一片月 석두송로일편원	바위 끝 소나무는 한 조각달이 걸린 채 늙어 있고,
天末雲底千點山 천말운저천점산	하늘 끝 구름 아래로는 천 개의 점인 양, 산이 늘어 서 있네.
紅塵萬事不可到 홍진만사불가도	여기는 티끌 세상 어떤 일도 이르지 못하나니
幽人獨得長年閒 유인독득장년한	깊이 숨어 사는 이, 홀로 평생을 한가히 보내는 곳.

▶ 출전: ≪동문선(東文選)≫ 권12

□ 字句 풀이

◆ 九折(구절): 굽이가 심한 꼬불꼬불한 길. ◆ 巑岏(찬완): 산이 높고 뾰족한 모양. ◆ 紅塵(홍진): 번거롭고 속된 세상의 비유.

□ 감상

개성사(開聖寺)의 깊은 분위기를 느끼게 하는 시이다. 이처럼 깊은 산 속 아늑한 절에서 하루만 한가히 지낼 수 있어도 속세의 때를 조금은 벗어낼 수 있으련만….

〔청암靑菴 고강高崗〕

閑居
한가로운 삶

－玄德升현덕승

結茅溪水上 시냇가에 지은 띠 집,
결모계수상

簷影落潭心 못 속에 비친 처마 그림자.
첨영락담심

醉睡風吹醒 취해 졸다가 바람에 깨니
취수풍취성

新詩鳥和吟 새들은 내가 지은 새로운 시에 화답이라도 하듯
신시조화음   지저귀네.

放牛眠細草 풀밭에 졸고 있는 소,
방우면세초

驚鹿入長林 숲으로 달아나는 놀란 사슴.
경록입장림

依杖靑松側 지팡이에 기대 푸른 소나무 곁에 서니
의장청송측
千峯紫翠深 봉우리마다 푸른 빛은 깊기도 하여라.
천봉자취심

▶ 출전: ≪희암유고(希菴遺稿)≫ <희암선생유고(希菴先生遺稿)> 권1

□ 字句 풀이

◆ 長林(장림): 길게 이어 있는 수풀. ◆ 紫翠(자취): 자줏빛과 푸른 색, 안개나 아지랑이가 낀 먼 산 경치를 이르는 말.

□ 감상

"취해 졸다가 바람에 깨니 새들은 내가 지은 새로운 시에 화답이라도 하듯 지저귄다."는 표현이 참으로 싱그럽다. "풀밭에 졸고 있는 소, 숲으로 달아나는 놀란 사슴."은 한가함의 극치를 이루고 있다. 내가 사는 곳이 이런 곳이라면 좋으련만…. 시로써 옛 사람의 한가함 속으로 들어가 보는 수밖에.

〔청암靑菴 고강高崗〕

晚自白雲溪復至西岡口少臥松陰下作
저녁 때 백운계에서 다시 서강 어귀에 이르러
소나무 그늘아래 누워서 지음

－李書九 이서구

家近碧溪頭 푸른 시냇가 사노라니
가근벽계두
日夕溪風急 해질 녘이면 으레 드센 시냇바람이 불어오곤 하지.
일석계풍급

脩林不逢人 _{수임불봉인}	길게 이어지는 수풀, 사람은 아니 보이고
水田鷺影立 _{수전노영립}	무논에 선 백로 그림자.
時向返照中 _{시향반조중}	때로 저녁 해 그림자 되비치는 가운데
獨行靑山外 _{독행청산외}	홀로 청산을 거닐어 보네.
鳴蟬晩無數 _{명선만무수}	매미 울음 소리로 저녁 나절이 가득하고
隔林飛淸籟 _{격림비청뢰}	숲 너머로는 바람에 날리듯 들려오는 맑은 물소리.
讀書松根上 _{독서송근상}	솔뿌리에 걸터앉아 글 읽으니
卷中松子落 _{권중송자락}	책장 위로 떨어지는 솔방울.
支筇辱歸去 _{지공욕귀거}	돌아가려 지팡이 짚고 일어서니
半嶺雲氣白 _{반영운기백}	산마루에선 흰 구름이 뭉게뭉게 피어나네.

▶출전:≪척재집(惕齋集)≫ 권1

□ 字句 풀이

◆ 籟(뢰): 세 구멍 퉁소, 소리, 울림, 여기서는 물소리가 만들어 내는 자연의 음악을 이름. ◆ 筇(공): 지팡이. ◆ 半嶺(반령): 산꼭대기와 산기슭과의 가운데쯤 되는 곳.

□ 감상

탈속한 경지의 시이다. 소나무 뿌리에 걸터앉아 책을 읽으니 책장 위로 솔방울이 떨어진단다. 참으로 경험해 보고 싶은 정경이다.

〔탄주呑舟 고범도高範道〕

書空
하늘에 쓰는 글씨

－柳夢寅 유몽인

張旭張芝不復生 _{장욱장지불부생}	장욱(張旭) 장지(張芝) 되살아날 리 없으니,
龍蛇動筆也誰驚 _{용사동필야수경}	용트림하는 필세, 뉘 글씨를 보아야 놀랄 수 있을까?
時將如意書空遍 _{시장여의서공편}	때로 '여의'를 들어 허공에 휘갈기면
一紙靑天字字明 _{일지청천자자명}	한 장 푸른 하늘 종이에 빛나는 글자 글자들이여!

▶ 출전: ≪어우집(於于集)≫ 권1

□ 字句 풀이

♦ 張旭(장욱): 지금의 중국 강소성 소주(蘇州) 사람으로 서법에 정통했으며, 자유분방한 기세와 독특한 형상, 끊이지 않고 이어지는 연면(連綿)초서의 새로운 풍격을 이루었다. ♦ 張芝(장지): 중국 후한 말의 서예가로 초성(草聖)으로 추앙을 받는 인물이다. ♦ 如意(여의): 옥이나 대나무, 동물의 골각 등으로 만든 물건으로서 원래는 등을 여의(如意)롭게 긁는 데 사용하는 물건이었다. 말하자면 오늘 날의 '효자수(孝子手)'와 같은 물건이다. 훗날 죽림칠현 등 청담을 즐기는 사람들이 으레 손에 들고 다니는 물건으로 변하여 열변을 할 때면 삿대질 하듯이 여의를 휘두르곤 하였으므로 이 여의는 그 사람의 현재 뜻을 그대로 반영하는(如意) 물건으로 인식하게 되었다. 그러나, 나중에는 사치스런 장식품으로 변하여 옥이나 황금으로 장식한 뇌물성 선물로 주고받는 물건이 되고 말았다.

□ 감상

여의를 휘두르듯 글씨를 써서 후대에 밝은 흔적으로 남기고 싶다. 장지와 장욱이 그랬듯이.

〔탄주呑舟 고범도高範道〕

看竹門
죽문을 바라보며

-柳成龍 유성룡

細雨春江上 강 위엔 가는 봄비 내리고,
세우춘강상
前山淡將夕 앞산은 담담한 가운데 저녁을 맞고 있는 이 때!
전산담장석
不見意中人 내 마음에 두고 있는 사람은 만날 수 없는데,
불견의중인
梅花自開落 매화는 제 스스로 피고 지고.
매화자개락

▶ 출전: ≪서애집(西厓集)≫ <서애선생별집(西厓先生別集)> 권1

□ 字句 풀이

◆ 細雨(세우): 가늘게 방울져 내리는 봄비. ◆ 將夕(장석): 저녁 무렵.
◆ 意中人(의중인): 마음에 두고 있는 사람.

□ 감상

　마음에 두고 이는 만날 수 없는데 매화는 스스로 피고 또 지고⋯. 마음에 두고 있는 이는 누구일까? 연모의 대상인 여인? 두고 온 연인? 옛 현인들은 나라를 함께 구할 인재를 얻지 못하여 늘 고심하였다. 유성룡이 마음에 두고 있는 사람도 함께 나라를 구할 만한 인물이

아니었을까? 더욱이 절개의 상징인 대숲으로 난 문을 바라보며 지은 시이니….

〔휴산休山 공병일孔炳壹〕

見櫻花有感
앵두꽃을 보고

-韓龍雲한용운

昨冬雪如花 지난 겨울엔 내린 눈이 흰 앵두꽃 같더니,
작동설여화

今春花如雪 올 봄엔 하얀 앵두꽃이 꼭 눈 같네 그려.
금춘화여설

雪花共非眞 (잃어버린 땅의) 눈과 꽃은 모두 진짜가 아니라네.
설화공비진

如何心欲裂 어찌 이 마음 찢어지려 않겠는가!
여하심욕렬

▶출전: ≪한용운전집(韓龍雲全集)≫

□ 字句 풀이

♦ 昨冬(작동): 작년 겨울. ♦ 共非眞(공비진): 모두 진짜가 아니나, 일세 식민지 아래 우리 땅에서 피어난 꽃이 진짜 꽃이겠느냐는 의미. ♦ 如何(여하): 어찌하여, 무슨 이유로.

□ 감상

몽고족이 세운 원나라에 의해 송나라가 망하자 송나라의 유신(遺臣)이자 당대의 서화가였던 정사초(鄭思肖)는 뿌리가 다 드러란 난초 이른 바, '노근란(露根蘭)'을 자주 그렸다. 주위 사람들이 왜 난초를 뿌리가 다 드러나게 그리느냐고 묻자, 그는 "빼앗긴 산하에 난초가 뿌리내릴 땅이 어디에 있단 말인가?"라고 답했다. 한용운의 마음이나 정사초의 마음이나 다 찢어지는 마음이었으리라.

〔휴산休山 공병일孔炳壹〕

觀物
사물을 보다

-金時習김시습

南枝花發北枝寒 남지화발북지한	남쪽 가지는 꽃 피었으나 북쪽 가지는 차가운 기운 머금고 있으니
強道春心有兩般 강도춘심유양반	봄의 마음이 두 가지라고 억지 말들을 하네 그려.
一理齊平無物我 일리제평무물아	이치는 한 가지라서 남쪽 가지, 북쪽 가지가 따로 일 리 없을 테니
好將點檢自家看 호장점검자가간	이런 일을 잘 가져다 자신을 점검해 보시게나.

▶ 출전: ≪매월당집(梅月堂集)≫ <梅月堂詩集> 권1

□ 字句 풀이

◆ 強道(강도): 억지 말을 하다. ◆ 兩般(양반): 두 가지. ◆ 齊平(제평): 가지런하고 평등함, 적용되는 이치가 한 가지 임.

□ 감상

이 시는 한 가지 사물을 두 가지 시각으로 보는 혼탁한 정치에 대한 풍자와 더불어 불교적 사유를 통하여 평등심을 되찾고자 하는 메시지를 던지고 있다. 고려시대, 백운경한(白雲景閑) 스님의 〈무심가(無心歌)〉에는 "만물은 본래 고요해서 '나는 푸르다'거나 '노랗다'고 하지 않는데, 오직 사람들이 '이것이 좋다' '저것이 좋다'고 하며 억지로 마음을 낸다(萬物本閑, 不言我靑我黃, 惟人自鬧, 强生是好是醜)."는 구절이 있다. 이렇듯 한 가지 이치를 들어 사물을 보는 관점은 시대를 초월하여 느낌을 같이 한다.

〔학산學山 곽정우郭廷宇〕

詠月
달

－西山大師 서산대사

月出靑天面 월출청천면	푸른 하늘에 저 달이 나왔으니
誰當問古今 수당문고금	누가 저 달에게 고금의 일을 물어 볼까나? 내가 물어야지.
盈虛知進退 영허지진퇴	달이 차고 기우는 것에서 나아가고 물러남의 이치를 알았고,
顯晦學昇沈 현회학승침	(구름에 의해) 나타나고 숨는 것에서 성하고 쇠함을 배웠네.
幾入詩人句 기입시인구	저 달! 시인들의 글귀에 들어온 것이 몇 번이며
還傷遠客心 환상원객심	먼 나그네에게 시름 더하기 얼마였던가!
山僧都不管 산승도불관	산승이야 저 달이 그렇든 말든 도무지 관심두지

　　　　　　않고서
高臥聽松琴 높이 누워 솔바람이 내는 거문고 소리를 듣고 있네.
_{고와청송금}

□ 字句 풀이

◆ 盈虛(영허): 차고 빔, 달이 차고 기울음을 말함. ◆ 進退(진퇴): 나아감과 물러남, 벼슬을 함과 벼슬에서 물러남. ◆ 顯晦(현회): 달의 밝아짐과 어두워짐, 세상에 알려짐과 알려지지 않음. ◆ 昇沈(승침): 떠오르고 가라앉음, 현달함과 현달하지 못함을 이르는 말. ◆ 松琴(송금): 소나무의 솔바람소리가 자연의 거문고라는 말.

□ 감상

　청허당(淸虛堂)은 선가(禪家)의 돈오법(頓悟法: 깊고 묘한 교리를 듣고 단박에 깨닫는 것)으로 크게 깨달은 선승(禪僧)으로 이 시 속에서 그의 심오한 감흥을 느낄 수 있다. 달의 차고 기움과 나타나고 가려짐을 인간사에 빗대어 벼슬의 진퇴와 명예의 허망함과 생애의 굴곡 등을 표현하였는데 세속을 떠난 초연함과 자유자재함 속에서 노니는 자유인의 시상을 느끼기에 충분한 시이다. 특히 수련(首聯)에서는 불교의 진공(眞空: 참 이치)을 떠올리게 하고, 미련(尾聯)은 불교에서 말하는 묘유(妙有: 현실)를 연상하게 하니, 선가(禪家)적인 결어가 돋보이는 시구이다.

〔학산學山 곽정우郭廷宇〕

山頂花
고갯마루에 핀 꽃

- 申緯 신위

誰種絕險花 고갯마루 험한 곳에다 누가 이 꽃을 심었을까?
수종절험화

雜紅隕如雨 붉은 잎들이 비처럼 떨어지네.
잡홍운여우

松靑雲氣中 구름 속에서 소나무는 푸르고,
송청운기중

猶在一家住 사람 사는 집 한 채가 그 속에도 있네.
유재일가주

▶출전: ≪경수당전고(警修堂全藁)≫ 책6

□ 字句 풀이

◆ 種絕險(종절험): 고갯마루 험한 곳에 심다. ◆ 雜紅隕(잡홍운): 여러 색의 붉은 잎이 떨어지다. ◆ 如雨(여우): 붉은 잎들이 떨어지는 것이 비가 내리는 모습과 같다.

□ 감상

이 시에서 작자는 한적하고 험한 고갯마루에서 붉은 꽃잎들이 어우러져 비처럼 쏟아지는 풍경을 마주한다. 구름에 싸인 푸른 소나무와 사람 사는 집이 어우러진 풍경을 대조적인 수법으로 묘사하였다. 남들이 돌아보지 않는 고갯마루 험한 곳에서 붉게 피어난 꽃 한 송이를 관심어린 눈으로 바라봄으로써 소외된 공간에 생동감을 불어넣고 있다. 이 시를 조용히 음미하면서 사시사철 푸른 소나무처럼 꿋꿋함과 인내를 벗 삼아 자연 속에서 한가로이 소요하며 물욕의 바깥에서 초연할 수 있는 삶을 살기를 기대해본다.

〔청하靑河 김다순金多順〕

秋日
어느 가을날에

-金時習 김시습

庭際無人葉滿蹊   뜰에는 아무도 없고 길에는 낙엽 가득
정제무인엽만혜

草堂秋色轉凄凄   작은 초가에 가을빛이 점점 쓸쓸해져 가네.
초당추색전처처

蛩如有意跳相咽   귀뚜라미도 마음이 있는 듯 뛰면서 울어대고
공여유의도상인

山似多情翠又低   산들은 다정한 양 푸르른 채 가을 하늘 아래
산사다정취우저   더욱 낮네.

世事到頭之者也   세상사는 처음부터 '갈 지(之) 자'처럼
세사도두지자야   오락가락하고

閑情輸却去來兮   한가로운 마음은 본래부터 들락날락.
한정수각거래혜

欲談細話誰將伴   뉘 있어 함께 이런 이야기들을 나눌까!
욕담세화수장반

銷得南山一杖藜   남산이 지팡이 하나를 다 닳게 하였네.
소득남산일장려

▶출전: ≪매월당집(梅月堂集)≫ <매월당시집(梅月堂詩集)> 권3

□ 字句 풀이

◆ 凄凄(처처): 슬프고 처량하다. ◆ 山似多情(산사다정): 산들도 다정한 양. ◆ 到頭(도두): 처음부터, 애당초. ◆ 閑情(한정): 한가로운 심정. ◆ 細話(세화): 상세하게 이야기하다. ◆ 誰將伴(수장반): 함께할 사람 누구인가. ◆ 銷(소): 녹다, 닳다. ◆ 杖藜(장려): 지팡이.

□ 감상

여름에서 가을로 접어들 무렵, 가을의 쓸쓸함이 시작되는 시점이

다. 뜰 안의 꽃과 나무, 길가의 낙엽, 뛰어오르는 귀뚜라미, 가을 하늘이 너무 높아 산의 푸른 기운마저 낮아져 가는 이때에 지은이는 가을빛이 쓸쓸해져 감을 온몸으로 느낀 것 같다. 해마다 가을이면 이 시를 떠올리며 시간의 흐름에 공허함을 느끼고, 가을이 와서 찬 기운이 감도는 쓸쓸함에 나 자신도 흠뻑 젖어 또 겨울을 기다리게 된다.

〔청하青河 김다순金多順〕

謝名偶吟
이름을 거절하며
— 中觀海眼 중관 해안

不須長綆汲深飮 불수장편급심음	두레박줄 길게 이어 깊은 우물 물 마시려 말고,
莫把短筇爲遠行 막파단공위원행	짧은 지팡이로 먼 길 떠나려 하지 말라.
幾多世路羊腸險 기다세로양장험	양의 창자처럼 험한 굴곡 많은 세상,
無限人情虎角生 무한인정호각생	한없는 사람의 마음에 호랑이 뿔이라도 생길 터.
小隱莫如成大隱 소은막여성대은	작은 은자는 큰 은자 되는 것만 못하니,
練形爭似到忘形 연형쟁사도망형	몸 단련이 어찌 몸을 잊음만 하랴!
知名贏法非眞實 지명영법비진실	이름과 법을 남기는 것이 진실이 아니거늘
呼馬呼牛但應聲 호마호우단응성	'말(馬)'이라고 부르건 '소(牛)'라고 부르건 그저 "예" 하고 대답할 뿐.

□ 字句 풀이

◆ 謝名(사명): 이름이 알려지는 것을 사양 함. ◆ 偶吟(우음): 우연히 떠오르는 생각을 읊음. ◆ 羊腸(양장): 양의 창자, 구불구불한 길을 형용하는 말. ◆ 虎角(호각): 호랑이의 뿔, 있을 수 없는 일도 포함하여 만들어 내는 위험한 세상의 인정을 표현하는 말. ◆ 小隱(소은): 속세를 완전히 초탈하지 못한 은사. ◆ 大隱(대은): 속세를 완전히 초달하여 도시건 산이건 어디에 있어도 완전한 은둔의 경지에 있는 사람. 시은(市隱:도시의 은자)이라고도 함. ◆ 練形(연형): 도가에서 몸을 단련하여 무병장수 하게 하는 일. ◆ 嬴法(영법): 법을 남김.

□ 감상

줄 길게 이어서 깊은 우물 물 뜨려 하지 말고, 짧은 지팡이로 먼 길을 떠나려 하지 말라는 기련(起聯)은 세상사 억지로 만들려 말고 다 타고난 대로 분수에 맞게 살라는 말씀을 은유로 설명하였다. 통쾌하지 아니한가? 승련(承聯)에서는 험난한 세상살이가 양의 창자처럼 복잡하다는 것과 말도 안 되는 이야기를 만들어 내며 살아가는 것이 인간사의 정이라는 와각지쟁(蝸角之爭: 달팽이 뿔 위에서 싸우는 것처럼 하찮은 일로 승강이를 하는 형세)의 세상살이를 표현하였고, 전련(轉聯)에서는 은둔하여 세속을 초월한 삶과 자기 수련의 묘미를 찬미하고 있다. 결련(結聯)에서도 ≪금강경≫의 핵심개념인 '요의(了意)'와 같이 '제상무상(諸相無相)'하고, '제법무상(諸法無相)'함을 깨달아 자기완성을 이루는 유유자적한 멋진 삶을 표현하고 있다. 지금 세상에 살면서 명리를 다투는 우리는 과연 무엇을 위하여 그리 다투는가? 좋은 일도 없는 것만 못하거니.

〔중하仲河 김두경金斗坰〕

山中
산에 살며

-釋卍雨 석 만우

寒窓射朝旭 쓸쓸한 창에 아침 해 비치는데,
한창사조욱
危坐爽煩襟 단정히 앉았나니 가슴이 시원하네.
위좌상번금
振筆摹山水 붓을 휘둘러 산수화를 그리고,
진필모산수
開書閱古今 책을 펴고 고금의 일을 읽네.
개서열고금
無心干萬乘 세상의 지위 구할 마음 전혀 없거니,
무심간만승
有箒享千金 몽당붓 내게 있어 천금의 값어치라네.
유추향천금
自適林泉興 자연 속에서 사는 즐거움에 스스로 만족하여,
자적임천흥
因題方外吟 시 지어 세상 밖에서 혼자 읊는다네.
인제방외음

▶ 출전: ≪동문선(東文選)≫ 권10

□ 字句 풀이

◆ 寒窓(한창): 차가운 창문이라는 뜻이나 춥고 외롭다는 뜻을 포함함. ◆ 朝旭(조욱): 아침의 태양. ◆ 危坐(위좌): 똑바로 앉음, 단정히 앉음. ◆ 煩襟(번금): 답답하고, 번민한 가슴. (옷깃이 가슴에 있으니 '襟'字를 가슴으로 해석해야 함). ◆ 干(간): 간섭 하다, 구하다, 바라다. ◆ 萬乘(만승): 천자의 지위, 1만 수레의 재산. ◆ 箒(추): 몽당붓. ◆ 自適(자적): 스스로 적응하여 만족함. ◆ 林泉興(임천흥): 林泉은 자연 또는 은둔자의 정원을 뜻하는 말로 자연을 벗하여 마음 가는대로 유유히 사는 즐거움을 말함. ◆ 方外(방외): 세속이라는 테두리 밖, 현실이 아닌 이상적인 세계.

□ 감상

　세속의 욕망을 초월한 선비가 아침에 일어나 단정히 앉아 수련함에 붓을 들어 산수를 그리고 글씨를 쓰며, 독서를 통하여 성현의 말씀으로 고금을 넘나드는 자족의 즐거움을 읊은 시이다. 붓을 들어 산수자연을 마음껏 표현하는 즐거움과 책을 열어 고금의 성현들과 합일하는 즐거움을 무엇으로 대신할 수 있으리오! 21세기 첨단 문명시대를 사는 우리는 과연 무엇을 위하여 지금 이렇게 정신없이 사는지를 생각해 볼 일이다.

〔중하仲河 김두경金斗坰〕

錦江箋(全州紙)
'금강전'이라는 이름의 전주 종이

－金時習김시습

錦江春水膩魚箋	금강춘수니어전	봄물 풀린 금강의 살진 물고기처럼 윤기 흐르는 종이에
閒製新詩寫數篇	한제신시사수편	한가한 마음으로 새로 지은 시 몇 편을 써보노라.
鉅筆一揮雷雨動	거필일휘뢰우동	큰 붓 한 번 휘두르니 우레비가 쏟아지는 듯
白雲堆裏活龍翩	백운퇴리활용편	흰 구름 종이 안에서 살아있는 용이 꿈틀대네.

▶출전: ≪매월당집(梅月堂集)≫ <梅月堂詩集> 권11

□ 字句 풀이

◆ 箋(전): 시를 짓거나 편지를 쓸 때 사용하는 작은 종이. 흔히 '詩箋紙(시전

지)'라고 부른다. 한자 '戔'은 본래 '작다' 혹은 '적다'라는 의미를 가진 글자이다. 예를 들자면, 돈을 나타내는 글자인 '錢(전)'은 원래 '작은(戔) 쇠(金)'라는 의미로 만들어진 글자이고, 옅은 물을 나타내는 글자인 '淺(천)'은 '물(氵=水)이 적다(戔)'는 뜻으로 만들어진 글자이다. 돈(貝: 옛날에는 조개껍질이 화폐역할을 했다)이 적으면(戔) '천하다'는 의미에서 만들어진 글자가 '賤(천)'이다. 그리고 '箋(전)'은 죽간이 종이 역할을 하던 시대에 죽간에 원래 쓴 글을 보충하여 오늘날로 치자면 주(註)를 달아야 할 필요가 있을 경우, 그 죽간의 곁에 '작은(戔) 죽간(竹)'에 주를 달아 끼워 넣은 것을 나타내는 글자이다. 그래서 원래는 주(註)를 '箋注(전주)'라고 했다. 틈새에 물을 부어 넣듯이(注) '작은(戔) 죽간(竹)'을 끼워 넣는다는 뜻인 것이다. 그런데 '箋'자는 나중에 뜻이 확대되어 일반적으로 '종이'라는 의미로 사용하게 되어 큰 종이든 작은 종이든 종이를 지칭하는 글자로 쓰이게 되었다. 여기서는 종이라는 의미로 쓰였다. ◆ 錦江春水膩魚箋(금강춘수니어전): 이것은 하나의 비유법이다. 전주에서 만든 한지가 마치 봄물이 풀린 금강의 물고기처럼 윤기가 있다는 뜻이다. 그래서 그 종이에 '금강지(錦江紙)'라는 이름을 붙였다. ◆ 鉅筆(거필): '鉅'는 크고 실팍지다는 뜻이다. 거필은 크고 힘찬 붓을 말한다. ◆ 白雲堆裏(백운퇴리): 직역하자면 '흰 구름 무더기 속'이다. 전주 한지의 하얀 바탕을 비유한 말이다. 두툼하면서도 부드러운 전주 한지에 적절한 비유이다. ◆ 活龍翩(활용편): 살아있는 용이 펄펄 난다는 뜻이다. 전주 한지위에 쓴 글씨가 마치 용이 꿈틀대며 날아가는 것 같다는 뜻이다.

▢ 감상

우리나라는 세계 최고(最古)의 목판인쇄물인 '무구정광대다라니경'을 국보 제126호로 지정하여 보호하고 있다. 그리고 세계최초의 금속활자 인쇄본인 '직지심체요절'을 자랑으로 간직하고 있다. 이처럼 우리나라가 인쇄술이 발달할 수 있었던 데에는 여러 가지 이유가 있겠지만 양질의 종이를 일찍부터 생산했다는 점도 크게 작용하였다. 그런데, 예로부터 우리나라에서 종이를 생산하는 지역으로 유명한 곳이 바로 전주이다. 전주의 맑은 물과 주변에서 생산되는 양질의 닥나무를 이용하여 이른 바 '전주 한지'를 생산했던 것이다. 이렇게 생산한 전주의 한지는 그 용도와 특성에 따라 '금령지(金齡紙)', '금강전(錦江箋)', '백추지(白硾紙)' 등 다양한 이름으로 불리면서 그 탁월한 내구성으로 인해 중국과 일본에서도 최고의 인기를 누리는 종이로 유명세를 떨쳤다.

이 시는 김시습 선생이 전주에서 생산한 '금강전(錦江箋)'이라는 이름의 한지에 대해 지은 시를 또 그 종이 위에 일필휘지하면서 느낀 기분을 읊은 시이다. "큰 붓 한 번 휘두르니 우레비가 쏟아지는 듯 하고, 흰 구름 종이 안에서 살아있는 용이 꿈틀댄다."고 읊은 3, 4행 두 구절을 통하여 김시습 선생의 호탕한 기상을 확인할 수 있다. 그리고 당시에 이미 전주 한지는 온 나라에 알려진 명품 종이였음을 알 수 있다. 이때에 쓴 작품이 지금 남아있다면 얼마나 좋을까?

21세기에 전주한지는 세계적인 문화상품으로 다시 태어나야 한다. 디지털 시대에 더욱 빛나는 전통의 전주한지는 이제 세계인들로부터 그 가치를 인정받음으로써 전주한지가 가지고 있던 본래의 명성을 회복해야 한다. 나는 그동안 전주한지의 부활을 위해 《한지와 서예》라는 책을 저술하기도 하였고, 또 그것이 계기가 되어 임권택 감독이 만든 《달빛 길어 올리기》라는 영화에 출연하기도 하였다. 그래서 나는 500여 년 전에 이미 전주한지의 우수성을 천명한 김시습 선생의 이 시를 좋아한다. 특히 한지 위에 일필휘지로 시를 쓴 기분을 "우레비가 쏟아지는 듯 하고, 살아있는 용이 꿈틀대는 것 같다."고 표현한 김시습 선생의 호방한 기상을 사랑한다. 나도 그런 글씨를 써보고 싶어서 틈이 날 때마다 이 시를 읊조리곤 한다.

〔심석心石 김병기金炳基〕

頭流山 天王峰
두류산(지리산) 천왕봉

-曹植조식

請看千石鐘 저 1,000석 들이 종을 보시오!
청간천석종

非大扣無聲 크게 두드리지 않으면 울지 않는다오.
비대구무성

爭似頭流山 어떻게 하면
쟁사두류산

天鳴猶不鳴 하늘이 울어도 오히려 울지 않는 저 두류산(지리산)을
천명유불명   닮을 수 있을까?

▶ 출전: ≪남명집(南冥集)≫ <남명선생집(南冥先生集)> 권1

□ 字句 풀이

◆ 청(請): 청하건대. 영어로 치자면 'Please'에 해당하는 말. ◆ 千石鐘(천석종): '石'은 쌀의 수량을 세는 단위이다. 종은 원래 매달아 놓고서 치는 것이지만 종을 뒤집어 놓았을 때 그 안에 얼마만큼의 곡식을 담을 수 있는지를 헤아려 종의 크기를 설명하기도 한다. 따라서, 千石鐘(천석종)은 1,000석을 담을 수 있을 정도의 큰 종을 이르는 말이다. ◆ 扣(구): 두드리다. ◆ 爭似(쟁사): '爭'은 본래 '다투다'라는 뜻이지만 '어찌'라는 의미의 의문부사로도 사용하는 글자이다. '似'는 '같을 사'라고 훈독하지만 여기서는 '닮다'라고 해석하는 것이 더 좋을 것 같다. 그래서 '爭似(쟁사)'를 '어찌 하면 닮을 수 있을까'라고 번역했다. ◆ 頭流山(두류산): 지리산의 다른 이름. 지리산(智異山)은 '어리석은 사람이 머물면 지혜로운 사람으로 변한다.' 하여 붙은 이름이라고 한다. 그리고, 두류산(頭流山)이라는 이름은 '멀리 백두대간이 흘러 내려와서 이룬 산'이라는 의미에서 붙은 이름이다. 지리산을 방장산(方丈山)이라고도 부르는데 이는 중국의 삼신산을 본떠 금강산을 봉래산, 지리산을 방장산, 한라산을 영주산으로 부른 데서 유래한다. 6.25전쟁을 거

심석 김병기 55

치는 동안 빨치산의 활동 근거지가 됨으로써 한때 '적구산(赤狗山)'이라는 아픈 이름으로 불리기도 했다.

□ **감상**

　자신을 1,000석들이 큰 종에 비유한 남명 선생의 기상이 부럽다. 그리고 크게 치지 않으면 절대 울리지 않으리라는 결심이 존경스럽다. 정말 큰일을 믿고 맡기지 않으면 결코 정치에 나서지 않겠다는 뜻으로 이해할 수 있으리라. 요즈음 청와대에서 부르기만 하면 머리를 조아리며 쪼르르 달려 들어가는 일부 학자들의 모습과는 너무 다르다. 대선이 끝나고 정권이 바뀔 때마다 새 대통령의 눈에 들기 위해 새 정부에서 꾸리는 어떤 위원회에라도 소속되어 보려고 줄을 대며 안간힘을 쓰는 일부 학자들의 모습과는 너무 다르다. 이렇게 큰 그릇인 남명선생에게 전생서주부(典牲署主簿), 단성현감, 조지서사지(造紙署司紙) 등 미관말직이나 내리면서 조정으로 부른 당시의 왕들이 소졸(小卒)하기 이를 데 없다. 천석종의 큰 그릇인 남명이 그런 소졸한 꼬임에 빠지겠는가? 어림도 없는 일! 그래서 그는 학문과 교육이라는 대업에만 전념하였다. 그러면서 외려 더 큰 그릇이 되고자 '하늘의 울림'에도 꿈쩍하지 않는 지리산을 배우고 싶어 했다. "어떻게 하면 하늘이 울어도 오히려 울지 않는 저 두류산(지리산)을 닮을 수 있을까?"하는 생각을 하며 그나마 지리산을 닮을 수 있는 길은 학문과 교육에 전념하는 것밖에 없다는 생각으로 평생을 포의학자로 지낸 것이다. 크지 않은가? 그 기상이! 지리산을 일러 "하늘의 호통 앞에서도 오히려 미동도 하지 않은 산."이라고 읊은 점도 참 감동적이다.

〔심석心石 김병기金炳基〕

落梨花
지는 배꽃

-金坵김구

飛舞翩翩去却回 비무편편거각회	펄펄 날아 춤추며 날아 가다가 다시 돌아와,
倒吹還欲上枝開 도취환욕상지개	거꾸로 불려 가지에 올라 다시 꽃으로 피고자 하네.
無端一片黏絲網 무단일편점사망	예기치 않게 꽃 한 조각이 거미줄에 걸리고 보니
時見蜘蛛捕蝶來 시현지주포접래	때마침 나타난 거미가 나비인 줄 알고 잡으러 오네.

▶출전: ≪지포집(止浦集)≫ <지포선생문집(止浦先生文集)> 권1

□ 字句 풀이

◆ 翩翩(편편): 꽃잎이나 종이, 옷자락 같은 것이 날리는 모습을 형용한 말.
◆ 去却回(거각회): '却'은 '오히려 각'이라고 훈독. '去却回'는 '갔다가 오히려 되돌아온다.'는 뜻. ◆ 倒吹(도취): 땅에 떨어진 것이 다시 바람에 불려 위로 날아오르는 상태를 표현한 말. ◆ 還(환): 원래 '돌아오다'라는 의미의 동사이지만 여기서는 '또', '다시금'이라는 의미의 부사로 쓰임. ◆ 無端(무단): 직역하자면 '단서 없이' 즉 '까닭 없이'라는 뜻. (여기서는 "예기치 않게 어쩔 수 없이'로 번역하면 좋을 성 싶다). ◆ 黏絲網(점사망): 거미줄. ◆ 時見(시현): 직역하자면 '때에 나타난'이란 뜻. 즉 '때마침 나타난'이라는 의미.
◆ 蜘蛛(지주): 거미.

□ 감상

익재 이제현은 김구의 이 시 <낙이화(落梨花:지는 배꽃)>를 평하여 "아름답기가 더 할 나위 없는(瑰麗無雙) 시."라고 극찬하였다. 지는 꽃의 모습을 참으로 실감나게 묘사하고 또 해학적으로 표현하였다. 특히 떨어진 꽃잎이 바람에 거꾸로 불려 올라가 다시 나뭇가지에 붙어 꽃으로 피고자 한다는 표현이 절실하다. 사람이라면 누구나 젊은 시절로 돌아가고자 하는 바램이 있는데 떨어진 꽃잎인들 다시 피고자 하는 소망이 없으랴. 다시 젊어지고자 하는 사람의 욕구를 꽃잎에 이입시켜 절실하다 못해 애절하게 표현하였다. 그런데 그 꽃잎이 안타깝게도 거미줄에 결려 이제는 꼼짝달싹 못하게 되었다. 꽃잎의 안타까운 심정을 알 리 없는 거미는 나비가 걸려든 줄로 알고 잡아먹으려 다가오고 있다. 떨어진 꽃잎 하나와 거미와 거미줄이 만들어 낸 짧은 이야기지만 그 안에 인간의 이야기가 다 들어있다. 욕망도 들어 있고, 아쉬움도 들어 있으며, 속임도 들어 있고 실망도 들어있다. 그래서 시인의 눈은 무섭다. 무서울 정도로 날카롭다. 이 시는 탁월한 시적 능력을 갖춘 시인에 의해 탄생된 명시임이 분명하다.

 천재적 시재를 지닌 시인 김구는 응당 수백, 수천 편의 시를 지었을 테지만 불행히도 그의 저술이 모두 망실되어 ≪지포집(止浦集)≫에 수록된 12제 14수가 전할 따름이다. 안타까운 일이다.

〔심석心石 김병기金炳基〕

滿月
만월

-宋翼弼송익필

未圓常恨就圓遲 _{미원상한취원지}	둥글지 않을 때는 더디 둥글게 되는 것을 한스러워 하더니,
圓後如何易就虧 _{원후여하역취휴}	둥근 뒤에는 어찌 그리 쉽게 이지러지는가.

三十夜中圓一夜 30일에 둥근 것은 단 하루뿐,
삼십야중원일야
世間萬事摠如斯 세상 일이 모두 다 이런 것이라네.
세간만사총여사

▶ 출전: ≪구봉집(龜峯集)≫ <구봉선생집(龜峯先生集)> 권1

□ 字句 풀이

♦ 遲(지): 늦다, 더디다. ♦ 虧(휴): 이지러지다. ♦ 摠如斯(총여사): 모든 이치가 이와 같음, 곧 달이 차면 기운다는 뜻.

□ 감상

그래, 세상사가 본래 다 이러한 것인데 사람들은 늘 가득 차 있을 것만 기대하며 산다. 비워야 채워지는 기쁨을 느낄 수 있을 텐데….

〔초정艸亭 김석호金錫浩〕

閑山島夜吟
밤에 한산도에서 읊다

-李舜臣 이순신

水國秋光暮 섬에 가을은 저물어 가고
수국추광모
驚寒雁陣高 하늘 끝에 기러기 소리.
경한안진고
憂心輾轉夜 수심으로 잠 못 이루는 밤
우심전전야
殘月照弓刀 어느새 서녘으로 기우는 달이 활과 칼을 비추네.
잔월조궁도

▸ 출전: ≪이충무공전서(李忠武公全書)≫ 권1

□ 字句 풀이

◆ 雁陣(안진): 기러기 떼. ◆ 輾轉夜(전전야): 엎치락뒤치락하는 밤. ◆ 殘月(잔월): 날이 밝을 때까지 남아 있는 달.

□ 감상

전장에서 나라와 백성을 걱정하는 장군의 마음이 절절하게 표현된 시이다. 오늘 날도 이런 장군이 절실하게 필요한 때라고 생각한다. 아직도 전시작전권을 미군이 가지고 있는 일이 잘된 일일까? 잘 못된 일일까? 임진왜란 때에도 명나라 군대들 보다는 이순신 장군의 수군은 물론 우리의 의병들이 훨씬 더 용감하게 싸웠는데….

〔초정艸亭 김석호金錫浩〕

偶題
우연히 짓다
－奇大升기대승

庭前小草挾風薰　　뜰 앞에 작은 풀들 바람에 향내 풍겨오고,
정전소초협풍훈

殘夢初醒午酒醺　　낮술에 취해 자다가 꿈에서 깨니 몽롱하네.
잔몽초성오주훈

深院落花春晝永　　깊은 정원 안에 꽃은 지고 봄날은 길어
심원낙화춘주영

隔簾蜂蝶亂紛紛　　주렴 쳐진 밖에서는 벌과 나비 어지러이
격렴봉접난분분　　　날아다니네.

▸ 출전: ≪고봉집(高峯集)≫ <고봉선생문집(高峯先生文集)> 권1

□ 字句 풀이

◆ 薰(훈): 향 풀, 향내 나다, 좋은 향기. ◆ 殘夢(잔몽): 잠이 깬 후에도 마음 속에 어렴풋이 남아 있는 꿈. ◆ 醺(훈): 취하다, 약간 취하여 기분이 좋은 모양. ◆ 簾(렴): 발, 주렴.

□ 감상

우연히 지었다는 제목은 억지로 지으려고 애쓰지 않은 시임을 밝히고자 한 것이다. 낮술을 마신 뒤에 낮잠에 들었다가 깨어서 눈에 들어온 뜨락의 풍경을 묘사하였다. 훈풍은 풀과 함께 작자의 낮잠까지 깨웠으며, 꽃이 지고 벌과 나비가 어지럽게 날아다니니 봄이 깊어 감을 한껏 느낄 수 있다. 세상 가득한 생명의 충일감, 급할 것 하나 없는 자족감, 이런 것들이 작자와 외부세계 사이에서 합일되는 풍경이다. 이러한 풍경의 뒤에는 성리학자로서 세상을 읽는 태도가 자리하고 있다.

〔신산信山 김성덕金成德〕

有客
어떤 나그네

-金時習김시습

有客淸平寺 청평사의 어떤 나그네
유객청평사
春山任意遊 봄 산에서 자유로이 노니네.
춘산임의유
鳥啼孤塔靜 호젓한 탑 곁에서 새는 우짖고
조제고탑정
花落小溪流 흐르는 실개울에 꽃이 지네.
화락소계류

佳菜知時秀 　맛있는 나물은 시절을 알아 무성하고,
_{가채지시수}
香菌過雨柔 　향긋한 버섯은 비 맞은 뒤 더욱 부드럽네.
_{향균과우유}
行吟入仙洞 　시를 읊조리며 신선 마을로 들어가니
_{행음입선동}
消我百年愁 　내 길고 길었던 시름이 다 사라지네.
_{소아백년수}

▶ 출전: ≪매월당집(梅月堂集)≫ <매월당시집(梅月堂詩集)> 권13

□ 字句 풀이

◆ 香菌(향균): 향긋한 버섯. ◆ 消(소): 사라지다, 없어지다, 약해지다.

□ 감상

　이 작품은 부인 안씨(安氏)를 맞았지만 얼마 지나지 않아 부인이 세상을 떠나자, 실의에 빠져 49세의 나이로 다시 방랑길에 올라 관동지역을 두루 유람하던 시기에 쓴 것으로 알려져 있다. 자신의 행적을 평이하게 적어 시상을 연 다음, 봄이 온 청평사의 풍광을 담박하게 그려냈고 이러한 풍광으로 인하여 세상의 시름이 사라진다고 서술하고 있다. 좋은 풍경 앞에서는 이렇게 수심도 녹을 수 있다. 그게 바로 자연의 힘이다.

〔신산信山 김성덕金成德〕

梅梢明月
매화가지 끝에 걸린 밝은 달

－李珥이이

梅花本瑩然 매화는 본래도 환한 모습인데,
매화본형연
暎月疑成水 달이 비추니 물처럼 투명하구나.
영월의성수
霜雪助素艶 서리와 눈은 탐스러운 흰 자태를 도와주고,
상설조소염
淸寒徹人髓 맑은 한기 뼛속까지 스며드네.
청한철인수
對此洗靈臺 이 꽃을 대하면 마음이 씻어지니,
대차세영대
今宵無點滓 오늘 밤은 한 점의 찌끼도 없네.
금소무점재

▶출전: ≪율곡전서(栗谷全書)≫ <율곡선생전서(栗谷先生全書)> 권1

□ 字句 풀이

◆ 瑩然(형연): 윤기가 나고 깨끗하며 밝은 모양을 형용한 말. ◆ 暎月(영월): 달빛에 비침. ◆ 成水(성수): 물처럼 됨, 물과 같이 투명함. ◆ 助素艶(조소염): 매화의 희고 고운 자태를 돕다. ◆ 徹人髓(철인수): 골수(骨髓)까지 스미다. ◆ 對此(대차): 이것을 대하다. 여기서는 흰 자태를 지니고 맑은 향기를 지닌 매화를 대하다. ◆ 靈臺(영대): 직역하면 '신령스런 누대'라는 뜻이고 이는 사람의 단전(丹田)을 비유하는 말로도 사용된다. 여기서는 사람의 가슴, 마음을 의미. ◆ 無點滓(무점재): 더러운 앙금, 찌거기가 없어지다, 즉 마음이 맑아지다.

□ 감상

눈 내린 차가운 날씨에 누각에 나와 회한에 잠긴다. 무심코 은은한 달빛에 비친 매화를 대하니 그 맑은 향기와 깨끗한 자태에 도취되어 답답했던 가슴이 시원해짐을 느낀다. 이에, 떠오른 시상을 시로 옮겼다. 평생을 수신으로 일관한 성리학자의 모습을 그대로 담은 시라고 생각한다.

〔겸산謙山 김영기金榮基〕

贈醉客
취하신 임께

－李梅窓 이매창

醉客執羅衫 취한 손님 사정없이 날 끌어다간
취객집라삼
羅衫隨手裂 끝내는 비단적삼 찢어 놓았지.
라삼수수열
不惜一羅衫 적삼 하날 아껴서 그러는 게 아니여!
불석일라삼
但恐恩情絶 맺은 정(情) 끊어질까 두려워서 그러지….
단공은정절

▶ 출전: ≪매창전집≫(부안문화원 간, 2001) 263쪽

□ 字句 풀이

◆ 羅衫(나삼): 비단으로 만든 웃옷. ◆ 隨手裂(수수열): 손의 움직임 따라 찢어짐. ◆ 恩情絶(은정절): 은애하는 마음이 끊어짐.

□ 감상

술 취한 손님을 대하는 것이야 기생의 일상이었겠지만 예나 지금이나 술 취한 사람의 막무가내 행태는 당해낼 도리가 없었나 보다. 어지간히 취한 손님이 취기에 비단 적삼을 끌어당긴다. 사내의 억센 힘에 매창이 입고 있던 부드러운 비단적삼은 찢어지고 만다. 차마 얼굴을 붉히지는 못하고, "이까짓 적삼이야 무에 아깝겠어요? 그동안 쌓은 정이 다 끊어질까 걱정이지요."라고 취객을 달랜다.

〔겸산謙山 김영기金榮基〕

相思夢
꿈에서라도 보고 싶은 사람
— 黃眞伊 황진이

相思相見只憑夢 그립고 보고 싶어 꿈에라도 만나고자
상사상견지빙몽

儂訪歡時歡訪儂 내가 임을 찾아가 기쁘게 하려 길 떠나자, 임은
농방환시환방농 나를 찾아 길 떠나셨네.

願使遙遙他夜夢 원컨대 멀고 먼 다른 날 밤의 꿈길에서는
원사요요타야몽

一時同作路中逢 같이 떠나 길 가운데서 어긋남이 없이
일시동작로중봉 만나보기를.

□ 字句 풀이

◆ 相思相見(상사상견): 보고 싶고 만나고 싶고. ◆ 只憑夢(지빙몽): 다만 꿈에만 의지함. ◆ 儂訪(농방): 내가 임을 찾아감, '儂'은 '나(我)'와 같은 뜻임. ◆ 歡時(환시): 기쁘게 만나 보려고 할 때. ◆ 歡訪儂(환방농): 나를 기쁘게 하려고 찾아옴. ◆ 願使(원사): 원컨대 ~로 하여금 ~하게 하다. ◆ 遙遙(요요): 시간·공간적으로 아득히 먼 모양. ◆ 他夜夢(타야몽): 다른 날 밤의 꿈.

□ 감상

우리에게는 〈꿈〉이라는 가곡의 가사로 더 잘 알려져 있는 시이다. 가곡 〈꿈〉의 가사를 옮기는 것으로 감상을 대신한다. "꿈길 밖에 길이 없어 꿈길로 가니, 그 님은 나를 찾아 길 떠나셨네. 이 뒤엘랑 밤마다 어긋나는 꿈, 같이 떠나 노중에서 만나를 지고."

〔원부元孚 김왕운金旺云〕

善竹橋
선 죽 교

-李塏이개

繁華往事已成空	고려의 번화하던 지난 일들은 이미 허망한 꿈이 되었고
번화왕사이성공	
舞館歌臺野草中	지난날 흥겹게 놀던 호화로운 집들은 쓸쓸하게 들풀에 묻혀 있네.
무관가대야초중	
惟有斷橋名善竹	그 다리는 끊어졌으나 오직 그 이름 선죽교는 남아있으니
유유단교명선죽	
半千王業一文忠	오백년 고려왕조를 지키려던 문충공(文忠公) 정몽주를 아는가!
반천왕업일문충	

□ 字句 풀이

◆ 善竹橋(선죽교): 개성에 위치. 정몽주(鄭夢周)가 피살된 돌다리로 잘 알려져 있음. 1392년 정몽주가 당시 이성계의 병문안을 하고 돌아오던 중 이 다리 위에서 이방원이 보낸 조영규(趙英珪)에게 피살되었다는 고사가 전해짐. ◆ 往事(왕사): 지나간 일. ◆ 舞館歌臺(무관가대): 고려시대 춤추던 집과 노래 부르던 집, 곧 화려한 집들을 말함. ◆ 野草(야초): 사람이 관리하지 않고 저절로 자라난 잡초.

□ 감상

정몽주는 선죽교에서 죽음을 당하였으나 정몽주와 선죽교의 이름은 고려왕조의 역사와 함께 길이 남아 있음을 읊은 시다. 이렇게 충신을 알아본 작자였기에 자기 자신도 단종의 복위를 위해 모의하다가 발각되어, 세조로부터 작형(灼刑)이라는 무서운 고문을 당하면서도 꿋꿋하게 죽어갈 수 있었을 것이다. 참으로 역사에 길이 남을 기백이 아니던가!

〔원부元孚 김왕운金旺云〕

遺懷
느낀 바가 있어

－李基卨이기설

窓外連宵雨 창밖에 연이은 밤비
창외연소우
庭邊木葉空 뜰 안의 나뭇잎 다 져버렸네.
정변목엽공
騷人驚起晏 시인이 놀라 일어나
소인경기안
長嘯倚西風 길게 휘파람 불어 서풍에 실어 보내네.
장소의서풍

□ 字句 풀이

◆ 連宵雨(연소우): 연이은 밤비. ◆ 騷人(소인): 시인, 문사. ◆ 西風(서풍): 가을바람.

□ 감상

창밖으로 연이은 빗소리 들리더니 아침에 늦게 눈을 떠 보니 뜰엔 온통 비에 젖어 떨어진 잎 뿐 나무에는 잎이 하나도 없다. 놀라 벌떡 일어나니 벌써 가을바람이 불어온다. 빠른 세월의 흐름 속에 또 한해가 가버리는 스산한 마음을 휘파람 한 자락에 아쉬움과 함께 얹어 띄운다.

〔설원雪原 김장호金章鎬〕

題矗石樓
촉석루에 제하여

― 申維翰 신유한

晉陽城外水東流 (진양성외수동류)	진양성 밖 강물은 동으로 흐르고,
叢竹芳蘭綠映洲 (총죽방란록영주)	울창한 대숲과 향기로운 난(蘭), 모래톱에 푸르게 비치네.
天地報君三壯士 (천지보군삼장사)	임금 은혜 보답하기로는 세 분의 장사가 있고
江山留客一高樓 (강산류객일고루)	나그네 붙잡기로는 강산의 높은 누각이 있네.
歌屛日照潛蛟舞 (가병일조잠교무)	노래 병풍에 해 비치니 잠긴 교룡 춤을 추고,
劍幕霜侵宿鷺愁 (검막상침숙로수)	검막에 서리 치니 자던 백로 시름하네.
南望斗邊無戰氣 (남망두변무전기)	남으로 북두성 바라보니 전쟁 기미가 뵈지 않아
將壇笳鼓半春遊 (장단가고반춘유)	봄날 장군의 단상이 풍악 소리 울리는 놀이터가 되었네.

▶ 출전: ≪청천집(靑泉集)≫ 권1

□ 字句 풀이

◆ 晋陽城(진양성): 현재 촉석루를 둘러싸고 있는 진주성의 옛 이름. ◆ 叢竹(총죽): 무더기로 난 대숲. ◆ 洲(주): 모래톱. 강가나 바닷가에 있는 넓고 큰 모래벌판. ◆ 三壯士(삼장사): 1593 정유재란 때 9일간의 진주성 전투에서 7만 명의 민관군이 장렬히 전사하였는데 이 때 지휘한 창의사(倡義使) 김천일(金千鎰), 병마절도사 최경회(崔慶會), 충청도병마절도사 황진(黃進)을 일컬음. ◆ 留客(유객): 나그네를 머무르게 함. ◆ 斗邊(두변): 북두성 주변. ◆ 將壇(장단): 전쟁 때 장군이 지휘하기 위해 올라서는 단(壇).

□ 감상

촉석루는 정유재란 당시 7만의 민관 엽합군이 장렬히 전사한 충혼이 서린 곳이자, 진주성 전투의 아픔을 간직한 곳이다. 그러나 백년이 흐른 뒤, 태평성대에 올라보니 전쟁 기운은 없고 전쟁 때 지휘소로 쓰던 촉석루의 풍광은 한가롭기만 하다. 이에 작자는 풍악소리 울리며 봄놀이를 즐기는 당시 상황을 노래하고 있다. 태평성세를 노래한 것일까? 아니면 아무리 태평한 시대라고 하더라도 장군이 지휘하던 자리가 놀이터가 되어서는 안 된다는 풍자를 담은 시일까?

〔설원雪原 김장호金章鎬〕

歸田詠
전원으로 돌아가리라

-李晟이성

藥砌青春嫌我老 청춘같이 파릇한 약초 옆의 섬돌은 내가
약체청춘혐아로   늙었다고 비웃고,
竹溪明月誘吾情 대숲 시냇가에 떠오른 밝은 달은 내 마음을
죽계명월유오정   유혹하네.
昨宵已決歸田計 어젯밤 이미 전원으로 돌아갈 계획 세웠으니,
작소이결귀전계
雪盡湖南匹馬行 눈 다 녹으면 말 타고 호남으로 돌아가리라.
설진호남필마행

▶ 출전:《동문선(東文選)》 권20

□ 字句 풀이

◆ 藥砌(약체): 약초를 심어둔 섬돌. ◆ 昨宵(작소): 어젯밤. ◆ 雪盡(설진): 눈이 녹다.

□ 감상

　돌아갈 계획을 세워 놓고도 돌아가지 못하는 사람들이 많다. 나는 진정으로 돌아갈 수 있을까?

〔이촌以村 김재봉金載俸〕

憶故鄉
고향을 그리며

-尹汝衡윤여형

水畔梅花雪裏開　내 고향 물가의 매화꽃은 눈 속에 피었고,
수반매화설리개
夜深明月上樓臺　깊은 밤 밝은 달은 누대에 떠올랐으리.
야심명월상루대
此間着我詩應妙　이런 곳에서 시 지으면 어찌 기묘하지 않으리.
차간저아시응묘
閑跨驢兒歸去來　한가로이 나귀 타고 어서 고향으로 돌아가고파!
한과려아귀거래

▶출전: ≪동문선(東文選)≫ 권21

□ 字句 풀이

◆ 水畔(수반): 물가. 바다, 강, 못 따위와 같이 물이 있는 곳의 가장자리.
◆ 樓臺(누대): 누각(樓閣)과 대사(臺榭) 따위의 건물을 통틀어 이르는 말.
◆ 歸去來(귀거래): 관직을 물러나 고향으로 돌아감, 진(晉)나라 때의 도연명의 <귀거래사>에서 나옴.

□ 감상

　나는 역사 속에 묻힌 인물의 시를 찾아 읽기를 좋아한다. 이미 이름이 알려진 사람보다는 이름이 알려지지 않은 사람들을 찾아내어 그들의 이름을 세상에 알리고 싶어서이다. 이 시도 그런 이유에서 좋아하는 시이다.

〔이촌以村 김재봉金載俸〕

暮春宿光陵奉先寺
늦봄, 광릉 봉선사에 묵으며

－李端相이단상

曉夢回淸磬 효몽회청경	맑은 경쇠 소리에 새벽잠 깨고 보니,
空簾滿院春 공렴만원춘	발 사이로 비치는 마당엔 봄기운이 가득하네.
暗燈孤坐佛 암등고좌불	어스름 등불 아래 부처는 외로이 앉아있는데,
殘月獨歸人 잔월독귀인	희미한 달빛 아래 홀로 길 떠나는 사람이여.
馬踏林花落 마답림화락	숲속에 진 꽃은 말굽에 밟히고,
衣沾草露新 의첨초로신	옷자락은 풀 이슬에 젖는구나.
前溪鳴咽水 전계오인수	앞 시냇물 목메어 울 듯 흐르는 것이
似訴客來頻 사소객래빈	이 나그네더러 다시 오라 호소하는 것 같네.

▶ 출전: 《정관재집(靜觀齋集)》 권1

□ 字句 풀이

♦ 殘月(잔월): 거의 다 져 가는 달, 새벽녘까지 남아 있어 그 빛이 희미하게 된 달. ♦ 嗚咽(오인): 목메어 움, 또는 그런 울음.

□ 감상

이 시는 봄의 정서와 이별의 아쉬움을 잘 표현하고 있다. 절에서 하루를 묵으며 새벽에 깨어보니 어둠이 걷혀가면서 발 사이로 보이는 꽃들. 불상만 홀로 법당에 남겨둔 채 손님은 바삐 길을 나선다. 떨어진 꽃들은 말굽에 밟히고 옷자락은 새벽이슬에 젖는데 시냇물 흐르는 소리는 마치 떠나는 나그네에게 언제 다시 오느냐고 호소하듯 목이 메여 묻는 것 같다.

〔일곡一谷 김재승金在昇〕

智異山
지리산

-崔致遠최치원

春來花滿地 봄이 되면 온 대지엔 꽃이 가득,
춘래화만지

秋去葉飛天 (그러다가) 가을이 갈 때면 하늘엔 온통 낙엽이
추거엽비천　　날리고….

至道理文字 지극한 세상 이치가 어찌 책 속에만 적혀 있으랴.
지도리문자

元來在目前 봄꽃 피고 가을 잎 지는 눈앞의 이 풍경이 바로
원래재목전　　지극한 이치인 것을.

□ 字句 풀이

◆ 花滿地(화만지): 온 땅에 꽃이 피어있는 풍경. ◆ 葉飛天(엽비천): 하늘에 낙엽 흩날리는 모습. ◆ 至道(지도): 지극한 도리, 이치.

□ 감상

눈앞에 펼쳐지는 자연 그 자체가 진리이다. 순응하며 살 일이다.

〔일곡—谷 김재승金在昇〕

乍晴乍雨
개었다가 다시 또 비 내리네

-金時習김시습

乍晴還雨雨還晴 사청환우우환청	잠깐 개었다가 다시 비가 오고 비 오다가 다시 개니,
天道猶然況世情 천도유연황세정	하늘의 도(道) 또한 그러하거늘 하물며 세상 인정이랴!
譽我便是還毀我 예아편시환훼아	나를 기리다가 문득 돌이켜 나를 헐뜯고,
逃名却自爲求名 도명각자위구명	명예를 피한다더니 도리어 스스로 명예를 구하려 드네.
花開花謝春何管 화개화사춘하관	꽃이 피고 지는 것을 봄이 어찌 관장하랴!
雲去雲來山不爭 운거운래산부쟁	구름 가고 오는 것 때문에 산은 다투지 않는다네.
寄語世人須記認 기어세인수기인	세상 사람들에게 말하노니 반드시 기억해

두시게.

取歡無處得平生 평생토록 기쁨만 취할 수 있는 곳은 어디에도
취환무처득평생   없다는 것을.

▶ 출전: ≪매월당집(梅月堂集)≫ <매월당시집(梅月堂詩集)> 권4

□ 字句 풀이

◆ 乍晴乍雨(사청사우): 날씨가 개었다가 비오다 함. ◆ 況世情(황세정): (반어형) '하물며 세상인정이랴'는 의미. ◆ 便是(변시): 곧, 바로. ◆ 逃名(도명): 명예를 추구하려던 것으로부터 도망치다. 명예를 피하다. ◆ 花謝(화사): 꽃이 지다. ◆ 得平生(득평생): 능히 평생토록.

□ 감상

이 시는 세상 인심의 변덕스러움을 날씨에 빗대어 읊었다. 세속적인 명리를 떠나 무위자연으로 돌아가려는 작자의 인생관이 잘 드러나 있다. 1, 2구는 변덕스러운 세태와 인정을 날씨에 빗대었고, 3, 4구는 작자에 대한 세상의 인심이 변모함을 그리고 있다. 남을 기리는 일은 언제 태도가 표변하여 헐뜯을지도 모를 양면성을 지니고 있으니, 그것이 세상의 인정이다. 또한 명예를 뜬구름으로 여긴다고 하면서도 사람도 실은 은근히 명예를 구하는 이중성을 지니는 것이 현실의 세태이다. 보라! 봄은 꽃으로 인하여 봄다워지건마는 한편으로 봄은 꽃이야 피든 지든 다투지 않는다. 단지 자연에 맡겨 놓고 있을 뿐이다. 산 위로 넘나드는 구름에 따라 산의 얼굴도 달라지기 마련이지만 산은 구름이야 가든 오든, 이래라 저래라 요구하는 일이 없다. 그저 제 흐르는 대로 맡겨 놓고 있을 뿐이다.

인간은 공연히 제 스스로 입신출세다 부귀공명이다 하면서 동분서주 안달한다. 설사 뜻대로 얻었다 한들 필경 그것이 무엇이랴? 기쁨도 잠깐의 일일 뿐이요, 거기에는 새로운 고뇌도 함께 따라붙기 마련이다. 그러고 보면 어느 한 곳에 뿌리 내려 한 생애를 자득할 만큼의

기쁨을 얻을 곳이란 이 세상에는 아무 데도 없다. 다만 저 대자연처럼 욕심 없이, 얽매임 없이 담담히 순리대로 살아가는 것에 오히려 은근한 생의 즐거움이 있다고 시인은 세상 사람들에게 충고한다.

이 시의 마지막 구절은 어느 한 곳에도 정착하지 못하고 떠돌아다니는 시인 자신의 유랑의 변이기도 하다. 그의 삶 또한 정치적으로 자유롭지 못했기에 이런 생각에 미쳤는지도 모르겠다.

〔장헌章軒 김정환金政煥〕

秋夜雨中
가을밤 비는 내리고
-崔致遠최치원

秋風唯苦音 쓸쓸한 가을바람에 애써 시를 읊어보나,
추풍유고음
世路少知音 험한 세상길에 내 마음 알아주는 이 드물구나.
세로소지음
窓外三更雨 이 한밤 창밖엔 비 내리고,
창외삼경우
燈前萬里心 등불 앞에 앉아 만리 먼 고향을 향하는 내 마음이여!
등전만리심

▶출전:《고운집(孤雲集)》 제1권

□ 字句 풀이

◆ 苦吟(고음): 괴로이 시를 읊조림. ◆ 世路(세로): 세상 살아가는 길, 처세의 방법. ◆ 知音(지음):《열자》의 탕문편(湯問篇)에 나오는 백아와 종자기의 고사로 음률을 알아준다는 뜻, 여기서는 '자기의 속마음을 알아주는 사람'이라는 의미로 쓰임. ◆ 三更(삼경): 한 밤중, 밤 11시에서 새벽 1시 사이, 자시. ◆ 萬里心(만리심): 먼 고향을 그리는 마음, 향수.

□ 감상

  이 시는 세상에 자기를 알아줄 만한 사람이 없다는 절대 고독감을 표현한 시이다. ≪동문선(東文選)≫에는 '세로(世路)'가 '거세(擧世)'로 쓰여 있다. 최치원의 120여 편에 달하는 시 가운데 심상의 전개나 짜임새가 가장 완벽한 작품으로 꼽히며 세간에 널리 알려진 작품이다. 이 시는 최치원이 당나라에서 향수를 달래며 지은 것으로 보기도 하나, 귀국 후 세상에 용납되지 못하여 제 뜻을 펼치지 못하는 괴로운 심경을 토로한 것으로 보는 편이 더 나을 듯하다. 즉 중국에서 마음껏 문재를 떨치고 귀국한 최치원이었음에도 헌강왕이 죽은 뒤에는 태산군(太山君)·태수 등 외직으로 전전하고, 진성왕에게 당시 국정을 바로잡을 개혁안을 담은 시무책(時務策)을 올렸으나 실행에 옮겨보지 못하고 은거에 들어갔던 사정을 감안할 때, 제 역량과 포부를 제대로 발휘할 수 없는 당대 현실과의 부조화가 시인으로 하여금 이 시를 짓게 만든 동기가 되었던 것이 아닌가 생각해본다.

〔장헌章軒 김정환金政煥〕

曉雪
새벽 눈

-金集김집

侵壁冷初驚   벽을 뚫고 스며드는 냉기에 놀라 내다보았더니
침벽랭초경

隔窓灑有聲   들창 너머에 사각사각 소리 내며 눈이 내리네.
격창쇄유성

寒梅妬光笑   하얀 눈과 빛을 겨루려는 듯 흰 매화는 웃고 서 있고,
한매투광소

皓鶴奪鮮鳴   흰 눈으로 인해 제 흰빛이 퇴색했다고 백학은 울고
호학탈선명

	있네.
月入增新彩 _{월입증신채}	달이 뜨자 그 하얀 눈 색깔이 한결 새롭고,
天開不擅明 _{천개불천명}	천지가 온통 하얗게 변하여 날이 새도 더 밝아지는 줄 모르겠네.
神遊變態裏 _{신유변태리}	내 정신은 늘 이렇게 변하는 세상 속을 노니나니
孤坐又何爭 _{고좌우하쟁}	외로이 앉아 다시 또 무엇을 다투리.

▶ 출전: ≪신독재유고(愼獨齋遺稿)≫ <신독재선생유고(愼獨齋先生遺稿)> 권2

□ 字句 풀이

◆ 寒梅(한매): 겨울에 피는 매화.　◆ 孤坐(고좌): 홀로 외롭게 앉아 있음.

□ 감상

"하얀 눈과 빛을 겨루려는 듯 흰 매화는 웃고 서 있고, 흰 눈으로 인해 제 흰빛이 퇴색했다고 백학은 울고 있네."라는 표현이 무척 참신하다. 시인의 상상은 많은 사람들을 즐겁게 하는 것 같다.

〔심재心齋 김지훈金池焄〕

天柱寺看花
천주사에서 꽃을 보며

－金時習김시습

春半庭花落又開　봄이 한창인 뜨락에 꽃은 졌다가 또 피고,
_{춘반정화락우개}

심재 김지훈

看花猶自費吟來 꽃구경 하며 여전히 이것저것 읊어 보노라.
간화유자비음래
東風可是無情物 봄바람은 무정하여,
동풍가시무정물
狼籍嬌紅點綠苔 흐드러진 아름다운 붉은 꽃잎을 푸른 이끼위에
낭자교홍점록태 흩뿌려 버리네.

▶ 출전: ≪매월당집(梅月堂集)≫ <매월당시집(梅月堂詩集)> 권13

□ 字句 풀이

◆ 春半(춘반): 봄이 한창이라는 뜻. ◆ 猶(유): 아직도, 여전히. ◆ 自~來(자~래): 시간의 흐름을 나타냄. ◆ 費吟(비음): 시를 짓느라 마음을 쏟는다는 뜻. ◆ 東風(동풍): 봄바람. ◆ 狼籍(낭자): 여기저기 흩어져 어지럽다. 직역하자면 '이리의 잠자리'이다. 이리가 자고 난 자리가 아주 어지럽기 때문에 어지럽다는 뜻으로 쓰이게 되었다. 여기서는 바람이 꽃잎을 흩날린다는 뜻. ◆ 嬌紅(교홍): 붉은 꽃. ◆ 點(점): 點綴. 얼룩지다. '점철(點綴)하다'는 뜻으로 봄바람은 무정하여 꽃잎을 '휙'하고 날려 보내 푸른 이끼위에 흩뿌려 버린다는 뜻. ◆ 綠苔(녹태): 푸른 이끼.

□ 감상

　음력 2월이면 양력의 3,4월에 해당한다. 1,2구는 4월의 봄 햇살에 꽃이 한창 피고 지는 가운데 산사에 꽃구경 갔다가 이것저것 감회를 시로 읊은 것이다. 3,4구는 심술궂은 봄바람이 마침 시인이 보고 있던 고운 꽃들을 흩날려서 산사 계단의 푸른 이끼 위에 떨어뜨리는 광경을 읊었다. "무정한 봄바람이 붉은 꽃잎을 떨어뜨려 푸른 이끼 위에 얼룩이 졌다."고 표현한 시인의 시적 발상과 표현력이 돋보인다.

〔심재心齋 김지훈金池焄〕

獨坐
홀로 앉아서

-徐居正서거정

獨坐無來客 _{독좌무래객}	찾는 이 없이 나 홀로 앉아있네
空庭雨氣昏 _{공정우기혼}	빈 뜰은 비가 쏟아질 듯 어둠침침한데…
魚搖荷葉動 _{어요하엽동}	못에선 물고기가 연잎을 흔들고
鵲踏樹梢翻 _{작답수초번}	나무 끝에 앉았던 까치가 날아가네.
琴潤絃猶響 _{금윤현유향}	흐린 날씨에 적절한 습기로 거문고 소리는 더욱 아름답고
爐寒火尚存 _{로한화상존}	화로는 식었지만 아직 불씨는 남아있네.
泥途妨出入 _{니도방출입}	진흙길이 문 밖 나서지 못하게 방해하니
終日可關門 _{종일가관문}	종일토록 문을 잠가 놓을 수밖에.

▶ 출전: ≪사가시집보유(四佳詩集補遺)≫ 권1

□ 字句 풀이

◆ 荷葉(하엽): 연꽃의 잎. ◆ 樹梢(수초): 나뭇가지 끝. ◆ 泥途(니도): 진흙길. ◆ 妨(방): 방해하다, 순조롭지 못하게 장애가 되다. ◆ 關門(궐문): 문을 닫아걸다.

□ 감상

홀로 앉아 있는 무료함과 무료함 속의 여유를 표현한 시이다. 현대인 중에 이런 한가함을 즐길 수 있는 사람이 몇이나 될까? 딱히 시간이 없어서가 아니라, 스스로 마음이 분주하여 이런 한가함을 즐길 수 없으니 한가함을 즐기고 못 즐김도 다 마음에 달려있는 것이다.

〔호정浩亭 김진권金珍權〕

岳陽亭
악양정

-兪好仁유호인

一掬歸心天盡頭 일국귀심천진두	돌아 가고픈 한 줌의 마음 하늘 끝에 이르렀네.
岳陽無處不淸幽 악양무처불청유	악양의 어떤 곳도 맑고 그윽하지 않은 곳 없으니.
雲泉歷歷偏供興 운천역력편공흥	구름이며 냇물이며 산수는 지나는 곳마다 흥취를 일으키는데,
軒冕悠悠惹起愁 헌면유유야기수	벼슬살이에 둔 미련은 가슴 한편에 수심으로 남아 있네.
杜曲林塘春日暖 두곡임당춘일난	두곡의 숲과 못엔 봄날의 따사로움이 있고,
輞川煙雨暮山浮 망천연우모산부	망천의 저물녘 산 위엔 안개비가 끼어 있겠지.
書筵每被催三接 서연매피최삼접	서연에서 매일 세 번 접견함을 재촉당하니 (매일 세 번 강론해야 하니),
辜負亭前月滿舟 고부정전월만주	악양정 앞 매어둔 배는 나를 태울 일이 없어 오늘도 달빛만 가득하겠구나.

□ 字句 풀이

♦ 岳陽亭(악양정): 유호인의 '악양정'시 발문에 "악양정은 진양(晉陽)의 악양현(岳陽縣)에 있는 정자 이름, 백욱(伯勖) 정여창(鄭汝昌)이 이 정자를 세우고는 '악양정'이라 이름하고 날마다 여유롭게 지내면서 시를 읊조리며 즐겼다."는 기록이 있음. ♦ 一掬(일국): 두 손으로 한 번 움키는 일, 또는 한 움큼. ♦ 軒冕(헌면): 고관이 타던 가마인 초헌(軺軒)과 머리에 쓰던 면류관을 일컫는 말인데 후에 관직을 나타내는 말로 많이 사용하게 되었음. ♦ 杜曲(두곡): 중국 당나라 때 두씨(杜氏)들이 대대로 살던 곳으로 꽃이 많은 곳이었다고 전해짐. ♦ 輞川(망천): 당나라 시인 왕유(王維)가 별장을 지어 놓고 은거하던 곳. ♦ (삼접): 하루에 세 번 접한다는 말로 임금을 마주하여 강론함을 뜻함. ♦ 辜負(고부): 저버림, 본의나 기대에 어긋나는 짓을 함, 여기서는 악양정 앞에 매어둔 배를 타지 못하고 늘 달빛만 가득하게 하여 사람을 태우고자 하는 그 배의 뜻을 저버려 미안하다는 의미로 쓴 말.

□ 감상

돌아가자고 몇 번을 다짐하면서도 아직 관직에 미련을 다 버리지 못하여 돌아가 은거하지 못하는 심정을 표현한 시이다. 빈 배에게 미안하다고 한 표현이 천진스럽다.

〔호정浩亭 김진권金珍權〕

宿復興寺
부흥사에 묵으며

-卞季良변계량

失路投山寺 나그네 길을 잘 못 들어 산사에 들었더니
실로투산사
人傳是復興 사람들이 이곳을 부흥사라 전하네.
인전시부흥

靑松唯見鶴　푸른 소나무엔 오직 학만 보이고
청송유견학
白日不逢僧　대낮인데 스님을 만나 볼 수 없구나.
백일불봉승
古壁留金像　오래된 벽엔 금부처상이 그려져 있고
고벽유금상
空梁耿玉燈　빈 들보엔 옥 등잔 불빛만이 깜박이네.
공량경옥등
前軒頗淸切　집 앞 마루 난간이 자못 청결하니
전헌파청절
過客獨來憑　지나는 나그네가 홀로 와서 기대보노라.
과객독래빙

▶ 출전: ≪춘정선생시집(春亭先生詩集)≫ 권2

□ 字句 풀이

◆ 白日(백일): 구름이 끼지 않아 밝게 빛나는 해, 대낮. ◆ 耿(경): 빛나다, 비추다. ◆ 軒(헌): 처마, 집, 수레. ◆ 頗(파): 자못, 꽤. ◆ 過客(과객): 지나는 나그네. ◆ 憑(빙): 기대다, 의거하다.

□ 감상

　길을 잘 못 들어 우연히 들른 산사의 풍광을 읊은 시이다. 가는 곳마다 시를 짓던 옛 사람의 풍류를 실감하게 하는 시이다.

〔삼현三玄 김진희金鎭禧〕

自笑
내 모습이 우스워서

-徐居正서거정

病裏圍碁如不病 몸져 누웠을 때도 바둑 두니 아픈 사람이 아닌
병리위기여불병   것 같고

閑中覓句亦無閑 한가할 때면 싯귀를 얻으려 하니 한가로울
한중멱구역무한   틈이 어디 있겠나?

求閑養病都無用 한가로움 구하고 요양한다는 것 모두 쓸 데
구한양병도무용   없는 짓!

嬴被旁人拍手看 사람들에게 박장대소 웃음거리만 되었다네.
영피방인박수간

▶출전: ≪사가집(四佳集)≫ <사가시집(四佳詩集)> 권13

□ 字句 풀이

◆ 圍碁(위기): 바둑을 두다. ◆ 覓句(멱구): 시구(詩句)를 찾다, 좋은 시를 지으려 애를 쓰는 모습을 이르는 말. ◆ 養病(양병): 요양하다. ◆ 拍手(박수): 손뼉 치며 웃음.

□ 감상

 부지런한 사람은 언제나 부지런하여 쉰다고 하면서도 늘 일을 한다. 한가한 시간을 잠시도 그대로 보내지 못하여 시를 지으려 하니 어느 틈에 한가할 수가 있겠는가? 그래도 이렇게 사는 사람이 일이 없어 늘 한가한 사람보다 100배 낫다고 생각한다.

〔삼현三玄 김진희金鎭禧〕

<騎牛仙人圖> 畵題詩
<기우선인도>에 제하여

― 金弘道김홍도

落花流水閑啼鳴 꽃은 지고 물 흐르는 속에서 새 울음소리
낙화유수한제명 한가하여라.

一事無干陸地仙 나는야 아무 일에도 간여하지 않는 육지의
일사무간육지선 신선이라네.

□ 字句 풀이

◆ 落花流水(낙화유수): 떨어지는 꽃과 흐르는 물이라는 뜻으로, 가는 봄의 경치를 이르는 말. ◆ 無干(무간): 관계없다, 상관없다, 무관하다. ◆ 陸地仙(육지선): 땅 위의 신선.

□ 감상

　　김홍도(金弘道 1745~1806?)의 <기우선인도(騎牛仙人圖)>는 시간의 흐름과 자연의 변화를 여유 있게 바라보는 선비가 소를 타고 자연 속을 소요하는 장면을 묘사한 그림이다. 화면 우측에 그림을 그리고, 좌측의 여백을 두어 스케일이 다소 큰 작품임에도 여백의 미를 느낄 수 있다. 느리게 산다는 것은 초고속으로 질주하고 있는 자본주의 문명의 광기를 제어할 대안적 삶이자, 자연 친화적인 삶이다. 자연과 사람이 상생하는 것이야말로 진정한 공동체이고 배려하는 삶이라고 할 수 있을 것이다. 잠시만이라도 명상을 해보기도 하고, 다른 사람의 말에 귀 기울여 들어주는 것. 이렇듯 속도를 줄이고 천천히, 배려하며 사는 삶이야말로 흐름의 변화에 맞서 신선처럼 살아갈 수 있는 하나의 방법이 되지 않을까?

〔수묵헌守默軒 김찬호金粲鎬〕

김홍도, 종이에 수묵담채, 24x33.6cm

東郊馬上
교외에서 말을 타고서

-郭預곽예

信馬尋春事	말(馬) 가는 대로 몸을 맡겨 봄 풍경을 찾았더니
신마심춘사	
牛兒方力耕	소들이 한창 밭을 갈고 있네.
우아방력경	
鳥鳴天氣暖	새들의 울음 속에 날씨는 확 풀리고,
조명천기난	
魚泳浪紋平	얼음 풀려 고기들 헤엄치는 곳에선 잔물결이 이네.
어영랑문평	
野蝶成團戲	나비 떼 모여 다니며 장난치고,
야접성단희	
沙鷗作隊行	모래 위 갈매기 줄 맞춰 날아가네.
사구작대행	

수묵헌 김찬호 85

自嫌隨燕雀 해오라기처럼 청한하게 은거하지 못하고
자혐수연작
不似鷺鷥淸 제비와 참새 같은 하찮은 무리를 따르는 내가
불사로사청   부끄러워라.

▶ 출전: ≪동문선(東文選)≫ 권9

□ 字句 풀이

◆ 浪紋(낭문): 물결이 이는 무늬. ◆ 沙鷗(사구): 모래 위 갈매기. ◆ 燕雀(연작): 제비와 참새. 도량이 좁고, 작은 인물을 비유함. ◆ 鷺鷥(노사): 해오라기.

□ 감상

  학을 따르지 못하고 재잘대는 제비나 참새의 무리를 따르는 자신을 부끄럽게 여긴 대목에 눈길이 간다. 학처럼 살기가 어디 그리 쉬운 일이던가!

〔수묵헌守默軒 김찬호金粲鎬〕

山行卽事
산길을 가다가 즉흥적으로 읊다

—金時習김시습

兒打蜻蜓翁掇籬 아이는 잠자리 잡고 노인네는 울타리를 고치고
아타청정옹철리
小溪春水浴鸕鷀 작은 시내 봄물에서는 가마우지가 멱을 감네.
소계춘수욕로자
靑山斷處歸程遠 푸른 산도 끊긴 곳, 갈 길이 아직 멀어
청산단처귀정원

橫擔烏藤一个枝 등나무 지팡이 한 가지를 가로질러 메고 길을
_{횡담오등일개지} 재촉하네.

▶출전: ≪매월당집(梅月堂集)≫ <매월당시집(梅月堂詩集)> 권1

□ 字句 풀이

◆ 打蜻蜓(타청정): 잠자리를 잡다. ◆ 掇籬(철리): 울타리의 부서진 부분을 고치다. ◆ 歸程(귀정): 돌아갈 길. ◆ 橫擔(횡담): 가로로 메다. ◆ 烏藤(오등): 검은빛을 띤 등나무 지팡이.

□ 감상

 아이는 잠자리를 잡고 노인네는 울타리를 고치고 작은 시내 봄물에서는 가마우지가 먹을 감는 풍경이 눈에 선하게 그려진다. 박목월의 시 "구름에 달 가듯이 가는 나그네."의 발걸음과 달리 이 나그네는 등나무 지팡이를 봇짐 사이에 가로질러 꽂아 매고서 두 팔을 저으며 발길을 재촉한다. 해 뜨고 달뜨는 일이 쉼 없는 것처럼 우리네 인생도 나그네 되어 쉬어 갈 수 없음은 푸른 산 저편으로 가야 할 길이 멀기 때문이리라.

〔청곡靑谷 김춘자金春子〕

海州虛白堂
해주의 허백당에서

-徐敬德서경덕

虛白堂中憑几人 허백당에서 책상에 기대 앉은 사람
_{허백당중빙궤인}

一生心事澹無塵　한 평생 먹은 마음 담담하여 티끌이 없다네.
일생심사담무진
太平歌管來飄耳　태평가 가락 귓가에 울리면
태평가관래표이
便作羲皇以上身　태고 적 사람보다 더 태고적 사람이 된 듯이
편작희황이상신　　그렇게 산다네.

▸ 출전: ≪화담집(花潭集)≫ <화담선생문집(花潭先生文集)> 권1

□ 字句 풀이

◆ 虛白堂(허백당): 당호.　◆ 憑几人(빙궤인): 책상에 기대고 있는 사람.
◆ 歌管(가관): 노랫소리와 피리 부는 소리.　◆ 來飄耳(래표이): 와서 귀에 나부낌, 귀에 들려 옴.　◆ 羲皇(희황): 중국 고대 복희씨(伏羲氏)를 말함.

□ 감상

　허백당(虛白堂) 안의 책상에 의지하고 앉아 있는 모습에서 벼슬을 그만 두고 학문 연구에 힘쓴 화담 선생의 모습이 연상된다. "평생 심사는 담담하여 티끌이 없네(一生心事淡無塵)."라는 구절은 정지상의 시 <취후(醉後)>의 "집 둘레 청산은 푸른 산기에 잠겨 있네(繞屋靑山間翠嵐)."라는 구절을 떠오르게 하는데 허백당의 맑고 깨끗한 기운은 마치 푸른 기운 가득한 청산을 닮은 듯하다. "태고 사람이 된 듯한 느낌이 드네(便作羲皇以上身)."에서 태고 사람은 내적으로 어떤 얽매임이나 걸림이 없는 사람으로서 자유로움이 충만한 화담 자신을 말한 것이리라. 이 시를 음미하면 무더운 여름날 깊은 산 속에 들어가 청량한 바람을 쏘인 듯 마음이 한껏 정화된다. 세상이 험하고 삶이 한없이 복잡한들 이런 시가 있는 한 어찌 넉넉한 위안이 되지 않겠는가!

〔청곡靑谷 김춘자金春子〕

高叟洞窟
고수 동굴

-朴英模박영모

地秘天藏幾億年 지비천장기억년	하늘이 감추고 땅이 숨긴 지 몇 억년 되었던가!
千奇萬像玉珠連 천기만상옥주연	천만 가지 기이한 형상의 옥 구슬들이 즐비하구나.
躋攀棧道頻停步 제반잔도빈정보	사다리 길 타고 오르락내리락, 가다 서다 감상하는데
畵幅如將夢裏傳 화폭여장몽리전	펼쳐진 화폭들이 마치 꿈속에서 보았던 그 풍경을 닮았구나.

□ 字句 풀이

♦ 高叟洞窟(고수동굴): 단양 고수리 동굴, 남한강 상류 충주호반의 단양읍 금곡천 냇가에 있다. 동굴 내부에는 사자바위를 비롯하여 물웅덩이, 고드름처럼 생긴 종유석, 석순, 석주 등이 있으며 그밖에 희귀한 암석들이 많다. ♦ 地秘(지비): 땅이 감춰둔 비밀스러운 것. ♦ 天藏(천장): 하늘이 숨겨놓은 것. ♦ 千奇萬像(천기만상): 천 가지 기이한 모습과 만 가지 형상. ♦ 玉珠(옥주): 옥구슬 같은 모양. ♦ 躋攀(제반): 높은 곳을 기어오름. ♦ 棧道(잔도): 다니기 힘든 험한 벼랑 같은 곳에 사다리나 선반 등을 매어 만든 길. ♦ 停步(정보): 가다 서다 반복하면서 걷는 걸음. ♦ 夢裏(몽리): 꿈 속.

□ 감상

이 작품은 충북 단양에 있는 고수동굴을 감상하고 지은 시이다. "하늘이 감추고 땅이 숨긴 지 몇 억년이나 되었던가?(地秘天藏幾億年)."라는 구절과 "천만가지 기이한 형상의 옥주들이 즐비하네(千奇萬像玉珠連)."라는 구절은 수 천 년, 수 억 년 동안 세상에 드러나지 않고 깊이 문혀 있다가 이제야 비로소 드러나 말로 다 형용할 수 없이 다양한 형상들을 하고 있는 동굴 속 광경들을 보고 감탄하면서 지은 것이다.

〔남경南冏 김현선金炫璇〕

望天冠山
천관산을 바라보며

－金文鈺김문옥

十年幾作冠山夢 십년기작관산몽	10년 동안 천관산(天冠山) 꿈을 몇 번이나 꾸었는데,
却望冠山不可登 각망관산불가등	막상 천관산을 바라만 보고 오르지는 못하였네.
何日天風生羽翰 하일천풍생우한	어느 날, 하늘 바람 불어 날개가 생긴다면
滄溟萬里臨飛騰 창명만리임비등	만리 펼쳐진 넓은 바다를 찾아 날아가 보리라.
海上劈開仙窟宅 해상벽개선굴택	바다 갈라져 신선 사는 동굴 드러난 듯,
雲中擎出玉芙蓉 운중경출옥부용	구름 속에서 옥 같은 부용을 떠받치고 있는 듯.
無端一夜江南雨 무단일야강남우	한 밤중 강남에 막무가내로 비 내리더니,
咫尺名山隔萬重 지척명산격만중	지척에 있던 산이 만 겹으로 가로막혔네.

□ 字句 풀이

♦ 天冠山(천관산): 전라남도 장흥군 관산읍과 대덕읍 경계에 있는 산으로,

가끔 흰 연기와 같은 이상한 기운이 서린다고 하여 신산이라고도 함. ◆ 何日(하일): 어느 날. ◆ 羽翰(우한): 날개. ◆ 滄溟(창명): 넓고 큰 바다. ◆ 飛騰(비등): 날다. ◆ 劈開(벽개): 쪼개져서 갈라짐. ◆ 仙窟(선굴): 신선세계에서나 볼 수 있는 동굴. ◆ 擎出(경출): 떠받들고 나오다. ◆ 芙蓉(부용): 연꽃, 연꽃이 피기 전 봉긋한 모양. ◆ 無端(무단): 無斷. 미리 연락을 하거나 승낙을 받지 않고 함부로 행동하는 일. ◆ 一夜(일야): 하룻밤. ◆ 咫尺(지척): 지척, 가까운 곳. ◆ 隔(격): 가로막히다. ◆ 萬重(만중): 만 겹.

□ 감상

"10년 동안 관산 꿈을 몇 번이나 꾸었던가(十年幾作冠山夢)."라는 구절과 "오히려 천관산을 바라만 보고 오르지는 못하네(却望冠山不可登)."라는 구절은 천관산을 가보고 싶은 마음은 간절한데, 건강이 허락하지 않아서인지 오르지 못한 것에 대한 아쉬움을 표현하고 있다. 이러한 표현은 마치 "북한 땅 한 번 가보고 싶은 마음 간절하지만 지금은 휴전선이 가로막고 있어 갈 수가 없구나." 하는 의미로도 이해해 볼 수 있다.

"어느 날 하늘 바람 불어 날개가 생긴다면(何日天風生羽翰), 만 리 펼쳐진 넓은 바다를 찾아 날아가 보리라(滄溟萬里臨飛騰)."라는 구절을 통해 지금은 갈 수 없지만, 가려는 꿈을 접지 않는 작자의 소망을 엿볼 수 있는데, 마치 장자(莊子)가 붕새를 타고 만 리 하늘을 날아가는 그림을 연상케 한다.

"바다 갈라져 신선 사는 동굴 드러난 듯(海上劈開仙窟宅), 구름 속에서 옥 같은 부용을 떠받치고 있는 듯(雲中擎出玉芙蓉)."하다는 구절은 다른 곳에서는 볼 수 없고, 신선세계에서나 볼 수 있는 천관산의 모습이 마치 연꽃이 봉긋하게 피어난 모습 같음을 형용한 구절로 천관산이 실지로 눈앞에 펼쳐져있는 듯한 느낌이 들게 한다. "지척에 있던 산이 만 겹으로 가로막혔네(咫尺名山隔萬重)."라는 마지막 구절은 지척에 있던 산이 비가 와서 가로 막혀버린 것처럼 이루고자한 꿈이 사라지지나 않을까 걱정하며 못내 아쉬워하는 마음을 전하며 마무리한 것으로 볼 수 있다.

〔남경南炅 김현선金炫璇〕

獄中吟
옥중에서 읊다

-韓龍雲한용운

隴山鸚鵡能言語 농산의 앵무새는 언변도 좋네
농산앵무능언어

愧我不及彼鳥多 내 언변이 그 새에 못 미치는 걸 많이
괴아불급피조다 부끄러워했지.

雄辯銀兮沈默金 웅변이 은(銀)이라면 침묵은 금(金)!
웅변은혜침묵금

此金買盡自由花 이 금이라야 자유의 꽃을 다 살 수 있다네.
차금매진자유화

□ 字句 풀이

◆ 隴山(농산): 중국 섬서성(陝西省) 농현(隴縣) 서북에 있는 산으로 앵무새의 서식지로 유명하다. 이로 인해 앵무새를 '농객(隴客)'이라고도 함.
◆ 鸚鵡(앵무): 앵무새.

□ 감상

말을 할 수 없는 일제의 강압 시대를 산 애국지사의 비분에 가득 찬 의기가 느껴지는 시이다. 말로 해결되는 세상이라면 얼마나 좋으랴. 말이 안 통하는 세상에서는 침묵을 금으로 여길 수밖에….

〔효계曉溪 김형욱金炯彧〕

偶成
우연히 짓다

-黃玹황현

松下柴門相向開 _{송하시문상향개}	소나무아래 사립문은 서로 마주보며 열려있고,
秋陽終日在蒼苔 _{추양종일재창태}	가을날의 햇볕은 종일토록 푸른 이끼에 내리는데.
殘蟬葉冷鳴鳴抱 _{잔선엽냉오오포}	처량한 매미는 시든 나뭇잎을 안고서 울어대고,
一鳥庭空啄啄來 _{일조정공탁탁래}	한 마리 새는 허공에서 탁탁거리며 날아오네.
粉甘葛笋咬爲筆 _{분감갈순교위필}	분말 달콤한 칡 순을 씹어 붓을 만들고,
核爛榴房剖作盃 _{핵란류방부작배}	씨가 눈부시게 박힌 석류를 쪼개어 술잔을 만드네.
朱柿千林鄰舍富 _{주시천림인사부}	홍시가 천 그루나 되는 이웃집은 부자이니
悔從初寓未曾栽 _{회사초우미증재}	처음 이사 올 때에 감나무를 심지 않는 것이 후회스럽구나.

▶ 출전: ≪매천집(梅泉集)≫ 권2

□ 字句 풀이

◆ 柴門(시문): 사립문, 사립짝을 달아서 만든 문(門). ◆ 蒼苔(창태): 푸릇푸릇한 이끼 ◆ 蟬(선): 매미. ◆ 啄啄(탁탁): 새가 나무 따위를 쪼는 소리. ◆ 朱柿(주시): 붉은 감.

□ 감상

이렇게 평화로운 시를 쓴 매천 황현 선생을 자결하게 한 자 누구인가? 이 평화로운 시를 저리는 가슴으로 읽어야 하는 우리의 현실을 바로 볼 수 있어야 이 시가 지닌 평화로움을 후손들에게 넘겨 줄 수 있을 것이다.

〔효계曉溪 김형욱金炯彧〕

示子芳
친구 자방에게

－林億齡 임 억 령

古寺門前又送春 옛 절의 문전에서 또 봄을 보내자니,
고사문전우송춘

殘花隨雨點衣頻 지는 꽃잎이 비에 날려 내 옷 위에 내려앉네.
잔화수우점의빈

歸來滿袖淸香在 돌아오는 길, 옷깃에 맑은 향기 가득하니
귀래만수청향재

無數山蜂遠趁人 수많은 산벌들이 멀리까지 나를 따라오더군.
무수산봉원진인

▶출전: ≪석천선생시집(石川先生詩集)≫ 권7

□ 字句 풀이

◆ 示子芳(시자방): '자방(子芳)에게 보임'이라는 제목이 붙어 있는데, 자방은 이란(李蘭)의 자이고, 이란의 본관은 완산(完山)이며 부정(副正)을 지냈음. ◆ 殘花(잔화): 거의 지고 남은 꽃, 시들어 가는 꽃. ◆ 點(점): 점, 얼룩. ◆ 頻(빈): 자주. ◆ 歸來(귀래): 돌아오다. ◆ 袖(수): 소매. ◆ 趁(진): 좇다, 따라오다.

□ 감상

산사에서 늦은 봄을 보내며 그 감회를 친구에게 적어 보인 시이다. 아직도 옷깃에는 맑은 향기가 남아 있어 산벌들이 멀리까지 자신을 따라온다고 한 부분은 마치 중국 북송 시대 휘종(徽宗)이 화원을 뽑는 시험에서 낸 화제인 '답화귀거마제향(踏花歸去馬蹄香: 꽃을 밟고 돌아가는 말발굽에서 향기가 난다)'구를 연상하게 한다. 이 때 한 화원이 말 발굽에 나비가 맴도는 그림을 그렸다고 한다.

〔애일愛日 김효순金孝淳〕

遊山
뒷산도 좋아라
−李栢淳이백순

良辰携手往靑山   좋은 시절에 손잡고 청산을 찾으니,
양신휴수왕청산

過盡一山還是山   산 하나를 다 넘어도 또 산이 있네.
과진일산환시산

共道靑山無限好   모두가 청산을 한없이 좋다고 하나,
공도청산무한호

愛山何必問名山   산을 좋아한다면 하필 명산만 찾을 일이 무에
애산하필문명산   있으랴.

□ 字句 풀이

◆ 遊山(유산): '산으로 놀러 감'이라는 제목이 붙어 있으나, 여기에서의 산은 '작자가 좋아하는 동네 뒷산'이므로 '뒷산도 좋아라.'라고 풀이하였다. ◆ 良辰(양신): 좋은 시절. ◆ 携(휴): 끌다. 이끌다. ◆ 還(환): 다시, 또. ◆ 共(공): 함께, 같이. ◆ 道(도): 말하다. ◆ 無限(무한): 한없이, 제한이나 한계가 없음. ◆ 何必(하필): 어찌하여 꼭 그렇게. ◆ 問(문): 묻다, 여기에서는 '물어 찾아

가다'는 뜻.

□ 감상

　신록이 짙어가는 초여름의 어느 날 선생께서는 제자 몇 명과 더불어 동내 뒷산을 올랐다. 산이라고 부르기도 어색한 야트막한 뒷산이지만 그 산을 넘으니 다른 산이 나오고 다음 산을 넘으니 또 다른 산이 기다린다. 이처럼 한가로이 산을 걷다보면 흐르는 물소리와 나뭇가지를 흔드는 바람소리며 산새들 지저귀는 소리가 더없이 정겹다. 게다가 푸르른 녹음사이로 아름답게 핀 이름 모를 들꽃들의 자태와 향기에 취하기도하고, 이마에 흐르는 땀방울을 훔치면서 흐르는 시원한 계곡물에 발이라도 담글라치면 선경이 어디 따로 있으랴. 그러니 산을 구경하는데 어찌 이름난 산을 올라야만 운치가 있다고 하겠는가? 요즘은 '운동'하면 으레 '골프'를 떠올리고, '여행'이라 하면 '외국여행'만을 생각하는 경향이 있다. 어찌 외국으로 가야만 여행이며 골프만이 운동이겠는가?
　선생의 이 시는 산을 감상하는데 반드시 큰 산이어야 한다거나 이름난 산일 필요는 없으며, 내가 마음을 열고 받아들이기만 한다면 가까운 곳에 있는 작고 이름 없는 산이라도 얼마든지 그 속에서 아름다움을 찾고 흥취를 느낄 수 있다는 뜻을 담고 있다. 어디 산을 찾는 것만 그렇겠는가? 세상에 존재하는 모든 것들이 다 하나하나 소중하고 의미 있는 존재일 것이다. 1등 하는 사람만 귀한 존재가 아니라 2등도 3등도 심지어 꼴찌까지도 하나같이 귀한 존재이며, 부유하고 지위가 높거나 권력이 있는 사람만 소중한 것이 아니라 가난하고 보잘 것 없는 우리의 이웃들도 애정을 갖고 들여다보면 누구 하나 소중하지 않은 사람이 없다. 살아있는 모든 존재가 저마다의 소중한 가치가 있는 것이니 그것들을 소중하게 대하는 노력과 각각이 지닌 아름다움과 가치를 찾아내려는 자세가 필요한 것이다.

〔애일愛日 김효순金孝淳〕

此翁
이 늙은이

－李山海이산해

花開日與野僧期 (화개일여야승기)	꽃 필 땐 매일같이 야승(野僧)과 만나더니,
花落經旬掩竹籬 (화락경순엄죽리)	꽃 지자 열흘 넘게 대나무 울타리를 닫았다고 하네.
共說此翁眞可笑 (공설차옹진가소)	모두들 이 늙은이 참 우습다고 말한다네.
一年憂樂在花枝 (일년우락재화지)	한 해의 근심과 즐거움이 오직 꽃가지에 달렸다는 듯이 살기에.
煙深蝸屋鎖蛛絲 (연심와옥쇄주사)	연기 자욱한 내 초라한 달팽이집 같은 오두막엔 거미줄만 얽혀있고,
咫尺松亭久別離 (지척송정구별리)	지척에 있는 송정(松亭)에도 오래도록 가보지 못했다네.
莫怪此翁遊賞懶 (막괴차옹유상라)	이 늙은이 유람 않는 것을 이상하게 여기지 마오.
邇來羸甚戒吟詩 (이래리심계음시)	요즘 부쩍 여위어 시 짓는 걸 금하는 중이라 여행도 떠나지 않는 거라오.

▶ 출전: ≪아계유고(鵝溪遺稿)≫ 권1

□ 字句 풀이

♦ 野僧(야승): 시골 승려. ♦ 經旬(경순): 열흘이 지나도록. ♦ 竹籬(죽리): 대나무 울타리. ♦ 憂樂(우락): 근심과 즐거움. ♦ 蝸屋(와옥): 달팽이의 집이라는 뜻으로, 작고 초라한 집을 비유적으로 이르는 말, 혹은 자기 집을 겸손하게 이르는 말. ♦ 咫尺(지척): 매우 가까운 거리. ♦ 別離(별리): 이별.
♦ 遊賞(유상): 노닐며 구경함.

□ 감상

 여행을 떠나면 으레 시를 지어야할 텐데 요즘 부쩍 야위어 시 짓는 일을 금하고 있는 중이라서 유람을 떠날 수 없다고 표현한 대목이 흥미롭다. 선인들은 시가 없는 유람은 유람으로 치지도 않았던 것이다.

〔지강智崗 나종진羅鐘壩〕

閑居卽事
한가로이 지내면서 즉흥으로 읊다
―白光勳백광훈

欲說春來事 _{욕설춘래사}	이봄에 겪은 이런 저런 일들 말하고 싶네.
柴門昨夜晴 _{시문작야청}	어젯밤 싸리문 밖에 날 개이더니.
閑雲度峯影 _{한운도봉영}	한가로운 구름은 산 그림자를 넘어가고
好鳥隔林聲 _{호조격림성}	숲에서 들리는 새소리는 듣기 좋더라.
客去水邊坐 _{객거수변좌}	나그네 떠난 강가에 앉아 있다가
夢廻花裏行 _{몽회화리행}	꿈에서 돌아와 꽃 속을 거니네.
仍聞新酒熟 _{잉문신주숙}	새로 담근 술이 익었다는 소리,
瘦婦自知情 _{수부자지정}	여윈 아내가 내 맘 알아 준비했다네.

▶출전 : ≪옥봉집(玉峯集)≫ 中

□ 字句 풀이

◆ 柴門(시문): 사립문, 사립짝을 달아서 만든 문(門). ◆ 昨夜(작야): 어젯밤.
◆ 閑雲(한운): 높다란 하늘에 한가히 오락가락하는 구름. ◆ 水邊(수변): 물가. ◆ 新酒(신주): 새로 담근 술.

□ 감상

봄날의 한가로움이 묻어나는 시이다. 남편을 생각해서 술을 준비한 아내! 요즈음 세상엔 참 부러운 존재다.

〔지강智崗 나종진羅鐘塡〕

偶詠
우연히 읊다

-徐憲淳 서헌순

山窓盡日抱書眠　책 껴안고 자다가 깨어보니 창밖엔 해 넘어가고,
산창진일포서면

石鼎猶留煮茗烟　돌솥엔 아직도 차를 달인 내음 남아있네.
석정유류자명연

廉外忽聽微雨響　발 바깥 가는 빗소리 홀연히 들려오니,
염외홀청미우향

滿塘荷葉碧田田　연못에 가득 찬 연잎은 그 빛이 더욱 푸르구나.
만당하엽벽전전

□ 字句 풀이

◆ 煮茗(자명): 차를 달임. ◆ 廉外(염외): 발 너머. ◆ 忽聽(홀청): 문득 들음.
◆ 微雨(미우): 가랑비, 보슬비. ◆ 荷葉(하엽): 연잎. ◆ 田田(전전): 연잎들

이 물 위에 떠 있는 모양.

□ 감상

　지식인의 한가한 삶을 읊은 시이다. 옛 사람들은 이렇게 살았는데 오늘을 사는 우리는 왜 그다지 날마다 바쁘기만 한지 모르겠다.

〔시헌是軒 남두기南斗基〕

春日城南卽事
봄날 성남에서 즉흥으로 읊다

-權近권근

春風忽已近淸明 봄바람이 건듯 불어 청명절이 가까운데
춘풍홀이근청명
細雨霏霏晩未晴 종일 내리던 보슬비 저물도록 개지 않네.
세우비비만미청
屋角杏花開欲遍 집 모퉁이 살구꽃 활짝 피려는지
옥각행화개욕편
數枝含露向人傾 이슬 머금은 몇 가지가 이 사람을 향해
수지함로향인경 　　　　　　　 늘어졌구나.

▶출전: ≪양촌집(陽村集)≫ <양촌선생문집(陽村先生文集)> 권5

□ 字句 풀이

◆ 卽事(즉사): 지금 당장의 사물을 즉흥으로 읊는 일. ◆ 淸明(청명): 24절기의 하나로 양력 4월 5, 6일 경이며 한식날과 비슷한 시기임. ◆ 霏霏(비비): 비나 눈이 계속 내리는 모양. ◆ 屋角(옥각): 지붕 모서리. ◆ 遍(편): 두루, 널리.

□ 감상

 살구꽃이 활짝 피려는 뜻을 나를 향해 알리기라도 하려는 것 같다는 표현이 정겹다. 사랑하는 마음으로 사물을 보아야만 모든 사물이 이렇게 다 정겹게 보이는 것이다.

〔시헌是軒 남두기南斗基〕

寄松雲
송운에게

-浮休堂 부휴당

朝採林茶暮拾薪 아침엔 차를 따고 저녁엔 섶나무 줍고,
조채림차모습신

又收山果不全貧 게다가 산과일도 따니 완전한 가난뱅이는
우수산과부전빈 아니네 그래!

焚香獨坐無餘事 향 사르고 홀로 앉아 별다른 일 없으면
분향독좌무여사

思與情人一話新 정다운 사람에게 해줄 새로운 이야기를
사여정인일화신 생각하네.

□ 字句 풀이

◆ 採茶(채다): 찻잎을 따다. ◆ 拾薪(습신): 땔나무를 하다. ◆ 山果(산과): 산에서 나는 과일. ◆ 焚香(분향): 향불을 피우다. ◆ 情人(정인): 정다운 사람, 마음에 둔 사람.

□ 감상

"별다른 일이 없으면 정다운 사람에게 해줄 이야기를 생각한다."는 구절이 너무나도 따뜻하게 다가온다. 나는 누구를 위하여 이렇게 이야기를 준비해 본 적이 있던가?

〔위천渭川 노영희盧英姬〕

悼亡室
먼저 떠난 아내를 애도하며

－吳瑗오원

吾不負君君負余 오불부군군부여	나는 그대를 저버리지 않았는데 그대는 나를 저버렸구려.
良箴信誓一成虛 양잠신서일성허	좋은 충고와 신실한 맹세가 한 순간에 모두 부질없게 되었소.
歸侍重泉君則樂 귀시중천군즉락	저승으로 돌아가 어버이 모실 그대는 즐겁겠지만,
爲吾何不少躊躇 위오하불소주저	어찌 나를 위해 조금 더 머무르지 않았단 말이오?

▶출전 : ≪월곡집(月谷集)≫ 권2

□ 字句 풀이

◆ 負(부) : 저버리다. ◆ 良箴(양잠) : 좋은 충고의 말. ◆ 信誓(신서) : 신실한 맹세. ◆ 重泉(중천) : 저 세상, 저승. ◆ 躊躇(주저) : 어떤 일이나 행동을 과감하게 또는 적극적으로 하지 못하고 머뭇거리며 망설이는 것.

□ 감상

세상의 슬픈 시 중에 아내를 먼저 보내고 지은 '도망시'만큼 슬픈 시도 없을 것이다. 죽은 후, 남편으로부터 슬픈 도망시를 선물(?)받은 여인은 죽었지만 죽지 않은 여인일 것이다. 잊혀진 여인이 죽은 여인이지 잊혀지지 않은 한 죽은 여인이 아니라는 생각으로 하는 말이다.

〔위천渭川 노영희盧英姬〕

韓士炯 胤明 往天磨山讀書
留一帖求拙跡 偶書所感寄贈

한사형과 윤명이 천마산에 공부하러 가며 나에게 글을 부탁하므로 우연히 느낀 바를 써서 준다

－李滉이황

舊學渾忘新學微 구학혼망신학미	예전에 배운 것은 다 잊어버렸고, 새로 배운 것도 희미한데,
淸時戀祿未成歸 청시련록미성귀	태평성세라 벼슬에 미련을 두어 아직 전원으로 돌아가지 못했네.
故人又向雲山去 고인우향운산거	그대! 친구 또한 깊은 산 속으로 들어간다 하니,
誰與塵編講是非 수여진편강시비	이제, 누구와 더불어 낡은 책 펴놓고 옳고 그름을 이야기할까?

▶출전: ≪퇴계집(退溪集)≫ <퇴계선생문집별집(退溪先生文集別集)> 권1

□ 字句 풀이

♦ 渾忘(혼망): 정신이 흐리고 혼탁하여 기억하지 못함. ♦ 未成(미성): 다 이

루지 못함. ◆ 是非(시비): 옳고 그름, 옳으니 그르니 하는 말다툼.

□ 감상

　나이 들어 기억력이 희미해지고 새로운 것은 받아들이기 어려워지면 모든 욕심 저버리고, 벗과 더불어 낡은 책 펴들고 옳고 그름을 이야기 하고 싶다는 희망을 내비친 글이다. 100세의 장수시대에 벗과 함께 과욕을 버리고 편안한 삶을 보낼 수 있다면 그만한 행복이 또 어디 있을까 하는 생각을 해본다.

〔선곡仙谷 문광희文廣姬〕

紅桃花下 寄金季珍
붉은 복숭아꽃 아래에서 김계진에게

- 李滉이황

栽花病客十年回 (재화병객십년회) 꽃 심었던 병든 나그네 십 년 만에 돌아오니,
樹老迎人盡意開 (수로영인진의개) 늙은 나무 나를 맞아준다고 마음껏 꽃을 피웠네.
我欲問花花不語 (아욕문화화불어) 꽃에게 묻고 싶으나 꽃은 말이 없으니,
悲歡萬事付春杯 (비환만사부춘배) 슬프고 기쁜 일 모두 봄날의 술잔에 부치노라.

▶출전: ≪퇴계집(退溪集)≫ <퇴계선생문집(退溪先生文集)> 권2

□ 字句 풀이

◆ 栽花(재화): 꽃을 심다. ◆ 悲歡(비환): 슬픔과 기쁨.

□ 감상

　언제 돌아올지 모르는 나그네가 꽃을 심었다. 10년이 훌쩍 지나버렸다. 10년이면 강산도 변한다 했던가? 돌아와 보니 눈앞의 모든 풍광이 변했는데도 작자가 심었던 꽃만은 주인을 반기며 한껏 자신을 피워내고 있다. 작자는 반가운 마음에 "어떻게 내가 올 줄 알고 꽃을 피웠느냐?"라고 묻고 싶지만 꽃은 묵묵히 피어있을 뿐 말이 없고, 작자는 지난 일은 기쁜 일이든 슬픈 일이든 술잔에 부치는 것으로써 자신의 소회를 대신한다.
　세월의 흐름을 아쉬워하면서도 세속적인 일이나 희로애락의 감정에 연연하지 않는 소탈한 자세가 느껴지는 시이다.

〔선곡仙谷 문광희文廣姬〕

蓮
연

-徐居正 서거정

秋來喜見露蜂房　　가을 되면 이슬 맞은 벌집 같은 연밥을 보는
추래희견노봉방　　것도 하나의 재미지.
玉子瓊珠箇箇香　　옥과 같은 연밥 알 하나하나가 다 향기롭구나.
옥자경주개개향
嚼能渾驚兼至味　　씹어 맛보면 놀랄 만한 지극한 맛,
작능혼경겸지미
淸心可補十全湯　　마음을 맑게 하는 효과는 십전대보탕에 비할
청심가보십전탕　　만하네.

▶출전: ≪사가집(四佳集)≫ <사가시집(四佳詩集)> 권51

□ 字句 풀이

♦ 喜見(희견): 보는 재미가 있다. ♦ 露蜂房(노봉방): 이슬 맞은 벌집. 여기서는 그런 벌집 모양의 연밥 송이. ♦ 箇箇香(개개향): 한 알, 한 알이 다 향기롭다. ♦ 渾驚(혼경): 놀라 정신이 혼미함. ♦ 至味(지미): 지극한 맛. ♦ 십전탕(十全湯): 십전대보탕, 10가지 약물로 몸을 크게 보하는 한약이라는 뜻에서 이름 붙여졌다. 십전대보탕은 여러 장기를 고루 보해주기 때문에 이를 복용하면 능히 기운이 나고 피로가 풀리며 의욕이 생긴다고 한다.

□ 감상

연밥을 벌집에 비유한 묘사력이 참신하다. 동시와 같은 느낌이 드는 청신한 시이다. 마음이 맑아야 이런 시를 지을 수 있으리라.

〔서현栖玄 문영희文英姬〕

梅花
매화

-李滉이황

溪邊粲粲立雙條 계변찬찬립쌍조	시냇가에 서 있는 두 그루의 매화 아름다워라.
香度前林色映橋 향도전임색영교	향기는 앞산에 퍼지고, 고운 빛깔은 다리 위를 비치네.
未怕惹風霜易凍 미파야풍상이동	풍상(風霜)에도 쉬이 얼까 걱정하지 않았었는데,
只愁迎暖玉成消 지수영난옥성소	따뜻한 봄을 맞고 보니 외려 옥 같은 모습 스러질까 걱정이로구나.

▶출전: ≪퇴계선생문집(退溪先生文集)≫ <퇴계선생문집(退溪先生文集)> 권3

□ 字句 풀이

♦ 粲粲立(찬찬립): 산뜻한 모양으로 서 있음. ♦ 香度(향도): 향기가 퍼져나 감, 여기서의 '度'자는 '渡'의 의미로 쓰여 매화 향기가 앞산까지 건너간다는 뜻. ♦ 映橋(영교): 다리 위에 비치다. ♦ 未怕(미파): ~할까 봐 염려하지 않다. ♦ 惹(야): 어떤 것으로 인하여 새로운 문제가 일어나다, 야기시키다. ♦ 風霜(풍상): 바람과 서리, 세상의 어려움과 고초.

□ 감상

매화를 스러지게 하는 것은 매서운 바람이나 서리가 아니라, 따듯한 봄바람이라는 표현이 가슴에 와 닿는다. 사람을 타락하게 하는 것도 부족함이 아니라 지나친 풍요로움이며, 고난이 아니라 안일함일 것이다.

〔서현栖玄 문영희文英姬〕

古時調
옛 시조

- 金宗瑞 김종서

長白山에 旗를 곳고	백두산에 기를 꽂고,
豆滿江에 물을 싯겨	두만강에 말을 씻기니,
서근 져 션븨야	썩은 저 선비들아,
우리 아니 스나희냐	우리가 사내대장부 아니더냐!
엇덧타 獜閣畵像을	기린각(麒麟閣)에 화상(畵像)을 건다면
누고 몬져 흐리오	누가 먼저 걸리겠느냐!

□ 字句 풀이

◆ 長白山(장백산): 백두산(白頭山). ◆ 긔: 기(旗). 깃발. ◆ 豆滿江(두만강): 토문(土門), 도문(圖門), 두만강(豆漫江) 등 여러 가지 이름이 있는데, 강 이름은 본래 여진족(女眞族)의 말을 따서 명명한 것이라고 함. ◆ 서근 져 션 야: 서근은 '썩은'의 의미로 '쓸모없는 선비'란 의미이다. ◆ 엇더타: '어떠하냐'의 준말. 여기에서는 감탄사로 쓰임. ◆ 麟閣畵像(인각화상): 인각(麟閣)은 기린각(麒麟閣)이며 중국 한나라의 무제가 장안의 궁중에 세운 전각으로, 나라에 큰 공을 세운 신하의 얼굴을 그려 거는 곳으로서 선제 때 공신 11명의 초상을 그려 걸었다고 함.

□ 감상

백두산에 기를 꽂고 두만강에 말을 씻겼으니 저 쓸모없는 선비들아! 우리야말로 남아 대장부 아니고 무엇이랴! 기린각의 초상을 그려 거는 것도 우리가 먼저 하리라. 한국의 시조는 한시 못지않은 문학적 가치를 가지고 있다. 한국 한시 300수를 골라 출간하는 시집에 한글 시조 한 수쯤 넣는 것도 큰 의미가 있으리라.

〔경헌景軒 문재평文在平〕

題蔣明輔江舍
장명보가 강가에 지은 집에 제하여

-許穆허 목

江水綠如染 강물은 물들인 듯이 푸르고,
강수녹여염

天涯又暮春 하늘가엔 다시 봄이 저무는데,
천애우모춘

相逢偶一醉 우연히 서로 만나 한 바탕 취하고 보니
상봉우일취
皆是故鄕人 모두가 다 고향 사람이네 그려!
개시고향인

▶출전: ≪기언(記言)≫ <기언별집(記言別集)> 권1

□ 字句 풀이

♦ 如染(여염): 염색하여 물들인 것 같이. ♦ 天涯(천애): 하늘 끝, 먼 변방, 아득히 떨어진 타향을 이르는 말, 이승에 살아 있는 핏줄이나 부모가 없음을 이르는 말로도 사용함. ♦ 相逢(상봉): 서로 만남.

□ 감상

현대의 시조시인 이호우의 시조가 생각난다.
'살구꽃 핀 마을은 어디라도 고향 같다.
만나는 사람마다 등이라도 치고지고.
뉘 집을 들러서 본들 반겨 아니 맞으리.'

〔경헌景軒 문재평文在平〕

桐千年老恒藏曲
오동나무는 천년의 곡조를 간직하고
- 申欽신흠

桐千年老恒藏曲 오동나무는 천년이 흘러도 곡조를 간직하고,
동천년노항장곡
梅一生寒不賣香 매화는 일생을 추위 속에 살아도 향기를 팔지 않는다네.
매일생한불매향

月到千虧餘本質　달은 천 번이 이지러져도 본질은 변하지 않고
월도천휴여본질
柳經百別又新枝　버드나무 가지는 백 번 꺾여도 새 가지가
유경백별우신지　　돋는다네.

□ 字句 풀이

◆ 本質(본질): 사물이나 현상에 내재하는 근본적인 성질, 본바탕. ◆ 新枝(신지): 새로 자란 나뭇가지.

□ 감상

　한 수의 시로 보기에는 운율이 맞지 않는 면이 있다. 평소의 생각을 표현한 대구(對句) 두 구절이 많은 사람들의 입에 오르내리다보니 한 수의 시처럼 간주된 것 같다. 오동나무는 악기를 만드는 나무이므로 곡조를 간직한다고 했다. '柳經百別'은 직역하자면 '버드나무는 이별을 백 번 겪는다.'는 뜻이다. 옛 사람들은 이별할 때 버드나무를 꺾어 서로 교환하고 땅에 '꺾꽂이'함으로써 생명력이 강하여 언제라도 꺾인 가지에서 뿌리가 나고 잎이 피는 버드나무처럼 훗날 다시 만날 것을 기약하였다.

〔산민山民 문희상文喜相〕

梅花
매화

－李仁老 이인로

姑射氷膚雪作衣　고야산 신선 같이 고운 살결에 옷은 눈으로
고야빙부설작의　　지어 입고,

香脣曉露吸珠璣 향기로운 입술로 구슬 같은 새벽이슬을
향진효로흡주기 마시는구나.

應嫌俗蘂春紅染 속된 꽃술, 봄철의 붉은 꽃에 물드는 것이
응혐속예춘홍염 싫어서

欲向瑤臺駕鶴飛 신선 사는 요대를 향해 학 타고 날아가려
욕향요대가학비 하는구나.

▶ 출전: ≪동문선(東文選)≫ 권20

□ 字句 풀이

♦ 姑射(고야): 막고야(藐姑射) 산의 신선으로서 피부가 눈과 얼음처럼 희다고 전해진다. 뽀얀 살결의 미인을 형용. ♦ 曉露(효로): 새벽이슬. ♦ 瑤臺(요대): 신선이 사는 곳, 고대 중국의 전설에서 신선의 거처를 가리키며 더러 옥으로 장식한 아름다운 누대를 비유할 때 쓰이기도 함.

□ 감상

매화를 참으로 아름답게 읊은 시이다. 그렇지 않아도 아름답고 고결한 매화가 한 시인에 의해서 더 아름답게 탄생하였다. 시인은 정말 위대한 존재이다. 때로는 조물주와 같은 역할도 하는 것 같다.

〔산민山民 문희상文喜相〕

送人
임을 보내며

- 鄭知常 정지상

庭前一葉落 뜰 앞에선 나뭇잎 하나 떨어지고
정전일엽락

床下百蟲悲 (상하백충비)	침상아래선 온갖 벌레 슬피 우네.
忽忽不可止 (홀홀불가지)	훌쩍 떠나시는 임은 잡을 길이 없는데,
悠悠何所之 (유유하소지)	임이시여! 아득히 먼 길 어디를 향하시나요?
片心山盡處 (편심산진처)	한 조각 내 마음은 그대 사라진 산 너머로 치닫다가
孤夢月明時 (고몽월명시)	이제는 달 밝은 밤 꿈길에서 만나 보려네.
南浦春波綠 (남포춘파록)	남포의 봄 물결 푸를 때면
君休負後期 (군휴부후기)	임이시여, 전에 말하셨던 훗날의 기약을 저버리지 마소서!

▶출전: ≪동문선(東文選)≫ 권9

□ 字句 풀이

◆一葉(일엽): 나뭇잎 하나. ◆忽忽(홀홀): 갑자기, 홀연히. ◆悠悠(유유): 유유히, 아득히 멀리. ◆片心(편심): 작은 마음, 한 조각의 마음. ◆孤夢(고몽): 홀로 꾸는 꿈. ◆南浦(남포): 대동강 하류에 있는 포구.

□ 감상

깊어가는 가을 뜰 앞에 오동잎 한 잎 '툭' 떨어지니, 뜰 밑에 온갖 벌레들이 울어대기 시작한다. 오동잎이 마당에만 떨어진 것이 아니라, 임을 보낸 사람의 마음에도 떨어졌으며 풀벌레만 우는 것이 아니라 임을 보낸 사람도 오열한다. 가시는 임의 뒷모습이 남아있는 것 같아 날마다 산모퉁이를 바라보다가 이제 그 일도 부질없어 꿈속에서 사랑하는 사람을 만나려 한다. 남포에 봄이 와 얼었던 대동강물이 풀리면, 그때 온다던 약속 저버리지 말라는 여인의 간절한 외침으로 시는 끝났다. 대동강 잔물결만큼이나 여운이 잔잔히 남는 시이다.

〔천곡泉谷 민경부閔庚富〕

和宿德淵院
덕연원에 묵으며

-李奎報 이규보

落日三盃醉 (낙일삼배취)	지는 해에 석 잔 술로 취하여
淸風一枕眠 (청풍일침면)	맑은 바람 맞으며 한 베개로 잠을 자네.
竹虛同客性 (죽허동객성)	속 빈 대나무나 허전한 나그네 마음 비었기는 매한가지.
松老等僧年 (송로등승년)	늙은 소나무와 스님의 나이가 동갑인 것처럼.
野水搖蒼石 (야수요창석)	시냇물은 이끼 낀 돌을 흔들 듯이 흐르고
村畦繞翠巓 (촌휴요취전)	마을 밭둑길은 푸른 산봉우리로 에워싸여 있네.
晚來山更好 (만래산갱호)	해질 녘 산 빛이 더욱 아름다우니,
詩思湧如泉 (시사용여천)	샘물처럼 솟아나는 시상이여!

▶출전: ≪동국이상국집(東國李相國集)≫ <동국이상국전집(東國李相國全集)> 제7권

□ 字句 풀이

◆ 落日(낙일): 지는 해. ◆ 竹虛(죽허): 대나무 속 빈 것. ◆ 野水(야수): 들판에 흐르는 냇물. ◆ 搖蒼石(요창석): 파란 이끼 낀 돌이 물살에 일렁이는 모양. ◆ 村畦(촌휴): 마을 밭두둑. ◆ 繞(요): 둘러싸다. ◆ 翠巓(취전): 푸른 산봉우리. ◆ 晚來(만래): 저녁 때. ◆ 詩思(시사): 시를 짓고자하는 생각.

□ 감상

저녁 무렵 석 잔 술에 취해 맑은 바람 맞으며, 침상에 누워 목침을 베고 잠을 자는 모습이 시원스럽게 느껴진다. "竹虛同客性, 松老等僧年." 구절은 대나무 속이 빈 것을 세상사에 관심을 두지 않은 자신에 비유하고, 소나무를 늙은 스님과 동갑내기라 했으니 참으로 기발한 발상이다. "野水搖蒼石, 村畔繞翠巓." 구절에서는 시내에 물이 졸졸 흘러가니 물아래 비친 이끼 낀 돌들이 흔들거리는 것처럼 보이고 시골길에 파란빛이 서리는 것은 사방을 에워싸고 있는 산 빛 때문이라 했다. 발랄하고 감각적인 표현이 시의 내용만큼 시원스러움을 느끼게 한다.

〔천곡泉谷 민경부閔庚富〕

訪嚴師
엄선사를 찾아뵙고서

-李奎報이규보

我今訪山家 내가 오늘 산가를 찾아온 것은
아금방산가

飮酒本非意 술 마시고 싶어서가 아니었는데,
음주본비의

每來設飮筵 올 때마다 술자리를 차려 주시니
매래설음연

顔厚得無泚 내 아무리 얼굴이 두껍다 해도 어찌 식은땀
안후득무체 안 나겠는가?

僧格所自高 스님은 품격이 높으신 분,
승격소자고

唯是茗飮耳 술은 나를 주고 오로지 차만을 달여 마시네.
유시명음이

好將蒙頂芽 몽산에서 새로 나온 찻잎 가져와
호장몽정아

煎却惠山水 혜산의 맑은 물로 달여 낸다네.
전각혜산수

一甌輒一話 술잔과 차잔 사이에 이야기 곁들이며
일구첩일화

漸入玄玄旨 점차 깊고 깊은 경지로 들어가네.
점입현현지

此樂信淸淡 이 즐거움 진실로 맑고 담백하니,
차락신청담

何必昏昏醉 어찌 술을 마시고 몽롱하게 취하겠는가!
하필혼혼취

▶ 출전: ≪동국이상국집(東國李相國集)≫ <동국이상국후집(東國李相國後集> 제1권

□ 字句 풀이

◆ 顔厚(안후): 얼굴이 두꺼움, 즉 부끄러움을 모른다는 의미. ◆ 蒙頂(몽정): 몽산(蒙山)의 정상, 몽산차의 본산지로 현재 사천성에 위치하고 있다. ◆ 惠山(혜산): 혜산천(惠山川), 중국 당나라 대력연간에 판 샘으로 1200여년의 역사를 가지고 있으며 중국의 5대 명천(名川)의 하나로 불림. ◆ 一甌輒일화(일구첩일화): 잔과 잔 사이에 문득 한 마디씩 하는 대화. ◆ 玄玄旨(현현지): 깊고 오묘한 진리의 맛. ◆ 何必(하필): 어찌하여 꼭 그렇게 ◆ 昏昏醉(혼혼취): 몽롱하게 술에 취함.

□ 감상

이규보가 노규선사(老珪禪師)를 찾아가자 선사께서는 언제나 그랬던 것처럼 술을 내오려고 한다. 이를 사양하면서 지은 작품으로 알려져 있다. 사회생활을 하면서 만나도 좋고, 만나지 않아도 무방한 사람과 만났을 때에는 세상 돌아가는 이야기나 하다가 적당히 시간만 때우고 헤어지는 경우가 많고, 헤어진 후에도 별로 아쉬움이 남지 않는다. 그러나 친한 벗을 만나 그간 서로 궁금했던 일들을 이야기하거나 존경하는 스승을 만나 가르침을 받고자 할 때, 혹 예술가들이 예술을 논하

는 것과 같이 깊은 대화가 오가는 경우에는 주고받은 대화가 모두 다 소중하게 느껴진다. 이때에는 정신을 집중 할 수 있는 맑은 차가 제격이고, 대화 자체에 심취해 있을 때는 오히려 맛있는 음식이나 술은 대화에 방해가 되어 헤어진 후에도 심도 있는 이야기를 나누지 못한 아쉬움이 많이 남는다. 일상사가 바쁘지만 마음의 여유를 가지고 친한 벗과 새소리 들리는 한적한 산사에서 차 한 잔 마시고 싶다.

〔송원松園 박덕례朴德禮〕

作墨戱 題其額 贈姜國鈞
장난 삼아 그림을 그리고 시 한 수를 얹어 강국균에게 주다

-姜希孟강희맹

胡孫着 호손착	지팡이 들고
江月破 강월파	강 속의 달을 툭 치니 물결이 일어
動影凌亂翻 동영릉란번	달 그림자 조각조각 일렁이네.
疑月破碎 의월파쇄	달이 다 부서져 버렸나?
引臂聊戱玩 인비요희완	팔을 뻗어 달 조각을 만져보려 하였네.
水月性本空 수월성본공	물에 비친 달은 본디 헛 달이라
笑爾起幻觀 소이기환관	우습구나, 너는 지금 헛것을 보는구나.
波定月應圓 파정월응원	물결 잠잠해지면 달은 다시 둥글어 질 터이니,

爾亦疑思斷 품었던 네 의심도 없어지리라.
_{이역의사단}

畏嘯天宇寬 한 줄기 휘파람 소리, 하늘은 드넓은데
_{외소천우관}

松偃老龍幹 소나무 등걸은 늙은 용처럼 누워있네.
_{송인노룡간}

▶ 출전: ≪사숙재집(私淑齋集)≫ <사숙재집(私淑齋集)> 권3

□ 字句 풀이

♦ 胡孫(호손): 원숭이의 별칭, 지팡이, 여기서는 지팡이로 풀이. 지팡이가 손자 역할을 하는데 곧 바로 손자라는 표현은 하지 않고 어설픈 손자라는 의미에서 '胡'자를 덧붙인 것이다. ♦ 笑爾(소이): 문득 깨달은 후 지은 옅은 미소.

□ 감상

이것은 장르상으로 볼 때 시가 아니라 사(詞)로 보인다. 각 구의 글자수가 일정하지 않은 장단구로 이루어졌기 때문이다. 조선시대 선비의 유유자적한 마음을 느낄 수 있는 사이다. 어린 시절, 달 밝은 한여름 밤에 강가로 가면 강위에 비친 달은 참으로 아름다웠다. 조약돌을 집어서 물위에 던지면 물결 따라 달이 여러 형태의 모습으로 나타나던 모습이 생각난다. 참 아름다운 풍경이었다. 사람이 마음에 여유가 없으면 판단이 흐려지고, 헛된 꿈을 꾸게 된다. 저자가 이 시를 강국균에게 준 것은 항상 평상심을 유지하고, 허황된 꿈을 꾸지 말라는 교훈을 주기 위한 것으로 생각된다.

마음의 여유가 없는 요즈음 일상사를 잊고 시원한 물소리와 새소리가 들리는 한적한 계곡을 찾아 지난날을 되돌아보고 새로운 마음가짐을 다지는 시간을 가져 볼까 한다.

〔송원松園 박덕례朴德禮〕

馬江煙雨
백마강 안개비

-鄭奎漢정규한

百濟江山空復空 _{백제강산공부공}	백제의 강산엔 텅 비고 또 텅 비어 아무것도 남은 게 없고,
夕陽惟有一蓑翁 _{석양유유일사옹}	다만 석양에 삿갓 쓴 늙은이 하나만.
浮家不管滄桑事 _{부가불관창상사}	강호에 떠도는 몸이라 세상일에는 본래 관심이 없지만,
數曲漁歌細雨中 _{수곡어가세우중}	이슬비 속에 들려오는 뱃노래 몇 가락이 왜 이리 슬프게 들리는지!

▶출전: ≪화산집(華山集)≫ 권1

□ 字句 풀이

♦ 蓑翁(사옹): 도롱이(짚, 띠 따위로 엮어 허리나 어깨에 걸쳐 두르는 비옷)를 걸친 노인의 모습을 형용한 말. ♦ 滄桑(창상): 창상지변(滄桑之變)의 준말로 푸른 바다가 뽕밭이 되듯이 시절의 변화가 무상함을 이르는 말. ♦ 漁歌(어가): 어부의 노래, 고기잡이 노랫소리.

□ 감상

몇 년 전, 여름휴가를 내어 부여와 백마강을 여행했던 적이 있다. 그 때, 이 시를 처음 접했는데 안개비 속 백마강의 정취를 더해주던 일이 생각난다. 그날 저녁에 당시 들고 다니던 부채에 이 시를 써넣었다. 지금도 여름이면 그 부채로 더위를 나면서 당시의 추억을 떠올리곤 한다.

〔항백恒白 박덕준朴德俊〕

游洗劍亭
세검정에서 노닐며

―丁若鏞 정약용

層城複道入依微 _{층성복도입의미}	성루는 겹겹으로 솟고 길은 복잡한데 그 길 따라 들어서니
盡日溪亭俗物稀 _{진일계정속물희}	종일토록 이 곳 정자엔 속물(俗物)이 들지 않는 구나.
石翠淋漓千樹濕 _{석취림리천수습}	돌이끼엔 물이 뚝뚝, 온 나무 젖어들고,
水聲撩亂數峯飛 _{수성료란수봉비}	요란한 물소리에 산봉우리는 날아갈 듯.
陰陰澗壑閒維馬 _{음음간학한유마}	그늘 짙은 시냇가에 한가로이 말을 매고,
拍拍簾櫳好挂衣 _{박박렴롱호괘의}	바람 드는 주렴 창에 옷을 걸어 두었네.
但可嗒然成久坐 _{단가탑연성구좌}	얼마고 무념으로 앉아있기 좋아하다 보니,
不敎詩就便言歸 _{불교시취편언귀}	시를 다 짓고서도 돌아갈 줄을 모르네.

▶출전: 《다산시문집(茶山詩文集)》 권2

□ 字句 풀이

◆ 俗物(속물): 속된 물건이나 속된 사람. ◆ 淋漓(임리): 물이나 피가 흠뻑 젖어 뚝뚝 흘러 떨어지거나 흥건한 모양. ◆ 陰陰(음음): 습기 차고 축축함.
◆ 嗒然(탑연): 아무 생각 없이 우두커니 있는 모양.

□ 감상

비가 오는 여름날 다산은 말을 몰아 세검정으로 비 구경을 나갔다. 때는 1791년 여름, 다산이 사간원에 재직하고 있을 무렵으로 보인다. 조선시대 서울 사람들은 장마철에 물이 불 때면 세검정으로 물 구경을 갔다고 한다. 다산도 세검정으로 물 구경을 가려고 벼르고 있었다. 그런데 남들과는 달리 비가 이미 내린 뒤가 아니라, 비가 막 내릴 때의 장관을 구경하고 싶었기 때문에 빗속에 말을 달렸나 보다. 예전에 이 시 가운데 특별히 느낌을 강하게 받았던 "돌이끼엔 물이 뚝뚝, 온 나무 젖어들고, 요란한 물소리에 산봉우리는 나는 듯(石翠淋漓千樹濕, 水聲撩亂數峯飛)."이라는 두 구절을 한지에 써서 작품을 한 적이 있어서 더욱 기억에 남는 시이다.

〔항백恒白 박덕준朴德俊〕

正房夏瀑
정방폭포

-玄至濬현지준

疑是銀河落九天 은하수가 높은 하늘에서 떨어졌는가?
의시은하락구천
太平洋北海巖邊 태평양 북쪽 해안 바윗 가의 정방폭포.
태평양북해암변
灑矼飛雪三庚日 물보라가 일 때면 삼복더위에 마치 눈이
쇄강비설삼경일 내리는 듯 하더니
垂澗飮虹一道川 오늘은 물가에 무지개가 한 길로 가로 놓였네.
수간음홍일도천
欲爲梅溪鑄鐵石 매화꽃 핀 시냇물로 철석같은 바위를 녹이다가,
욕위매계주철석
工尋徐蹟掃雲煙 대장장이 서불을 찾아 구름을 쓸고 있네.
공심서적소운연
龍眠畵士居何所 송나라 화가 용면거사는 어디에 계시는고?
용면화사거하소

以挂屏風對眠前
이괘병풍대면전
　이런 풍경 그러다가 병풍으로 세워두고 잠을 자면 좋으련만.

□ 字句 풀이

♦ 銀河(은하): 은하수. ♦ 虹(홍): 무지개, 무지개 다리. ♦ 鐵石(철석): 쇠와 돌, 굳고 단단한 마음을 이르는 말.

□ 감상

　위는 해암공(海庵公)의 시 〈정방하폭(正房夏瀑)〉이다. 오래 전 조범산방(眺帆山房)에서 소암 선생님께 서법을 배울 때 선생님께서 선고이신 해암공의 시 〈정방하폭〉을 휘호하시어 초대작가로서 국전에 출품하신 적이 있다. 그 작품의 시사(詩思)가 초일하고 필법이 단엄(端嚴)하여서 나도 모르게 가슴속이 깨끗해짐을 느꼈다. 마음으로 흠모한 지가 40년이 흘렀는데도 그 때의 감회를 잊을 수 없다. 지금도 가끔 그때의 정경과 감동을 화선지 위에 옮겨보려 하나 재주가 졸렬하고 붓은 아직 거칠기만 하니 어찌해야 할지 모르겠다. 가만히 우러러 시의 뜻을 가슴에 안을 뿐이다.

〔창봉滄峰 박동규朴東圭〕

楓嶽贈小菴老僧
풍악산에서 작은 암자에 있는 노승에게
　　　　　　　　　　　　　　　　　-李珥이이

魚躍鳶飛上下同
어약연비상하동
　물고기 뛰고 솔개 나는 것, 위 아래가 매한가지라.

창봉 박동규 121

這般非色亦非空　그것은 색(色)도 아니고, 공(空)도 아니로세.
저반비색역비공
等閒一笑看身世　무심히 한번 웃고 신세를 돌아보니,
등한일소간신세
獨立斜陽萬木中　석양의 나무 숲 속에 홀로 서있네.
독립사양만목중

▶ 출전: ≪율곡전서(栗谷全書)≫ <율곡선생전서(栗谷先生全)> 권1

□ 字句 풀이

◆ 等閒(등한): 대수롭지 않게 여겨 내버려 둠, 마음에 두지 않고 예사로 여김. ◆ 斜陽(사양): 해질 무렵에 비스듬히 비치는 해, 지는 햇빛, 해질녘.

□ 감상

율곡 선생의 불교에 대한 깊은 조예를 확인할 수 있는 시이다. 하나에 통하면 다 통하는 게 진정한 진리라는 점을 다시 한 번 느끼게 하는 시이다.

〔창봉滄峰　박동규朴東圭〕

樂書齋偶吟
낙서재에서 우연히 읊다

－尹善道윤선도

眼在靑山耳在琴　눈은 청산에, 귀는 거문고에 있으니,
안재청산이재금
世間何事到吾心　세상 어떤 일이 내 마음에 와 닿을 수 있을까?
세간하사도오심
滿腔浩氣無人識　가슴 가득한 호기를 알아주는 이 없으니,
만강호기무인식

一曲狂歌獨自吟 한 곡조 울분 서린 가락을 혼자서 읊조릴 밖에.
일곡광가독자음

▶ 출전: ≪고산유고(孤山遺稿)≫ 권1

□ 字句 풀이

◆ 浩氣(호기): 호연한 기운, 하늘과 땅 사이 또는 사람의 마음에 차 있는 넓고 굳고 맑고 올바른 기운. ◆ 狂歌(광가): 음조나 가사에 맞지는 않지만 마구 소리를 질러 자신의 마음속을 풀어 헤치며 부르는 노래.

□ 감상

  청산을 벗하고 거문고 소리를 들으며 살고 있으니 세상의 어떤 일도 내 마음을 어지럽힐 수 없다고 한 말이 호탕하다. 그럼 됐지, 미친 듯이 부르는 노래는 왜 또 부르고 싶다고 했을까? 알아주는 이가 없어서? 청산이 알아주고 거문고가 이미 알아주지 않았을까?

〔소운昭芸 박병옥朴炳玉〕

花徑
꽃길

—李荇이행

無數幽花隨分開 무수한 이름 없는 꽃 제 분수 따라 피어있고,
무수유화수분개

登山小逕故盤廻 산 오르는 작은 길은 예 그대로 구불구불.
등산소경고반회

殘香莫向東風掃 봄바람아! 남은 꽃향기 쓸어가지 말아라.
잔향막향동풍소

倘有閑人載酒來　혹 어떤 한가한 사람 술 가지고 찾아올지도
_{당유한인재주래}　모를 일이니.

□ 字句 풀이

◆ 小逕(고경): 작고 좁은 길. ◆ 盤廻(반회): 이리저리 구불구불하다. ◆ 殘香(잔향): 남아 있는 향기.

□ 감상

　남은 향기 쓸어가지 마라고 봄바람에게 부탁하는 모습이 천진하다. 사람이 천진하니 이런 천진한 시가 나올 수 있었으리라.

〔소운昭芸 박병옥朴炳玉〕

山中雪夜
눈 내린 산사의 밤

- 李齊賢이제현

紙被生寒佛燈暗　종잇장 같은 이불에선 찬 기운 올라오고
_{지피생한불등암}　불등은 어둠침침한데,
沙彌一夜不鳴鍾　어린 중은 날이 새도록 종도 울리지 않네.
_{사미일야불명종}
應嗔宿客開門早　묵었던 객이 소란스럽게 이른 새벽부터 문을
_{응진숙객개문조}　연다고 성내겠지만,
要看庵前雪壓松　내사 암자 앞 소나무에 쌓인 눈 좀 봐야겠네.
_{요간암전설압송}

▶ 출전: ≪익재난고(益齋亂稿)≫ 제3권

□ 字句 풀이

◆ 紙被(지피): 종이처럼 얇은 이불. ◆ 佛燈(불등): 산사의 등불. ◆ 沙彌(사미): 십계(十戒)를 받고 불문(佛門)에 막 들어와 처음 머리를 깎은 어린 중. ◆ 嗔(진): 성내다, 원망하다. ◆ 雪壓松(설압송): 눈이 쌓여 소나무를 내리누르고 있는 상태.

□ 감상

  추운 겨울밤을 웅크리고 잔 어린 사미승은 당연히 늦잠을 자려 할 테고, 그런 사미승을 깨울까봐 슬며시 문을 열고 빠져나오며 미안한 마음에 변명처럼 "나, 밤새 소나무에 쌓인 눈 구경 좀 하려고…."라고 말하는 시인이 참으로 귀엽다. 탈속한 시인은 이처럼 다시 어린이로 돌아가는가 보다.

〔동암東庵 박병희朴丙熙〕

絶命詩
이 한 목숨 바쳐

－黃玹황현

鳥獸哀鳴海岳嚬 길짐승, 날짐승 구슬피 울고 산도 바다도
조수애명해악빈 찌푸리고 있네.

槿花世界已沈淪 무궁화 세계는 이미 몰락하였는가?
근화세계이침윤

秋燈掩卷懷千古 가을 밤 등불아래 책을 덮고서 천고의 지난
추등엄권회천고 역사를 생각하자니,

難作人間識字人 이 세상에서 배운 사람으로서 살기가 참으로
난작인간식자인 힘들구나.

▶ 출전: ≪매천집(梅泉集)≫ 권5

□ 字句 풀이

◆ 鳥獸(조수): 새와 짐승. ◆ 海岳(해악): 산과 바다. ◆ 槿花世界(근화세계): 우리나라를 '무궁화 피는 나라'로 표현한 것. ◆ 沈淪(침륜): 침몰, 재산이나 권세 등이 없어져서 보잘것없이 됨. ◆ 千古(천고): 먼 옛적, 오랜 역사. ◆ 識字人(식자인): 글자를 아는 사람, 배운 사람.

□ 감상

1910년 일제에게 나라가 병탄되자 자결하며 지은 4수의 시중 세 번째 시이다.

우리로 하여금 망국의 한을 다시 한 번 느끼게 하는 시이다. 언제 읽어도 가슴을 뜨겁게 하는 시이다. 배운 사람으로 산다는 것이 그렇게 힘든 것인데… 요즈음은 배운 사람이 가장 편하게 잘 살고 있는 것 같다. 사회나 나라에 대한 어떤 책임의식도 없이 배운 재주를 이용하여 잘 먹고 잘 살 생각만 하면 되니 가장 편하게 사는 게지…. 쯧쯧.

〔동암東庵 박병희朴丙熙〕

北山雜題
북산잡제

－李奎報이규보

山花發幽谷 산꽃이 그윽한 골짜기에 피어
산화발유곡

欲報山中春 산을 찾아온 봄소식을 알리려 하네.
욕보산중춘

何曾管開落 봄이 언제라서 꽃이 피고 짐을 관계했던가.
하증관개낙

多是定中人 사람들이 그렇게 '봄이 꽃피게 했다' 고 정해
_{다시정중인} 놓고서 하는 말일 뿐.

▶ 출전: ≪동국이상국집(東國李相國集)≫ <동국이상국전집(東國李相國全
集)> 권5

□ 字句 풀이

◆ 幽谷(유곡): 깊은 산골. ◆ 開落(개락): 꽃이 피고 떨어짐.

□ 감상

이 시는 <북산잡제>의 제4수이다. 유유자적하고 그윽한 선미(禪
味)가 느껴지는 시이다.

〔관설헌觀雪軒 박숙자朴淑子〕

贈智光上人
지광스님께 드리는 글

－崔致遠최치원

雲畔構結廬 구름 속에 엮어 세운 암자,
_{운반구결려}
安禪四紀餘 선을 닦은 지 사십여 년.
_{안선사기여}
筇無出山步 지팡이는 산문을 나선 적 없고,
_{공무출산보}
筆絶入京書 붓은 서울로 가는 편지 쓴 적이 없다네.
_{필절입경서}
竹架泉聲緊 대나무 통을 걸쳐 만든 수도로는 샘물이 흐르고,
_{죽가천성긴}

松欞日影疎 소나무 그림자 어리는 창문엔 성긴 햇발이 비쳐드네.
송령일영소

境高吟不盡 그 높은 경계, 시로 풀자면 한없이 쏟아낼 터이지만
경고음부진

瞑目悟眞如 눈을 감은 채 진리를 깨우치면 그만이지.
명목오진여

▶출전: ≪고운집(孤雲集)≫ 제1권

□ 字句 풀이

◆ 安禪(안선): 좌선하여 마음과 몸이 아울러 편함. ◆ 瞑目(명목): 눈을 감다.
◆ 眞如(진여): 우주 만유의 실체로서 현실적이며 평등무차별한 절대의 진리.

□ 감상

　최치원이 운문선사(雲門禪師) 지광(智光)스님의 고매한 법력과 학덕을 칭송해 써준 시라고 한다. 진리는 깨우치면 그만이다. 말해서 무엇하랴! 그래서 도연명도 "삶의 진정한 의미가 여기에 있지만 그것을 말하려다 그만 할 말을 잊고 말았네(此中有眞意, 欲辯已忘言)."라고 했을 것이다.

〔관설헌觀雪軒 박숙자朴淑子〕

送禮部陸伯瞻使還
사신을 전송하며

－權近권근

離照重明萬國安 햇빛이 거듭 밝아 나라가 안정되고
이조중명만국안

群生咸被帝恩寬 뭇 백성 모두가 임금 은혜 입어 넉넉하다오.
군생함피제은관

正頒堯典義和曆   요전의 희화력을 정삭으로 반포하자,
  정반요전희화역
春滿箕封弁馬韓   이 나라에도 봄기운 가득하구나.
  춘만기봉변마한
使節動星方發彩   사절단은 별처럼 찬란하고,
  사절동성방발채
詞源觀海更增瀾   문장은 바다의 푸름보다 더욱 선명하네.
  사원관해경증란
鹿鳴宴勞應優渥   녹명연 베풀어 위로하고, 두터운 은혜에
  록명연노응우악   화답하니,
濟濟廷臣刮目看   수많은 조정 신하들 눈 비비고 다시 보리라!
  제제정신괄목간

▶ 출전: ≪양촌선생문집(陽村先生文集)≫ 권9

□ 字句 풀이

◆ 堯典(요전): ≪서경≫ 첫머리의 편명, <요전>에는 천문과 역법을 제정하고 백성들에게 시절을 알린 업적이 기록되어 있다. ◆ 희화역(羲和曆): 요순시대 역상(曆象)을 맡았던 희씨(羲氏)와 화씨(和氏)가 만들었다는 달력. ◆ 箕封(기봉): 조선을 말함. 주나라 무왕이 기자를 조선에 봉했다는 말에서 비롯되었음. ◆ 弁(변): 고구려 사람들이 썼던 모자의 일종으로 절풍건(折風巾)이라고도 함. ◆ 녹명연(鹿鳴宴): 고시관과 급제한 거자들을 접대하는 축하연, 혹은 국내외 귀빈이나 인재를 초청하여 베푸는 잔치. ◆ 우악(優渥): 은혜가 두터움.

□ 감상

중국에서 온 사신을 전송하는 시이다. 지나치지 않은 칭송은 미덕이지만 지나친 칭송을 오히려 해가 될 수도 있다. 중국 사신을 칭송해야 하는 조선의 입장이 드러나 보이는 시이다.

〔송산松山 박승배朴勝培〕

示頼姪
조카에게

— 李惟泰이유태

二月風光觸目新 이월 달 봄 경치가 눈에 다 새로우면
이월풍광촉목신
世間何處不陽春 세상 어디라도 봄 아닌 곳 없단다.
세간하처불양춘
要將此意胸中在 세상을 봄처럼 만들겠다는 뜻을 가슴 속에
요장차의흉중재 담고 산다면
南北東西摠可人 동서남북 누구에게나 본받을 만한 사람이 될
남북동서총가인 것이다.

▶ 출전: ≪초려선생문집(草廬先生文集)≫ 권9

□ 字句 풀이

◆ 觸目(촉목): 눈에 띄다, 눈길이 닿다. ◆ 陽春(양춘): 따뜻한 봄, 음력 정월의 다른 이름. ◆ 可人(가인): 호감이 가다, 본받을 만한 사람.

□ 감상

　전형적인 계자시(戒子詩: 자손이 바르게 살도록 경계하는 마음을 담아 주는 시)이다. "세상을 봄처럼 만들겠다는 뜻을 가슴 속에 담고 산다면 동서남북 누구에게나 본받을 만한 사람이 될 것이다."고 하는 말이 가슴에 와 닿는다. 이 시대를 사는 우리도 자손을 잘 가르치기 위해 이런 시 한 수는 써서 줄 수 있어야할 텐데….

〔송산松山 박승배朴勝培〕

獨笑
나 홀로 웃는 까닭

　　　　　　　　　　　-丁若鏞 정약용

有粟無人食 　양식 많은 집은 그 양식을 먹을 사람이 귀하고,
유속무인식

多男必患飢 　아들 많은 집엔 굶주림이 있으며,
다남필환기

達官必憃愚 　높은 벼슬아치는 꼭 멍청하고,
달관필창우

才者無所施 　재주 있는 인재는 재주 펼 길 없다.
재자무소시

家室少完福 　완전한 복을 갖춘 집이 드물고,
가실소완복

至道常陵遲 　지극한 도일지라도 언젠가는 쇠퇴하기 마련이며,
지도상릉지

翁嗇子每蕩 　아비가 절약하면 아들은 방탕하고,
옹색자매탕

婦慧郎必癡 　아내가 지혜로우면 남편은 바보이기 마련.
부혜랑필치

月滿頻値雲 　보름달 뜨면 구름 자주 끼고,
월만빈치운

花開風誤之 　꽃이 활짝 피면 바람이 불어대지.
화개풍오지

物物盡如此 　세상일이란 모두 이런 거야.
물물진여차

獨笑無人知 　나 홀로 웃는 까닭 아는 이 없을 걸.
독소무인지

　▶출전: ≪다산시문집(茶山詩文集)≫ 제5권

□ 字句 풀이

◆ 達官(달관): 높은 관직. ◆ 憃愚(용우): 천성이 어리석은 사람, 미련한 사람. ◆ 家室(가실): 아내. ◆ 至道(지도): 지극한 도, 최고의 학설. ◆ 陵遲(능

지): 성하던 형세가 점점 쇠퇴해 가다.

□ 감상

　참으로 해학적인 시이다. 세상살이가 본래 이렇다. 복을 내리는 하늘이 참 공평하다고 해야 할지, 아니면 심술궂다고 해야 할지? 어쨌든 내게 내려진 복이 있다면 그 복을 아끼며 살아야 할 것이다.

〔우석友石 박신근朴信根〕

閑居卽事
한가롭게 지내며 즉흥으로 읊다
－李彦迪이언적

種松已作千株擁 (종송이작천주옹)	소나무 심은 산은 천 그루의 울타리가 되었는데
移竹今年始數根 (이죽금년시수근)	대나무 옮겨 심었더니 금년에야 몇 뿌리 생겼구나.
四面皆山遮眼界 (사면개산차안계)	사방이 산에 가려 다른 것들은 눈에 보이지 않는데,
卜居元是遠囂喧 (복거원시원효훤)	이곳에 사는 까닭은 본래 세상의 소란함이 싫어서라네.
雲斂山開欲曉天 (운렴산개욕효천)	구름 걷히고 산 개어 새벽이 오려 할 제,
半春淸景正悠然 (반춘청경정유연)	봄이 무르익는 맑은 경치가 참으로 아득하구나.

鍾鳴馳逐終何益   공명에 쫓기는 관직이 내게 뭐가 이롭겠는가?
종명치축종하익
自幸年來臥石泉   몇 해 전부터 돌아와 자연 속에서 사는 게 큰
자행연래와석천   다행일세.

▶ 출전: ≪회재집(晦齋集)≫ <회재선생집(晦齋先生集)> 권1

□ 字句 풀이

◆ 株(주): 그루, 그루터기. ◆ 擁(옹): 끼다, 호위하다, 두르다. ◆ 卜居(복거): 살 만한 곳을 가려서 정함. ◆ 悠然(유연): 아늑하여 태연함, 침착하고 여유가 있음. ◆ 鍾鳴(종명): 종이 울림. 옛날 권문세가, 부귀영화를 누리는 집에서는 식사할 때마다 종을 울렸다. 마치 오늘 날 고급 레스토랑에서 식사할 때 실내악단이 연주를 해 주거나 피아노 연주가 잇는 것처럼. 따라서, 후에 鍾鳴(종명)은 권세와 부귀를 누리는 생활을 상징하는 말이 되었다. ◆ 馳逐(치축): 달려 쫓아 감, 애착을 가지고 추구함.

□ 감상

부귀공명보다는 한적한 전원생활을 즐기는 시인의 마음을 진실하게 표현한 시이다. 시끄러운 세상이 싫은 건 누구나 마찬가지이겠지만 정작 그 시끄러움을 떠나서 자연으로 돌아가는 사람은 많지 않다. 용기가 없기 때문일까? 아니면 말로는 싫다고 하면서도 이미 시끄러운 세상에 맛이 들어 그 시끄러운 세상을 즐기고 있기 때문일까?

〔우석友石 박신근朴信根〕

列子御風
열자가 바람을 탄다고?

- 李奎報이규보

從來道境尙遺身 (종래도경상유신)	본디 도의 경지란 육신의 욕심을 버리는 데에 있는 것이니
何必乘虛始自神 (하필승허시자신)	어찌 허공을 타고 날아야만 비로소 신명스럽다고 하랴?
若向風頭尋禦寇 (약향풍두심어구)	바람이 부는 곳에서라야 비로소 열자를 만날 수 있다면,
滿空飛鳥亦眞人 (만공비조역진인)	공중을 나는 뭇 새들이 오히려 열자와 통하는 신선들이지.

▶ 출전: ≪동국이상국집(東國李相國文集)≫ <동국이상국전집(東國李相國全集)> 권11

□ 字句 풀이

◆ 列子御風(열자어풍): 열자가 허공에서 바람을 타다. ◆ 從來(종래): 옛날부터 ◆ 道境(도경): 도가(道家)의 경지 혹은 도의 경지. ◆ 遺身(유신): 육신의 욕망을 버리다. ◆ 眞人(진인): 참된 도를 체득한 사람.

□ 감상

"바람이 부는 곳에서라야 비로소 열자를 만날 수 있다면, 공중을 나는 뭇 새들이 오히려 열자와 통하는 신선들이지."라고 한 말이 신선하다. "전 국민이 다 영어를 잘 하는 나라를 선진국이라고 한다면 필리핀이 가장 선진국이지."라고 하는 말로 들린다. 실속 차려 본질을 보려는 노력을 해야 할 것이다.

〔지원志原 박양준朴洋濬〕

適意
제 멋에 겨워

-李奎報 이규보

獨坐自彈琴 _{독좌자탄금}	홀로 앉아 거문고를 타다가
獨吟頻擧酒 _{독음빈거주}	홀로 읊조리며 거푸 술잔을 드네.
旣不負吾耳 _{기불부오이}	거문고 소리를 듣게 해 줬으니 내 귀를 저버리지도 않았고
又不負吾口 _{우불부오구}	술을 마시게 해 줬으니 내 입에게 미안할 일도 없지.
何須待知音 _{하수대지음}	거문고 가락 알아주는 이를 기다릴 이유도 없고,
亦莫須飮友 _{역막수음우}	함께 마실 친구를 기다려야 할 까닭도 없네.
適意則爲歡 _{적의즉위환}	내 뜻에 맞으면 그것이 곧 즐거움이니,
此言吾必取 _{차언오필취}	이 내 한 평생 이 말을 좇아 살리라.

▶출전:《동국이상국집(東國李相國集)》<동국이상국전집(東國李相國全集)> 권2

□ 字句 풀이

♦ 適意(적의): 뜻에 맞다, 흥겹다. ♦ 知音(지음): 백아와 종자기의 고사, 음률을 알아주다. 스스로 탄 거문고 소리가 귀를 저버리지 않았으니 스스로 백아이자 종자기인 셈이다. 그러므로 종자기와 같은 지음(知音)을 기다려야 할 이유가 없는 것이다.

□ 감상

"귀에게도 미안하지 않고 입에게도 미안하지 않은 사람."이라는 표현이 신선하다. 날마다 사특한 노래와 음란한 소리를 듣고 살며, 날마다 사특한 맛을 탐하는 우리는 귀와 입에 대해 얼마나 미안해야 할까?

〔지원志原 박양준朴洋濬〕

田家雜興 節錄
농촌 풍경

-韓章錫한장석

園陰濃翠積 원음농취적	동산엔 나무 그늘 짙푸르게 쌓였는데
梧葉大於氈 오엽대어전	오동나무 잎사귀는 방석보다 크구나.
靜裏林逾響 정리림유향	고요할수록 숲에서 들리는 자연의 소리는 더욱 크게 들리니
千禽間一蟬 천금간일선	온갖 새들 합창 속에 한 매미가 독창을 하는구나!
西舍麥芻香 서사맥추향	서쪽 들 농막에는 풋보리 향기롭고,
青尨隨午饁 청방수오엽	청 삽살개는 들밥 뒤를 따라가네.
悠揚野菜花 유양야채화	아득히 펼쳐진 유채꽃 넓은 들엔
無數飛黃蝶 무수비황접	수없이 날아드는 샛노란 나비 떼들!
泉聲引客來 천성인객래	개울물 소리가 이끄는 대로 오노라니
石徑松陰裏 석경송음리	소나무 그늘 속 돌길이 이어 있네.

乘興不知深 흥 따라 들어가다 보니 어디 메까지 왔는지?
승흥부지심
水窮雲復起 물길 다한 곳에서 구름이 뭉게뭉게.
수궁운부기

▶ 출전: ≪미산선생문집(眉山先生文集)≫ 권2

□ 字句 풀이

◆ 麥蒭香(맥추향): 푸른 보리 잎에서 풍겨나는 풋내. ◆ 靑尨(청방): 털빛이 푸른 삽살개. ◆ 午饁(오엽): 들에서 먹는 점심밥. ◆ 悠揚(유양): 길고 먼 모양, 경치가 아득한 모양.

□ 감상

세 폭의 아름다운 그림을 연상케 한다. 세 폭의 그림을 삼면의 벽에 걸어두고 내 스스로 그림속의 자연으로 들어가 보는 것은 어떨까? 한장석 선생이 쓴 원래의 시는 이보다 훨씬 길다. 원문 전체는 다음과 같다.

園陰濃翠積	梧葉大於甀	靜裏林逾響	千禽間一蟬
白鷺見人飛	去人纔數尺	機心久已忘	猶我紅塵客
移竹補籬踈	葺松受簷矮	鷺鶴到雖遲	淸風猶可買
西舍麥蒭香	靑尨隨午饁	悠揚野荣花	無數飛黃蝶
爲種山田豆	雇牛盡日畊	今年時雨足	野老已量晴
溪南一片雲	山雨時來去	叩角日將曛	不逢陳令擧
啣泥雙燕子	莫怪近簷茅	物情欣有托	偕我定新巢
泉聲引客來	石徑松陰裏	乘興不知深	水窮雲復起

이렇게 긴 시 중에서 유독 3수를 좋아하여 읊조리기도 하고 작품을 하기도 한다. 평화로운 전원생활을 꿈꾸며….

〔초민艸民 박용설朴龍卨〕

次大齊韻
대제의 운에 차운하여

— 吳慶錫 오경석

深院無客似禪居 심원무객사선거	아늑한 집 손님 없어 절간 같고
晝永春眠樂有餘 주영춘면락유여	긴 봄날 낮잠 재미가 넘치고도 남네 그려!
拋盡萬緣高枕臥 포진만연고침와	세상 인연 팽개치고 높은 베개 베고 누웠으니
燒香時讀故人書 소향시독고인서	때로는 향을 피워 정좌도 하고 옛글도 읽고…

□ 字句 풀이

◆ 禪居(선거): 참선하는 곳. ◆ 拋盡(포진): 모든 것을 죄다 내던져 버림.
◆ 萬緣(만연): 속세의 많은 인연, 모든 관계.

□ 감상

긴 겨울동안 경직된 마음과 몸이 따뜻한 봄날을 맞아 느긋한 낮잠의 여유로움을 즐긴다. 세상의 많은 인연을 팽개쳐 두고 마음을 비워 본다. 향을 피워 정신을 맑게 하고 고전들을 꺼내 읽는다. 이게 바로 선(禪)에 통한 경지요, 또 신선의 경지라고도 할 수 있으니 행복하지 않겠는가?

〔초민艸民 박용설朴龍卨〕

不知誰氏作
누가 지었는지 모르는 시

平生操持力   평생 애써 가꾼 품행과 절조로도
평생조지력

不敵一念非   한 순간의 그릇된 생각을 당해내지 못할 수 있지.
부적일념비

閱世三十年   지난 삼십년을 되돌아보니,
열세삼십년

方知學爲福   배우는 것이 복임을 비로소 알겠네.
방지학위복

自古情至語   예로부터 참으로 지극한 말은
자고정지어

中必無色澤   말 속에 화려한 꾸밈이 없다하네.
중필무색택

苟無古性情   진정 예스러운 성품과 기질이 없다면
구무고성정

安得眞風雅   어떻게 참 멋을 터득할 수 있겠는가!
안득진풍아

□ 字句 풀이

◆ 操持(조지): 평소에 지니고 있는 품행과 절조, 지향. ◆ 閱世(열세): 여러 해를 살다, 겪다, 혹은 지난 세월의 삶을 되돌아 보다. ◆ 情(정): 참으로, 진정으로. ◆ 色澤(색택): 화려한 수사를 비유하는 말. ◆ 風雅(풍아): ≪시경≫의 풍(風)과 아(雅)를 일컫는 말이었으나 후에 풍류와 문아(文雅)함으로 뜻이 확대됨, 고상하고 멋이 있음을 이르는 말.

□ 감상

  이 시는 누구의 시인지 모르겠다. 나름대로 검색을 해 봤지만 확인하지 못했다. 구안자(具眼者)의 가르침을 기다린다. 압운을 해야 할

하석 박원규

자리에 운(韻)자가 맞지 않은 것으로 보아 처음부터 한 수의 시로 지은 것은 아니고 여러 구절을 조합하여 경계로 삼고자 한 것 같다. 구미에 사는 서기용(徐基用) 동도께서 우편으로 보내 온 유인물에서 이 시를 처음 대했다. 추사선생이 선면에 쓰신 시란다. 추사선생은 이 시를 두고 '셋째 구와 넷째 구가 내게 절실해서 여러 동인에게 보인다(此三四句, 皆切身之語, 書以示同人).'라는 말을 했다. 그러나 나는 수련(首聯)이 가슴에 와 닿는다. 평생을 정성스럽게 쌓아 올린 공든 탑이 무너지는 것은 눈 한 번 깜박 하는 순간이다. 어찌 두렵지 않겠는가!

〔하석何石 박원규朴元圭〕

人境俱奪
어떤 풍경

-西山大師 서산대사

梨花千萬片 　배꽃은 천 만 조각으로 져서
이화천만편

飛入淸虛院 　청허원으로 날아드는데,
비입청허원

牧笛過前山 　목동의 피리소리는 앞산을 넘고
목적과전산

人牛俱不見 　사람도 소도 다 보이지 않네.
인우구불견

□ 字句 풀이

◆ 梨花(이화): 배꽃. ◆ 淸虛院(청허원): 명종 15년(1560) 휴정대사가 지리산 내은적암(內隱寂庵)을 중수하여 거처를 마련한 곳으로 스스로 당호를 청허원이라고 하였다. ◆ 牧笛(목적): 목동의 피리 소리.

□ 감상

　시의 제목〈人境俱奪〉을 번역하기가 참 힘들었다. 처음엔〈사람도 없고 소도 없고〉,〈사람도 소도 안 보이네〉,〈사람도 소도 다 경계를 벗어나다〉〈목동도 소도 신선이 된 풍경〉 등으로 번역했다가 그냥 〈어떤 풍경〉이라고 번역하는 것이 가장 함축적인 번역일 것 같아서 그렇게 하기로 했다. 이런 시를 읽으면서도 편안함을 느끼지 못하는 사람이라면 빨리 병원에 가 봐야 할 것이다. 하기야 병원에 가본들 무슨 소용이 있으랴! 평생 그렇게 편하지 못한 마음으로 살 수밖에. 나 말고는 나를 편하게 하는 사람도 없고 괴롭게 하는 사람도 없다!

〔하석何石 박원규朴元圭〕

詠夕
저녁 풍경을 읊다

- 申欽신흠

明月出林表 　밝은 달 숲 밖으로 떠오르고,
명월출림표

暗泉鳴石根 　깊은 샘 돌부리에 걸려 우는데,
암천명석근

磬殘雲外寺 　운외사 풍경 소리는 잦아들고,
경잔운외사

砧急崦中村 　탱탱 영근 다듬이 소리 산마을에 울려 퍼지네.
침급엄중촌

宿鳥尋巢疾 　잠잘 곳 찾는 새는 둥지 찾아 서두르고,
숙조심소질

流螢帶露翻 　이슬 머금은 반딧불은 공중을 떠다니네.
류형대로번

獨吟仍不寐 　홀로 읊조리느라 잠 못 이루는데,
독음잉불매

霞影落山門 달무리 노을이 산 어귀에 내리네.
하영락산문

▶ 출전: ≪상촌고(象村稿)≫ 권11

□ 字句 풀이

◆ 磬殘(경잔): 경쇠(옥이나 돌로 만든 악기의 한 가지) 소리가 잦아들다. 여기서는 운외사의 풍경 소리를 이른 말이다. ◆ 砧(침): 다듬잇돌. ◆ 流螢(유형): 날아다니는 반딧불.

□ 감상

정말 정겨운 밤 풍경이다. 40여 년 전, 1960-70 년대만 하더라도 이런 풍경을 볼 수 있었고 이런 소리들을 들을 수 있었는데…. 예전엔 내 삶은 다시 못 오더라도 풍경은 남아서 후대 사람들도 내가 보았던 풍경을 볼 수 있었는데 지금은 내 삶과 함께 사라져 가는 것들이 너무나 많다. 아! "다시 못 올 것에 대하여…."

〔국정菊丁 박원제朴元濟〕

右別龔吳兩使 清白吏貞惠公府韻
중국 공·오 두 사신을 전별하며
청백리 정혜공의 운에 차운하여

－朴守良박수량

芳草平郊隔帶川 향기로운 풀 우거진 넓은 들녘 가르며 휘감아
방초평교격대천 　　　　　　　　　　흐르는 시내,

滿樓風景半江船 누대 가득 좋은 경치인데 떠나는 배는 어느새
만루풍경반강선

不堪別恨牽春思 _{불감별한견춘사}	강 복판에 있네. 이별의 아쉬움은 금세 봄날의 그리움을 이끄는데
其奈征旆劈晚烟 _{기내정모벽만연}	떠나는 깃발은 저녁 안개 가르며 마냥 가는 걸 어찌하리오!
筆下光華元似錦 _{필하광화원사금}	그대 붓 끝의 광채는 원래 비단 같거니와
胸中溟海自無邊 _{흉중명해자무변}	가슴 속 바다 같은 도량 또한 끝이 없네.
若爲化作遼東鶴 _{약위화작료동학}	만일 내가 요동의 학이 될 수 있다면,
萬里隨公上碧天 _{만리수공상벽천}	만리 멀리 그대 따라 푸른 하늘까지라도 오를 것을.

□ 字句 풀이

◆ 芳草(방초): 향기롭고 꽃다운 풀. ◆ 江船(강선): 강 위를 오가는 배.
◆ 春思(춘사): 봄을 느끼는 뒤숭숭하고 그리운 생각. ◆ 光華(광화): 아름다운 빛, 빛나는 기운. ◆ 胸中(흉중): 가슴 속, 생각, 마음. ◆ 遼東(요동): 요하의 동쪽이란 뜻으로, 요녕성 남동부 일대에 걸친 땅. 7)碧天(벽천): 푸른 하늘.

□ 감상

　서로 통하면 잠시 다녀가는 중국의 사신과도 이렇게 정이 깊게 들 수 있다. 시간이 길어야만 깊은 정을 나눌 수 있는 것은 아닌 것 같다. 추사 선생도 중국에 한 달 머무는 동안 그렇게 많은 정분을 쌓지 않았던가!

〔취석翠石 박원해朴元海〕

叱咤倭政
일본의 정치권을 꾸짖음

－朴來鎬박래호

倭寇如狐行甚輕 _{왜구여호행심경}	왜놈들이 여우같아 행동 매우 가벼워서,
吾東獨島奪侵明 _{오동독도탈침명}	우리나라 독도 땅을 침탈하려는 야심이 분명하다.
正圖故出其人手 _{정도고출기인수}	올바른 지도가 바로 그들의 손에서 나왔건만
妄說頻拋自國氓 _{망설빈포자국맹}	망령된 말을 자기 국민에게 자주도 내던지누나.
在昔微逢徐累慾 _{재석미봉서루욕}	옛날엔 몇몇이 모여 조금씩 서서히 탐욕을 쌓아가더니,
來今大會漸高聲 _{내금대회점고성}	요즘 와서는 다수가 모여 대놓고 목소리를 높이네.
數難犯境天何恕 _{수난범경천하서}	수차례 국경을 침범하여 난을 일으킨 죄를 하늘이 어찌 용서하리오!
他日論罪鬼亦驚 _{타일론죄귀역경}	훗날 죄를 따질 때에는 귀신도 또한 경악할거야.

□ 字句 풀이

◆ 倭寇(왜구): 일본 해적. ◆ 妄說(망설): 망령된 생각이나 주장. ◆ 犯境(범경): 일정한 경계나 국경을 침범함. ◆ 論罪(논죄): 죄의 성립이나 무겁고 가벼움을 논함.

□ 감상

글쎄, 일본은 왜 그리 미운 짓만 하는지 모르겠다. 자신들의 잘못을 인정하기는커녕 오히려 적반하장을 일삼으니 말이다. 자신감이 없는 옹졸함 때문일 것이다. 자신감이 있는 사람은 자신을 바보라고 놀려도 허허 웃고 말지만, 자신감이 없는 사람은 바보라고 놀리지도 않았는데 미리 겁을 먹고 바보가 아니라고 강변하며 덤벼든다.

〔취석翠石 박원해朴元海〕

悶極
심히 답답해서

－金時習김시습

花是山中曆 화시산중력	꽃은 산 속의 달력이요,
風爲靜裏賓 풍위정리빈	바람은 고요한 때 찾아오는 손님 일세.
恨無沽酒債 한무고주채	술 살 돈이 없어 한스러운데,
又欠過墻隣 우흠과장린	담 넘어올 이웃도 없다네.
竹塢凉吹急 죽오량취급	대숲 언덕에 바람이 세찬네,
松窓月色新 송창월색신	소나무 드리운 창가 달빛은 더욱 새롭네.
閒吟聊遣寂 한음료견적	한가히 시 읊으며 고요함을 즐기나니,
箇是道中人 개시도중인	이게 바로 도를 안다는 사람이겠지.

▶출전:《매월당집(梅月堂集)》 <매월당시집(梅月堂詩集)> 권1

□ 字句 풀이

♦ 曆(력): 달력. ♦ 沽(고): 사다. 매매. ♦ 債(채): 빚, 빌림. ♦ 欠(흠): '부족하다'의 의미이지만, 여기에서는 '없다'로 해석하는 게 좋을 것 같다. ♦ 聊(료): 마음에 부족하나마 겨우. ♦ 개시(箇是): 이것은 ~이다.

□ 감상

달력이 없어도 꽃피는 것만 보면 세월의 흐름을 아는데 바람이 손님이 되어 찾아온다. 술 살 돈 없을 때 이웃 없는 것이 아쉽고, 대나무에 부는 바람 세차지만 소나무 사이로 보이는 달은 새롭기만 하다. 이런 곳에서 마음 한가로이 지내는 것이 곧 도를 닦는다는 것이리라!

〔연곡蓮谷 박정규朴正圭〕

題江石
강가의 돌에 제하여

-洪裕孫 홍유손

濯足淸江臥白沙 청강에 발 씻고 모래밭에 누우니,
탁족청강와백사

心神潛寂入無何 고요함 속으로 잠겨드는 몸과 마음이 편하기만
심신잠적입무하 하구나.

天敎風浪長喧耳 하늘이 풍랑 일으켜 귓가에 길게 울려오니,
천교풍랑장훤이

不聞人間萬事多 인간 세상 시끄러운 일들은 들을 겨를이
불문인간만사다 없다네.

▶출전: ≪소총유고(篠叢遺稿)≫ 하

□ 字句 풀이

◆ 탁족(濯足): 물에 발을 씻음. ◆ 잠적(潛寂): 고요하고 적적함. ◆ 교(敎): 사역동사로서 시키다, ~하여금 ~하게 하다. ◆ 훤(喧): 떠들썩함.

□ 감상

맑은 강물에 발 씻고 모래밭에 누우니 심신이 어디 있는지도 모르겠다. 자연에서 불어오는 바람이 오래도록 귓가에 울려와 절로 인간사의 많은 일을 잊는다는 아주 아름다운 시이다.

〔연곡蓮谷 박정규朴正圭〕

煮茶
차를 달이다

－金時習 김시습

松風輕拂煮茶煙　솔바람 솔솔 불어 차 달이는 연기 몰아,
송풍경불자다연

裊裊斜橫落澗邊　하늘하늘 이리저리 돌아 시냇가에 떨어지네.
뇨뇨사횡락간변

月上東窓猶未睡　동창에 달 떠올라 여전히 잠 못 이루다가
월상동창유미수

挈瓶歸去汲寒泉　병(甁) 들고 돌아가서 찬 샘에서 물을 긷네.
설병귀거급한천

自怪生來厭俗塵　속세에 태어났음에도 속세를 싫어하는 내
자괴생래염속진　　심사가 괴이한데

入門題鳳已經春　입문하여 봉(鳳)자를 화두로 삼은 세월 몇
입문제봉이경춘　　해이던고.

煮茶黃葉君知否　누런 잎으로 차 달이는 뜻을 그대는 아는지?
　자다황엽군지부
却恐題詩洩隱淪　시를 쓰자니 시로 인해 은둔하는 뜻
　각공제시설은륜　　새어나갈까 걱정이라네.

▶출전: ≪매월당시집(梅月堂詩集)≫ <매월당시집(梅月堂詩集)> 권5

□ 字句 풀이

◆ 裊裊(뇨뇨): 약한 바람에 흐느적거리는 모양으로, 여기서는 차 향기가 하늘하늘 풍기는 모양을 표현. ◆ 挈甁(설병): 병을 들고서. ◆ 題鳳(제봉): '鳳'자를 화두로 삼다. ◆ 經春(경춘): '봄을 지낸다'는 의미인데 세월이 지나감을 뜻함. ◆ 隱淪(은륜): 은둔, 세상을 피하여 숨다.

□ 감상

"뇨뇨사횡락간변(裊裊斜橫落澗邊)."의 표현이 매우 아름답다. 차 달이는 연기가 하늘하늘 가로 풍겨 찻 자리를 벗어나 시냇가에 떨어진다는 표현은 한 폭의 동양화를 보는 것 같다. "설병귀거급한천(挈甁歸去汲寒泉)." 구절을 보면 밤새 차를 홀로 마신 것 같다. 차를 마실수록 정신은 더욱 더 맑아진다. 다시 차를 달이기 위해 병을 들고 찬 샘으로 가 물을 긷는 모습이 청아하다.

〔탄재灘齋 박종권朴鍾權〕

贈金上舍 次其與拱弟韻
김 상사에게 주다 그가 아우 공에게 준 시에 차운하여
－尹拯윤증

多少工夫靜裏宜	많은 공부든 적은 공부든 공부하려면 조용한
다소공부정리의	게 좋지,
南山霧豹可能知	남산 안개 속의 표범을 보면 조용히 공부해야
남산무표가능지	하는 뜻을 알 수 있다네.
君家自有書千卷	그대 집엔 천 권의 서적이 있건만
군가자유서천권	
何用床頭一局棋	어찌하여 침대 머리에서 바둑이나 두는 것인가!
하용상두일국기	

▶ 출전: ≪명재유고(明齋遺稿)≫ 제2권

□ 字句 풀이

◆ 南山霧豹(남산무표): 남산 안개 속에 숨어 있는 표범. 이 고사는 한나라 유향(劉向)의 ≪열녀전≫에 나오는데, 질그릇을 구우며 도를 닦는 도답자(陶答子)라는 사람이 아내의 만류에도 불구하고 재산 축적에만 정신이 없었다. 마침내 그는 큰 부자가 되었지만 그의 아내는 울면서 "남산의 검은 표범은 안개비가 7일간 내려도 먹이를 찾아 산을 내려오지 않는데 그 까닭은 그 털을 기름지게 해서 무늬를 이루기 위함이랍니다. 해를 멀리 해야 무늬가 좋아지기 때문이지요. 저 개나 돼지를 보십시오. 주는 대로 받아먹으며 제 몸을 살찌우지만 앉아서 잡아먹히기를 기다릴 뿐입니다."라고 하였다. 아내의 말을 듣지 않은 도답자는 결국 1년도 못 되어 남의 재산을 도둑질한 죄로 죽임을 당했다.

□ 감상

≪주역≫에도 "군자표변(君子豹變)."이라는 말이 나온다. 군자는 표범처럼 변한다는 뜻이다. 윤기 흐르는 털과 무늬를 지니기 위해 표범은 아무도 오지 않는 곳에서 온 몸이 아름다운 무늬로 덮일 때까지 인내하며 기다린다고 한다. 그렇게 인고의 시간을 거쳐 얼룩덜룩하던 털이 어느 순간 빛나는 무늬로 바뀐다.

사람도 마찬가지다. 진득하게 공부한 것이 쌓이고 쌓이면 어느 순간 반짝이는 지혜를 갖추게 된다. 당장 먹고 사는 일에 급급해 손에서 공부를 놓은 채 여기 저기 기웃대다가는 문채는 갖추어지지 않고 그저 지저분한 개털만 남는다. 잠깐의 포만감으로 빛나는 문채를 포기한 채 살아간다면 민망하지 않겠는가? 작자 역시 곁에 천 권의 책이 있음에도 앉아서 바둑이나 두고 있는 이에게 어둠 속에서 조용히 무늬를 기르는 표범이 되라고 충고한다. 누구나 인고의 시간을 겪지 않고서는 빛이 날 수 없는 법이다. 모름지기 공부하는 이들은 공부가 내면에 쌓일 때까지 표범처럼 진득하게 앉아 견딜 일이다.

〔탄재灘齋 박종권朴鍾權〕

別仙巢
신선처럼 사는 친구와의 이별
－四溟大師 사명대사

聞飽聲名二十年 문포성명이십년	그대의 이름 익히 들은 지 20년인데,
浮雲聚散却悽然 부운취산각처연	뜬구름처럼 모였다 흩어지듯 헤어지려니 슬프구먼.
禪窓雨過花如霰 선창우과화여산	선창(禪窓)에 비 지나니 꽃은 싸락눈 같고
客舍春深柳似煙 객사춘심류사연	객사의 봄 깊으니 버들은 아지랑이에 싸인 듯.
人事每違眞夢幻 인사매위진몽환	사람의 일 매양 어긋나니 그게 바로 부질없는 꿈같은 삶이 아니겠나?
浮生一會好因緣 부생일회호인연	뜬구름 같은 인생에 한번 만나는 것도 인연인 게지.

他時倘遂重遊計	다른 날 다시 와서 함께 놀 기약을 하여
타시당수중유계	
皓月金沙奏沒絃	그땐 금모래에 비치는 밝은 달빛아래서 줄이 없는 거문고를 타세.
호월금사주몰현	

□ 字句 풀이

♦ 霰(산): 싸라기눈. ♦ 浮生(부생): 덧없는 인생. ♦ 倘(당): 혹시, 어쩌면.
♦ 奏(주): 풍류, 연주하다.

□ 감상

'仙巢(선소)'는 '신선이 사는 곳'이란 뜻으로서 자연에 묻혀 사는 상대방의 집을 높여 부를 때 사용하는 말이다. 사귄지 20년이 되었는데도 잠시 만났다가 다시 헤어지는 두 사람 사이의 이별이 안타깝다. '줄이 없는 거문고'란 실지 악기가 아니라, 악기가 없이도 들을 수 있는 자연의 음악, 즉 자연의 소리를 이르는 말이다. 이런 음악을 들으며 사는 사람이라면 신선처럼 사는 사람이라고 할 만 하다.

〔석천昔泉 박지석朴志碩〕

用太虛韻 紀嶺南樓之勝 贈崔經歷潤身

태허의 운으로 영남루의 좋은 경치를 기록하여 경력 최윤신에게 주다

—金宗直김종직

| 遙臨益部動星辰 | 천문을 잘 본 옛날 익주 사람이 알아볼만한 별자리 기운을 받은 땅이니 |
| 요림익부동성신 | |

勝地還應屬勝人 _{승지환응속승인}	이런 좋은 곳은 마땅히 좋은 사람 차지가 되어야지.
凝水繞村藍蕩漾 _{응수요촌람탕양}	응천 물은 마을을 둘러 쪽빛으로 출렁거리고
龍山當檻玉璘峋 _{용산당함옥린순}	용두산은 난간 앞에 옥처럼 솟았구나.
鈿蟬故故能回雪 _{전선고고능회설}	기녀 전선(鈿蟬)은 눈발처럼 가벼이 춤을 추고
鷗鷺關關不染塵 _{구로관관불염진}	갈매기는 꾸욱꾸욱 울어 속세에 물들지 않았네.
愧我一行仍作吏 _{괴아일행잉작리}	부끄럽다, 나는 한 걸음에 고향 떠나 그대로 관리가 되어
丘園抛却自綸巾 _{구원포각자윤건}	고향동산 던져버리고 윤건 쓴 채 군사 업무를 보고 있으니….

▶출전: ≪점필재집(佔畢齋集)≫ 권19

□ 字句 풀이

◆ 益部(익부): 익주(益州), 현재 중국의 사천성 일대. 중국 후한시대 화제(和帝)가 지방관의 행정을 염탐하기 위해 비밀리에 관원을 지방에 파견하였는데 익주의 이합(李郃)이 천문을 보고 사성(使星) 둘이 익주로 향하고 있음을 알고 익주에 파견된 관리가 두 사람이라는 것을 알았다고 함. ◆ 鈿蟬(전선): 옛날 노래를 잘 불렀다는 가기(歌妓)의 이름. ◆ 綸巾(윤건): 푸른 실로 꼰 끈으로 만든 두건, 삼국시대 촉나라의 제갈량이 윤건을 쓰고 우선(羽扇)을 손에 잡고서 군령을 시행하였다는 데서 유래하여 병마를 관리하는 직책에 종사했던 이 시의 작가 김종직의 관직 이력을 나타냄.

□ 감상

자연에 묻혀 사는 사람을 부러워하며 지은 시이다. 부러워만 하지 말고 자신도 떠나면 될 텐데….

〔석천昔泉 박지석朴志碩〕

山寺夜吟
산사의 밤

－鄭澈 정철

蕭蕭落木聲 _{소소낙목성}	우수수 떨어지는 나뭇잎 소리,
錯認爲疏雨 _{착인위소우}	성긴 빗소리로 잘못 알아듣고서.
呼僧出門看 _{호승출문간}	스님 불러 문밖에 나가보라 했더니만,
月掛溪南樹 _{월괘계남수}	시냇가 남쪽 나무에 달이 둥실 걸려 있다 하네.

▶ 출전: ≪송강집(松江集)≫ <松江續集> 권1

□ 字句 풀이

◆ 蕭蕭(소소): 바람이나 빗소리 따위가 쓸쓸함을 형용하는 말. ◆ 落木聲(낙목성): 나뭇잎 떨어지는 소리. ◆ 錯認(착인): 잘못 알았다는 뜻. ◆ 疏雨(소우): 성글게 내리는 비. ◆ 呼僧(호승): 스님을 부름. ◆ 出門看(출문간): 문밖에 나가서 살펴봄.

□ 감상

늦은 가을 해질녘, 산사(山寺)에서 시간을 보낸 적이 있었다. 그야말로 고즈넉하여 일개 촌부라도 절로 시인이 되어 시를 한 수 지어보고 싶은 충동을 느끼게 하였다. 정철의 〈산사야음(山寺夜吟)〉이 이러한 느낌을 주는 시다. 소소히 떨어지는 낙엽소리를 빗소리로 잘못 알았다는 구절은 보이지 않는 시각적인 부분을 청각적 감각으로 전환시켜 독자들로 하여금 상상의 나래를 펴도록 한다. 시인이 직접 문을 열고 나가볼 법도 한데 어린 스님을 불러 나가보라 한 것은 아마도 가을밤의 고독함 속에서 누군가가 찾아올 것 같아 마중 나가 주기를 바라는 시인의 간절한 마음이 깃들어 있는 것은 아닐까? 그러나 오는 손님도 없으며 비도 오지 않고, 나무에 걸린 달을 배경으로 낙엽만 우수수 떨어지는 것은 가을밤을 산사에서 지내는 시인의 마음을 더욱 고즈넉하게 만든다. 첫 구절은 당나라 시인 두보의 〈등고(登高)〉라는 시의 '무변낙목소소하(無邊落木蕭蕭下), 부진장강곤곤래(不盡長江滾滾來).' 구절을 빌린 것으로 보인다. 그리고 비가 오지 않는다는 표현을 달이 떴다는 말로 대신하여 시적인 감흥을 돋우었다. 내용을 알고 보면 누구라도 일상에서 겪을 수 있는 상황이다. 그런 평범한 상황을 작가는 아주 자연스럽고 편안하게 표현하여 마치 동양화 한 폭을 글로써 옮겨 놓은 듯하다. 인위적이지 않고 대화하듯 표현한 참신한 시이다.

〔이재頤齋 박철수朴哲秀〕

野步
들판을 거닐며

-陳澕진화

小梅零落柳傲垂 작은 매화 다 지고 버드나무는 춤추듯 늘어졌는데,
소매영락류기수

閑踏靑嵐步步遲 한가로이 푸른 아지랑이 밟으며 걸음걸음마다
한답청람보보지

천천히 걷네.

漁店閉門人語少　주막들은 문을 닫아 사람 소리 드문데,
어점폐문인어소

一江春雨碧絲絲　온 강엔 푸른 실과 같은 봄비가 내리네.
일강춘우벽사사

▶ 출전: ≪매호유고(梅湖遺稿)≫ 권20

□ 字句 풀이

♦ 零落(영락): 초목이 시들어 떨어짐. ♦ 僛(기): 취하여 춤추는 모양.
♦ 靑嵐(청람): 푸른 아지랑이. ♦ 步步(보보): 한 걸음 한 걸음, 걸음걸음마다. ♦ 漁店(어점): 강가의 주막. ♦ 絲絲(사사): 가늘게 내리는 봄비의 모양.

□ 감상

　옥매화 피는 추운 겨울은 가고, 봄빛이 완연한 날에 집 앞을 나서는데 강가에 새로이 연둣빛 새싹을 올린 버드나무는 봄바람에 늘어진 채 살랑거리고 있다. 그 강 길을 따라 걷노라니 따뜻한 봄빛에 아지랑이는 가물거리고 마음은 더욱 여유가 생겨 유유자적 천천히 발걸음을 옮긴다. 한 폭의 그림같은 표현이다. 주막에 당도해보니 문은 닫혀있고 사람들의 말소리만 조용조용 들려오는데 봄비는 실낱처럼 소리 없이 내린다. 사사(絲絲)는 실처럼 가늘게 내리는 봄비의 모양을 표현한 글자이지만 '사사'라는 음이 주는 청각적 효과로 인해 봄비가 내리는 소리를 표현한 것 같은 느낌도 든다. 시의 1,2구절이 시각적인 효과를 느끼도록 해준다면, 3,4구절은 청각적인 느낌을 느끼게 하고 있는 것이다. 읽는 이로 하여금 더없이 편안하고 아늑함을 느끼도록 한다. 봄 날 강둑에서 한번쯤 읊조리면 좋을 것 같다.

〔이재頤齋 박철수朴哲秀〕

斜日西馳…
해는 서쪽으로 지고…

— 草衣禪師 초의 선사

斜日西馳雨散東 사일서치우산동	해는 서쪽으로 지고, 비는 동편에서 흩뿌리는데
詩囊茶椀小舟同 시낭다완소주동	시객(詩客)과 다인(茶人)이 일엽편주를 함께 탔네.
雲開正滿天心月 운개정만천심월	구름 걷히니 온 하늘에 밝은 달 떠올라 마음 따라 밝아지고,
夜靜微凉水面風 야정미량수면풍	고요한 밤, 쌀쌀한 바람이 수면을 스치네.
千里思歸何所有 천리사귀하소유	천 리 타향에서 돌아갈 것 생각한들 무슨 소용,
一身餘累竟難空 일신여루경난공	허물 많은 이 내 한 몸, 마음 비우기 어려워라.
誰知重疊靑山客 수지중첩청산객	겹겹이 쌓인 청산을 향해 가는 나그네 중을 누가 알리오?
來宿金波萬頃中 래숙금파만경중	달빛으로 물든 물결위에서 잠이나 청하세.

□ 字句 풀이

♦ 斜日(사일): 지는 해. ♦ 詩囊(시낭): 시의 초고를 넣는 주머니. ♦ 心月(심월): 달과 같이 밝은 마음. ♦ 微凉(미량): 조금 서늘함. ♦ 重疊(중첩): 거듭 겹치거나 겹쳐지는 것. ♦ 金波(금파): 벼가 누렇게 익은 들, 금빛으로 빛나는 물결.

□ 감상

글씨 공부를 하기 전에 차 공부를 먼저 하여 자연스레 다시(茶詩)

에 관심을 갖게 되었다. 선승의 시는 세인들의 시와는 또 다른 영적, 철학적 세계로의 초대이다. 초의는 완당과 교우하면서 울분을 달래기 위해 여러 편의 시를 썼는데 이 시 역시 그 중의 하나이다. 글씨를 쓰고 차를 배우는 나로서는 완당과 초의에 대해 관심을 가질 수밖에 없다. 이 시를 읊조리다 문득 '세속을 떠나 불가의 몸이 된 초의에게 고향은 어떤 의미였을까'하는 생각을 해보기도 하였다.

  내게 고향은 곧 부모 형제이다. 5년 전, 세상을 떠난 어머니, 아직도 그 영정을 안고 주무시는 아버지, 자식 남겨 두고 3년 전 마누라 따라 떠난 야속한 아우가 내겐 고향이다. 그리움은 세월이 흐를수록 더하다. 바람이 몹시 불던 지난 밤, 창가에 기대서서 성당으로 오르는 작은 언덕길, 흐느끼는 나무들 사이로 내 할머니, 내 어머니, 나의 아우가 뒷모습을 보이며 쓸쓸히 걸어가고 있었다. 그러나 나는 잡지도 따라가지도 못했다. 문득 삶과 죽음이 한 길이라는 생각을 해본다.

〔유청惟靑 변영애卞榮愛〕

晝來一椀茶
낮에는 한 잔의 차

―西山大師 서산대사

晝來一椀茶 낮에는 한 잔의 차,
주래일완다

夜來一場睡 밤 들면 한 소금의 잠.
야래일장수

靑山與白雲 청산에 걸린 백운과
청산여백운

共說無生事 더불어 무탈함을 이야기 하네.
공설무생사

□ 字句 풀이

◆ 靑山(청산): 푸른 산. ◆ 白雲(백운): 흰 구름, 오고가고 한다는 뜻으로 절의 큰방 윗목 벽에 써 붙여 손님의 자리를 알게 하는 문자로 사용하기도 했다. ◆ 無生事(무생사): 아무 일도 없음, 무탈함.

□ 감상

참으로 간결한 시다. 그러나 많은 생각을 갖게하는 시이기도 하다. 서산대사가 천옥(天玉)이라는 선객(禪客)에게 준 시로 알려져 있다. 보조국사는 "불법은 일상생활 하는 거기에 있으며, 가고 머물고 앉고 눕고 하는 거기에 있으며, 차를 마시고 밥을 먹는 거기에 있으며, 대화를 나누는 거기에 있다."고 했다 한다. 차를 공부할 때, 곡우 즈음이 되면 보성 차밭에 가곤 했던 일이 생각난다. 차를 따고, 덖고, 비비기를 아홉 번 반복하는 구증구포(九蒸九曝)의 수고로움을 감당해야 한 잔의 차를 만난다. 이러한 일상사가 곧 깊은 선의 경지일 것이다. 남편은 일로 지방에 있고 두 아이들은 제 짝을 찾아갔다. 덩그러니 나 혼자다. 눈 뜨면 으레 한 잔의 커피다. 그러나 마음 다스릴 일이 있거나, 비바람 불거나, 고요함이 그리우면 어김없이 향을 사르고 찻상을 마주한다. 초의선사는 차 마시는 법도에 대해 "손님이 적은 것을 귀하게 여긴다. 많으면 수선스럽고, 수선스러우면 아취(雅趣)가 모자란다. 혼자서 마시는 것을 신(神)이라 하고, 둘이 마시는 것은 승(勝)이라 하며, 세 네 명은 취(趣), 대여섯 명은 범(泛), 일곱 여덟 명은 시(施)라 한다."했다. 나는 신(神)의 경지를 모르지만 그 시간이 참으로 소중하다. 오롯이 나와 마주하는 시간이기 때문이다.

〔유청惟靑 변영애卞榮愛〕

次子剛夜坐韻
밤에 앉아 자강의 시에 차운하여
-卞季良변계량

關門一室淸 문이 닫힌 맑고 고요한 방안,
관문일실청
烏几精橫經 까만 책상위엔 경전이 단정하게 놓여 있네.
오궤정횡경
纖月入林影 초승달이 숲을 비춰 길게 그림자 드리우는데,
섬월입림영
孤燈終夜明 외로운 등불은 날이 새도록 밤을 밝히고 있네.
고등종야명

▶출전: ≪춘정집(春亭集)≫ 제1권

□ 字句 풀이

◆ 烏几(오궤): 검은 책상. ◆ 橫經(횡경): 경서를 펴서 듦. ◆ 纖月(섬월): 음력 초승에 뜨는 가느다란 달. ◆ 孤燈(고등): 어두운 곳에 외따로 있는 등불. ◆ 終夜(종야): 하룻밤 내내.

□ 감상

예로부터 인간은 해가 뜨면 일어나 일하고 해가 지면 자는 습관을 수 만년의 역사를 통해 지속하고 있다. 하지만 삶이 답답할수록 밤이 되어도 일찍 잠들지 못하고 낮에 미처 끝내지 못한 일을 늦은 시간까지 완성해야 하는 때도 있다. 작자는 무수한 밤을 학문의 정리와 연구를 위해 고민하였을 것이다. 이 시는 마치 은은한 달빛이 비추는 가운데 그림자 길게 늘어서는데 만족스런 결과를 얻을 수 없어 새벽을 맞도록 앉아 고민하는 나 자신의 모습을 투영하고 있는 것 같다. 아마 이는 나만 그런 것이 아니고 현재를 살아가는 현대인들 대부분이 깊이 공감하는 바일 것이다. 때로는 밤샘 작업을 하다가 지친 몸을 한

잔의 커피로 달래기 위해 달빛 휘영청 밝은 바깥을 내다보는데 그 때마다 저만큼 달그림자가 길어지는 모습과 더불어 삶의 한 단면이 사실적으로 느껴지곤 한다. 그럴 때면 이 시가 더욱 가슴에 와 닿는다.

〔한운閑雲 변희문卞熙文〕

還苕川居
초천 집으로 돌아오다

- 丁若鏞 정약용

忽已到鄕里 문득 고향 마을에 찾아오니
홀이도향리

門前春水流 문 앞엔 봄기운 가득한 물이 흐르고.
문전춘수류

欣然臨藥塢 설레는 마음으로 달려간 약초 밭 언덕도 옛 모습
흔연임약오 　　그대로이고

依舊見魚舟 고깃배들도 예 보던 풍경이라네.
의구견어주

花煖林廬靜 따스한 꽃향기 품은 숲 가운데 오두막집은 고요하고
화난림여정

松垂野徑幽 소나무 가지 드리운 들길은 아늑하기만 하네.
송수야경유

南遊數千里 수 천리 남녘하늘을 유람해 봐도
남유수천리

何處得玆丘 이런 언덕 그 어느 곳에서 다시 얻을 수 있으랴!
하처득자구

▶ 출전: ≪다산시문집(茶山詩文集)≫ 제1권

□ 字句 풀이

◆ 鄕里(향리): 고향 마을. ◆ 春水(춘수): 봄 날씨에 녹은 물. ◆ 藥塢(약오): 약초가 심어져 있는 언덕. ◆ 依舊(의구): 그 옛날처럼. ◆ 林廬(임려): 숲속의 오두막집. ◆ 野徑(야경): 들길. ◆ 何處(하처): 어느 곳. ◆ 玆丘(자구): 이런 언덕.

□ 감상

　인생이란 긴 여정을 지나는 동안 어느 한 지역에서만 살 수는 없는 법. 때로 먼 이국땅에 홀로 남겨질 때는 가슴 저미도록 향수를 느끼곤 한다. 현대는 항공 교통 수단의 발달로 세계가 지구촌이라 불리게 되면서 어느 곳이든 한나절 여행권으로 좁혀지고 있다. 그럼에도 불구하고 낯선 타향에서 현실의 벽에 부딪칠 때는 어릴 때 뛰놀던 고향 언덕이 주마등처럼 뇌리에 스쳐지나가곤 한다.

　다산 선생을 떠올리면 오랜 시간 동안 겪어야 했던 귀양살이를 말하지 않을 수 없다. 귀양은 그에게 깊은 좌절도 안겨주었지만 최고의 실학자가 될 수 있는 계기가 되기도 했다. 다산이 귀양살이라는 고생스러운 현실을 이겨낼 수 있었던 정신적 버팀목 또한 고향이 아니었을까? 꿈에 그리던 고향 땅을 밟았을 때, 그동안의 모든 고통이 해소되는 동시에 어린 시절이 떠올랐을 것이다.

　서서히 나이가 들면서 마음은 항상 고향 마을 언저리에 머문다. 우리가 자주 흥얼거리던 가곡인 "내 고향 남쪽바다, 그 파란 물 눈에 어리네."를 흥얼거려본다. 어릴 적 고향 풍경은 그 어느 곳 보다 사람의 마음을 평화롭게 한다. 나에게도 고향은 마음이 평온해지는 장소이다. 이 시는 전형적으로 고향 마을을 그리며 그간의 향수를 달래는 한 편의 서정시라고 할 수 있다.

〔한운閑雲 변희문卞熙文〕

德山卜居
덕산에 살 곳을 잡고서

-曺植조식

春山底處無芳草 봄 산 어느 곳인들 향기로운 풀이 없으리오만
춘산저처무방초

只愛天王近帝居 옥황상제 계시는 하늘과 가깝다는 점이 좋아
지애천왕근제거   천왕봉으로 왔네.

白手歸來何物食 맨손으로 왔으니 무얼 먹고 살아야 하나?
백수귀래하물식

銀河十里喫有餘 십 리 뻗친 은하수 실컷 마시고도 남는다네.
은하십리끽유여

▶ 출전: ≪남명집(南冥集)≫ <남명선생시집(南冥先生詩集)> 권1

□ 字句 풀이

◆ 卜居(복거): 살만한 곳을 가려서 정함. ◆ 底處(저처): 어느 곳, 底는 何로 해석됨. ◆ 天王(천왕): 지리산 천왕봉. ◆ 帝居(제거): 옥황상제가 거처하는 곳(하늘나라). ◆ 白手(백수): 빈손, 맨손. ◆ 銀河(은하): 은하와 같은 강물, 여기서는 덕천강을 가리킴.

□ 감상

언젠가 덕산(德山)에 있는 산천재(山天齋)에 갔을 때 보니, 앞으로는 덕천강(德川江)이 유유히 흐르고 있었고, 덕산에서 서북쪽으로는 천왕봉(天王峯)이 떡 버티고 있었다. 주련에 새겨진 '덕산복거(德山卜居)'라는 시를 보면서 감탄했던 기억이 남아 나는 가끔 이 시를 읊조리곤 한다. '옥황상제 계시는 하늘과 가깝다는 점이 좋아 천왕봉으로 왔네(只愛天王近帝居)'라는 구절은 천왕봉이 너무 우뚝해서 옥황상제 계신 곳과 가깝게 있음을 사랑하기 때문이라는 것인데, 이 구절만으로도 남명의 기개와 스케일이 웅대하다는 것과 그의 지리산을 아

끼는 마음을 단번에 느낄 수 있다. 또한 백수로 돌아와 무엇을 먹고 살 것인가 고민했는데 앞에는 은하가 10리를 흐르고 있으니 먹고도 남음이 있다는 구절에서는 무릎을 칠 정도로 탄성이 절로 나온다. 변변치 못한 생활임에도 불구하고 자연이 준 혜택을 그토록 풍요롭게 변화시킬 수 있는 여유가 시에 고스란히 녹아있기 때문이다. 남명의 기개와 여유가 돋보이는 걸작이라고 생각한다.

〔미담美覃 빈정심賓貞心〕

奉別蘇判書世讓
소세양 판서를 보내며
-黃眞伊황진이

月下梧桐盡 월하오동진	달빛 아래 오동잎 모두 지고,
霜中野菊黃 상중야국황	서리 속에 들국화 노랗게 피었구나.
樓高天一尺 누고천일척	누대는 높아 하늘과 한 척 사인데,
人醉酒千觴 인취주천상	오가는 술잔은 취하여도 끝이 없네.
流水和琴冷 유수화금냉	흐르는 물은 거문고 소리에 어울려 차갑고,
梅花入笛香 매화입적향	매화는 피리소리에 서려 향기로워라.
明朝相別後 명조상별후	내일 아침 서로 이별한 뒤에
情與碧波長 정여벽파장	사무치는 정, 푸른 물결보다 훨씬 더 길 것이리니.

□ 字句 풀이

◆ 天一尺(천일척): 누대가 높아서 하늘과 1척 사이로 가깝다는 뜻. ◆ 酒千觴(주천상): 주고받는 술잔이 끝이 없다는 뜻. ◆ 入笛香(입적향): 매화향기가 피리소리와 함께 감돈다는 뜻.

□ 감상

"나는 황진이와 한 달을 지낸다 해도 마음이 움직이지 않을 자신이 있네. 하루라도 더 묵는다면 사람이 아니네."라고 호언장담한 소세양이 황진이와 만나 30일을 살고 이별하는 전날 밤, 이 시를 보고 탄식하면서 "나는 사람이 아니다."라며 더 머물렀다는 고사를 낳은 시로서 사람들에게 많이 회자되고 있다.

이 시는 이별을 앞둔 상황을 너무도 자연스럽고, 진솔하며, 격조있게 읊어 감탄을 자아낸다. 달 아래 오동잎 다 지고 서리가 내린 싸늘함 속에 노랗게 핀 들국화의 모습이 이별의 아픔을 한 층 더해주는 것 같다. 거문고와 물소리, 매화향기와 피리소리도 그 아픔을 배가시키는 절묘한 표현이다. 더구나 아침이면 사랑하는 임과 헤어져야 하는데 사무치는 정이 푸른 물결과 더불어 끝이 없으리란 표현을 본 사람이라면 소세양이 아니더라도 천하의 어떤 남자가 그런 시를 쓴 황진이를 떠날 수 있었으랴!

〔미담美覃 빈정심賓貞心〕

山映樓
산영루

-任叔英 임숙영

月光穿樹鶴巢空 　달빛은 나무 사이를 지나 학의 보금자리에
월광천수학소공　　비치고,
霜葉蕭蕭乍有風 　서리 맞은 단풍잎 쓸쓸한데 이따금씩 바람이
상엽소소사유풍　　이네.
虛閣夜深凉露濕 　밤 깊어 빈 누각에는 찬 이슬 내려 젖어오는데,
허각야심량로습
玉簫聲斷綵雲中 　옥피리 소리 구름 속으로 이어지는 듯 사라지네.
옥소성단채운중

▶ 출전: ≪소암선생문집(疏菴先生集)≫ 권1

□ 字句 풀이

◆ 鶴巢(학소): 학의 둥지. ◆ 霜葉(상엽): 서리를 맞아 단풍 든 잎. ◆ 蕭蕭(소소): 바람이나 빗소리 따위가 쓸쓸하다. ◆ 閣(각): 누각, 정자와 형태가 비슷하나 규모가 큼. ◆ 玉簫(옥소): 옥으로 만든 통소.

□ 감상

가을밤의 청량하면서도 쓸쓸한 기운이 묻어나는 시이다.

〔새별 이성숙 李成淑〕

瀟灑亭卽事
소쇄정에서 즉흥으로 읊다

－金麟厚 김인후

竹外風淸耳 　대숲 너머 부는 바람은 귀를 맑게 하고
죽외풍청이

溪邊月照心 시냇가의 밝은 달은 마음을 비추네.
계변월조심

深林傳爽氣 깊은 숲은 상쾌한 기운을 전하고
심림전상기

喬木散輕陰 키 큰 나무들은 엷은 그늘 드리우네.
교목산경음

酒熟乘微醉 술자리 익어 은근히 취기가 오르고
주숙승미취

詩成費短吟 시를 이뤄 흥얼거리는 노래 자주 나오네.
시성비단음

數聲聞半夜 한 밤중에 들려오는 처량한 소리
수성문반야

啼血有山禽 피눈물 자아낸다는 소쩍새 울음 아닌가!
제혈유산금

▶출전: ≪하서전집(河西全集)≫ <하서선생전집(河西先生全集)> 권8

□ 字句 풀이

◆ 溪邊(계변): 시냇가. ◆ 爽氣(상기): 매우 상쾌한 기분. ◆ 喬木(교목): 소나무·향나무 따위의 줄기가 곧고 굵으며 높이 자라는 나무. ◆ 輕陰(경음): 엷은 그늘, 얼마 안 되는 그늘. ◆ 微醉(미취): 술이 약간 취함. ◆ 啼血(제혈): 피를 토하며 울다. ◆ 山禽(산금): 산새.

□ 감상

담양 소쇄원에는 새로 만든 48영도(詠圖)가 있다. 그 중에 제1영 <작은 정자의 난간에 의지해>라는 시 한 수를 소개하면 다음과 같다.

소쇄원의 빼어난 경치/ 한데 어울려 소쇄정 이루었네./ 눈을 쳐들면 시원한 바람 불어오고/ 귀 기울이면 구슬 굴리는 물소리 들려라.

이 시를 읽고 있으면 시인이 아니더라도 저절로 시 한 수를 즉석에서 읊을 수 있을 것 같다. 소쇄원의 입구에서 그리 멀지 않은 곳에 넓은 축대가 있다. 여기에 초가로 작은 정자를 꾸미고 그 축대 옆에 물길을 내어 작은 연못을 만들고 고기를 풀어 놓아 손님이 오면 낚시로 건져 안주를 삼았다고 한다. 이 정자는 작고 낮은 데 위치했으나 소쇄원 전체가 한 눈에 들어오는 곳이다. 소쇄원에는 대나무 숲, 시냇가, 깊은 숲, 밝은 달, 엷은 그늘 등의 경관이 있어 서정적이고 아름다운 시를 지을 수 있었던 것 같다. 잘 익은 술 한 잔에 취기를 띄고 시를 지으니 저절로 흥얼흥얼 노래가 나오는데 문득 귓가에 들려오는 한 밤중의 소쩍새 소리. 그 슬프다는 소쩍새 소리에 시인은 문득 자신을 돌아본다.

〔이천怡泉 서정숙徐貞淑〕

次僧軸韻
중이 쓴 시 작품 족자에 차운하여

— 申欽신흠

躑躅花開乳燕飛 철쭉꽃은 피었고 새끼 제비는 날아가는데
척촉화개유연비

枯梧睡罷正忘機 마른 오동나무 아래 낮잠에서 깨고 나니
고오수파정망기 마음이 한층 담담하네.

僧來不作人間話 날 찾아온 스님, 속세의 얘기를 하지 않는
승래부작인간화 까닭은

知我歸心在翠微 내가 산으로 가고픈 마음을 알고 있기 때문이겠지.
지아귀심재취미

▶ 출전: ≪상촌선생집(象村先生集)≫ 제19권

□ 字句 풀이

◆ 躑躅花(척촉화): 철쭉나무 꽃. ◆ 乳燕(유연): 새끼제비. ◆ 枯梧(고오): 마

르고 시든 오동나무. ♦ 忘機(망기): 속세의 일이나 욕심을 잊음. ♦ 翠微(취미): 먼 산에 아른아른 보이는 엷은 푸른 빛.

□ 감상

속세를 떠나고 싶은 사람에게 속세 이야기를 자꾸 하면 뭐하나? 스님이 참 눈치가 밝다. 오동나무 아래서 낮잠을 자고 났는데도 여전히 가슴이 답답한 이 사람의 마음을 잘 헤아렸으니….

〔이천怡泉 서정숙徐貞淑〕

萬竹亭四時詞(夏)
만죽정의 사계절 노래(여름)

－徐益서익

水檻微風午睡遲
수함미풍오수지
뱃전에 미풍이 불어 낮잠이 길어지는데

亂鶯啼散綠楊枝
난앵제산록양지
꾀꼬리는 버들가지 사이로 이리 저리 울며 나네.

歸雲晚作前灘雨
귀운만작전탄우
해질녘 구름 일어 앞 냇가에 비 뿌리니

正是西崖種竹時
정시서애종죽시
지금이 바로 서쪽 언덕에 대나무 심을 때라네.

▶출전: ≪만죽헌집(萬竹軒集)≫ <만죽헌선생문집(萬竹軒先生文集)> 권1

□ 字句 풀이

♦ 水檻(수함): 배의 난간, 뱃전. ♦ 微風(미풍): 살살 부는 바람. ♦ 午睡(오수): 낮잠. ♦ 正是(정시): 바로 ~이다, 그야말로.

□ 감상

　여름 풍경을 노래한 이 시에는 정쟁(政爭)에서 물러나 은둔하는 생활에 만족하며 유유자적하는 모습이 한 폭의 동양화처럼 묘사되어 있다. 만경강 상류인 고산천 가에 세심정을 짓고 자그마한 낚싯배를 띄운 채, 살랑살랑 불어오는 바람결에 잠시 낚시도 잊고 오수에 든 모습이 한가롭게 표현되어 있다. 자신의 절개를 상징하는 대나무 1만 그루를 심고, 스스로 만죽(萬竹)이라 자호한 그의 삶과 풍광을 그대로 상상케 하는 시이다.

〔하산荷山　서홍식徐弘植〕

萬竹亭四時詞(秋)
만죽정의 사계절 노래(가을)

－徐益서익

酒已酤時菊又開 　술을 사다 놓았더니 때맞추어 국화가 피고,
주이고시국우개

江天秋晚鴈聲哀 　강 하늘엔 늦가을 기러기 소리 구슬프네.
강천추만안성애

黃昏獨倚東樓柱 　황혼에 홀로 누각 동쪽에 기대어 서서,
황혼독의동루주

彈罷瑤琴待月來 　거문고 타는 것 그만두고 달 오르기 기다리네.
탄파요금대월래

▶출전: ≪만죽헌집(萬竹軒集)≫ <만죽헌선생문집(萬竹軒先生文集)> 권1

□ 字句 풀이

◆ 江天(강천): 강 위의 하늘, 강 위의 텅 빈 공간. ◆ 秋晚(추만): 늦은 가을 무렵. ◆ 瑤琴(요금): 옥으로 장식한 거문고.

□ 감상

　이 시는 만죽(萬竹)선생이 정여립(鄭汝立) 사건으로 혼란스런 시기에 벼슬을 그만두고 내려와 지은 시다. 지금의 전라북도 고산의 산수에 매료되어 세심정을 물가에 짖고 봄, 여름, 가을, 겨울의 정취를 칠언절구로 표현하였는데 그 중 가을을 읊은 시이다.

　술을 사다놓자 때맞추어 국화가 피는 정경을 묘사하고, 이어 넓고 푸른 만경강 가에 세워진 세심정에서 바라보는 쓸쓸한 정경을 노래하고 있다. 왕발(王勃)의 등왕각(滕王閣)서문에서 "지는 노을은 외로운 따오기와 함께 날고, 가을 강물과 하늘은 푸른빛이 한가지이네(落霞與孤鶩齊飛, 秋水共長川一色)."라고 한 구절을 절로 떠오르게 하는 시이다. 석양에 지는 해를 뒤로하고 정자 동쪽을 향해 기대어 거문고 타는 것도 그만둔 채 달이 떠오르기를 기다리는 모습으로 마무리하는 마지막 구절이야말로 청신(淸新)함의 극치라고 할 만 하다.

〔하산荷山 서홍식徐弘植〕

楊花渡
양화도

－成任성임

萬疊山含萬古情　　겹겹이 둘러싸인 깊은 산은 만고의 정을
만첩산함만고정　　　품었는데,

春風遠客眼雙明　　봄바람에 나그네의 두 눈이 밝아지네.
춘풍원객안쌍명

連村楊柳千條嫩　　마을엔 잇따른 버드나무 천 가지나 드리웠고,
연촌양유천조눈

罨島雲煙一抹橫　　그물처럼 섬을 덮은 구름 한 줄이 가로로 걸려
엄도운연일말횡

	있네.
鴉閃夕陽金背耿 _{아섬석양금배경}	석양빛 등지고 나는 갈까마귀는 금빛으로 반짝이고,
魚吹輕浪翠紋生 _{어취경낭취문생}	물고기 뻐끔거려 푸른 물결 잔잔히 이네.
江湖滿地襟懷豁 _{강호만지금회활}	온 세상이 한 눈에 들어오니 가슴이 시원하여
疑越仙槎躡太淸 _{의월선사섭태청}	신선의 뗏목 빌어 타고 하늘에 올라온 듯!

□ 字句 풀이

◆ 萬疊(만첩): 겹겹이 둘러싸인 깊은 산. ◆ 罨島雲煙(엄도운연): 섬을 덮은 구름과 노을. ◆ 翠紋(취문): 푸른 무늬. ◆ 仙槎(선사): 신선이 탄다는 배.

□ 감상

  온후하고도 편안한 마음을 들게 하는 정겨운 시다. 시를 읽으면 옛 선비들의 유유자적한 속마음을 알 것 같다. 복잡한 관리 생활을 하다가 나루터에 다다르니 산도 나무도 구름도 심지어 물속에 고기까지도 부럽다. 지금처럼 복잡한 삶을 사는 우리 현대인들에게 여유를 가지고 살라는 교훈을 주는 시이다.

〔연당研堂 성순인成順仁〕

草堂詠柏
초당의 잣나무

-西山大師 서산대사

月圓不逾望 달이 둥글다 해도 보름을 넘기지 못하고
월원불유망
日中爲之傾 해 또한 정오가 지나면 기울기 마련.
일중위지경
庭前柏樹子 뜰 앞의 잣나무만이
정전백수자
獨也四時靑 홀로 사철 푸르구나.
독야사시청

□ 字句 풀이

◆ 不逾(불유): 넘기지 않다. ◆ 傾(경): 기울다. ◆ 庭前柏樹子(정전백수자): 뜰 앞의 잣나무.

□ 감상

다들 변하는 가운데 홀로 변하지 않는 것은 귀한 것이다. 어찌 사물만 그러하랴? 사람도 마찬가지일 것이다.

〔연당硏堂 성순인成順仁〕

伴鷗亭次韻
반구정에 차운하여

-金止男 김지남

天空山勢遠 천공산세원	하늘은 텅 비어 산 기세가 더욱 멀어 보이고
郊濶水流多 교활수류다	성 밖 들이 넓어서 흐르는 물이 많기도 하네.
縹緲雲生棟 표묘운생동	아득한 구름은 용마루를 지나고,
巉岩雨洗蘿 참암우세라	가파른 암벽에 내리는 비는 담쟁이덩굴을 적시네.
歌傳靑草岸 가전청초안	노래 한가락 푸른 풀 언덕을 넘어오고
響落白鷗波 향락백구파	흰 갈매기 떼울음소리는 물결 위로 떨어지누나.
長路還忘遠 장로환망원	긴 여정을 돌아보면 오히려 멀다고 느끼지 않으니,
停車得再過 정차득재과	수레를 멈추고 지난 길을 다시 돌아봄도 좋을 듯.

▶출전: ≪용계유고(龍溪遺稿)≫ 권3

□ 字句 풀이

◆ 天空(천공): 끝없이 열린 하늘. ◆ 縹緲(표묘): (=縹眇) 아득히 넓은 모양. ◆ 巉岩(참암): 높고 험한 암석. ◆ 白鷗(백구): 갈매기. ◆ 長路(장로): 먼 여정. ◆ 忘遠(망원): 길이 멂을 의식하지 아니함.

□ 감상

이 시는 김지남이 64세에 지은 시이다. 반구정(伴鷗亭)에 올라 펼쳐진 풍경을 사실적으로 그림을 그리듯 시로 적어 나갔다. 텅 빈 하늘 아래 펼쳐진 산과 들, 그 사이로 흐르는 강물과 정자의 용마루에 걸린 구름, 암벽 위에 내리는 비와 담쟁이덩굴들을 마치 원근법을 사용하듯 먼 곳에 있는 것부터 가까운 곳에 있는 것까지 핍진하게 묘사하고 있다. 푸른 들 언덕 너머로 어부가(漁夫歌) 한 가락이 들려오고, 너울거리며 날아드는 흰 갈매기 떼의 울음소리는 그대로 물결 위로 내려앉는 듯하다.

　앞 연에서 모두 자연의 풍광을 사실적으로 그렸다면, 마지막 두 연은 우리 인간사를 내면적으로 성찰하게 하는 상징적 묘사로 해석된다. 그것은 아마도 반구정의 역사적 의미와 자연의 초연함을 사실적으로 묘사함으로써 이를 통해 자신을 비추어 보는 거울로 삼고자 하였기 때문이라는 생각이 든다.

〔명아茗阿 손미숙孫美淑〕

逸題
무제

- 李瀁이해

江柳春風翦綠羅 강류춘풍전록나	봄바람은 강 버들에 초록 옷 입히고,
山花開處錦紋多 산화개처금문다	산꽃들 핀 곳마다 비단 무늬 놓았네.
名區正欲留連飮 명구정욕유연음	산수 좋은 이곳에 머물며 실컷 마시고 싶구나,
勝地那堪取次過 승지나감취차과	경치가 좋은 이곳을 어찌 잠시라도 지나쳐가랴.
可惜英雄如去鳥 가석영웅여거조	애석하다! 영웅은 날아가는 새처럼 사라지고,
更憐日月似奔梭 갱연일월사분사	슬프도다! 세월은 분주한 베틀북처럼 눈 깜짝할 사이로구나.
佳辰莫把枉抛擲 가진막파왕포척	좋은 시절 헛되이 버리지 말고,
須向樽前聽豔歌 수향준전청염가	마땅히 술 한 잔 들면서 고운 노래 소리 듣게나.

▶출전: ≪온계일고(溫溪逸稿)≫ <온계선생일고(溫溪先生逸稿)> 권2 습유(拾遺)

□ 字句 풀이

◆ 江柳(강유): 강가의 버들. ◆ 祿羅(록라): 녹색의 고운 비단. ◆ 名區(명구): 산수가 좋아 널리 이름난 고장. ◆ 連飮(연음): 계속해서 마시다. ◆ 勝地(승지): 경치가 좋은 곳. ◆ 取次(취차): 한때, 잠시. ◆ 似奔梭(사분사): 마치 분주한 베틀과 같다. ◆ 拋擲(포척): 물건을 내던짐. ◆ 罇(준): 질그릇으로 된 옛날 술잔.

□ 감상

마치 봄바람과 강 버들, 산꽃들 모두 살아 생기가 넘치듯 자연의 면면을 세밀하고 생동감 있게 스케치하고 있다. 이러한 자연의 아름다움에 올바른 마음가짐을 생명으로 알고 살아가는 선비의 마음인들 움직이지 않았을까! 이에 작자는 산수 좋고 경치 좋은 이곳 자연의 품속으로 풍덩 빠져 들어 오래오래 머물고 싶다고 읊었다. 더 나아가 인간의 삶과 자연의 이치를 대조적으로 묘사하고 있다. 영웅호걸은 한 때 새와 같이 왔다가 날아가면 그만이며, 세월은 덧없이 빠르게 흘러가면 또한 그만인 것이라고 하여 이 두 가지 모두 믿을 것이 못됨을 푸념하듯 탄식하고 있다. 이에 지금 내 눈 앞에 펼쳐진 아름다운 자연의 풍광을 놓치지 말고 음미하라고 권유한다.

〔명아茗阿 손미숙孫美淑〕

無語別
말도 못하고 헤어지다

-林悌임 제

十五越溪女 (십오월계녀)	열다섯 살, 서시처럼 고운 여자.
羞人無語別 (수인무어별)	남이 알까 부끄러워 말도 못하고 헤어졌다네.
歸來掩重門 (귀래엄중문)	돌아와 겹겹이 문 닫고는
泣向梨花月 (읍향이화월)	배꽃사이 달을 보며 눈물 흘리네.

▶ 출전: ≪임백호집(林白湖集)≫ 권1

□ 字句 풀이

♦ 十五(십오): 15세. ♦ 越溪女(월계녀): 중국 월나라의 완사계에 살았다는 서시같이 아리따운 여자. ♦ 羞人(수인): 남이 알까 부끄러워서. ♦ 掩(엄): 닫다. ♦ 重門(중문): 대문 안에 다시 세워 집안의 내실로 통하는 문. ♦ 泣向(읍향): 울면서 바라보다. ♦ 梨花月(이화월): 배꽃 사이로 걸려있는 달.

□ 감상

이 시는 임제의 대표작으로, 청나라 문인 왕사정의 ≪지북우담(池北偶談)≫에 수록되어 중국에까지 알려진 시이다.

청춘남녀가 서로에게 이끌리는 정은 고금이 다르지 않다. 열다섯 아리따운 소녀가 마음에 둔 사내가 있었으나 이별의 말도 한마디 못하고 헤어진 후, 남들이 알까봐 집으로 돌아와 중문을 굳게 닫고는 하소연 할 데가 없어 배꽃에 걸린 달을 쳐다보고 눈물흘리는 정황을 시에 담았다. 권위와 법도가 중시되던 사회에서의 남녀간의 사랑을 자유분방하고 낭만적인 필치로 절절히 묘사하고 있다. 봉건적 시대상황과 그 질곡을 넘을 수 없는 가냘픈 소녀의 슬픔이 하나의 노래로 녹아서 물 흐르듯 울려 퍼진다.

　임제는 신분상의 엄격한 제약이 따르던 유교시대에 파직을 감수하면서도 황진이 무덤을 찾아가 애도의 술잔을 올린 것으로 유명하다. 당시 사회적 통념상 남자가 여자의 처지를 가슴 아프게 생각하여 시를 쓴다는 것은 다른 사람이라면 감히 상상도 못할 때였기에 〈무어별〉은 조선 최고의 로맨티스트 임제가 여인의 심사를 대신하여 읊었음이 특별하다. 슬퍼서 아름다운 한편의 드라마라고 할 만 하다.

〔은산銀山 손수조孫水朝〕

咸興客館對菊
함흥 객사에서 국화를 보며
―鄭澈정 철

秋盡關河候雁哀　가을 다한 함경도 강에서는 기러기가 슬피
추진관하후안애　　　　우는데,
思歸且上望鄕臺　고향생각에 또다시 망향대에 오른다.
사귀차상망향대
慇懃十月咸山菊　은근한 정이 있어서 일까? 시월 함산 땅의
은근십월함산국　　　　국화꽃이여!
不爲重陽爲客開　중양절이 아님에도 이 나그네를 위해 꽃을
불위중양위객개　　　　피웠구나.

▶출전:≪송강집(松江集)≫ <송강원집(松江原集)> 권1

□ 字句 풀이

◆ 盡(진): 다하다. ◆ 關河(관하): 함곡관(函谷關)과 황하강, 여기서는 함흥의 국경지대. ◆ 候雁(후안): 철 따라 옮겨 다니는 기러기. ◆ 思歸(사귀): 돌

아가고픈 생각. ♦ 且上(차상): 잠시 오름. ♦ 慇懃(은근): 은밀하게 정이 깊음. ♦ 咸山(함산): 함흥. ♦ 重陽(중양): 중양절, 음력 9월 9일로, 이 날에는 교외에 나가 국화를 술에 띄워서 마시며 시를 짓고 읊었음.

□ 감상

 이 시는 정철의 나이 31세, 함경도 지방에 어사로 나가있을 때 쓴 작품으로서 고향에 대한 그리움과 시인의 외로움이 교차되어 있는 작품이다. 고향을 그리는 쓸쓸함에 망향대에 올랐는데, 자신의 마음을 알아주는 듯 은근한 정을 보내며 함초롬히 피어있는 국화, 그런 국화가 중양절에 피지 않고 이렇게 늦게 피어있는 것은 자신을 위한 것이라고 생각하였다. 깊어가는 가을에 철지나 핀 국화꽃과 날아가는 변방 기러기 소리의 애끓음이 어우러져 변방의 스산함이 더욱 잘 표현된 작품이다. 이처럼 낭만적인 정철이었지만 귀족적 근성에 물든 봉건 지식인의 면모도 없지 않다. 감성이 풍부한 문학작품을 남겼으면서도 정치적으로는 이중적인 면도 있었다고 생각한다. 정철은 우의정으로 있을 때 반대파를 제거하기 위해 많은 동인들을 처형한 적이 있는 것으로 알고 있다. 그런 정철이 도연명이 그렇게도 사랑하였고 은둔하는 선비의 절개에 비유되는 국화를 시의 소재로 삼은 점은 그다지 어울리지 않는 면이 있다고 생각한다. 그저 국화를 자기표현의 도구로 삼아 은일자의 자태를 애써 찾으려 했었는지도 모른다.

〔은산銀山 손수조孫水朝〕

明道先生
명도선생

-李瀷이익

千載聞風若飮醇 (천재문풍약음순)	천년 후 유풍(遺風)을 들어도 순주를 마신 듯 포근하니
乾坤和氣養斯人 (건곤화기양사인)	하늘과 땅의 조화로운 기운이 이 분을 길러냈구나.
墓門何者題爲諡 (묘문하자제위시)	묘소에 누가 시호를 지었던가?
家塾當時德有鄰 (가숙당시덕유린)	가숙에서 공부할 당시 이웃에게 덕을 베푼 선생 자신이지.
鳳峙麟遊俱異瑞 (봉치린유구이서)	우뚝 선 봉황, 노니는 기린의 기이한 상서로움 다 갖추셨으니,
雪消冰釋便陽春 (설소빙석편양춘)	눈 녹고 얼음 풀리면 그게 바로 따스한 봄.
鯫生不敢周公夢 (추생불감주공몽)	소생은 주공을 꿈에서도 감히 보지 못할 테니
瞻慕誠深爲寫眞 (첨모성심위사진)	흠모하는 깊은 정성으로 선생의 모습만 그려볼 뿐.

▶ 출전: ≪성호전집(星湖全集)≫ <성호선생전집(星湖先生全集)> 권1

□ 字句 풀이

◆ 千載(천재): 천 년이나 되는 세월. ◆ 醇(순): 다른 재료가 전혀 섞이지 않은 전국술로 아주 좋은 술을 뜻하기도 함. ◆ 乾坤(건곤): 하늘과 땅, 온 세상. ◆ 家塾(가숙): 한 가정이나 일가끼리 경영하던 개인이 세운 글방. ◆ 鳳峙(봉치): 산봉우리가 봉황처럼 꿋꿋하고 웅장하게 서 있는 모양, 위세가 당당한 모양. ◆ 陽春(양춘): 따뜻한 봄, 음력 정월의 다른 이름. ◆ 周公(주공): 주나라 문왕의 아들이며 주나라의 정치가로 예악과 법도를 제정해 제도문물을 창시함.

□ 감상

중국 송나라 때의 성리학자인 정명도(程明道) 선생을 흠모하여 지은 시이다. 학문이 깊을수록 전배 선인에 대한 흠모의 정도 따라 깊어지는가 보다.

〔효산曉山 손창락孫昌洛〕

仲春之望 與冠童六七人溪行有作
2월 보름에 어른 아이 예닐곱 명과 시냇가에서 놀며 짓다

－李玄逸이현일

步出清溪邊 보출청계변	맑은 시냇가로 걸어 나가
逍遙舞雩上 소요무우상	무우(舞雩)와 같은 경지를 거니네.
松檜奏笙簧 송회주생황	소나무와 삼나무의 바람소리는 생황을 연주하는 듯 하고,
紅綠粧屛障 홍록장병장	붉은 꽃, 푸른 녹음은 그림 병풍을 꾸민 듯.
冠童六七人 관동육칠인	어른과 아이 예닐곱 명과
風詠窮遐賞 풍영궁하상	바람 쐬고 시 읊으며 한가로이 봄 풍경을 완상하네.
此理塞兩間 차리새량간	이 이치가 하늘과 땅 사이에 가득하니,
靜觀如指掌 정관여지장	고요히 살펴보면 손바닥 보는 듯 분명하여라.

▶ 출전: ≪갈암집(葛庵集)≫ <갈암선생문집(葛庵先生文集)> 권1

□ 字句 풀이

◆ 舞雩(무우): 기우제, 또는 기우제를 지내는 곳. ◆ 笙簧(생황): 아악에 쓰는 관악기의 하나로 음색이 명랑한 유일한 화음악기임. ◆ 冠童(관동): 관을 쓴 어른과 동자 아이. ◆ 靜觀(정관): 조용히 사물을 관찰함, 실천적 관여의 입장을 떠나 순객관적으로 바라봄, 무상(無常)한 현상계 속에 있는 불변의 본체적·이념적인 것을 심안에 비추어서 바라봄. ◆ 如指掌(여지장): 손바닥을 손가락으로 가리키는 것과 같다는 뜻으로 매우 용이하거나 아주 명백함을 나타내는 말.

□ 감상

노소가 함께 어울려 봄 풍경을 즐기면서도 그 안에서 자연의 이치를 찾으려고 하는 유학자적인 면모를 드러내 보이는 시이다.

〔효산曉山 손창락孫昌洛〕

古意
옛 뜻
― 崔致遠 최치원

狐能化美女   여우는 미녀로 변할 수 있고,
호능화미녀

狸亦作書生   살쾡이도 서생으로 둔갑할 수 있다오.
리역작서생

誰知異類物   그 누가 알랴? 인간과 다른 종자들이
수지이유물

幻惑同人形   사람과 같은 형상으로 변하여 홀릴지를.
환혹동인형

變化尙非艱   형태를 바꾸는 것은 어렵지 않지만
변화상비간

操心良獨難 마음을 부리는 것은 진실로 어렵다네.
_{조심양독난}

欲辨眞與僞 참과 거짓을 분별하려거든
_{욕변진여위}

願磨心鏡看 그대여! 마음의 거울을 닦고 보시게나.
_{원마심경간}

▶ 출전: ≪고운집(孤雲集)≫ 제1권

□ 字句 풀이

◆ 能化(능화): 변화할 수 있음. ◆ 書生(서생): 유학을 공부하는 사람. ◆ 異類物(이류물): 종류가 다른 사물. ◆ 幻惑(환혹): 환술을 써서 사람의 마음을 어지럽게 함. ◆ 尙非艱(상비간): 오히려 어렵지 않음. ◆ 獨難(독난): 유독 어렵다. ◆ 磨心鏡(마심경): 마음의 거울을 닦음.

□ 감상

  이 시는 권력과 재물을 쫓아 변하는 군상들을 보며 지은 시이다. 작가는 수련(首聯)에서 여우나 삵 같은 짐승들이 미녀나 서생으로 변하여 세상을 속이고 사람을 홀림을 안타까워하고 있다. 당나라에서 꿈에 그리던 신라로 돌아온 선생은 나라의 운명이 이미 서산에 지는 해와 같았던 상황을 보고 실망을 금치 못했을 것이다. 선생의 눈에 권력자들은 권력을 잡고 행세나 하려는 짐승으로 보였을 것이다. 이러한 상황이 어찌 그 시대의 관리들에게만 해당되겠는가? 오늘의 현실에서도 자신들의 이익과 권력만을 위해 몸부림치는 사람들로 인하여 힘없고 선량한 사람들은 아픔을 겪고 있다. 이와 같은 현실을 극복하기 위한 방법으로 선생은 결구에서 '참과 거짓을 분별하려거든 원컨대 마음의 거울을 닦고 보시오(欲辨眞與僞, 願磨心鏡看)'라는 가르침을 전한다. 곧 '마음의 거울'을 잘 닦아야 한다는 말이다. 말로는 쉬워 보이지만 참으로 어려운 일이다.

〔삼여三如 송용근宋庸根〕

贈隋右翊衛大將軍于仲文
수나라 장군 우중문에게
-乙支文德 을지문덕

神策究天文　　신기한 책략은 천문을 헤아리고
신책구천문
妙算窮地理　　기묘한 계산은 지리를 꿰뚫었구려.
묘산궁지이
戰勝功旣高　　싸워 이긴 공이 이미 높았으니
전승공기고
知足願云止　　족한 줄 알았으면 이제 그만 하시지.
지족원운지

▶ 출전:《동문선(東文選)》권19

□ 字句 풀이

◆ 神策(신책): 신기하고 기묘한 책략. ◆ 究天文(구천문): 천문을 궁구함, 하늘의 운수를 꿰뚫어 앎. ◆ 妙算(묘산): 신묘한 헤아림과 꾀. ◆ 窮地理(궁지리): 지리를 통달함. ◆ 功旣高(공기고): 공이 이미 높음. ◆ 知足(지족): 만족함을 앎. ◆ 願云止(원운지): 그친다고 말하기를 원한다.

□ 감상

이 시는 고구려의 명장 을지문덕이 수나라의 별동대 30만 대군을 맞아 살수에서 싸울 때에 적장 우중문(于仲文)에게 조롱조(嘲弄調)로 지어 보낸 시이다. 한국 최고(最古)의 한시로 일컬어진다.

《삼국유사(三國史記)》〈을지문덕전〉에 이 시의 제작 경위가 기록되어 있다. 제목은 후대에 붙여진 것으로 '여수장우중문(與隋將于仲文)' 또는 '유수장우중문(遺隋將于仲文)'이라고도 한다. 《동문선(東文選)》에는 '증수우익위대장군우중문(贈隋右翊衛大將軍于仲文)'이라고 되어 있다. 동문선의 시 제목은 매우 사대적이어서 취하고 싶지

삼여 송용근 183

않다. 제1구와 제2구에서 '신기한 책략'과 '기묘한 계산', '천문'과 '지리'는 서로 대구를 이루고 있다. 이는 모두 우중문을 칭찬하는 내용으로, 제3구에서도 그는 "싸워 이긴 공이 이미 높았으니."라고 하여 우중문의 전공을 조롱하고 있다. 제4구의 "족한 줄 알았으면 이제 그만 하시지."라는 표현은 겉으로라도 우중문을 칭찬하던 지금까지의 태도와는 완전히 상반되는 것으로, 전쟁을 그칠 것을 권유하는 것이 아니라 사실은 전쟁을 그만두지 않으면 위태롭게 하겠다는 일종의 경고문이다. 앞의 1·2·3구에서의 칭찬은 겉으로만 추켜세운 것으로 사실은 강한 자신감을 나타내고 있는 것이다.

　이규보(李奎報)는 〈백운소설(白雲小說)〉에서 이 시를 "구법(句法)이 기고(奇古)하고 화려하게 아로새기거나 꾸미는 버릇이 없으니 어찌 후세의 졸렬한 문체가 이에 미칠 수 있겠는가."라 평하였으며, 유득공(柳得恭)은 ≪냉재집(冷齋集)≫에서 을지문덕을 '문무가 다 아름다운 진정한 재사(才士)'라 평하였다.

〔삼여三如 송용근宋庸根〕

萬里瀨
만리 여울

－朴誾박은

雪添春澗水　　눈 녹은 물이 시냇물에 보태져 흐르고,
설첨춘간수
鳥趁暮山雲　　까마귀는 저녁 산 구름 위를 나네.
조진모산운
淸境渾醒醉　　술 취해서 보나 깨어서 보나 절경이긴 매일반,
청경혼성취
新詩更憶君　　경치에 취해 새로 시를 쓰자니 임 생각이 절로 나네.
신시경억군

▶출전: ≪읍취헌유고(挹翠軒遺稿)≫ 제2권

□ 字句 풀이

◆ 雪添(설첨): 눈이 녹아 시내 물을 보태다. ◆ 鳥趁(조진): 새가 날아서 뒤쫓다. ◆ 醒醉(성취): 술에 취함과 술이 깸.

□ 감상

이 시는 이른 봄날 눈이 녹아 냇물이 불어나고, 저물어 가는 하늘에는 까마귀 떼 날아가는 정경을 보고 친구 생각이 떠올라 지은 시이다. 봄이 되어 맑은 경치가 눈앞에 펼쳐지는데 그 경치는 술에 취해서 보든 깨어서 보든 다 절경으로 보인다. 절경에 흠뻑 젖다 보니 시를 안 쓸 수 없고, 시를 쓰다 보니 친구 생각이 절로 난다는 점진적 층차를 사용한 수사법이 돋보이는 시이다. 겨우 20자 밖에 안 되는 짧은 시를 쓰면서 점진적으로 시정을 심화해 나간 수법이 오묘하다. 그래서 조선을 대표하는 최고 시인의 한 사람으로 꼽히는가 보다.

〔이당怡堂 송현숙宋賢淑〕

初乘海舶
처음 바다에 나가 배를 타고서

-洪奭周 홍석주

見小常憶大 작은 것을 볼 때마다 항상 큰 것을 생각하고,
견소상억대

乘危却羨安 위험한 일을 겪을 때면 문득 편한 것이 그리워진다.
승위각선안

平生觀水志 평생 작은 호수만을 보던 마음이
평생관수지

此日望洋嘆 _{차일망양탄}	오늘에야 넓은 바다를 바라보고 경탄하였네.
地軸於斯盡 _{지축어사진}	땅이 이곳 바다에서 끝이 났는가?
天衢似許寬 _{천구사허관}	하늘은 저렇게 넓기만 한데.
長年惟恃汝 _{장년유시여}	늙은 이 몸이 지금 믿을 거라곤 오직 너 배뿐이니
愼莫輕波瀾 _{신막경파란}	배야 조심하거라, 그 무서운 파도를.

▶ 출전: ≪연천선생문집(淵泉先生文集)≫ 권1

□ 字句 풀이

◆ 海舶(해박): 바다의 큰 배. ◆ 望洋嘆(망양탄): 끝없이 넓은 바다를 보고 탄식함. ◆ 地軸(지축): 땅. ◆ 天衢(천구): 하늘. ◆ 似許寬(사허관): 그렇게 넓은 것. ◆ 長年(장년): 늙은 나이를 말함.

□ 감상

　이 시는 처음 배를 탄 사람으로서 끝없이 넓은 바다를 바라보며 땅과 하늘과 바다의 무궁한 조화에 대한 감회를 서술하고, 한 편으로는 출렁이는 파도 속으로 떠가는 배에 앉아 느끼는 두려운 마음을 묘사하고 있다. 사람이 적거나 작은 것을 볼 때에는 항상 좀 더 많거나 컸으면 좋겠다는 욕심을 내고, 험한 고비를 겪을 때에는 좀 더 편했으면 좋겠다는 생각을 한다. 이게 인지상정(人之常情)이다. 처음 배를 타보는 하찮은 경험을 통해서도 시인은 이처럼 많은 생각을 한다. 그리고 파도가 일렁이는 뱃전에 앉아서도 시를 쓴다. 우리 현대인은 세상이 빠르게 변하여 날마다 새로운 경험을 하면서도 그것을 시로 쓸 생각을 하지 않고 그 많은 여행을 하면서도 보고 느낀 것을 시로 옮기려 하지 않는다. 그저 즐길 뿐, 시심이 메말라 있기 때문이다. 가슴을 촉촉이 적시는 시심을 간직하고 싶다.

〔이당怡堂 송현숙宋賢淑〕

文殊臺
문수대

-孝寧大群 효령대군

仙人王子晉 신선 왕자진이
선인왕자진

於此何年游 그 언제 여기서 놀았던가.
어차하년유

臺空鶴已去 학은 이미 떠나고 누각은 비었는데
대공학이거

片月今千秋 조각달만 예나 지금이나 그대로 떠 있네.
편월금천추

□ 字句 풀이

◆ 何年(하년): 어느 해. ◆ 片月(편월): 조각달. ◆ 千秋(천추): 천년의 세월, 긴 세월.

□ 감상

  세월의 무상함이 신선의 세계에까지 미치나 보다. 신선도 떠나고, 학도 떠났는데 조각달만 여전하니 말이다.

〔가람伽藍 신동엽申東燁〕

春至
봄이 와서

―申欽신흠

其一

鳥語逢暄噪 새는 따스한 봄이 좋아 지저귀고,
조어봉훤조

花枝得雨繁 꽃은 비를 맞고 더 많이 피었는데.
화지득우번

如何玄老士 어찌하여 늙은 도사께서는
여하현노사

春至不開門 봄이 와도 문을 열지 않는가?
춘지불개문

其二

庭閑花不掃 한가로운 뜰에 떨어진 꽃 쓸지 않고,
정한화불소

客絶榻空懸 객의 발걸음 끊겨 자리만 덩그러니 매달려 있네.
객절탑공현

中有忘言者 그 가운데 말을 잊은 사람이 있으니,
중유망언자

非禪亦是禪 선승은 아니지만 또한 선승인 게라.
비선역시선

▶출전: ≪상촌고(象村稿)≫ 권17

□ 字句 풀이

♦ 暄噪(훤조): 따스함에 지저귀다. ♦ 如何(여하): 어찌하여. ♦ 客絶(객절): 나그네의 발길이 끊김. ♦ 榻(탑): 길고 널따란 평상, 돗자리.

□ 감상

이 시는 신흠이 영창대군 사건 당시 유교 7인의 한 사람으로 지목

되어 벼슬에서 밀려난 후, 춘천 소양강 주변에 은거하며 지은 시인 듯하다. 찾아오는 이 하나 없고 나이든 현사는 사립문 한 번 열지 않는, 그러한 적막한 봄날을 묘사하고 있다. 이에, 작자는 대화상대가 없으니 비록 선승은 아니지만 선승이나 다름이 없다는 심경을 토로하고 있다.

〔가람伽藍 신동엽申東燁〕

말업슨 청산(靑山)이요
말이 없는 푸른 산

— 成渾성혼

말업슨 청산이오	말이 없는 푸른 산이요,
태(態)업슨 유수(流水)로다	모양 없이 흐르는 물이로다.
갑업슨 청풍(淸風)이오	주인 없는 맑은 바람이요,
님즈업슨 명월(明月)이라	임자가 따로 없는 밝은 달이로다.
이 중(中)에 병(病)업슨 이 몸이	
	이런 중에 병 없는 나의 이 몸은
분별(分別)업시 늙으리라	아무런 근심 없이 늙어 가리라.

□ 字句 풀이

◆ 말업슨: 말이 없는. ◆ 태: 모양. ◆ 분별업시: 시비를 분간하려 함으로써 생기는 걱정이 없이.

□ 감상

청풍과 명월은 누구나 자연을 가까이 함으로써 즐길 수 있는 대표적인 소재이다. 아무런 근심과 슬픔 없이 자연과 동화되어 살면서 늙어가고자 하는 작가의 편안한 모습이 그려져 있다. 달나라를 정복하는 첨단 과학의 시대에 살고 있지만, 자연에 대한 향수로 누구나 이런 생활을 그리워하고 또 시를 읽으며 동경한다. 고향을 그리워하는 마음을 조금이나마 위로받고 싶어 읽고, 또 읽어본다.

〔아성雅星 신명숙申明淑〕

折楊柳
묏버들 글히 것거

-洪娘홍랑

折楊柳寄與千里人
절양류기여천리인

묏버들 글히 것거 보내노라 님의손디
산 버들 가지를 꺾어 임에게 보냅니다.

爲我試向庭前種
위아시향정전종

자시는 창(窓) 밧긔 심거두고 보쇼셔
주무시는 창밖에 심어두고 보소서.

須知一夜新生葉
수지일야신생엽

밤비에 새닙곳 나거든
밤비에 새 잎이 나거든

憔悴愁眉是妾身
초췌수미시첩신

날인가로 너기쇼셔
나인 듯 여기소서.

▶출전: ≪고죽유고(孤竹遺稿)≫

□ 字句 풀이

♦ 묏버들: 산버들. ♦ 글히: 가리어. ♦ 손디: ~한테, ~에게. ♦ 자시는: 주무시는.

□ 감상

묏버들은 임을 향한 작가의 순수하고 청아한 마음이자, 멀리 떨어져 있는 임을 향한 그리움을 표시한다. 버들가지 새잎이 돋아나면 자신을 기억해 주기를 바라는 마음을 애틋하게 표현하고 있다. 빼어난 연정가(戀情歌)이다.

〔아성雅星 신명숙申明淑〕

無爲 林居十五詠中一首
무위 임거사의 15수 중 1수

-李彦迪이언적

萬物變遷無定態 만물은 수시로 변하여 일정한 모양이 없는데
만물변천무정태

一身閑適自隨時 이 한 몸은 한적하여 스스로 때를 따르네.
일신한적자수시

年來漸省經營力 근래 점점 일하는 힘이 부치고 줄어들어
연래점성경영력

長對靑山不賦詩 오래토록 청산을 대하고서도 시를 짓지
장대청산불부시 못하네.

▶출전:≪회재집(晦齋集)≫ <회재선생집(晦齋先生集)> 권2

□ 字句 풀이

♦變遷(변천): 변하여 바뀜. ♦閑適(한적): 한가하고 편안함. ♦賦詩(부시): 시를 지음.

□ 감상

　이 시는 도학자(道學者) 이언적의 학자적인 모습을 잘 보여 주는 시이다. 세상의 모든 사물은 정해진 형태가 없이 끊임없이 변하는 것이니 변화 속 일부분인 이 한 몸도 세월 속에서 노쇠해가고, 이제는 우주섭리에 순응하며 한적하게 지내고 싶다는 내용의 시이다. 이수광은 ≪지봉유설(芝峰類說)≫에서 이 시에 대해, "회재 선생의 시는 말의 뜻이 매우 높아, 구구한 시를 짓는 사람이 미칠 수 있는 바가 아니다(晦齋先生詩, 語意甚高, 非區區作詩者所能及也)."라고 평하였다.

〔중당中堂 신수일申秀一〕

永興客館夜坐
한밤중 영흥객관에 앉아

－曺偉조위

淸夜坐虛閣　　맑은 밤, 빈 누각에 앉으니
청야좌허각

秋聲在樹間　　가을 풀벌레 소리 나무 사이로 들려오네.
추성재수간

水明山影落　　물 맑아 산 그림자 물에 지고,
수명산영락

月上露華溥　　달 떠오르니 이슬 머금은 꽃이 가득하네.
월상노화부

怪鳥啼深壑　　기이한 새는 깊은 골짜기에서 울고
괴조제심학

潛魚過別灣　　물에 잠긴 고기는 또 다른 물굽이를 지나가네.
잠어과별만

此時塵慮靜　　이런 때에는 세속 잡념 고요해져
차시진려정

幽興集毫端 그윽한 흥취가 붓끝에 모여든다네.
유흥집호단

▶출전: ≪매계집(梅溪集)≫ <매계선생문집(梅溪先生文集)> 권1

□ 字句 풀이

◆ 淸夜(청야): 맑게 갠 밤. ◆ 秋聲(추성): 가을철의 바람 소리. ◆ 深壑(심학): 깊은 산골짜기. ◆ 塵慮(진려): 세속의 명예와 이익을 탐내는 마음.

□ 감상

가을밤 홀로 누각에 앉아 숲 사이로 들려오는 소리에 가을의 정취를 만끽하는 성리학자의 모습이 그려지는 시다. 속세를 벗어나 바람 소리, 떠오르는 달, 산새 소리, 물에서 노니는 물고기의 모습 등 자연에 동화된 작자의 심정을 시 한 수에 담아내고 있다.

〔중당中堂 신수일申秀一〕

賞蓮
연꽃을 감상하며

－郭䝱곽예

賞蓮三度到三池　연꽃을 보려 세 번 씩이나 삼지연 연못에
상련삼도도삼지　　왔는데,
翠盖紅粧似舊時　푸른 잎과 붉은 꽃은 예나 별로 다름이 없네.
취개홍장사구시
唯有看花玉堂老　오직 연꽃만 바라보는 옥당의 노인네들,
유유간화옥당로

風情不減鬢如絲 그 마음은 예전 그대로인데 머리는 백발이
_{풍정불감빈여사} 되었네.

▶출전: ≪동문선(東文選)≫ 권20

□ 字句 풀이

◆ 賞蓮(상련): 연꽃을 구경하거나 즐김. ◆ 三池(삼지): 개성 용화원 숭교사(崇敎寺)에 있는 연못. ◆ 翠蓋(취개): 연잎의 모양이 마치 우산과 같다하여 푸른 우산을 뜻함. ◆ 紅粧(홍장): 꽃이 붉게 피어 있음의 비유. ◆ 玉堂(옥당): 홍문관의 별칭. ◆ 鬢如絲(빈여사): 귀밑머리가 실처럼 하얗게 센 모습.

□ 감상

"연꽃은 옛날 내가 이곳을 처음 왔을 때나 지금이나 변함없이 곱고 예쁘다. 그런데 그것을 구경하는 나는 어느새 귀밑 머리털이 희게 변해 버렸다."는 것으로 보아 작자는 아마도 그 자신이 그토록 사랑하는 자연과 더불어 살지 못하고 바쁜 벼슬길에서 여유도 없이 매일 분주히 지내다가 훌쩍 나이만 먹어 버린 것을 슬퍼하고 있는 것 같다. 세월의 무상함을 말해주는 시이다. 이 시는 곽예가 한원(翰院)에 있을 때, 연꽃으로 뒤 덮인 아름다운 용화지(龍化池)에서 연꽃을 바라보면서 지은 시라고 전해진다.

〔석정石井 신영란愼英蘭〕

題叔保令公四時圖小屛(夏帖)

숙보 영공이 그린 사시도 작은 병풍에 제하여(여름 첩)

— 朴祥박상

樹雲幽境報南訛 수운유경보남와	나무와 구름 그윽한 곳에 여름 소식 전하더라도,
休說東風捲物華 휴설동풍권물화	봄바람이 좋은 경치 걷어갔단 말 하지 마시게.
紅綻綠荷千萬柄 홍탄록하천만병	푸른 잎에 붉은 꽃을 터뜨린 천만 줄기 연꽃,
却疑天雨寶蓮花 각의천우보련화	하늘에서 보련화를 뿌린 줄 의심했다네.

▶ 출전: ≪눌재집(訥齋集)≫ <눌재선생집(訥齋先生集)> 제4권

□ 字句 풀이

♦ 幽境(유경): 그윽한 경치, 혹은 경지. 백거이의 <소대(小臺)> 시에 "그윽한 경지를 누구와 함께 움직일거나? 한가한 사람이 제 스스로 오갈뿐(幽境與誰動, 閒人自來往)."이라는 구절이 있다. ♦ 南訛(남와): 남방에서 여름과 불을 주재하는 신. ♦ 物華(물화): 경색 혹은 경물. ♦ 紅綻(홍탄): 붉은 꽃이 터지다. 붉은 꽃이 피다. ♦ 寶蓮花(보련화): 연꽃을 미화한 말.

□ 감상

윤호(尹壕)의 <사시도(四時圖)>에 제(題)한 작품이다. 수많은 붉은 연꽃이 만발한 것을 두고 하늘에서 보련화 꽃비를 내린다고 한 것이 기발하다. 부처가 현신할 때 연꽃이 뿌려지는 것과 같은 장엄한 맛까지 풍기고 있다.

〔석정石井 신영란愼英蘭〕

奉恩寺僧軸
봉은사 스님의 족자에

- 崔慶昌 최경창

秋風吹古寺 가을바람 옛 절로 불어와
추풍취고사
木落啼山雨 산비 속에서 낙엽 지는 소리 울음으로 들리네.
목락제산우
空廊寂無僧 스님 없는 회랑은 텅 비어 고요한데,
공랑적무승
石榻香如縷 돌 마루 향불이 실처럼 끊이지 않네.
석탑향여루

▶출전: ≪고죽유고(孤竹遺稿)≫

□ 字句 풀이

◆ 古寺(고사): 오랜 역사를 가진 옛 절. ◆ 石榻(석탑): 돌로 만든 걸상, 돌 마루.

□ 감상

찾아간 절에 스님마저도 보이지 않는 고요하고 한적한 풍경을 읊은 시이다.

〔우공愚公 신지훈辛知勳〕

赴京
서울 가는 길에

-宋時烈송시열

綠水喧如怒 녹수는 골이 난 듯 콸콸 흐르고,
녹수훤여로

靑山黙似嚬 청산은 말이 없이 찡그린 모습.
청산묵사빈

靜觀山水意 (웬일인가 하고) 산과 물의 뜻을 살폈더니,
정관산수의

嫌我向風塵 내가 속세로 향하는 것이 못 마땅해서 그런다네.
혐아향풍진

□ 字句 풀이

◆ 喧如怒(훤여노): 화가 난 듯 세차게 흐르는 모양. ◆ 黙似嚬(묵사빈): 말없이 찡그리는 모양. ◆ 靜觀(정관): 가만히 살피다. ◆ 嫌(혐): 꺼리다, 싫어하다. ◆ 風塵(풍진): 세상 속, 속세.

□ 감상

속세에 드는 것을 경계한 시이다. 이렇게 경계를 했어도 여전히 속세를 떠나지 않고 당쟁의 한복판에 서서 호령하다가 결국은 사약을 받게 되었으니···.

〔자향慈香 심소련沈素蓮〕

山居雜興 連作詩 二十首中一首
산거잡흥 연작시 20수 중 1수

-丁若鏞 정약용

花落溪橋不見人 시냇가 다리 위로 꽃은 지는 데 사람은 자취도 없고,
화락계교불견인

隔林新月似車輪 숲 건너 떠오르는 달은 수레바퀴인 양.
격림신월사거륜

思將百頃金波水 백 이랑 이는 금물결로
사장백경금파수

滌盡閻浮萬斛塵 속세에서 낀 만 섬의 때를 씻어 볼거나.
척진염부만곡진

▶ 출전: ≪다산시문집(茶山詩文集)≫ 권5

□ 字句 풀이

◆ 花落(화락): 꽃이 지다. ◆ 溪橋(계교): 시냇가 다리. ◆ 車輪(거륜): 수레바퀴. ◆ 金波水(금파수): 금빛 파도, 물결. ◆ 滌(척): 씻어내다. ◆ 閻浮(염부): 염부나무가 무성한 땅이라는 뜻으로 수미사주(須彌四洲)의 하나인데, 후에 인간세계를 통틀어 현세, 혹은 속세의 의미로 사용하게 되었음.

□ 감상

산에 사는 사람은 이렇게 때를 씻으려는 마음을 갖는데 정작 속세에 살며 때가 가득 낀 사람은 때를 씻으려 하지도 않고 아예 때가 낀 줄도 모르는 경우도 있다.

〔자향慈香 심소련沈素蓮〕

愼酬酢自警 山氣九首中第五首
교유를 조심하라고 자신에게 이르는 글
<산기> 9수 중 제5수

- 許穆허 목

人情有萬變　　인정은 시도 때도 없이 변하고
인정유만변
世故日多端　　세상일은 날마다 많기도 하네.
세고일다단
交契亦胡越　　친한 사이 또한 서먹한 원수 사이가 될 수 있으니
교계역호월
難爲一樣看　　세상일과 세상 사람들을 하나 같이 보기란 쉽지
난위일양간　　　않은 일.

▶ 출전: ≪기언(記言)≫ <산고속집(散稿續集)> 권57

□ 字句 풀이

◆ 多端(다단): 일이 흐트러져 가닥이 많음, 사건이 많음. ◆ 交契(교계): 사귄 정분. ◆ 胡越(호월): 호는 중국의 북방에 있고 월은 중국의 남방에 있다는 뜻으로, 서로 멀리 떨어져 사이가 서먹함을 이르는 말. ◆ 一樣看(일양간): 한 가지로 봄.

□ 감상

속고 속이는 세상이라는 것을 알기로는 옛 사람이나 지금 사람이나 마찬가지였던 것 같다. 사람이 사람을 가장 조심해야 한다는 사실이 우리를 슬프게 한다.

〔우죽友竹 양진니楊鎭尼〕

惜春
가는 봄을 아쉬워하며
-西山大師 서산대사

落花千萬片　천 만 조각으로 꽃은 지고
낙화천만편

啼鳥兩三聲　두서너 소리로 새는 우는데
제조양삼성

若無詩與酒　만약 시와 술이 없다면
약무시여주

應殺好風情　이 좋은 풍경이 다 무슨 소용.
응살호풍정

□ 字句 풀이

◆ 落花(낙화): 꽃이 지다. ◆ 啼鳥(제조): 새가 울다. ◆ 若無(약무): 만약 ~ 없다면. ◆ 風情(풍치): 정서와 회포를 자아내는 풍경.

□ 감상

　시와 술이 있어야 아름다운 세상 풍정을 제대로 볼 수 있다. 그런데 요즈음 사람들에게는 술만 있고 시는 없다. 시심을 살려야 세상이 아름다워질 것이다.

〔우죽友竹 양진니楊鎭尼〕

三角山
삼각산

— 金時習김시습

束筆三峰貫太淸 묶어 세운 삼각산이 하늘을 뚫고 솟았으니,
속용삼봉관태청
登臨可摘斗牛星 거기에 오르면 북두성도 딸 수 있겠네.
등림가적두우성
非徒岳岫興雲雨 그 산봉우리 단지 구름 일으켜 비 오게만 하는
비도악수흥운우 게 아니라,
能使邦家萬世寧 이 나라 이 사회를 영원히 편안하게 하나니.
능사방가만세녕

□ 字句 풀이

◆ 三角山(삼각산): 북한산의 핵심을 이루고 있는 산봉우리. ◆ 太淸(태청): 도교에서 하늘을 일컫는 말. ◆ 登臨(등림): 등산, 높은 곳에 오름. ◆ 非徒(도 취): 단지 ~뿐만 아니라. ◆ 邦家(방가): 영토와 국민과 주권을 갖춘 사회.

□ 감상

김시습은 어려서부터 천재적인 재질을 타고 났다는 칭송을 들었다. 수양대군이 단종을 몰아내고 왕위에 오르자 삭발하고 방랑길에 올랐다. 방랑길에 있으면서도 나라와 백성을 생각하는 마음은 한결 같았으니 그러한 그의 심정이 이 시 한 수에 잘 나타나 있다. 요즈음 정치는 어떠한가? 국가와 백성을 생각하는 정치, 그러한 정치인은 모두 어디로 갔는지? 이 시를 통하여 돌아볼 일이다.

〔죽암竹庵 여성구呂星九〕

三角山
삼각산

- 李穡 이색

三峯削出太初時 _{삼봉삭출태초시}	세 봉우리 깎아 세운 것 태고적 일이라,
仙掌指天天下稀 _{선장지천천하희}	신선의 손바닥 모양을 한 채 하늘을 가리키고 있네.
松影扶疎橫日月 _{송영부소횡일월}	엉기성기 소나무 그림자 해와 달을 가리고,
巖姿濃淡雜煙霏 _{암자농담잡연비}	여러 모양의 바위는 안개 속에 섞였네.
聳肩有客騎驢去 _{용견유객기려거}	어깨 높고 등 굽어 초라한 늙은이가 당나귀 타고 지나가는데,
換骨何人駕鶴歸 _{환골하인가학귀}	누군가 속태를 벗고 학을 타고 돌아온다하네.
自少已知眞面目 _{자소이지진면목}	젊을 적부터 내 모습을 내가 잘 알고 있는데,
人言背後玉環肥 _{인언배후옥환비}	사람들은 굽은 내 등을 보며 양귀비처럼 살쪘다 하네.

▸ 출전: ≪목은고(牧隱藁)≫ <목은시고(牧隱詩藁)> 권4

□ 字句 풀이

♦ 선장(仙掌): 삼각산 봉우리를 세 손가락을 벌리고 있는 손바닥으로 묘사한 것. ♦ 濃淡(농담): 짙음과 옅음. ♦ 聳肩(용견): 용견곡배(聳肩曲背)로 어깨가 높고 등을 굽힌 늙은이 모습. 여기에서는 작자 자신이 뜻을 잃고 초라하게 찾아온 모습을 표현. ♦ 騎驢(기려): 나귀를 탐. ♦ 換骨(환골): 도가에서 인간이 속골을 선골로 바꾸어 신선이 되는 일. ♦ 自少(자소): 젊고 어렸을 때부터. ♦ 眞面目(진면목): 사물이나 사람이 본래 가지고 있는 훌륭하거나

좋은 점으로서의 진짜 모습. ◆ 玉環肥(옥환비): 중국 4대 미녀 중 한 사람인 양귀비의 아명(兒名)이 옥환임.

□ 감상

이 시는 작자가 만년에 남긴 시로, 망국의 신하로서 늙고 여윈 자신의 초라함을 당나귀 타고 지나가는 초라한 늙은이에 빗대어 읊고 있다.

〔죽암竹庵 여성구呂星九〕

詠梅
매화

-呂運弼여운필

大庾嶺上古梅枝 대유령상고매지	대유령 위의 늙은 매화 가지를
移栽野人短短籬 이재야인단단리	야인의 낮은 울타리 가에 옮겨 심었노라.
擅心守強月斜處 천심수강월사처	달이 지는 곳에서 꼿꼿한 마음 굳게 지키고
玉骨含艶雪深時 옥골함염설심시	눈 속에서도 옥 같은 골기와 아름다운 자태를 갖추고 있네.
江南聊經驛使折 강남료경역사절	강남에서는 애오라지 역사(驛使)가 꺾어가고
塞北曾入羌笛吹 새북증입강적취	북쪽 변방에는 일찍이 피리 속에 들어갔네.
淡粧暗香堪玩賞 담장암향감완상	담박한 단장과 은은한 향기 참으로 감상할

만하니
爲爾無妨一吟詩 너를 위해 시 읊어도 무방하리라.
위이무방일음시

□ 字句 풀이

◆ 大庾嶺(대유령): 중국 강서성 대유현(大庾縣)의 남쪽과 광동성 남웅현(南雄縣)의 북쪽에 있는 중국 5대 준령의 하나로, 한나라 무제 때에 유승(庾勝) 형제가 남월(南越)을 정벌하고 이 고개를 지켰기 때문에 붙여진 이름. 이후 당나라 현종 때 장구령(張九齡)은 이곳에 교통로를 열고 매화를 심고는 남북 기온의 차이를 말하기를, "대유령의 남쪽 가지의 꽃은 이미 떨어졌는데도 북쪽 가지의 꽃은 비로소 피기 시작한다(南枝開北枝未開)."고 하였다. ◆ 驛使(역사): 역참을 통하여 매화를 전함을 이름. 남북조시대에 육개(陸凱)와 범엽(范曄)은 매우 친한 사이였는데, 한번은 매화가 일찍 피자, 강남에 있던 육개가 북방인 장안에 있는 범엽에게 한 가지 매화를 부쳐주고 함께 한 수의 시를 전하기를 "역졸을 만났기에 매화를 꺾어 농서에 있는 사람에게 부치노라. 강남에는 아무것도 없어 애오라지 한 가지의 봄을 전한다오.(折花逢驛使 寄與隴頭人 江南無所有 聊寄一枝春)"라고 하였다. 이후로 매화를 꺾어 보냄은 친구 간에 깊은 우정을 표현하는 뜻으로 쓰이게 되었다(≪태평어람≫). ◆ 羌笛(강적): 북방 오랑캐 종족들이 불던 악기의 일종, 피리.

□ 감상

매화의 강한 골기와 함께 청아한 자태를 읊은 시이다. 시도 자유로이 지을 수 없던 불우한 일제 강점기에 매화를 향해 "너에 대한 시라면 지어도 무방하겠지?"라고 묻는 시인의 마음이 안타깝다.

〔구당丘堂 여원구呂元九〕

罷接詩
글 모임을 파하는 시

－呂運弼여운필

淸絶陶谷里 몹시 깨끗한 도곡리에서
청절도곡리
盛設罷接禮 파접하는 예를 성대하게 베풀었네.
성설파접례
夕陽莫相催 석양이라고 서로 재촉하지 마오.
석양막상최
歡情猶未了 즐기는 정 아직 끝나지 않았으니.
환정유미료
琴聲留山館 거문고 소리는 산집에 남아있고
금성류산관
樓勢出江煙 누대는 강가의 연기 속에 솟아 있네.
누세출강연
斷雲晴雨還 조각 구름에 갰다 다시 비 오는데
단운청우환
暮煙翠且重 저녁 연기는 어둡게 겹겹으로 내려앉네.
모연취차중

□ 字句 풀이

◆ 罷接(파접): 글을 짓거나 책을 읽는 모임을 마침. ◆ 山館(산관): 산 속의 숙소, 건물. ◆ 斷雲(단운) 조각조각 끊어진 구름. ◆ 翠(취): 푸르다, 어두어둑하다.

□ 감상

흔하지 않은 파접의 시이다. 옛 사람들 생활의 한 면을 볼 수 있는 시이다.

〔구당丘堂 여원구呂元九〕

題枕流亭 三首中一首
침류정에 제하여 3수 중 1수

-廉興邦염흥방

金沙居士枕流亭　금사거사가 즐겨 찾는 정자 침류정이여,
금사거사침류정

楊柳陰陰暑氣晴　버드나무 그늘 깊고 깊어 더운 기운이 시원해
양유음음서기청　지네.

洗耳不聞塵世事　귀를 씻어내니 세상 잡다한 일 들려오지 않고,
세이불문진세사

潺湲只有小溪聲　작은 시내의 물소리만 졸졸졸.
잔원지유소계성

▶출전: ≪동문선(東文選)≫ 권22

□ 字句 풀이

◆ 金沙(금사): 사람의 호. ◆ 居士(거사): 재덕이 있는데도 벼슬하지 않은 선비. ◆ 陰陰(음음): 무성하여 어둠침침한 모양. ◆ 洗耳(세이): 세상의 명리를 바라지 않는다는 뜻, 옛날에 허유라는 사람이 요임금이 자기에게 선양하겠다는 말을 듣고 귀가 더러워졌다 하여 귀를 냇물에 씻은 고사가 있음. ◆ 潺湲(잔원): 물이 졸졸 흐르는 모양 또는 그 소리.

□ 감상

귀양 가 있던 염흥방이 침류정을 짓고서 그 운치를 읊은 시이다. 침류정의 정경을 묘사하며 번거로운 세상사를 벗어나고자 하는 심정을 담고 있다. 맑은 시냇물 소리가 경치와 어울려 음악이 되어 푸근하고 경쾌한 느낌을 준다.

〔남전南峑 염정모廉貞模〕

次白馬江懷古韻
<백마강 회고> 시에 차운하여
-無用秀演무용수연

百濟遺墟古木愁 백제유허고목수	백제의 남은 터에 늙은 나무가 수심을 안고 서 있네
釣龍坮下水西流 조룡대하수서류	조룡대 밑으로는 물이 서쪽으로 흐르고.
柳眉未展前朝恨 유미미전전조한	버들눈썹은 전 왕조의 한 때문에 펼 수가 없고,
花面增紅故國羞 화면증홍고국수	꽃 얼굴은 고국의 수모 때문에 더욱 붉어졌구나.
蝴蝶夢中千載事 호접몽중천재사	나비의 꿈속 같은 천년의 일이여!
邯鄲枕上片時秋 감단침상편시추	한단이 꿈꾸던 베개 위라 모두가 잠깐이다.
興亡欲問人何處 흥망욕문인하처	흥망을 묻고자 하나 사람은 간 곳 없고
白馬潮頭有去舟 백마조두유거주	백마강 머리에 떠가는 배만 있네.

□ 字句 풀이

◆ 蝴蝶夢(호접몽): 장자가 꿈에 나비가 되어 날아다녔다는 고사. ◆ 邯鄲枕(한단침): 노생(盧生)이 한단에서 여옹(呂翁)의 베개를 베고 잠깐 눈을 붙인 사이에 꿈속에서 부귀영화를 누렸다는 고사.

□ 감상

백제 태평성대 낙화암이여! 인걸은 간 곳 없고 노송만이 객을 맞이하네. 강물은 예나 지금이나 주야로 흐르고 꽃나무는 백제의 한을 머금은 듯 더욱 붉은데 백제의 역사는 나비의 꿈 속 같은 일이 되었네.

흥망을 아는가, 모르는가? 백마강은 말이 없고 배만 무심히 떠 있는데 백제의 흥망을 안다는 듯 고송과 바위는 겸연쩍어 말이 없구나!

〔남전南奎 염정모廉貞模〕

有友乘晴訪予
벗이 날이 갠 틈을 타서 나를 찾아왔기에
－吳在彦오재언

新晴物色眼前寬 　막 개인 경치가 눈앞에 펼쳐지니,
신청물색안전관

適有良朋供勝歡 　마침 좋은 벗이 찾아와 함께 즐거움 누리네.
적유양붕공승환

野霧茫茫孤鳥沒 　물안개 자욱한데 물새 한 마리 들랑날랑,
야무망망고조몰

秋雲淡淡碧山團 　담담한 가을 구름 푸른 산 위에 뭉게뭉게.
추운담담벽산단

菊圃近廚樽泛馥 　국화 밭이 부엌과 가까워 술 단지에 국화 향기 배고,
국포근주준범복

竹窓隔澗枕生寒 　대나무 창문은 시냇물을 사이에 두어 베개에 한기가 스미게 하네.
죽창격간침생한

行吟泉石因忘去 　시냇가 돌길을 거닐며 읊조리느라 돌아가는 것도 잊었는데,
행음천석인망거

遠樹蒼蒼夕照殘 　멀리 나무숲은 우거져있고 불그레한 석양빛 저물어가네.
원수창창석조잔

□ 字句 풀이

♦ 物色(물색): 물건의 빛깔, 자연의 경치. ♦ 茫茫(망망): 넓고 멀어 아득한 모양, 어둡고 아득함. ♦ 淡淡(담담): 욕심이 없고 깨끗함. ♦ 行吟(행음): 거닐면서 글을 읊음, 귀양살이하며 글을 읊음. ♦ 夕照(석조): 저녁 때 넘어가는 불그레한 햇빛.

□ 감상

이 시를 읽으면 비가 그친 후 비에 씻긴 맑은 산천 풍경이 눈앞에 펼쳐져 있는 것 같다. 이에 더하여 좋은 벗이 방문하였으니 기쁜 일이 아닐 수 없다. 향기로운 술과 좋은 벗, 아름다운 자연, 초야에 묻혀 사는 욕심 없는 선비의 높은 정신세계를 엿볼 수 있다.

〔은당隱堂 오경애吳卿愛〕

懷人
그리운 사람

－吳在彦 오재언

浮生一別客西東 (부생일별객서동)	덧없는 삶, 이별 한 번에 각기 동과 서로 헤어져,
紅荳相思幾雨風 (홍두상사기우풍)	홍두가 대변한다는 상사의 정을 기린지 몇 해이던가.
遙望天涯雲萬里 (요망천애운만리)	하늘 끝에 펼쳐진 구름 아득히 바라보며,
江樓獨依夕陽中 (강루독의석양중)	석양에 나 홀로 강가의 누대에 기대어 있네.

□ 字句 풀이

♦ 浮生(부생): 덧없는 뜬구름 같은 인생을 비유하는 말. ♦ 紅豆(홍두): 콩과에 딸린 늘 푸른 덩굴나무로서 매우 붉은 열매인데 중국에서는 예로부터 이 콩이 서로 그리워하는 상사의 정을 대변한다고 여겼다. ♦ 遙望(요망): 먼 데를 바라봄. ♦ 天涯(천애): 하늘 끝.

□ 감상

덧없는 삶이 정든 사람과 이별하게 하였는지 홍두를 바라보며 정인을 그리워하는 시인의 마음이 애잔하고 슬프다. 만 리 밖, 하늘 끝, 어디엔가 있을 정인은 이 시인의 마음을 알고 있을까? 예나 지금이나 헤어진 연인을 그리워하는 애틋한 마음은 다르지 않은 것 같다.

〔은당隱堂 오경애吳卿愛〕

山中
산중에서

- 李珥이이

採藥忽迷路 약초 캐다가 홀연히 길을 잃어,
채약홀미로

千峰秋葉裏 정신 차려보니 봉우리마다 붉게 물든 숲 속이었네.
천봉추엽리

山僧汲水歸 스님이 물 길어 돌아가자,
산승급수귀

林末茶煙起 저 멀리 차 달이는 연기 오르네.
임말다연기

▶출전: ≪율곡전서(栗谷全書)≫ <율곡선생전서(栗谷先生全書)> 권1

□ 字句 풀이

♦ 採藥(채약): 약재나 약초를 따거나 캐서 거둠. ♦ 迷路(미로): 어지럽게 여러 갈래로 갈라져 섞갈리기 쉬운 길. ♦ 山僧(산승): 산속의 절에서 사는 승려.

□ 감상

사사로운 욕심에 눈이 멀어 재물을 쫓다가 사람의 본분을 잃기 쉬운 세상에서 이 시는 성인과 스승이 갔던 길을 돌아보게 한다. 이러한 시는 우리들이 가야하는 인생에 있어서 이정표가 될 수 있을 것이다.

〔일속一粟 오명섭吳明燮〕

卽事
즉흥으로 읊다

-李穡이색

幽居野興老彌淸	숨어사는 재미와 벼슬 없는 흥이 늙을수록 더해 가는데,
유거야흥노미청	
怡得新詩眼底生	눈앞에서 새로운 시를 얻으면 그 기쁨 더하네.
이득신시안저생	
風定餘花猶自落	바람 없어도 남은 꽃은 제 스스로 떨어지고,
풍정여화유자락	
雲移少雨未全晴	구름이 옮겨가도 비는 내려 개이지 않네.
운이소우미전청	
牆頭粉蝶別枝去	담 머리의 나비는 꽃가지 떠나고,
장두분접별지거	
屋角錦鳩深樹鳴	집 모퉁이 깊은 숲에서 우는 산비둘기.
옥각금구심수명	

齊物逍遙非我事 (장자에 나오는) 제물과 소요는 내 할 일
제물소요비아사
아니지만,
鏡中形色甚分明 거울 속의 내 모습은 분명하구나.
경중형색심분명

▸ 출전: ≪목은집(牧隱集)≫ <목은시고(牧隱詩稿)> 제21권

□ 字句 풀이

◆ 幽居(유거): 은거함 ◆ 怡得(이득): 얻음을 기뻐함 ◆ 眼底(안저): 안중
◆ 粉蝶(분접): 흰 나비, 아름다운 나비 ◆ 錦鳩(금구): 우는 비둘기. 綿鳩라고 한 곳도 있음 ◆ 齊物逍遙(제물소요): ≪장자≫의 제물론과 소요유로 세상의 시비진위를 모두 동등하게 보며 일체의 차별관을 버리고 유유자적하는 사상.

□ 감상

"바람 없어도 남은 꽃 절로 떨어지고, 구름이 옮겨가도 비는 가랑가랑 개지 않네(風定餘花猶自落 雲移小雨未全晴)."라는 구절을 보면 한 시대를 풍미했던 젊은 정치가가 자연 속에 은거하며 여유로운 새로운 삶을 꿈꾸는 노년의 모습이 그려진다. 부귀권세란 바람이 없어도 언젠가는 떨어진 꽃과 같은 것!

〔일속―粟 오명섭吳明燮〕

白雪이 ᄌᆞ자진 골에
백설이 잦아진 골에

－李穡이색

白雪이 즈자진 골에 구르미 머흐레라
　　　　　　　백설(白雪)이 잦아진 골에 구름이 험하구나.

반가온 梅花는 어늬 곳에 픠엿는고
　　　　　　　반가운 매화(梅花)는 어느 곳에 피었는고.

夕陽의 홀노 서이셔 갈 곳 몰라 ᄒᆞ노라
　　　　　　　해질녘 홀로 서서 갈 곳 몰라 하노라.

□ 字句 풀이

◆ 즈자진: 녹아 없어진. ◆ 골에: 골짜기에. ◆ 머흐레라: 험하구나. ◆ 반가온: 반가운.

□ 감상

　우국충정을 노래한 시조로 시대 배경을 생각할 때 '구름'은 신흥세력인 이성계 일파, '매화'는 우국지사, '석양'은 기울어져 가는 고려왕조를 상징하는 것으로 볼 수 있다. 무너져 가는 고려왕조를 도와 다시 일으켜 보려 하는 작자의 심정을 엿볼 수 있을 뿐만 아니라, 비유를 매우 멋지고 아름답게 하여 읽을수록 가슴에 와 닿는 시조이다.

〔심호深湖 오명순吳明順〕

風霜이 섯거 틴 날에
바람 불고 서리가 내리는 추운 날에
　　　　　　　　　　　　－宋純송순

風霜이 섯거 틴 날에 ᄀᆞᆺ 피온 黃菊花를
　바람 불고 서리가 내리는 추운 날에 갓 피어난 노란 국화를

金盆에 ᄀ득 다마 玉堂에 보내오니
　　좋은 화분에 가득 담아 (내가 일하는) 홍문관으로 보내주시니
桃李야 곳이오냥 마라 님의 뜻을 알괘라
　　복숭아꽃 오얏꽃아, 너희들은 꽃인 양 하지마라. 임(임금)께서
　　이 꽃을 보내주신 뜻을 알겠구나.

□ 字句 풀이

◆ 금분: 훌륭한 화분. ◆ 옥당: 홍문관의 별칭. ◆ 곳이오냥: 꽃인 양. ◆ 알괘라: 알겠도다.

□ 감상

　이 시조는 한자로 이름을 쓰자면 '자상특사황국옥당가(自上特賜黃菊玉堂歌)'라고 한다. 명종이 궁전에 핀 국화를 옥당관(玉堂官)에게 하사하며 시를 지으라 했으나 옥당관은 미처 시를 짓지 못하였다. 이에 참찬(參贊)으로서 숙직을 하고 있던 송순에게 짓게 하여 헌상하였다. 왕은 이 사실을 알고 송순에게 상을 내렸다. 역경에 처해있을지라도 국화와 같이 기개를 지키는 신하가 되어 달라는 왕의 마음에 감복하여 복숭아나 오얏꽃 같이 변절하는 일 없이 충성의 기개를 지키겠다고 맹세한 노래이다. 국화꽃에 복숭아나 오얏을 대비한 설정이 재미있다.

〔심호深湖 오명순吳明順〕

自警
스스로 경계하다

-金時習 김시습

年已知天命 나이 쉰을 넘으니
연이지천명

餘生足可憐 여생이 가련하구나.
여생족가련

世情輕似浪 세상인심은 가볍기가 물결 같고
세정경사랑

吾道直如絃 성인의 도는 활시위처럼 곧구나.
오도직여현

自得唯思義 얻을 것을 보면 오직 의를 생각하고
자득유사의

居安只樂天 편안할 때면 다만 천명을 즐기네.
거안지락천

退藏寬穩處 물러나 너그럽고 안온한 곳에 은거하니
퇴장관온처

物撓我陶然 물욕이 흔들어도 나는 오히려 도도하다네.
물요아도연

▶ 출전: ≪매월당시집(梅月堂詩集)≫ 권13

□ 字句 풀이

◆ 自警(자경): 스스로의 마음이나 행동을 경계하여 주의함. ◆ 知天命(지천명): 천명을 앎, 나이 50을 이름. ◆ 餘生(여생): 남은 생애. ◆ 吾道(오도): 성인의 도, 유생들이 유교의 도를 일컫는 말. ◆ 世情(세정): 세태, 세속에 관한 마음. ◆ 退藏(퇴장): 물러나 숨음. ◆ 陶然(도연): 술이 거나하게 취하여 기분 좋은 모양, 완전히 개방된 상태에서 누리는 즐거움.

□ 감상

옛 사람들은 나이가 들수록 이렇게 자신을 잡도리하여 잘 가꾸어나 갔다. 나이를 먹을수록 즐기기에 여념이 없는 오늘 날 사람들과는 판연히 다른 모습이다. 배워야 하지 않겠는가?

〔모전慕田 오정근吳正根〕

至誠
지극한 정성

-金時習김시습

誠者自無息 정성이란 스스로 쉼이 없어서
성자자무식

品形由此成 만물이 이로 말미암아 이루어지네.
품형유차성

天高地博厚 하늘은 높고 땅은 넓고 두터우며
천고지박후

海闊山崢嶸 바다는 넓고 산은 높고 험하네.
해활산쟁영

不貳生難測 다시 오지 않은 인생 헤아리기 어렵고
불이생난측

純眞道自亨 순수하고 참된 도는 절로 펼쳐지네.
순진도자형

法天如克念 하늘을 본받아 세상 걱정 이겨낸다면
법천여극념

可以通神明 가히 신명과 통할 수 있으리.
가이통신명

▶출전:《매월당집(梅月堂集)》 <매월당시집(梅月堂詩集)> 권13

□ 字句 풀이

◆ 誠(성): 진실함. ◆ 崢嶸(쟁영): 산이 높고 험한 모양. ◆ 不貳(불이): 거듭하지 아니함, 배반하지 않음. ◆ 純眞(순진): 순수하고 참된 마음. ◆ 神明(신명): 하늘과 땅의 신령스런 계시.

□ 감상

지극한 정성으로 자신을 가꿔야만 한 경계를 높일 수 있다. "무물유불성(無物由不誠)!" 정성을 말미암지 않고서 이루어지는 일이란 아무 것도 없으니 말이다.

〔모전募田 오정근吳正根〕

無題六韻
제목 없이 지은 여섯 구절
― 李舜臣이순신

蕭蕭風雨夜 소소풍우야	비바람은 소슬히 몰아치고,
耿耿不寐時 경경불매시	이런 저런 생각으로 잠 못 이룰 때.
懷痛如摧膽 회통여최담	간담을 누르는 듯 가슴 아파오고,
傷心似割肌 상심사할기	살을 가르는 듯 속이 상한다.
山河猶帶慘 산하유대참	산하는 참혹히 찢겨,
魚鳥亦吟悲 어조역음비	바다짐승, 하늘짐승 그 울음소리도 서러워라.
國有蒼黃勢 국유창황세	나라가 위급할 제,
人無任轉危 인무임전위	위태로움을 짊어질 사람 하나 없구나.
恢復思諸葛 회복사제갈	(그저 말로만) 제갈량의 지략을 회복하고,
長驅慕子儀 장구모자의	곽자의(子儀)를 따라 배워 승승장구 하겠다며.
經年防備策 경년방비책	오래 전부터 생각해온 방비책이라면서
今作聖君欺 금작성군기	지금도 성군을 속이려 드네.

▶출전: ≪이충무공전서(李忠武公全書)≫ 권1

□ 字句 풀이

◆ 蕭蕭(소소): 바람이나 빗소리가 쓸쓸함. ◆ 耿耿(경경): 불빛이 깜박깜박함, 마음에 새겨 잊혀지지 아니함. ◆ 傷心(상심): 마음을 상하거나 끓임, 속

상함. ◆ 蒼黃(창황): 어찌할 겨를이 없이 매우 급함. ◆ 防備策(방비책): 적이나 나쁜 사태를 막을 꾀나 대책. ◆ 聖君(성군): 거룩한 임금.

□ 감상

　이순신을 그린 영화 '명량'이 관중 1,500만 명에 육박한다고 한다. 그는 우국충정으로 한 평생을 산 위인이다. 오늘날의 부정부패, 무사안일, 한탕주의, 물욕에 어두운 공직 및 부패한 사회는 정화되어야 한다. 세월호는 침몰하였고 꽃다운 수백 명의 학생들이 물속에 죽어갔다. 새로운 패러다임 혁신을 외치고 진상조사를 통한 국가개조는 4개월이 지난 지금도 제자리 걸음이다.

　프란치스코 교황이 124위 시복식을 하고 아시아 청년들을 만나서 물질주의 물욕과 경쟁제일주의 강요에 맞서 싸워야 한다고 말했다. 이 시대의 세계적 과제이고 미래 세대의 지구적 과제이기도 하다. 새로운 리더십을 우리는 명량해전을 이끌었던 이순신 장군에게서 배워야 한다. 가난한 자, 억눌린 자, 세상의 약자들을 돌봐야한다. 이것이 국가이다. 이것이 복지문화국가이다. 이에 문필가이자 시인인 이순신 장군의 리더십을 재조명해 본다.

〔서산瑞山 위기복魏基復〕

閑山島歌
한산도의 노래

－李舜臣 이순신

閑山島月明夜
한산도월명야

上戍樓
상수루

한산섬 달 밝은 밤에,

수루에 홀로 앉아,

撫大刀深愁時 큰 칼 옆에 차고 깊은 시름 하던 차에,
무대도심수시
何處一聲羌笛更添愁 어디서 일성호가는 남의 애를 끊나니.
하처일성강적경첨수

▶ 출전: ≪이충무공전서(李忠武公全書)≫ 권1

□ 字句 풀이

◆ 閑山島(한산도): 경상남도 통영시 한산면에 있는 섬. '한산'의 '한'은 크다는 뜻의 '한(韓)'에서 유래하였다고 보는 견해가 있다. 그밖에 '한(閑)'을 '막다(禦)'는 뜻으로 풀이해 임진왜란 때 이순신 장군이 왜적을 무찌른 곳이라 하여 붙여졌다는 설과 통영 앞바다에 한가로이 떠 있는 섬이라 하여 붙었다는 설도 전해진다. ◆ 撫大刀(무대도): 큰 칼을 어루만지다. ◆ 羌笛(강적): 한 곡조의 피리 소리.

□ 감상

민족의 성웅 이순신 장군, 모든 일을 혼자서 결정해야 했고 알아주는 이도 없었으니 얼마나 고독했을까? 가슴을 저미는 시이다.

〔서산瑞山 위기복魏基復〕

題沙斤驛亭
사근역 정자에서

— 兪好仁유호인

乾坤眞逆旅 하늘과 땅은 진정 만물의 여관이라
건곤진역려
無處不居停 머물러 못 살 곳은 없어라.
무처불거정

往者猶來者 가는 사람도 오는 사람 되고,
왕자유래자
長亭復短亭 먼 역의 정자는 다시 가까운 역의 정자가 되네.
장정부단정
遙空孤雁度 멀리 외기러기 하늘을 날아 건너고,
요공고안도
薄暮數峯靑 저무는 햇빛에 몇 산봉우리 푸르네.
박모수봉청
一枕南柯夢 한번 베개 베고 누워 '남가몽' 꿈길에 들자
일침남가몽
斜陽欲半庭 어느 새, 저녁 해는 뜰에 반이나 비쳐드네.
사양욕반정

▸출전: ≪뇌계집(㵜谿集)≫ 권5

□ 字句 풀이

◆ 乾坤(건곤): 하늘과 땅. ◆ 逆旅(역려): 여관, 객사. ◆ 薄暮(박모): 해가 진 뒤 컴컴해지기 전까지 살짝 어둠이 깔린 상태.

□ 감상

철학적 사고를 바탕으로 나그네와 같은 인생 역정을 노래하였다. 외기러기 날아가는 모습, 저무는 해가 걸린 산봉우리, 뜰에 비친 석양 등의 모습을 통해 자연과 어우러져 살아가는 삶을 그려내고 있다.

〔우계愚溪 유백준兪白濬〕

偶吟
우연히 읊다

-宋翰弼송한필

花開昨夜雨 어젯밤 비에 꽃이 피더니
_{화개작야우}

花落今朝風 오늘 아침 바람에 고대 지고 마는구나.
_{화락금조풍}

可憐一春事 가련하다, 한철 봄날의 일이
_{가련일춘사}

往來風雨中 비바람 속에 오고 가는 것이.
_{왕래풍우중}

□ 字句 풀이

♦ 花開(화개): 꽃이 피다. ♦ 夜雨(야우): 밤에 내리는 비. ♦ 花落(화락): 꽃이 지다. ♦ 可憐(가련): 불쌍하고 가엾음, 애틋하게 동정심이 감.

□ 감상

시인 개인의 불행에서 배태되었다고도 볼 수 있는 이 시는 '가련(可憐)'이라는 한 단어로 압축된다. 꽃은 시인 자신을 암시한다. 꽃은 어젯밤 비에 피어나고 아침 바람에 진다. 이처럼 짧은 시간 동안의 변화가 시인이 바라본 인생의 치음과 끝이다. 그렇기에 일장춘몽(一場春夢)과 같은 인생은 가련(可憐)하기 이를 데 없다. 바람 앞에 무수히 떨어져 나가고 또 피어나는 꽃의 운명이 가련하기 이를 데 없음으로 인하여 시인 자신의 운명 또한 그러함을 읊으려 한 것이 아닌가 생각된다.

〔우계愚溪 유백준兪白濬〕

述志
뜻을 적다

- 吉再길재

臨溪茅屋獨閑居 시냇가 초가집에 한가로이 사노라니,
임계모옥독한거

月白風淸興有餘 달 밝고 바람 맑아 흥취가 넉넉하네.
월백풍청흥유여

外客不來山鳥語 손님은 오지 않고 산새들만 우짖는데,
외객불래산조어

移床竹塢臥看書 대숲으로 평상 옮겨 누워서 책을 읽네.
이상죽오와간서

▶ 출전: ≪야은집(冶隱集)≫ <야은선생언행습유(冶隱先生言行拾遺)> 상권

□ 字句 풀이

◆ 茅屋(모옥): 띠풀로 엮은 집, 초가집. ◆ 語(어): 여기서는 새가 지저귄다는 의미로 쓰였다. ◆ 竹塢(죽오): 대나무 숲.

□ 감상

이 작품은 야은(冶隱)이 16세 때 지은 것이나 시의 내용이 10대의 작품으로 보기 어려울 만큼 비범하다. 마치 인생의 경험을 다 겪은 듯한 담담하고 소박한 어조로 자연에서의 삶을 읊고 있다. 특히 결구(結句)의 "대숲으로 옮겨가 누워서 책을 본다."는 구절은 자연에 귀의하여 학문을 연마하는 학자로서의 지향점을 잘 드러내고 있다.

〔송계松溪 윤관석尹寬錫〕

田家四時(四)
농가의 사계절(4)

－金克己김극기

歲事長相續 _{세사장상속}	철따라 농사일 끊임없이 이어지니
終年未釋勞 _{종년미석로}	한 해가 다하도록 고생을 풀 길 없네.
板簷愁雪壓 _{판첨수설압}	판자집은 눈에 눌려 걱정이고
荊戶厭風號 _{형호염풍호}	싸리문은 세찬 바람에 쓰러질까 걱정이네.
霜曉伐巖斧 _{상효벌암부}	서리 내린 새벽에는 산에 올라 나무를 베고,
月宵乘屋絢 _{월소승옥도}	달 뜬 밤에는 지붕 이을 새끼를 꼰다네.
佇看春事起 _{저간춘사기}	기다리다 보면 봄 농사 시작될 터이니,
舒嘯便登皐 _{서소편등고}	휘파람 불며 언덕에 올라보리라.

▶출전: ≪동문선(東文選)≫ 권9

□ 字句 풀이

◆ 歲事(세사): 해마다 이어지는 농사일. ◆ 板簷(판첨): 추녀에 잇댄 판자.
◆ 荊戶(형호): 지게문. ◆ 佇看(저간): 기다리다 보면. ◆ 登皐(등고): 언덕에 오르다.

□ 감상

  김극기의 〈전가사시(田家四時)〉는 총 4수로 농가의 사계절을 묘사하였는데 이 시는 그 네 번째 시로서 농한기인 겨울을 노래한 것이다. 기구(起句)는 겨울이 왔음에도 결코 한가롭지 못한 농가의 현실을 이

송계 윤관석 223

야기하고 있고 승구(承句)와 전구(轉句)에는 밤낮으로 눈과 바람의 피해를 걱정하며 추운 겨울을 나기 위해 나무를 때고 지붕을 고치는 등 농가의 분주함이 잘 드러나 있다. 이어 결구(結句)에는 다가올 봄을 기다리는 농가의 심경을 묘사하며 마무리 짓는다. 특히 결구(結句)는 도잠(陶潛)의 귀거래사(歸去來辭)의 한 구절을 떠올리게 한다.

〔송계松溪 윤관석尹寬錫〕

示兒輩
자식들에게 당부하다
― 李埰이전

常時辭令間 (상시사령간) 항상 문사(文辭)와 율령(律令) 사이에서 생활해야 하며
須是立規程 (수시입규정) 모름지기 규정을 세워야 하고,
安舒無急迫 (안서무급박) 늘 침착하게 일을 처리함으로써 조급함이 없게 하고
氣象儘和平 (기상진화평) 기상은 항상 편안하고 순탄하게 갖도록 하라.

▶ 출전: ≪월간집(月澗集)≫ <월간선생문집(月澗先生文集)> 권1

□ 字句 풀이

♦ 常時(상시): 보통 때, 항상. ♦ 辭令(사령): 글이나 시를 짓는 일 즉, 문화적이고 문학적인 생활. ♦ 須(수): 모름지기. ♦ 規程(규정): 모든 규칙과 제도.
♦ 安舒(안서): 침착하게 마음을 펼침. ♦ 急迫(급박): 매우 급하게 서두름.
♦ 氣象(기상): 타고난 성정. ♦ 儘(진): 모두. ♦ 和平(화평): 심기가 온화하고 화평함.

□ 감상

　이 시는 작가가 자식들에게 보여주기 위하여 쓴 것이다. 규정을 세우고 이에 따르며 생활하는 선비의 곧은 심지를 보는 것 같다. 늘 곁에 두고 마음에 새길만한 좋은 시라고 생각한다.

〔소파小坡　윤대영尹大榮〕

遊三角山
삼각산에서 노닐다

－尹斗壽윤두수

山向雲中露角牙 산향운중로각아	산은 구름 가운데를 향해 뿔과 이를 드러내고,
雲從山外漫橫斜 운종산외만횡사	구름은 산 밖으로 나아가 횡으로 비껴 멋대로 펼쳐 있네.
僧來定自槽巖下 승래정자조암하	스님은 와서 조암아래에 자리를 정하고,
試問春殘有幾花 시문춘잔유기화	늦은 봄에 꽃이 얼마나 남았는지 물어 보네.
東風十里野花香 동풍십리야화향	봄바람 불어 십리에 들꽃은 향기로운데,
信馬閑行已夕陽 신마한행이석양	말에 의지해 한가히 가노라니 이미 석양이네.
自是愛山心獨至 자시애산심독지	스스로 산을 사랑하여 마음이 유독 산에 이르니,
却忘林逕一條長 각망림경일조장	숲속 작은 길 한 줄기가 먼 줄도 전혀 모르겠네.

▶ 출전: ≪오음유고(梧陰遺稿)≫ <오음선생유고(梧陰先生遺稿)> 권1

□ 字句 풀이

◆ 橫斜(횡사): 비스듬히 옆으로 비낌. ◆ 東風(동풍): 봄바람. ◆ 自是(자시): 자연히 그러함. ◆ 逕(경): 지름길, 좁은 길.

□ 감상

오음선생은 삼각산에서 말을 타고 다니며 자연 경관을 읊고 봄꽃을 만끽하느라 길을 잃었다고 한다. 그만큼 산을 사랑했던 작가의 마음이 느껴지는 서정시이다.

〔소파小坡 윤대영尹大榮〕

宿光州館
광주 객관에 묵으며

−具鳳齡구봉령

黃昏爲訪光州館 황혼녘에 광주의 객관에 들어 하룻밤을 묵으며
황혼위방광주관

要看仙山月影斜 신선이 산다는 무등산을 보려 했더니 달빛
요간선산월영사   벌써 기울고.

苦是天公還好妬 하늘도 질투심이 많으신지
고시천공환호투

却敎銀海眩生花 은빛 바다를 시켜 몽롱한 안개마저 피우시네.
각교은해현생화

□ 字句 풀이

◆ 光州館(광주관): 광주의 객관. ◆ 仙山(선산): 신선이 산다는 산, 여기서는 광주 무등산을 말함. ◆ 天公(천공): 하늘, 하느님. ◆ 却敎(각교): 도리어∼

로 하여금 ~하게 한다. ◆ 銀海(은해): 은빛 바다.

□ 감상

　공무로 광주에 왔다가 광주 객관에서 하루를 묵으면서 멀리서나마 무등산의 모습을 보려했더니 달빛도 기울고 하늘마저 질투를 하시는지 안개를 피워 무등산을 볼 수 없게 했다는 내용의 시이다. 대개 시는 눈앞에 펼쳐진 풍경을 보고서 그 풍경에 감탄하여 짓게 되는데 이 시는 실지로 본 풍경은 하나도 없고, 보려했는데 보지 못한 아쉬움만 표현하고 있다. 시인은 아마 광주에 오기 전부터 무등산을 보고자 하는 기대에 부풀었나 보다. 그만큼 광주의 무등산이 명산이라는 점을 반증하는 구절이다. 등급이 없는 무등(無等)의 산, 모든 사람이 차별 없이 평등하게 살기를 바라는 산, 그런 산이 바로 무등산이기에 구봉령선생도 그렇게 간절히 무등산을 보려 하지 않았을까?

〔호암浩庵 윤점용尹點鏞〕

畫枯竹
마른 대나무를 그린 그림에 부쳐

李滉 이황

枝葉半成枯　가지나 잎은 반이나 시들었지만,
지엽반성고
氣節全不死　기상과 절개는 하나도 죽지 않고 고스란히
기절전불사　　남아있다네.
寄語膏粱兒　기름진 음식을 배불리 먹으며 잘 사는 부자들에게
기어고량아　　말하노니

無輕憔悴士 초췌한 선비라고 깔보지 마시게나.
_{무경초췌사}

□ 字句 풀이

◆ 半成枯(반성고): 반이나 시들다. ◆ 氣節(기절): 기상과 절개. ◆ 寄語(기어): 말을 부침, 당부함. ◆ 膏粱兒(고량아): 기름진 음식을 배불리 먹으며 풍족하게 사는 사람. ◆ 無輕(무경): 가벼이 여기지 말라, 깔보지 말라.

□ 감상

　기름기가 번지르르하게 잘 먹고 잘 사는 부자의 눈에는 깡말라 초췌한 모습으로 오로지 학문에만 몰두하고 있는 선비의 모습이 우습게 보일지 모르나 선비는 그렇게 쉬이 무시할 대상이 아니다. 선비는 존경의 대상이어야 하고 또 존경의 대상이 되도록 노력해야 한다. 유명 가수나 배우의 속옷이 경매시장에서 고가에 팔리는 세상보다는 지조 있는 선비의 붓이나 만년필이 훨씬 고가에 팔리는 세상이 보다 더 좋은 세상이 아닐까?

〔호암浩庵 윤점용尹點鏞〕

訪金居士野居
김거사가 은거하고 있는 곳을 찾아가다
　　　　　　　　　　　　　　-鄭道傳정도전

秋陰漠漠四山空 가을 구름 멀리 깔리고 사방 산은 고적한데
_{추음막막사산공}
落葉無聲滿地紅 소리 없이 지는 잎들 온 땅에 가득 붉어라.
_{낙엽무성만지홍}

立馬溪橋問歸路　시냇가 다리 위에 말 세우고 돌아갈 길
립마계교문귀로　　문노라니
不知身在畫圖中　이내 몸이 이미 그림 속에 있는 것은 아닌지!
부지신재화도중

▶출전: ≪삼봉집(三峯集)≫ 제2권

□ 字句 풀이

♦秋陰(추음): 가을 구름. ≪기아(箕雅)≫를 비롯한 여러 시 선집에는 모두 '秋雲'으로 되어 있다. '秋雲漠漠'은 가을철에 자주 보이는 새털구름이 공활한 창공에 넓게 퍼져 있다는 뜻이다. ♦四山空(사산공): 온 산이 찾는 사람이 없어 텅 비어 있다는 뜻. ♦滿地紅(만지홍): 온 땅 가득 붉다는 의미.

□ 감상

　저자는 김 거사의 시골집을 방문하고 돌아가는 길이다. 어느덧 시냇가 다리 앞에 와 섰다. 쪽빛 하늘에는 비늘구름이 아득히 먼 하늘에 떠 있고 사위의 산은 인적이 없이 텅 빈 듯 고요하다. 바람이 없는 적막 속에 한 잎 두 잎 소리 없이 낙엽은 지고…. 아, 어느새 단풍이 수북이 쌓인 만추의 한 가운데에 시인이 서 있다. 한 폭의 그림 같다. 그렇다면 시인은 이미 '화중지인(畫中之人: 그림 속의 인물)'이 아닌가!
　정도전이 정치적으로 워낙 비중이 크다 보니 그의 시에 대한 관심은 상대적으로 낮은 것 같다. 이 시는 삶의 어려운 국면에서도 위축되지 말고 마음의 안정과 여유를 지니라는 언외(言外)의 가르침을 주는 것 같다.

〔이신以新　윤정례尹貞禮〕

早起雨晴 書懷
비 갠 아침 회포를 쓰다

-李石亨이석형

朝來景物十分淸 (조래경물십분청)	아침에 맞은 경치 한껏 맑아서
遠近晴光入眼明 (원근청광입안명)	원근의 밝은 풍광 선명히 눈에 드네.
雲過嶺頭山數點 (운과령두산수점)	산꼭대기로 구름 지나자 모습을 드러내는 봉우리들
水繞庭畔草千莖 (수요정반초천경)	시냇물 돌아 흐르는 마당에 파릇파릇 돋아난 새싹.
煙拖野色添春色 (연타야색첨춘색)	아물아물 아지랑이 들 빛에 봄빛을 더하고,
風送松聲作雨聲 (풍송송성작우성)	소나무에 부는 바람 빗소리처럼 들리네.
多笑孔門鏘舍瑟 (다소공문장사슬)	비파 놓고 일어선 증점(曾點)이 얼마나 우스운가!
何須沂上詠幽情 (하수기상영유정)	그윽한 정 읊자고 기수(沂水)까지 갈 게 뭐 있다고?

▶출전: ≪저헌집(樗軒集)≫ 하권

□ 字句 풀이

◆ 朝來景(조래경): 아침에 맞은 경치. ◆ 晴光(청광): 밝은 풍경. ◆ 雲過嶺頭山(운과령두산): 산꼭대기로 구름이 지나다. ◆ 數點(수점): 많은 봉우리들. ◆ 水繞庭畔(수료정반): 뜰을 돌아 흐르는 시냇물. ◆ 草千莖(초천경): 온갖 새싹이 파릇파릇 돋다. ◆ 多笑孔門(다소공문): '孔門'은 공자의 제자들을 가리키는 말로 '공자의 제자라지만 얼마나 우스운가!'라는 의미이다. ◆ 何須沂上詠幽情(하수기상영유정): ≪논어·선진≫ 편에 보이는 증점(曾

點)의 고사. 공자가 여러 제자에게 각자의 뜻을 말해 보라고 하자, 증점이 비파를 타다 말고 일어나 "늦은 봄에 봄옷이 지어지면 관모를 쓴 선비 5~6인과 동자 6~7인과 함께 기수에서 목욕하고 무우에서 바람을 쐬다가 시를 읊조리며 돌아오겠습니다(暮春者, 春服旣成, 冠者五六人, 童子六七人, 浴乎沂, 風乎舞雩, 詠而歸)."라고 하였다.

□ 감상

 이 시에서 저자는 비가 갠 봄날 아침의 청신한 풍경과 이를 바라보는 마음을 노래하였다. 새봄의 풍경처럼 시에도 거추장스럽고 까다로운 부분이 없다. 아침, 밝은 풍광, 구름이 지나가는 산, 파릇파릇 돋아나는 풀들, 들판의 아지랑이, 솔숲에 부는 바람 등 봄 풍경을 대표하는 소재들이 자연스럽게 잘 어우러져 있다.
 저자는 자연 속에서 흥취를 느끼며 살겠다는 뜻을 공자의 제자인 증점이 한 말에 빗대어 말하고 있다. 그러면서도 증점은 의관을 갖춰 입고 동자를 데리고 무우에 가서 목욕하고 읊조리고 돌아오겠다고 했지만, 작자는 자신이 있는 곳에서 이런 흥취를 다 느끼고 있노라며 자연과 함께하는 자신의 삶에 대해 자부하고 있다.
 미세 먼지로 뿌옇던 하늘을 본 터라 봄비에 맑게 씻긴 봄 풍경이 더욱 반갑다. 이 시절, 앞이 안 보이게 뿌연 먼지 같은 세상 이야기들을 씻어줄 단비도 함께 내렸으면 한다. 봄이 와도 봄 같지 않은 그런 봄 말고, 마음 한 구석도 구애됨이 없이 그저 울긋불긋 꽃 대궐을 만끽하기만 하면 되는 그런 화창한 봄이었으면 좋겠다.

〔이신以新 윤정례尹貞禮〕

感興(一)
감흥(1)

— 朴淳 박 순

曾聞綺季安劉氏 증문기계안류씨	기리계가 한고조 유방을 도왔다는 얘기도 들었고
復道龐公隱鹿門 부도방공은록문	방덕공은 녹문산에 숨어 지냈다고도 하는데,
料得行藏都是夢 요득행장도시몽	헤아려보니 세상에 나서는 것도 은거하는 것도 모두 다 꿈이련만,
白雲猶自勝青雲 백운유자승청운	그래도 백운이 청운보다 나은 것 같네 그려!

▶ 출전: ≪사암선생문집(思菴先生文集)≫ 권2

□ 字句 풀이

◆ 綺季(기계): 기리계(綺里季). 진(秦)나라 때 혼란을 피해 상산(商山)에 숨었다가 유방이 한나라를 세운 뒤 태자의 빈객이 되었다. ◆ 龐德公(방덕공): 후한 말의 유명한 재야 은자로 형주(荊州) 양양군(襄陽郡) 사람이다. 후에는 자식까지 녹문산으로 데리고 들어가 약초를 캐며 살았다고 한다. ◆ 料得(요득): 헤아려 앎.

□ 감상

백운은 한가하게 자연과 더불어 사는 은자를 비유한 말이고 청운은 그야말로 청운의 꿈을 안고 관직에 나아가고자 하는 사람을 비유한 말이다. 시인은 청운의 꿈을 꾸는 것보다는 은거하는 게 낫다는 생각을 가지고 있다.

〔산하山下 윤종득尹鍾得〕

感興(二)
감흥(2)

- 朴淳박순

深山歲暮驕豺虎	깊은 산에 한 해가 저무니 늑대와 호랑이가 우쭐대는데
심산세모교시호	
反鎖荊門臥看書	나는 도리어 싸리문 안에 드러누워 책만 보네.
반쇄형문와간서	
不恨故人無一字	벗에게서 연락 한 번 없다고 나무라지 않는다네.
불한고인무일자	
我來都爲寂寥居	내가 이곳에 온 것은 조용하게 살기 위해서이니.
아래도위적요거	

▶ 출전: ≪사암선생문집(思菴先生文集)≫ 권2

□ 字句 풀이

◆ 豺(시): 승냥이. ◆ 荊門(형문): 싸리문. ◆ 寂寥(적요): 적적하고 쓸쓸함.

□ 감상

간신배들을 피하여 조용히 은거하고 있는 선비의 심정을 잘 표현한 시이다.

〔산하山下 윤종득尹鍾得〕

西山具濟伯 草堂 次疇孫韻 (一)
서산에 있는 구제백의 초당
지난 번 손씨의 운에 차운하여 (1)

－宋時烈 송시열

相携叩馬萬人前 둘이 만인 앞에 서서 왕의 말고삐를 붙잡고
상휴고마만인전   간하였으니,

孤竹高標斗北懸 백이, 숙제의 높은 절개 북두처럼 우뚝해라.
고죽고표두북현

此日西山名已好 오늘 날, 삼각산 별칭 '서산'이란 이름은
차일서산명이호   수양산과 같은 이름이라서 좋아라.

春薇欲採意幽然 봄 고사리 뜯으려니 마음이 한가롭구나.
춘미욕채의유연

▶ 출전: ≪송자대전(宋子大全)≫ 제2권

□ 字句 풀이

◆ 孤竹(고죽): 백이(伯夷)와 숙제(叔齊)를 가리킨다. 무왕과 강태공이 폭군인 주왕을 치려고 할 때, 백이와 숙제는 하극상을 해서는 안 된다고 만류하였는데 무왕의 말고삐를 둘이서 잡고 간했으나 실패하자 뒤에 수양산에 들어가 고사리를 캐먹다가 죽었다. ◆ 西山(서산): 수양산(首陽山). ◆ 幽然(유연): 속이 깊고 조용한 모양.

□ 감상

이 시 두 수(一, 二)는 우암 송시열(尤庵 宋時烈)선생이 300여 년 전인 1668년에 제자 구시경의 독서당에 들러서 지은 것으로, 그 친필은 삼각산 북편 서산 청담동 계곡(현 경기도 고양시 덕양구 효자리 사기동)의 석벽에 새겨져 있다.

이 산은 능성구씨(綾城具氏) 집안의 선산으로 제18세 독락재 구시경(獨樂齋 具時經)이 독서당을 짓고 학문을 강론하던 곳인데, 그는

20세에 우암의 문하생이 되어 평생 선생을 가까이서 보좌한 제자이다. 우암이 우의정(右議政)일 때 좌의정(左議政) 허적(許積)과의 불화로 사임 한 후 이곳 서산에 들러 산수의 수려함과 자신의 심정을 표현하고 있다.

   나는 구씨 집안 29세 손부로서 성묘 때마다 이 시를 접하면서 선인(先人)의 깊은 뜻을 되새겨 본다.

〔정안당靜安堂 이금화李錦和〕

西山具濟伯 草堂 次疇孫韻 (二)
서산에 있는 구제백의 초당
지난 번 손씨의 운에 차운하여(2)

-宋時烈송시열

仁王三角後幷前   인왕산과 삼각산에 전후에 걸쳐 살았으며
인왕삼각후병전

昭代文章日月懸   좋은 시대 문장이 해와 달같이 빛났네.
소대문장일월현

暫入鳳城還出郭   잠시 도성에서 벼슬하다가 물러나오니
잠입봉성환출곽

青山隱隱水泠然   청산은 은은하고 물은 깨끗하여라.
청산은은수령연

▶ 출전: ≪송자대전(宋子大全)≫ 제2권

□ 字句 풀이

◆ 昭代(소대): 밝게 잘 다스려진 세상, '태평성대'를 미화한 말. ◆ 鳳城(봉성): 원래 장안을 가리켰으나 나중에는 모든 도성을 가리키는 말로 쓰임.
◆ 隱隱(은은): 아득한 모양.

□ **감상** 시(一)의 감상란(234쪽) 참조.

〔정안당靜安堂 이금화李錦和〕

月桂寺晩眺
저녁 무렵 월계사에서 바라보니

— 陳澕진화

小樓高倚碧屛顔 소루고의벽잔안	푸른 산 높이 기댄 조그만 누대에 푸른 빛이 잔잔한데
雨後登臨物色閑 우후등임물색한	비 뒤에 산에 오르니 모든 빛이 더 윤기를 띠네.
帆帶綠煙歸遠浦 범대록연귀원포	돛단배는 파란 아지랑이 띠고 먼 포구로 떠가고,
潮穿黃葦到前灣 조천황위도전만	조수는 누런 갈대밭 뚫고 갯가 어구로 들어오네.
水分天上眞身月 수분천상진신월	달은 물에 비쳐 하늘의 달과 물의 달 둘로 나뉘고
雲漏江邊本色山 운루강변본색산	구름도 강에 비쳐 본 모습이 더욱 새롭네.
客路幾人閑似我 객로기인한사아	나그네 길 몇 사람이나 나만큼 한가하랴!
曉來吟到晩鴉還 효래음도만아환	새벽에 와서 저녁 까마귀 돌아올 때까지 시를 읊고 있으니.

▶ 출전: ≪매호유고(梅湖遺稿)≫

□ **字句 풀이**

♦ 登臨(등림): 높은 곳에 오름. ♦ 綠煙(녹연): 해가 질 무렵의 연기와 안개를 이르는 말, 버들잎의 푸르름. ♦ 幾人(기인): 몇 사람.

□ 감상

저녁때가 되어, 비가 갠 산사의 누대에서 지은 시이다. 산과 바다의 정경이 여실하게 묘사되어 있는 작품이다. 이렇게 묘사하기 위해서는 작자의 독특한 언어 선택의 재질이 있어야 한다. 이 시에서는 산사의 저녁 경치를 서술하기 위하여 주변의 경관을 끌어들이고 있다. 하늘, 산, 강들이 모두 작자의 곁으로 모여들고 있는 것이다. 붓을 달리듯이 시를 지은 것은 이러한 시어의 선택에 남다른 감각이 있었기 때문이다.

〔이목以木 이기영李基英〕

平海郡
평해군

- 李達衷이달충

行盡松陰始見村	길 다한 곳 소나무 그늘 사이로 마을이 보이는데,
행진송음시견촌	
靑靑宿麥滿平原	푸릇푸릇 자란 보리가 온 들에 가득하다.
청청숙맥만평원	
海槎遠望通銀漢	바다 위를 떠가는 뗏목은 멀리 은하수와 통하는 듯 하고,
해사원망통은한	
山木年深問漆園	산의 나무는 연륜이 깊어 검은 모습이 모두 옻칠나무 같네.
산목년심문칠원	
西麓看雲無所着	서쪽 산록에서 구름 보며 집착했던 마음
서록간운무소착	

|東窓嚥日有餘溫|동쪽 창가에서 해를 마시니 따스함이 여유롭네.
동창연일유여온

每年此邑心安樂　해마다 이 고을에 오면 마음이 평안하니,
매년차읍심안락

苦厭陵珍爭訟喧　세속에서의 송사 다툼에 짜증이 났기
고염릉진쟁송훤　　때문일레라.

▶ 출전: ≪제정집(霽亭集)≫ <제정선생문집(霽亭先生文集)> 권1

□ 字句 풀이

◆ 宿麥(숙맥): 농작물의 한 가지, 줄기는 1m쯤으로 곧고 속이 비고 마디가 있으며, 잎은 가늘고 길며 나란히 맥이 있음. ◆ 遠望(원망): 멀리 바라다봄, 먼 장래를 전망함. ◆ 西麓(서록): 산의 서쪽 기슭. ◆ 苦厭(고염): 싫어하다, 혐오하다.

□ 감상

자연을 바라보며 느끼는 평온함이 잘 그려져 있다. 보리가 자라고 있는 평원의 모습에서, 펼쳐진 수평선에 보이는 뗏목의 모습에서, 작가는 잠시나마 세속에서의 정쟁을 벗어나 자연을 즐기고 있다.

〔이목以木 이기영李基英〕

讀書有感
독서유감

-徐敬德 서경덕

讀書當日志經綸 독서당일지경륜	독서할 당시에는 세상을 경륜하는 일에 뜻을 두었으나
歲暮還甘顔氏貧 세모환감안씨빈	만년에 이르니 안빈낙도가 오히려 달갑구나.
富貴有爭難下手 부귀유쟁난하수	부귀엔 시샘이 많아 손대기 어렵고
林泉無禁可安身 임천무금가안신	숲, 샘, 온갖 자연은 금함이 없으니 그 안에서 편안하네.
採山釣水堪充腹 채산조수감충복	산에서 나물 뜯고 물에서 고기 잡아 배를 채우고
詠月吟風足暢神 영월음풍족창신	음풍영월 속에 마음은 늘 상쾌하기 이를 데 없지.
學到不疑知快活 학도불의지쾌활	가치관에 의혹이 없을 정도에 이르러 마음이 절로 쾌활하니
免敎虛作百年人 면교허작백년인	이러한 태도가 평생을 헛되게 사는 것을 면하게 했나 보다.

▶ 출전: ≪화담집(花潭集)≫ <화담선생문집(花潭先生文集)> 권1

□ 字句 풀이

◆ 當日(당일): 일이 생긴 바로 그 날. ◆ 經綸(경륜): 천하를 다스림. ◆ 歲暮(세모): 한 해의 마지막 때. ◆ 顔氏貧(안씨빈): 공자의 제자인 '안회'의 가난을 일컫는 말. 안회는 가난을 탓하기는커녕 오히려 가난을 즐겼다. 안빈낙도의 삶을 산 것이다. 그러므로 여기서의 '안씨빈'이란 안회가 살았던 안빈낙도의 삶을 의미한다. ◆ 下手(하수): 어떤 일을 시작하기 위해 손을 씀. ◆ 安身(안신): 몸을 편안하게 함. ◆ 採山釣水(채산조수): 산에서 나물 캐고 물에서 고기 낚음. ◆ 充腹(충복): 아무 음식으로나 주린 배를 채움. ◆ 詠月吟風(영월음풍): 맑은 바람과 밝은 달을 대하여 시를 지으며 즐겁게 즐김. ◆ 暢身(창신): 정신이 맑아짐. ◆ 快濶(쾌활): 앞이 시원하게 트여 넓음. ◆ 免敎(면교): ~로 하여금

~를 면하도록 하다. ◆ 虛作(허작): 헛되이 지음. ◆ 百年人(백년인): 길어야 백년을 사는 인생이라는 뜻이나 여기서는 한평생이라는 의미로 쓰였다.

□ 감상

  작가의 인생관이 잘 반영된 작품이다. 독서를 시작하던 당년에는 세상을 경륜하고자 하는 뜻을 가졌으나 결국은 학문의 깊은 이치를 터득하면서 세상의 온갖 부귀를 버리고 자연에 묻혀 지냈다. 자연 속에서 독서를 하며 안빈낙도 하는 작가의 생활모습이 잘 나타나 있다. 자연은 풍부하여 이를 즐기려면 그 어느 것 하나 하지 말라고 금하는 것이 없다. 이러한 자연을 찾아 나물을 뜯고 물고기를 잡으며 살아가는 생활, 그것을 멋으로 알고 자랑스럽게 여기는 태도에서 우리는 선인들의 풍성한 정신세계와 탈속한 모습을 찾아볼 수 있다.

〔경재敬齋 이남진李南鎭〕

筆
붓

－金炳淵 김병연

四友相隨獨號君 사우상수독호군	지·필·묵·연 네 친구가 서로 의지하면서도 유독 너를 군왕이라 칭하니
中書總記古今文 중서총기고금문	너 붓은 고금 천 만권 책을 모두 네가 기록했기 때문이리라.
銳精隨世昇沈別 예정수세승침별	정예한 붓 끝에 따라 세상 출세의 부침이 갈리고

尖舌由人巧拙分 _{첨설유인교졸분}	그 날카로운 혀로 인하여 인품의 교졸이 판가름 나네.
畵出蟾烏照日月 _{화출섬오조일월}	해 속의 까마귀와 달 속의 두꺼비도 그려내고
摸成龍虎動風雲 _{모성용호동풍운}	바람과 구름을 몰아가는 용과 호랑이도 그리곤 하지.
管城歸臥雖衰禿 _{관성귀와수쇠독}	관성 태수 관직을 버리고 돌아와 누우면 기운도 쇠하고 털도 닳았으나
寵擢當時最有勳 _{총탁당시최유훈}	총애 받아 발탁될 당시에는 가장 공이 컸었지.

□ 字句 풀이

◆ 四友(사우): 종이, 붓, 먹, 벼루의 문방사우. ◆ 中書(중서): '붓'의 다른 이름. ◆ 管城(관성): 붓의 다른 이름. ◆ 歸臥(귀와): 돌아가 눕는다는 뜻으로, 벼슬을 내놓고 고향으로 돌아가 한가로이 지냄을 이르는 말. ◆ 衰禿(쇠독): 쇠하고 벗겨지다. ◆ 寵擢(총탁): 총애하여 발탁함.

□ 감상

  작자는 선비로서 붓을 칭찬하는 글을 썼다. 그는 붓(筆)으로 모든 생각을 기록하여 많은 서적을 남기고 의사를 전달할 수도 있고, 인품을 분별할 수 있다 하였다. 붓으로 용과 호랑이를 그려 바람과 구름을 생동케 함으로 아름다운 그림을 그릴 수 있다고도 하였다. 붓의 공을 찬미하는 시라 할 수 있다.

〔경재敬齋 이남진李南鎭〕

誠意
성의

- 金時習 김시습

靈臺宰萬物 (영대재만물)	마음이 만물을 주재하므로
出入意先驅 (출입의선구)	나고 듦에 뜻이 먼저 달려 나가네.
發於幾微處 (발어기미처)	아주 은미한 곳에서 출발하여,
奔乎善惡途 (분호선악도)	선과 악의 길 위를 달려간다네.
毋欺心自慊 (무기심자겸)	속이지 않으면 마음 절로 만족하고,
不愧體常舒 (불괴체상서)	부끄러움 없으면 몸이 항상 편하다네.
此是誠中驗 (차시성중험)	이것이 성의를 확인하는 징험이니
君其愼獨無 (군기신독무)	그대는 홀로 있는 데서 삼가는지 않는지?

▶출전: ≪매월당집(梅月堂集)≫ <매월당시집(梅月堂詩集)> 권13

□ 字句 풀이

♦靈臺(영대): 사람의 마음과 정신. ♦幾微(기미): 느낌으로 알아차릴 수 있는 일이나 상황이 되어가는 형편. ♦愼獨(신독): 홀로 있을 때에도 인욕·물욕에 빠지지 않고 삼간다는 뜻.

□ 감상

현실과 이상 사이의 갈등 속에서 기구한 일생을 보낸 천재 매월당은 방랑생활에서 얻은 현실을 직시하는 비판력과 불의에 항거하는 정의로운 사상을 간직하고 있었다. 이 시에서 작가는 오랜 방랑생활에서 깨달은 자기 내면의 성찰을 통해, 마음에 내재한 인욕·물욕에 가려져서는 안 되며, 선과 악이 나누어지는 기미를 마음속에서 신중하게 다스려야 하고, 성의를 다하여 스스로를 속이지 않아야 한다고 다짐하고 있다. 방랑하는 김시습이었지만 이처럼 홀로 있을 때를 철저하게 삼가는 생활을 했던 것이다. 현대를 사는 우리는 과연 홀로 있을 때 자신을 얼마나 엄하게 다스리고 몸과 마음을 삼가는가? 가슴에 손을 얹고 반성해 볼 일이다.

〔학정鶴亭 이돈흥李敦興〕

愛日堂重新 次退溪
애일당을 중건하고 퇴계의 시에 차운하여
－李賢輔이현보

巖聾孰與主翁聾 암롱숙여주옹롱	바위의 귀먹음과 주인장(나)의 늙은이 귀먹음, 누가 더 심할까?
祈父休嫌亶不聰 기부휴혐단불총	기보 귀머거리 보다 귀 밝을까 염려할 필요는 없을 듯.
閱世已多餘鶴髮 열세이다여학발	세월 따라 이미 백발이 성성한데
謀生亦拙任龍鍾 모생역졸임룡종	생계를 이을 특별한 재주 없으니 되는대로 살아야지.
臺前流水銀千頃 대전류수은천경	누대 앞에 흐르는 물은 천 이랑의 은물결,
堂後孤峯玉一叢 당후고봉옥일총	집 뒤 외로운 봉우리는 한 무더기 옥일레라.
夜久倚欄淸不寐 야구의란청불매	밤이 깊도록 난간에 기대 맑은 정신이라 잠 못 드는데

倒江山影月明中　밝은 달빛 아래 강으로 드리우는 산 그림자!
도강산영월명중

▶출전: ≪농암집(聾巖集)≫ <농암선생문집(聾巖先生文集)> 권1

□ 字句 풀이

◆ 主翁(주옹): 주인 늙은이. ◆ 祈父(기보): 나라의 군대를 맡고 있던 관리인데 귀머거리 행세를 했다. ≪시경·소아≫에 "기보여! 나는 왕의 발톱이자 이빨이거늘 기보여, 진정 귀가 어두워 안 들리십니까? 어찌 저희를 궁휼속에 굴려서 늙은 어미가 손수 밥을 짓게 하십니까?(祈父, 亶不聰, 予王之爪牙, 胡轉予于恤, 有母之尸饔)."라는 구절이 있다. ◆ 閱世(열세): 지나온 여러 해. ◆ 鶴髮(학발): 학의 머리처럼 흰 털이란 뜻으로 노인의 백발을 비유한 말. ◆ 謀生(모생): 살아갈 궁리를 하다, 생계를 도모하다. ◆ 龍鍾(용종): 실의한 모양. ◆ 愛日堂(애일당): 농암 이현보가 모든 벼슬을 과감히 버리고 고향으로 돌아가 부모에게 효를 실천한 별장의 이름. 농암은 그곳에서 독서와 시작으로 여생을 보냈고, <효빈가(效嚬歌)>와 <농암가(聾巖歌)>, <어부사(漁父詞)> 등의 작품을 남겼다. 현재는 안동댐 건설로 인해 도산면 가송리로 이전되었다.

□ 감상

　98세의 수를 누린 부친을 위해 별장인 애일당을 새롭게 고치고 그 난간에 기대어 아득한 시절로 유영(遊泳)해가는 농암 선생의 회포가 그대로 전해지는 시이다. 귀거래(歸去來)하여 효를 실천한 그는 때로는 말 못하는 바위 위에서, 때로는 강위에 배를 띄워 노닐며 강호의 참 즐거움을 얻고자 하였다. 부모에게 효도하기 위해 벼슬을 버리고 자연으로 돌아가 자연을 즐기며 사는 삶! 할 수만 있다면 가장 이상적인 삶이 아닐까?

〔학정鶴亭 이돈흥李敦興〕

臨流亭公燮和韻復次之
임류정에서 공섭이 화운하고 거기에 다시 차운하여
― 奇大升기대승

松梢淸月上悠悠 소나무 끝에 맑은 달 유유히 떠오르니,
송초청월상유유

把酒臨流散百憂 술잔 잡은 채 임류정에서 모든 걱정 흩노라.
파주임류산백우

人世幾看榮又悴 인간 세상에서 몇 번이나 영화와 쇠락을
인세기간영우췌   보았던가?

醉中渾覺此生浮 취중에도 이 인생 덧없음을 알겠네.
취중혼각차생부

▶ 출전: ≪고봉집(高峯集)≫ <고봉선생문집(高峯先生文集)> 제1권

□ 字句 풀이

◆ 梢(초): 나뭇가지 끝. ◆ 悠(유): 멀다, 아득하다. ◆ 榮又悴(영우췌): 영화로움과 초췌함. ◆ 浮生(부생): 허무하고 덧없는 인생.

□ 감상

시의 제목에 나오는 공섭(公燮)은 송강(松江) 정철(鄭澈)의 스승인 송천(松川) 양응정(梁應鼎)의 자(字)이고 임류정은 그의 정자이다.
달밤에 정자에서 선비들이 마주 앉아 술잔을 나누면서 시를 주고받는 모습이 무척 한가롭고 고상하다. 그러나 아름다운 경치와 맛 좋은 술과 마음 맞는 친구가 있다고 해서 근심이 사라지는 것은 아니다. 인생은 부질없는 것이라는 깨달음을 얻을 때 비로소 근심이 달아난다.

〔보정寶亭 이동진李東眞〕

絶句
절구

-趙仁璧조인벽

蝶翅勳名薄 _{접시훈명박}	보잘 것 없는 나비 날개 같은 공신의 명부,
龍腦富貴輕 _{용뇌부귀경}	용뇌나무 껍질처럼 얇고 부질없는 부귀영화.
萬事驚秋夢 _{만사경추몽}	인간만사는 한바탕 가을 꿈을 깬 것 같아서
東窓海月明 _{동창해월명}	꿈을 깨고 보니 동창으로 바닷가 달빛만 쏟아지네.

□ 字句 풀이

◆ 勳名(훈명): 나라에 공을 세운 사람에게 주는 칭호. ◆ 龍腦(용뇌): 용뇌라는 열대지방 나무, 엷은 껍질을 향료로 많이 사용한다. 이 시에서는 부귀가 용뇌 향기처럼 날아가 버린다는 뜻.

□ 감상

　삶이란 무엇인가. 인간만사 가을 꿈같은 것이라고 한번쯤은 고전에서 혹은 주변에서 들어보았을 이야기다. 이렇듯 꿈같은 인생에서 공명과 영화란 보잘 것 없고 부질없는 것이리라. 이 시는 그런 것에 집착하지 말자는 메시지를 강하게 전달하고 있다. 부귀영화를 위해 방법과 수단을 가리지 않는 이들에게 들려주고 싶은 시이기도 하다. 세상만사 너무 근심하지 말고 편하게 기쁘게 모든 만물을 사랑하고 만끽할 여유가 필요하리라.

〔보정寶亭 이동진李東眞〕

息機
마음을 내려놓고서

- 李穡이색

往事細如毛 왕사세여모	이미 지나간 세세한 일도
明明夢中記 명명몽중기	꿈속에선 분명하게 기억한다네.
操戈欲逐儒 조과욕축유	건망증 고쳐 준 사람을 창을 들고 쫓아냈다는 옛 이야기
此言殊有理 차언수유리	그 말이 정말 일리가 있네.
徙室或忘妻 사실혹망처	아내를 잊은 채 집을 옮겼다는 말도
非徒偶語爾 비도우어이	우연히 한 말만은 아니라네.
一病今幾年 일병금기년	병든 채 지내온 세월 몇 해이던가!
息機勝藥餌 식기승약이	기심(機心)을 내려놓는 것이 약보다 낫네.

▶출전: ≪목은고(牧隱藁)≫

□ 字句 풀이

• 操戈欲逐儒(조과욕축유): '건망증을 고쳐준 사람을 창을 들고 쫓아낸다'는 의미로 ≪열자·주목왕≫ 편에 나오는 고사이다. "송나라 양리에 화자(華子)라는 사람이 살았는데, 중년에 건망증이 생겨 아침에 있었던 일을 저녁이면 잊고 저녁에 있었던 일을 아침이면 잊었다. 온 집안이 이를 걱정하여 고쳐 보려고도 했으나 고쳐지지 않았는데 노나라의 한 선비가 화자의 마음과 생각을 변화시키는 비방을 써서 그의 병을 고쳐 주었다. 그런데 화자는 막상 기억력을 되찾자 창을 들고 달려가 선비를 쫓아 보냈다. 건망중이 있었을 때에는 천지가 있는 줄도 모르다가 갑자기 의식이 돌아와 지난 수십 년

동안 얽히고 설킨 복잡한 생각과 감정이 일어나게 했기 때문이다. ◆ 息機(식기): 기회를 틈타며 움직이는 마음을 내려놓음.

□ 감상

뭔가를 의도적으로 하려고 애쓰는 마음만 내려 놓으면 그때부터 사람은 한없이 평화롭고 행복해지는데 글쎄, 그것을 내 맘대로 할 수 없으니….

〔초당艸堂 이무호李武鎬〕

我思古人行 一首
옛 사람을 생각하며 제1수

-丁若鏞정약용

我思古人思韓愈　나는 옛사람 한유를 생각하노라
아사고인사한유

坐攻佛法謫南土　불교를 공격했다하여 남쪽지방으로 귀양을
좌공불법적남토　갔지.

韓愈八千餘里謫　한유는 8,000리 귀양길을 떠났는데
한유팔천여리적

彼千我百殊今古　나는 800리 길을 떠나니 옛 사람의 경우와 내
피천아백수금고　경우가 다르네.

自今勿言萍梗悲　앞으로는 말하지 않으리, 귀양길 떠도는 슬픈
자금물언평경비　신세를.

我思古人恢器宇　나는 옛 사람의 큰 그릇됨을 생각하리.
아사고인회기우

▶ 출전: ≪다산시문집(茶山詩文集)≫ 권4

□ 字句 풀이

◆ 我思古人(아사고인): 옛 사람을 생각하다. ≪시경・국풍≫ 편에 "옛 사람을 생각하여, 허물이 없도록 한다(我思古人, 俾無訧兮)."는 구절이 있다.
◆ 韓愈(한유): 중국 당나라의 문인이자 사상가이다. 자는 퇴지(退之)이며, 산문의 문체개혁(文體改革)과 시에 있어 지적인 흥미를 정련된 표현으로 나타낼 것을 시도하는 등 문학상의 공적을 세웠다. ◆ 萍梗(부경): 부평도경(浮萍桃梗: 부평초와 복숭아, 산느릅나무)의 줄임말로 정처 없이 떠돌아다니는 신세를 비유하는 말. ◆ 器宇(기우): 사람의 타고난 인품이나 도량.

□ 감상

  억울하게 귀양길을 떠나면서도 그 옛날 당나라 때의 한유가 8,000리 귀양길을 떠난 데에 비하면 자신의 800리 귀양길은 아무 것도 아니니, 한유의 큰 그릇됨을 배워 앞으로는 귀양길 떠도는 신세를 절대 한탄하지 않겠다는 다산 선생의 다짐이 오히려 눈물나게 한다. 큰 인물들은 본래부터 이처럼 자신의 불우한 처지를 용기와 관용으로 극복했나 보다. 힘써 따라 배워야 할 점이리라.

〔초당艸堂 이무호李武鎬〕

練光亭
연광정

-李家煥이가환

江樓四月已無花 강가 누각, 사월이라 꽃은 이미 지고,
강루사월이무화

簾幕薰風燕子斜 주렴 밖, 훈풍에 제비들은 비껴 난다.
렴막훈풍연자사

一色碧波連碧草 파란 물결이 푸른 풀과 연이어 있어,
일색벽파연벽초

不知別恨在誰家 난 모르겠네, 이별의 한이 누구에게 있었던지.
부지별한재수가

▶출전: ≪금대시문초(錦帶詩文鈔)≫ 上

□ 字句 풀이

◆ 已(이): 이미, 벌써. ◆ 無花(무화): 꽃은 떨어져서 없고. ◆ 簾幕(염막): 발과 장막. ◆ 薰風(훈풍): 초여름에 부는 훈훈한 바람. ◆ 燕子(연자): 제비. ◆ 一色(일색): 한결같은. ◆ 碧草(벽초): 푸른 풀.

□ 감상

이 시는 정지상의 〈대동강(大同江)〉에 차운(次韻)하여 지은 시 중에 가장 수작으로 꼽히는 작품이다. 정지상의 이별시가 직접적이고 감각적인 표현을 주로 사용하였다면, 이가환의 이 작품은 간접적이고 추상적인 표현을 사용하고 있다. 그리하여 좀 더 포괄적인 이별의 의미를 노래함으로써 보다 더 긴 여운과 감동을 주고 있다.

〔로석露石 이병남李炳南〕

訪曹處士山居
조처사를 찾아가서

—朴淳박순

醉睡仙家覺後疑 신선의 집에서 취하여 자다가 깨니 어리둥절.
취수선가각후의

白雲平壑月沈時 흰 구름 덮인 골짜기에 달은 벌써 지려하네.
백운평학월침시

翛然獨出脩林外 깊은 숲 밖으로 훌쩍 홀로 나서니,
_{소연독출수림외}

石逕筇音宿鳥知 돌길의 지팡이 소리를 자는 새가 알아듣는 듯.
_{석경공음숙조지}

▶ 출전: ≪사암집(思菴集)≫ <사암선생문집(思菴先生文集)> 권2

□ 字句 풀이

◆ 醉睡(취수): 취해서 자다. ◆ 仙家(선가): 신선이 사는 곳. ◆ 疑(의): 의아하다, 어리둥절하다. ◆ 平壑(평학): 골짜기에 가득하다. ◆ 月沈(월침): 달이 지다. ◆ 翛然(소연): 사물에 얽매이지 않는 모양. ◆ 脩林(수림): 긴 숲. ◆ 石逕(석경): 돌길. ◆ 筇音(공음): 대나무 지팡이 소리. ◆ 宿鳥知(숙조지): 자는 새만 소리를 듣는다는 의미.

□ 감상

작가 박순이 '숙조지 선생(宿鳥知先生)'이라는 별명까지 얻었을 정도로 이 시는 많은 이들에게 회자된 작품이다. 신위(申緯)는 ≪경수당집(驚修堂集)≫에서 이 작품에 대하여 말하기를 "石逕筇音宿鳥知, 白雲平壑月沈時'의 시구는 청신함과 가다듬는 절조에 있어서 따를 사람이 없고, 그 시상은 속세를 떠난 자태가 있다."고 극찬했다.

술에 취해서 자다가 깨어보니 구름이 골짜기에 가득하고 달은 서쪽으로 넘어가는 새벽녘이 되었다는 말은 바로 조처사가 은거한 곳이 선경과 같아서 술에 취해 자다 보니 새벽녘까지 잤다는 의미이다. 행복한 잠이다. 이처럼 각박한 이 시대에 이리도 행복한 잠을 잘 수 있는 사람이 있기나 할까?

〔로석露石 이병남李炳南〕

泰山歌
태산가

－楊士彦 양사언

泰山雖高是亦山 　태산이 비록 높다하니 이 또한 산이니,
태산수고시역산

登登不已有何難 　오르고 올라 그치지 아니하면 어떤 어려움이
등등불이유하난 　있으리오.

世人不肯勞身力 　사람이 몸으로 노력하지 아니하고,
세인불긍노신력

只道山高不可攀 　다만 산이 높아 오를 수 없다고 말하네.
지도산고불가반

□ 字句 풀이

◆ 泰山(태산): 높고 큰 산.　◆ 世人(세인): 세상사람.

□ 감상

　시조로 널리 알려진 태산가를 한시로 바꾼 것이다. 태산가는 다음과 같다.

> 태산이 놉다호되 하늘아러 뫼히로다.
> 오르고 쏘 오르면 못오르리 업건마는,
> 사룸이 졔아니오르고 뫼롤놉다 호더라

　아무리 힘들고 어려운 일일지라도 스스로 꾸준히 노력하면 필경 성공을 거두고야 만다는 교훈을 높고 큰 태산에 오르는 것에 비유하여 시사하고 있다.

〔환빛 이병도 李炳道〕

黃池
황지

— 李時善이 시 선

源泉日夜流 근원으로부터 흐르는 샘물이 밤낮으로 흘러가도,
원천일야류

無底託根幽 그 뿌리가 심원하니 바닥은 끝이 없어라.
무저탁근유

學問當如此 학문도 응당 이와 같은 법.
학문당여차

盈科進未休 웅덩이에 물 차올라 넘치듯 쉬지 말고 힘써야지.
영과진미휴

□ 字句 풀이

◆ 黃池(황지): 낙동강 원류를 이루는 연못. ◆ 源泉(원천): 물이 솟아나오는 근원. ◆ 盈科(영과): '科'는 웅덩이라는 뜻도 가지고 있다. 흐르는 물은 웅덩이가 채워지지 않으면 넘쳐 다른 곳으로 흐르지 않는다. 이와 마찬가지로 학문도 순서에 따라 점차적으로 쌓아가서 넘치는 경지에 이르러야 함을 이른 말.

□ 감상

황지(黃池)는 강원도 태백시에 있는 낙동강 원류의 하나가 되는 연못이다. 물이 가득 고여야 낙동강의 발원지로써의 역할을 하는 것처럼 학문도 끝없이 힘써서 넘치는 경지에 이르러야 비로소 참된 지식이 될 수 있음을 말하고 있다. 후학으로써 가슴에 깊이 새겨야 할 시라고 생각한다.

〔환빛 이병도 李炳道〕

登蛾眉山
아미산에 올라

－李齊賢 이제현

蒼雲浮地面 푸른 구름 땅위에 떠 있고,
창운부지면

白日轉山腰 밝은 해 산허리로 굴러 가네.
백일전산요

萬像歸無極 우주만상이 무극으로 돌아가니,
만상귀무극

長空自寂寥 하늘은 그대로 고요하기만.
장공자적요

▶ 출전: ≪익재난고(益齋亂藁)≫ 권1

□ 字句 풀이

◆ 蒼雲(창운): 푸른 구름. ◆ 山腰(산요): 산허리. ◆ 無極(무극): 동양 철학에서 우주의 본체인 태극의 맨 처음 상태를 이르는 말.

□ 감상

익재 이제현 선생이 중국 사천성을 여행할 때, 아미산에 올라 지은 시이다. 산 위에서 발아래를 굽어보며 우주의 진리를 설파하고 있어 큰 기상을 느끼게 한다.

〔초암超庵 이상백李相佰〕

畵鶴
학을 그리다

-李達이달

獨鶴望遙空　학 한 마리 먼 하늘 바라보며,
독학망요공

夜寒拳一足　추운 밤, 다리 하나를 들고 있구나.
야한권일족

西風苦竹叢　서녘 바람은 대나무 숲을 괴롭히고
서풍고죽총

滿身秋露滴　학의 온 몸을 가을 이슬이 적셨구나.
만신추로적

▶출전: ≪손곡시집(蓀谷詩集)≫ 권5

□ 字句 풀이

◆ 遙空(요공): 아득한 하늘.　◆ 秋露(추로): 가을 이슬.

□ 감상

　작자는 서얼이라는 불우한 자신의 처지를 벗어나고자 이상적인 세계를 지향하였다. 이 시에서 작가는 자신의 모습을 고고한 탈속의 이미지를 지닌 학에 비유하였지만 그 학은 여전히 슬픈 학이다. 잠을 잘 때노 뭐가 그리도 불안한시 한 쪽 나리를 들고서 자는데 그린 학을 또 찬 가을 이슬이 적시고 있다. 서풍도 싸늘한 밤에….

〔초암超庵 이상백李相伯〕

勸學小詩
배움을 권하는 작은 시

- 奇大升 기대승

尋師負笈上高菴 심사부급상고암	스승 찾아 책을 지고 높은 암자에 오르니
牕裏羲光駕走驂 창리희광가주참	창문의 해 그림자 달리는 말처럼 빠르네.
今若不勤明又此 금약불근명우차	오늘 힘쓰지 않으면 내일도 마찬가지
猪龍他日恨何堪 저용타일한하감	용과 돼지의 다른 날 한탄을 어찌 견디랴!
三千弟子不爲少 삼천제자불위소	공자 제자 삼천 명, 적은 숫자 아니지만
入室升堂有幾人 입실승당유기인	방에 들고 당에 올라 공자의 문하에 든 이 몇이런가?
政事文章皆是末 정사문장개시말	정사와 문장은 모두가 말단 공부이고
古今唯說德行人 고금유설덕행인	예나 지금이나 오직 덕행을 닦는 것이 최고의 공부.
文章灼灼春花艶 문장작작춘화염	문장의 화려함은 봄꽃이 고운 듯
富貴盈盈川水渟 부귀영영천수정	부귀의 넘실댐은 냇물이 고인 듯
霜落梁分何處覓 상락량분하처멱	서리가 내리고 물막이 터지면 어디에서 다시 찾으랴!
月明秋夜玉壺淸 월명추야옥호청	가을밤 밝은 달이 옥항아리 속의 얼음처럼 맑다 해도.
讀書萬卷未了義 독서만권미료의	만 권의 서책을 읽어도 그 뜻을 깨닫지 못하면

何異平原走馬回	평원을 신나게 달리다 마는 것과 무엇이
하이평원주마회	다르랴?
一字精微誰解得	한 글자의 심오한 뜻 어떤 사람이 해득해 낼까?
일자정미수해득	
聖賢貴學不貴才	성현은 '힘써 배우기' 귀히 여길 뿐, '타고난
성현귀학불귀재	재주'는 귀히 여기지 않는다네. (재주보다 노력이 학문하기에 유리함)

▶출전: ≪고봉집(高峯集)≫ <고봉선생속집(高峯先生續集)> 권1

□ 字句 풀이

◆ 猪龍(저룡): 돼지와 용, 배운 사람은 신령스러운 용의 변화가 있는 듯하고 배우지 않은 사람은 돼지가 변함이 없는 것과 같음을 비유한 것. ◆ 入室升堂(입실승당): 도와 덕행이 심오한 경지에 들어감을 뜻하는 말, 스승의 경지에 근접하게 오르는 것. ◆ 玉壺(옥호): 맑은 마음. 당나라 시인 왕창령(王昌齡)의 시에 "만일 낙양의 친구들이 내 소식을 묻거들랑 '한조각 얼음같이 맑은 마음이 옥 항아리 속에 들어 있다.'고 전해 주세요(洛陽親友如相問, 一片氷心在玉壺)."라는 구절에서 유래하였다.

□ 감상

때에 맞추어 힘써 공부하기를 강조하고 학문을 닦되 덕행을 쌓는 것이 기본임을 역설한다. ≪논어≫ 〈헌문(憲問)〉 제14편에서 "옛날의 학자는 자기를 위하고, 지금의 학자는 다른 사람을 위한다(古之學者는 爲己러니 今之學者는 爲人이로다)."고 하였으니, 덕행을 쌓음의 중요성을 재삼 확인할 수 있다.

〔고봉古峰 이선경李善敬〕

梅花幷題圖
매화에 대한 시를 짓고 아울러 그림도 그려 넣음
― 丁若鏞 정약용

翩翩飛鳥 훨훨 새가 날아와
편편비조

息我庭梅 우리 뜨락 매화나무에서 쉬네.
식아정매

有烈其芳 꽃향기 짙게 풍기자
유열기방

惠然其來 그 향기 따라 날아왔구나.
혜연기래

爰止爰棲 이제부터 여기에 머물러 지내며
원지원서

樂爾家室 네 집으로 알고 즐겁게 살아라.
낙이가실

華之旣榮 꽃도 활짝 피었으니
화지기영

有蕡其實 열매도 주렁주렁 맺히리라.
유분기실

□ 字句 풀이

◆ 翩翩(편편): 가볍게 훨훨 나는 모양. ◆ 惠然(혜연): 따르는 마음이 있는 모양. ◆ 爰(원): '여기에서'라는 뜻.

□ 감상

 1813년 다산 정약용 선생이 강진에서 유배생활을 하고 있을 때 부인 홍씨가 시집올 때 입었던 치마를 부쳐왔다. 다홍치마였던 것이 노을 빛 치마로 색이 바래 있었다. 치마폭을 재단하여 서첩을 만들어 아들에게 주었으니 그게 바로 〈하피첩(霞帔帖)〉이다. '하피(霞帔)'는 '노을 빛 치마'라는 뜻이다. 그리고 나머지 두 조각에는 매화와 새를 그리고 자신이 지은 시를 써서 족자로 꾸며 시집가는 딸에게 보냈다 (현 고려대박물관 소장). 그 때 딸에게 보낸 매조(梅鳥) 그림에 붙인 시가 바로 이 시이다. 유배생활을 하여 만나지도 못하는 처지에 시집가는 딸을 생각하는 아버지의 간절한 사랑이 절절이 넘치는 시이다. 시 안에 담긴 다산 선생의 뜻을 헤아리다 보면 어느 새 눈에 눈물이 맺히는 것은 나만의 감정일까?

〔고봉古峰 이선경李善敬〕

石竹花
패랭이꽃

-鄭襲明정습명

世愛牧丹紅 세애모란홍	세상 사람들이 모란꽃의 화려함만 사랑하여
栽培滿院中 재배만원중	정원에 가득 심어 가꾸는구나.
誰知荒草野 수지황초야	누가 알까? 잡초 우거진 거친 들에도
亦有好花叢 역유호화총	더 좋은 꽃떨기 소복소복 피어있는 것을.
色透村塘月 색투촌당월	고운 꽃빛깔 못 가에 달처럼 어리고
香傳隴樹風 향전농수풍	그윽한 향기 둔덕 위 바람결에 흐르네.
地偏公子少 지편공자소	귀한 사람이야 궁벽한 곳 찾는 일 적으니
嬌態屬田翁 교태속전옹	이 꽃들의 재롱은 모두 밭가는 늙은이 차지라네.

▶ 출전: ≪동문선(東文選)≫ 권9

◘ 字句 풀이

◆ 石竹花(석죽화): 패랭이꽃. ◆ 誰知(수지): 누가 알 것인가? ◆ 花叢(화총): 꽃 무더기. ◆ 隴樹(농수): 언덕 위의 나무. ◆ 地偏(지편): 궁벽한 땅. ◆ 公子(공자): 귀공자. 여기서는 지위와 권세가 높은 사람을 지칭하고 있음. ◆ 田翁(전옹): 농부. 여기서는 신분은 낮지만 시골에서 자유롭게 농사지으며 행복하게 사는 사람이라는 뜻.

◘ 감상

  작가는 사람들의 주목을 끄는 화려한 모란꽃도 아름답지만 잡초 속에 피어있는 한 떨기 패랭이꽃도 그 고상한 멋이 있음을 표현하고 있다. 소소한 소재를 통해 시상을 함축적으로 이끌어내고 있다. 부귀와 권세를 누리는 사람들이야 밭두덕에 나올 일이 없을 테니 밭두덕에 핀 패랭이꽃의 고운 자태와 그 꽃이 부리는 재롱은 모두 농사짓는 늙은이 차지라는 표현이 참 재미있다.

〔소농素農 이성숙李聖淑〕

自寬
스스로 위로하다

- 李藏用 이장용

萬事唯宜一笑休 세상사 한바탕 웃고 말 일.
만사유의일소휴

蒼蒼在上豈容求 푸른 하늘이 머리 위에 있는데 뭣 땜에 애써
창창재상기용구 구하려 드나?

但知吾道何如耳 나의 도가 어떠한가만 알 따름이니
단지오도하여이

不用斜陽獨依樓 석양에 홀로 누대 난간에 기댈 필요도 없어라.
　불용사양독의루

▶ 출전: ≪동문선(東文選)≫ 권20

□ 字句 풀이

◆ 唯宜(유의): 오로지 ~할 따름이다. ◆ 容求(용구): 아등바등 애쓰는 모양.
◆ 豈(기): 어찌 ~하랴!

□ 감상

　세상만사는 반드시 내 마음대로 되는 것은 아니다. 그렇다고 해서 버둥대고 안타까워 할 필요도 없다. 한바탕 웃고 나면 될 일이다. 다만 스스로를 갈고 닦아 자족하면 될 것이다. 이장용은 이런 말들로 자신을 위로하고 있다.

〔소농素農 이성숙李聖淑〕

浴川
냇가에서 몸을 씻으며

－曺植조식

全身四十年前累 전신사십년전루	40년 동안 쌓인 온 몸의 때를
千斛淸淵洗盡休 천곡청연세진휴	천섬 맑은 못에 다 씻어 쉬게 하고,
塵土倘能生五內 진토당능생오내	먼지 흙이 만약 오장 육부 몸 안에 생긴다면
直今刳腹付歸流 직금고복부귀류	곧 바로 배를 갈라 흐르는 물에 부치리.

▶출전: ≪남명집(南冥集)≫ <남명선생집(南冥先生集)> 권1

□ 字句 풀이

◆ 四十年前累(사십년전루): 40년 묵은 때, 지난날 자신의 구도 생활이 철저하지 못한 점을 말한 것. ◆ 千斛(천곡): 천섬. '斛'은 10 말의 용량. ◆ 塵土(진토): 흙먼지. ◆ 倘(당): 혹시, 만약. ◆ 五內(오내): 오장. 다섯 가지 내장기관. ◆ 直今(직금): 곧 바로.

□ 감상

작가는 지난날 자신의 구도생활이 철저하지 못했고 자신의 처세가 청렴결백하지 못했음을 반성하고 있다. 큰 인물은 스스로 잘못이 많다 하고 소인배는 스스로 허물이 없다 하니 이것이 대인과 소인의 차이일 것이다. 허물을 한 점도 남김없이 다 털어버려 사심(邪心)이나 기심(機心)을 버리고 오로지 진실한 도를 추구하겠다는 작가의 다짐을 살필 수 있는 시이다. 후학들이 어찌 본받지 않을 수 있겠는가?

〔직암直菴 이수희李銖憙〕

靜中吟
조용한 가운데 읊다

-權韠권필

意實群邪退 가슴에 품은 뜻 충실하니 삿됨이 사라지고,
의실군사퇴

心虛一理明 마음 비우니 이치 뚜렷이 밝아오네.
심허일리명

靜時觀萬物 고요할 때 만물을 바라보자니
정시관만물

春氣自然生 봄기운이 저절로 생동하누나.
_{춘기자연생}

▸출전: ≪석주집(石洲集)≫ <석주별집(石洲別集)> 권1

□ 字句 풀이

◆ 群邪(군사): 삿된 생각들. ◆ 心虛(심허): 마음을 비우다. ◆ 春氣(춘기): 봄날의 화창한 기운.

□ 감상

조용한 마음으로 사물을 볼 때 세상의 진리를 깨닫게 된다. 이것이 정관자득(靜觀自得)이란 말이 아닌가 생각한다. 이 시에서는 작가의 이학적(理學的) 사고와 자연의 생명력이 교융(交融)되고 있음을 느낄 수 있다.

〔직암直菴 이수희李銖憙〕

贈峻上人 其八
준상인에게 주다 제8수

-金時習김시습

終日芒鞋信脚行 종일토록 짚신 신고 발길 닿는 대로 다니는데
_{종일망혜신각행}
一山行盡一山靑 하나의 산을 넘고 나니 또 하나의 산이 나타나네.
_{일산행진일산청}
心非有像奚形役 마음에 욕심의 상(像)이 없는데 어찌 육신이 시달림을 당하며
_{심비유상해형역}

직암 이수희 263

道本無名豈假成 도는 본래 이름이 없는데 어찌 이름을 빌려
도본무명기가성   이루랴?
宿霧未晞山鳥語 밤안개 아직 마르지 않았는데 산새 지저귀고
숙무미희산조어
春風不盡野花明 봄바람 다하지 않은 곳에 들꽃이 눈부시다.
춘풍부진야화명
短筇歸去千峯靜 짧은 지팡이 짚고 돌아가니 온 산이 고요하고
단공귀거천봉정
翠壁亂煙生晚晴 푸른 벼랑 뿌연 산안개, 해질 녘의 갠 날.
취벽란연생만청

▶출전: ≪매월당집(梅月堂集)≫ <매월당시집(梅月堂詩集)> 권3

□ 字句 풀이

◆ 芒鞋(망혜): 짚신 또는 미투리. ◆ 信脚行(신각행): '信脚'은 다리에 맡긴 다는 뜻이다. 즉 발길 닿는 대로 다님을 의미함. ◆ 形役(형역): 정신이 육체의 부림을 당하는 것. ◆ 道本無名(도본무명): '도(道)'의 본체는 '도'라고 이름 짓기 이전의 원초적 상태의 존재라는 뜻. ◆ 假成(가성): 본래 이름이 없는 원초적 본체인 도를 자꾸 이름을 빌려 표현하려한다는 뜻. ◆ 宿霧(숙무): 간밤의 안개. ◆ 未晞(미희): 아직 마르지 않음. ◆ 短筇(단공): 짧은 지팡이. ◆ 晚晴(만청): 저녁 무렵에 갠 날. ◆ 亂煙(난연): 어지러이 일어나는 안개.

□ 감상

  작자 김시습의 사상과 행적을 잘 보여주는 시이다. 스님에게 준 시여서 그런지 철학적 사고가 충만해 있다. 김시습은 말하고 있다. "마음속에 욕심 없으니 몸에 어찌 시달림이 있으랴."라고. 억지를 부리지 않고 심신을 자연에 맡겨 사는 것이 도를 터득한 삶임을 천명하고 있다. 지팡이 하나 들고 떠나는 김시습 선생이 부럽다.

〔운재韻齋 이승우李承雨〕

穉子
어린 아이

— 丁若鏞 정약용

穉子美顔色   어린 아이 아름다운 맑은 그 얼굴
치자미안색

陰晴了不憂   흐린 날이나 맑은 날이나 도무지 걱정이 없어.
음청료불우

草暄奔似犢   풀밭이 따스하면 달리는 송아지요,
초훤분사독

果熟挂如猴   과일이 익으면 나무 타는 원숭이네.
과숙괘여후

岸屋流蓬矢   언덕배기 집에서 쑥대 화살 날리고
안옥류봉시

溪坳汎芥舟   시냇물 웅덩이에 풀잎 배를 띄우네.
계요범개주

紛紛維世者   어지러이 세상일에 얽히고설킨 사람들이
분분유세자

堪與爾同游   어찌 감히 너처럼 자유롭게 놀 수 있으랴!
감여이동유

▶ 출전: ≪다산시문집(茶山詩文集)≫ 권2

□ 字句 풀이

◆ 穉子(치자): 어린 아이. ◆ 美顔色(미안색): 아름다운 얼굴빛. ◆ 挂如猴(괘여후): 나무에 오르기로는 원숭이와 다름이 없음. ◆ 蓬矢(봉시): 쑥대로 만든 화살. ◆ 溪坳(계요): 웅덩이가 있는 시냇물. ◆ 紛紛(분분): 어지러운 모습. ◆ 堪(감): 감히 ~하다.

□ 감상

작가는 어린 아들과 함께하는 일상을 통해 어린아이의 천진함을 보았고, 이를 근심 많은 세상 사람들의 일상에 비유하며 세속에 물들지 않은 순수함과 세상의 사욕에 물든 불순함을 대비시키고 있다. 다시 어린 아이가 될 수 있다면 그게 바로 신선세계로 가는 길이다.

〔운재韻齋 이승우李承雨〕

初雪
첫눈

-柳楫유집

兒童報初雪 아동보초설	아이들이 '첫눈 온다' 전해온 소식이,
却使老夫驚 각사노부경	이 늙은이를 오히려 놀라게 하는구나.
歲律知將暮 세율지장모	올 한 해가 또 다시 저물 것이기에,
餘生問幾齡 여생문기령	여생이 얼마인지 헤아려 보네.
靑春無舊伴 청춘무구반	젊은 시절 벗들 다 떠나고 없는데,
白髮有新莖 백발유신경	나는 홀로 머리만 하얗게 세었네.
忽憶前頭事 홀억전두사	문득 앞으로 살 날 생각하니,
從今歿亦寧 종금몰역영	이제부턴 죽음도 편안하게 느껴지네.

▶ 출전: ≪백석집(白石集)≫ <백석유고(白石遺稿)> 권1

□ 字句 풀이

♦ 報(보): 소식을 전하다, 알려주다. ♦ 老夫(노부): 늙은이. ♦ 將暮(장모):

장차 한 해가 저묾, 세밑이 다가옴. ◆ 舊伴(구반): 오랜 벗. ◆ 忽憶(홀억): 문득 생각하다.

□ 감상

  죽음을 편안하게 맞이할 수 있는 마음을 갖는다는 것은 매우 중요한 것 같다. 죽음을 받아들이지 못하여 말년에 허우적대고 탐욕을 부리는 것이 바로 노탐(老貪)이라는 것이기 때문이다.

〔일여—如 이양기李洋棋〕

漢陽秋夕
서울에서 맞는 추석

– 申光洙신광수

自作漢陽客 서울 나그네 되고부터는
  자작한양객

一年家信稀 일 년 내내 집안 소식 들을 수 없네.
  일년가신희

孤雲有秋色 외로운 구름만 가을빛을 머금은 채
  고운유추색

獨向遠山歸 홀로 먼 산 고향으로 돌아가는구나.
  독향원산귀

▶ 출전: ≪석북집(石北集)≫ <석북선생문집(石北先生文集)> 권3

□ 字句 풀이

◆ 自(자): ~로부터. ◆ 家信(가신): 집안 소식. ◆ 孤雲(고운): 외로이 홀로 떠 있는 구름.

□ 감상

중국의 당나라 때의 시인 왕유(王維)는 타향에서 명절을 맞는 심정을 "홀로 타향에서 타향 나그네 되고 보니, 명절을 맞을 때마다 친지들 생각이 더욱 사무치네(獨在異鄕爲異客, 每逢佳節倍思親)."라고 읊었다. 신광수 선생도 그런 심정이었을까?

〔일여一如 이양기李洋棋〕

思親
어머니를 그리며
-申師任堂 신사임당

千里家山萬疊峰 첩첩 산봉우리 고향집 천리건만,
천리가산만첩봉

歸心長在夢魂中 돌아가고 싶은 마음 꿈속에서도 끝이 없구나.
귀심장재몽혼중

寒松亭畔雙輪月 한송정 정자엔 하늘가와 물속 두 개의 둥근 달
한송정반쌍윤월

鏡浦臺前一陳風 경포대 앞에는 한줄기 바람
경포대전일진풍

沙上白鷗恒聚散 모래 위 흰 갈매기 언제라도 모였다 흩어지고,
사상백구항취산

波頭漁艇每西東 물결 위 고깃배들 이리 저리 오가는 곳.
파두어정매서동

何時重踏臨瀛路 언제나 강릉길 다시 밟아,
하시중답임영로

綵舞斑衣膝下縫 색동옷 곱게 입고 어머니 곁에서 바느질 할까.
채무반의슬하봉

□ 字句 풀이

♦ 疊峰(첩봉): 잇따라 겹쳐 있는 산봉우리. ♦ 夢魂(몽혼): 꿈속의 넋. ♦ 白鷗(백구): 갈매기과에 딸린 물새. ♦ 漁艇(어정): 고기 잡는 배. ♦ 臨瀛(임영): 명주군의 옛 이름, 지금의 강릉. ♦ 斑衣(반의): 색동저고리. ♦ 膝下(슬하): 무릎 아래라는 뜻으로 부모의 보호 영역을 이름.

□ 감상

이 시에는 작가의 효심이 잘 드러나 있다. '어머니'라는 단어는 그 자체만으로도 가슴 저 밑바닥에서부터 올라오는 절절함이 있다. 조선 중기 유교관념이 엄격했던 사회에서 찾아뵙고자 하여도 찾아뵐 수 없는 출가한 여인의 마음이 애잔하게 잘 나타나 있다.

〔효천曉川 이영숙李英淑〕

采蓮曲
연꽃 따는 노래

-許蘭雪軒 허난설헌

秋淨長湖碧玉流 가을날 맑고 긴 호수는 푸른 옥이 흐르는 듯
추정장호벽옥류
荷花深處繫蘭舟 연꽃 수북한 곳에 작은 배를 매어두었네.
하화심처계란주
逢郎隔水投蓮子 임을 만나려고 물 너머로 연밥을 던졌다가,
봉랑격수투련자
遙被人知半日羞 멀리 선 남에게 들켜 한나절 내내 부끄러웠네.
요피인지반일수

▶출전: ≪성소부부고(惺所覆瓿藁)≫ 제26권

□ 字句 풀이

♦ 碧玉(벽옥): 푸른빛을 띤 옥. ♦ 荷花(하화): 연꽃. 수련과의 여러해살이

수초. ◆ 隔水(격수): 호수나 강의 건너편. ◆ 蓮子(연자): 연꽃의 열매, 약으로도 쓰고 먹기도 함.

□ 감상

　가을의 청명한 하늘, 아스라한 푸른 강물, 연꽃 무성한 속에 작은 모란꽃 배, 이 한 폭의 아름다운 그림 속에서 연인을 기다리는 순수함과 비밀스러움, 행여 자기가 있는 곳을 알아채지 못할까봐 연밥을 던지는 재치, 그러나 남의 눈에 띠었을까 반나절을 부끄러워했다는 처녀의 수줍음과 조바심이 잘 표현되었다. 세 번째 구절의 연자(蓮子)는 연꽃의 열매를 뜻하지만 이 작품에서 표현하고 싶은 것은 연자(憐子) 즉, 당신을 사랑한다는 사랑의 고백이 아닐까 생각해본다.

〔효천曉川 이영숙李英淑〕

送人
님을 보내며
－鄭知常 정지상

雨歇長堤草色多　비 개인 긴 언덕에는 풀빛이 푸른데,
우헐장제초색 다
送君南浦動悲歌　그대를 남포에서 보내며 슬픈 노래 부르네.
송군남포동비가
大同江水何時盡　대동강 물은 그 언제나 다 마를 것인가,
대동강수하시진
別淚年年添綠波　이별의 눈물 해마다 푸른 물결에 더하는 것을.
별루연연첨록파

□ 字句 풀이

♦ 南浦(남포): 대동강 주변에 있는 나루터 이름. ♦ 何時盡(하시진): 언제 다 마를 것인가. ♦ 別淚(별루): 이별할 때에 슬퍼서 흘리는 눈물. ♦ 綠波(녹파): 푸른 녹색의 파도.

□ 감상

이 시는 사랑하는 사람과 헤어지는 이별가이다. 노랫가락이 울려 퍼지면 사람의 마음까지 움직이니 '動悲歌(동비가)'라는 표현을 하였다. 비 온 뒤에 남포 둑의 짙은 풀빛, 넘실대는 대동강 푸른 물결, 강 근처에 울려 퍼지는 이별가 등이 애절한 이별 장면을 그린 그림으로 다가온다. 이처럼 슬픈 이별의 시를 받고서 헤어지는 사람이라면 말만 이별일 뿐, 사실은 이별이 아니라고 생각한다. 어디에 있든 이 마음이 변하지 않을 테니 말이다.

〔추림秋林 이옥년李玉年〕

詠琴
거문고를 타며

－趙光祖 조광조

瑤琴一彈千年調 요금일탄천년조	거문고 줄을 골라 옛 가락을 한 곡 타니
聾俗紛紛但聽音 농속분분단청음	귀머거리들 이러쿵저러쿵하며 그저 소리만 들을 뿐.
怊悵鍾期沒已久 초창종기몰이구	슬프도다, 종자기는 이미 이 세상 사람이 아니니
世間誰知伯牙心 세간수지백아심	뉘라서 백아의 가락을 알아 줄 것인가!

□ 字句 풀이

◆ 瑤琴(요금): 옥으로 아름답게 장식한 거문고. ◆ 聾俗(농속): 귀머거리처럼 알아듣지 못하는 무지한 사람. ◆ 怊悵(초창): 슬퍼하여 멍하니 있는 모양. ◆ 鍾期(종기): 중국 춘추시대 때 거문고 소리를 잘 들을 줄 알았던 종자기(鍾子期)를 지칭함. ◆ 伯牙(백아): 중국 춘추시대 때의 거문고 명인.

□ 감상

　종자기가 죽은 후로 거문고 줄을 끊어버렸다는 백아, 그 백아와 종자기의 고사를 빗대 자신의 처지를 한탄하고 있는 7언 절구이다. 훈구대신들과의 어려운 싸움에서 벗들과 임금, 그리고 세상 모두가 등을 돌려 버린 한계상황을 한탄하는 작가의 절박한 심경이 잘 묘사되어 있다. 아! 누가 나의 마음을 알아준단 말인가?

　시대가 영웅호걸의 출현을 기다리고 영웅호걸이 또한 시대를 만든다는 말이 있다. 그러나 제아무리 출중한 능력과 원대한 포부를 지닌 영웅호걸도 때를 만나지 못하면 초야에 묻혀 필부(匹夫)와 다름없는 꼴이 되고 말거나 심지어는 억울한 누명을 쓰고 죽음을 맞게 된다. 알아주는 이 없는 세상은 언제나 슬프다!

〔추림秋林 이옥년李玉年〕

以烏几遺容齋
오피궤를 용재에게 보내며

－朴誾박은

容齋寥落無長物 용재의 서재 고요할 뿐 별 물건 없으니
　용재요락무장물

唯有平生萬卷書 오직 평생 모은 만 권의 서책뿐이네.
유유평생만권서
獨倚烏皮對賢聖 오피 책상에 홀로 기대어 책 속의 성현을 대할
독의오피대현성　　　때면
晩風晴日鳥聲餘 저녁 바람 갠 날에 새 소리만 들리겠지.
만풍청일조성여

▶ 출전: ≪읍취헌유고(挹翠軒遺稿)≫ 권1

□ 字句 풀이

◆ 容齋(용재): 이행(李荇)의 호. 박은과 함께 연산·중종시기를 대표하는 시인으로 허균은 이행을 가리켜 우리나라 제일의 시인으로 손꼽힐 만하다고 하였다. 60편이 넘는 부(賦)를 남기기도 하였으며 그림에도 능하였다. '容齋'는 이행의 서재를 가리킴. ◆ 寥落(요락): 찾는 이 없어 적막함. ◆ 長物(장물): 쓸모 있는 좋은 물건. ◆ 烏皮(오피): '烏皮几'의 준말로 검은 양가죽을 씌운 작은 안석(책상). ◆ 晩風(만풍): 저녁에 부는 바람.

□ 감상

　읍취헌(挹翠軒) 박은(朴誾)이 容齋(용재) 이행(李荇)에게 오피궤를 선물로 보내며 쓴 시이다. 이행은 박은의 절친한 벗으로 같은 마을에서 태어나 함께 공부하고 벼슬에 나아가서까지도 영욕을 함께 한 평생지기이다. 박은은 이른 바, '해동강서파(海東江西派)'를 대표하는 천재시인으로 서포 김만중은 그를 가리켜 '삼백 년에 한 사람 날 정도'라고 극찬한 바 있다. 이 시는 만 권 서책이 쌓여 있는 서재에서 책을 읽는 청빈한 선비의 안빈낙도하는 삶을 엿볼 수 있는 시이다. 독서를 통해 깨달음을 얻는 기쁨을 무엇에 비하랴!

〔산민山民 이용李鏞〕

次尹洪州梅花詩韻兼柬吳君子
윤홍주의 매화시 운에 맞춰 지어 오군자에게 보내는 편지를 겸함

― 徐居正 서거정

梅花如雪雪如梅 매화는 눈 같고 눈은 매화 같네.
매화여설설여매

白雪前頭梅正開 매화는 꼭 이렇게 흰 눈 앞에서 피더군 그래!
백설전두매정개

知是乾坤一淸氣 매화라는 게 하늘과 땅 사이 맑은 기운임을
지시건곤일청기 아셨다면,

也須踏雪看梅來 눈을 밟고서라도 반드시 매화를 보러
야수답설간매래 오셔야지.

▶ 출전: 《사가시집보유(四佳詩集補遺)》 권1

□ 字句 풀이

◆ 柬(간): 편지 간(簡)과 동자(仝字).　◆ 前頭(전두): ~의 앞에서, ~에 당하여.
◆ 也須(야수): 또한 마땅히 ~해야 함.

□ 감상

설중매(雪中梅)라 하더니 날리는 눈발 속에서 매화가 핀다. 매화는 천지간의 맑은 정기를 타고 나는 꽃이니 그대여! 흰 눈을 밟으며 매화 보러 오시지 않겠나? 이런 편지를 받고서도 "나 바빠서 못 가."라는 답을 써 보내는 사람이 있을까? 그런 사람이야말로 왜 사는지 모를 사람!

〔산민山民 이용李鏞〕

逢孝直喪
효직 조광조의 상을 당하여

－朴祥박상

無等山前曾握手 _{무등산전증악수}	전에 무등산 앞에서 손을 마주 잡고 반겼었는데
牛車草草故鄕歸 _{우거초초고향귀}	이제는 달구지로 초라하게 고향으로 돌아가네.
他年地下相逢處 _{타년지하상봉처}	훗날 저 세상에서 다시 만나는 그 곳에서는
莫說人間謾是非 _{막설인간만시비}	인간세상의 시비와 헐뜯음을 논하지 말자꾸나!

▶출전: ≪눌재집(訥齋集)≫ <눌재선생속집(訥齋先生續集)> 제2권

□ 字句 풀이

♦ 孝直(효직): 조광조의 자(字). ♦ 草草(초초): 보잘 것 없고 초라함. ♦ 謾(만): 헐뜯다.

□ 감상

정조대왕이 '조선 최고의 시인'이라고 평가할 정도로 뛰어났고, 면앙정 송순, 석천 임억령, 하서 김인후 등 당대의 걸출한 문인들을 배출한 시인인 박상의 시이다. 기묘사화로 능성현(지금의 화순군 능주면)으로 귀양 온 정암 조광조가 사약을 받고 죽은 후, 이듬해 봄에 그의 시신이 경기도 용인으로 떠나간다. 눌재 박상은 그의 관이 실린 소달구지를 먼발치에서 바라보면서 만시(挽詩)를 짓는다. 시가 매우 애절하면서도 장엄하다. 잘못된 세상을 향해 의기롭게 바른 말을 하다 죽음에 이르게 된 당신 조광조! 내세에서 다시 만나거든 다시는 그런 시비를 논하지 말자! 눈물로 친구를 기리는 만시이다. 호남 유학

의 종조(宗祖)인 눌재의 인간애를 엿볼 수 있으며, 정쟁으로 희생된 비운의 개혁사상가 조광조의 죽음에 대한 애달프고 비참한 심정과 정쟁이 끊이지 않는 세상에 대한 원망과 염원이 잘 드러나 있는 시이다.

〔아정雅汀 이월희李月姬〕

詠黃白二菊
황·백 국화를 읊음

- 高敬命 고경명

正色黃爲貴 (정색황위귀)	바른 색으론 황색이 귀하다지만
天姿白亦奇 (천자백역기)	천연스런 자태는 백색 또한 기이하다네.
世人看自別 (세인간자별)	세상 사람이야 흰색이네 황색이네 하며 구별하여 보겠지만
均是傲霜枝 (균시오상지)	국화야 똑같이 서리를 이겨내는 절개를 지녔다네.

▶ 출전: ≪제봉집(霽峯集)≫ 권2

□ 字句 풀이

◆ 正色(정색): 다른 색의 섞임이 없는 순수한 빛깔. ◆ 天姿(천자): 타고난 자태. ◆ 傲(오): 굴복하지 않다, 견디다.

□ 감상

당파 분쟁과 국난으로 어지러웠던 조선 중기, 어느 날 제봉 고경명이 고봉 기대승(奇大升) 선생을 찾아갔을 때 노란 국화가 피어있는 가운데 흰 국화가 섞여 있는 모습을 보고 감흥이 일어 지은 시라고 한다. 뭇 꽃이 다 시들고 잎마저 지고 난 뒤에 차가운 눈서리를 이겨내고 그 자태를 더욱 뽐내는 국화는 시련을 이겨낸 절개의 상징이다. 양반과 평민의 신분 차별이 있던 시절, 국난의 위기를 맞았을 때 의기를 버린 비겁한 양반보다 의병으로 목숨을 바친 서민들의 절개와 의리가 훨씬 귀함을 국화에 비유하며 역설한 시이다. 작가는 의병장으로 왜적과 싸우다가 의로운 죽음을 맞았으니 오상고절(傲霜孤節)의 한 송이 흰 국화라고 할 수 있다.

〔아정雅汀 이월희李月姬〕

金剛山
금강산

-宋時烈송시열

山與雲俱白 산이 구름과 함께 희어
산여운구백

雲山不辨容 어느 게 구름이고 어느 게 산인지 구분되지 않누나.
운산불변용

雲歸山獨立 구름 걷혀 산 홀로 서니
운귀산독립

一萬二千峰 일만 이천 봉.
일만이천봉

□ 字句 풀이

◆ 不辨容(불변용): 모양이 구별되지 않음.

□ 감상

이 시에서 작가는 지극히 평이한 문장을 서술하면서, 시시각각 변화하는 금강산의 모양을 한편의 영상을 보는 듯한 느낌으로 표현하고 있다. 구름 속에 덮여 있다가 일시에 환하게 나타나는 금강산의 갑작스런 변화를 보고서 그 변화에 놀라고 경이로워 하는 작가의 모습이 잡힐 듯이 다가온다.

〔나현蘿峴 이은설李殷卨〕

雨中賞蓮
빗속의 연

- 李滉이황

畵樓東畔俯蓮池 그림 같은 누각 동편의 연못
화루동반부연지
罷酒來看急雨時 술자리 마치고 찾아오니 때마침 소나기.
파주래간급우시
溜滿卽傾欹器似 물방울 채운 연잎 기울어질 때는 그릇 같고
유만즉경의기사
聲喧不厭淨襟宜 요란한 빗소리 싫잖아 오히려 빗물로 가슴을
성훤불염정금의 씻네.

▶출전: ≪퇴계집(退溪集)≫ <퇴계선생문집(退溪先生文集)> 권4

□ 字句 풀이

◆ 畵樓(화루): 그림 같은 누각. ◆ 俯(부): 굽어 살펴봄. ◆ 急雨(급우): 소나기.
◆ 傾欹(경의): 기울어지다. ◆ 襟(금): 가슴, 마음, 생각.

□ 감상

'물방울 채운 연잎 기울어질 때는 그릇 같고(溜滿卽傾欹器似)'라는 한 구절로 소나기 속 연못의 정경을 실감나게 표현하고 있다. 연잎은 가운데가 오목하게 파여 있고 잎의 표면은 물을 밀어내는 성질이 있다. 따라서 연잎에 빗물이 고여 무거워지면 잎이 기울어지면서 물을 쏟아내게 된다. 시끄러운 빗소리도 오히려 정겹고 그 속에서 마음을 씻고 있는 것은 연만이 아니리라. 그 정경을 보는 내 마음도 함께 정화되고 있을 터!

〔나현蘿峴 이은설李殷卨〕

絶句
절구

−崔冲최충

滿庭月色無煙燭 뜰 가득 환한 달빛은 연기 없는 등불이요
만정월색무연촉

入座山光不速賓 자리에 들어오는 산 빛은 기약 없던 손님일세.
입좌산광불속빈

更有松絃彈譜外 솔바람 소리 있어 자연의 음악을 연주하니,
갱유송현탄보외

只堪珍重未傳人 다만 귀하게 여길 뿐, 말로 전할 수 없네.
지감진중미전인

▶ 출전: ≪동문선(東文選)≫ 권19

□ 字句 풀이

◆ 速賓(속빈): 손님을 부르다. ◆ 松絃(송현): 소나무에 바람이 불어 거문고 소리가 남. ◆ 譜外(보외): '악보 밖'의 의미로 뛰어난 가락을 일컫는 말로서 자연이 내는 물소리 새소리를 음악에 비유하여 그렇게 말하곤 한다. ◆ 珍重(진중): 진귀하고 소중히 함.

□ 감상

　밝은 달은 만물을 비춰 주니 연기 없는 촛불 같고, 앉은 자리에 비쳐 드는 산 경치는 청하지도 않았는데 뜻밖에 찾아온 귀한 손님 같다. 솔바람 소리는 악보 없는 거문고 소리 같으니 이 달빛과 산 빛과 솔바람이 어우러진 이 한적하고 맑은 경지를 작가는 소중히 간직하고자 한다. 이렇듯 자연의 소리에 귀를 기울일 줄 아는 삶이 바로 군자의 삶이 아닐까 한다.

〔우현友玄　이재무李載武〕

春景
봄경치
－金三宜堂 김삼의당

黃鳥一聲裏 (황조일성리)　꾀꼬리 한 울음소리에
春日萬家閑 (춘일만가한)　봄날 집집마다 한가로워라.
佳人捲羅幕 (가인권나막)　아름다운 사람이 비단휘장을 걷고 밖을 보니,
芳草滿前山 (방초만전산)　꽃다운 풀이 앞산에 가득하네.

□ 字句 풀이

◆ 黃鳥(황조): 꾀꼬리. ◆ 佳人(가인): 미인, 아름다운 사람. ◆ 羅幕(나막): 비단으로 만든 휘장.

□ 감상

작가는 남편과 금슬이 좋았던 시인으로 이들 부부는 일상생활의 애환을 시문으로 화답하던 시우(詩友)이기도 했다. 가세가 기울었을 때는 머리카락을 자르기도 하고 비녀를 팔기도 하면서 가장 규범적이고 교훈이 되는 글을 많이 남겼다. 순박하고 소박하게 자연 속에 묻혀 살면서 아름다운 자연을 담백하게 노래한 사이다.

〔우현友玄 이재무李載武〕

詠梅十二絶 其一
매화를 읊은 12절구 제1수

-盧守愼노수신

苦節寒心是自家 고절한심시자가	어려움과 추위 속에서도 한마음 절개가 너의 본 모습.
天機動處有英華 천기동처유영화	하늘 뜻 따라 봄기운이 움직이면 아름다운 꽃을 피우지.
莫嫌籬外紛紛過 막혐리외분분과	내버려 두려무나, (너의 고결함을 알아보지 못한 채) 울타리 너머로 스쳐 지나가는 분주한 사람들을.
未必看花便識花 미필간화편식화	꽃을 본다고 해서 반드시 꽃을 아는 것은 아니니.

▶ 출전: ≪소재집(穌齋集)≫ <소재선생문집(穌齋先生文集)> 권1

□ 字句 풀이

◆ 苦節(고절): 어떤 곤란한 일에도 굽히지 아니하는 굳은 절개. ◆ 寒心(한

심): 추위 속에서도 한 마음을 지킴. ◆ 天機(천기): 모든 조화를 꾸미는 하늘의 기밀. ◆ 莫嫌(막혐): 불만스럽게 생각하지 말라는 뜻. ◆ 未必(미필): 반드시 ~한 것은 아니다.

□ 감상

고결한 인품, 높은 학식을 갖추시게나. 알아주지 않음을 굳이 탓할 필요는 없을 것일세. 이미 내 스스로 빛을 내고 있으니.

〔석정石丁 이재병李財秉〕

詠半月
반달

－黃眞伊황진이

誰斲崑崙玉 곤륜산의 옥을 그 누가 캐어
수착곤륜옥
裁成織女梳 직녀의 얼레빗을 만들었나요?
재성직여소
牽牛一去後 사랑하는 견우님 가버린 뒤에
견우일거후
愁擲碧空虛 수심 실어 허공에 던진 거라오.
수척벽공허

□ 字句 풀이

◆ 崑崙(곤륜): 중국의 전설에 나오는 신성한 산, 중국 서쪽에 있다고 하며 아름다운 옥이 나는 산으로 알려져 있다, 서왕모(西王母)가 살며 불사(不死)의 물이 흐르는 곳이라고 믿어졌다.

□ 감상

　반달을 얼레빗에 비유한 발상이 천재적이다. 이 한 수의 시만으로도 황진이는 조선 최고의 기녀 시인임을 입증하고 남음이 있다.

〔석정石丁 이재병李財秉〕

扶餘懷古
부여에서 옛날을 회상하다
－金文鈺김문옥

羅濟興亡各一時	신라 백제 흥망성쇠는 각기 그 때일 뿐인데,
나제흥망각일시	
山河猶復帶悽悲	산하만은 여전히 애처로움을 띠고 있네.
산하유복대처비	
繁華往事憑誰問	번화했던 지난 일들을 누구 붙잡고 물어볼까
번화왕사빙수문	
孤塔亭亭傍小池	작은 연못가에 외로운 탑만이 우뚝 서 있네.
고탑정정방소지	
靑山郭在人何去	성곽같은 청산은 그대로인데 사람들은 어디로 갔는가?
청산곽재인하거	
白馬江空水自波	백마강은 텅 비어 아무 말 없이 흐르고 있네.
백마강공수자파	
宮樹凄凉催欲盡	궁궐이며 나무숲들은 처량하게 펼쳐져 있는데
궁수처량최욕진	
寒鴉弔古夕陽多	석양 속에서 까마귀 울어 옛날을 슬퍼하는 듯.
한아조고석양다	

□ 字句 풀이

♦ 扶餘(부여): 충청남도 남서부에 있는 군. ♦ 懷古(회고): 옛날을 회상하다. ♦ 羅濟(라제): 신라와 백제. ♦ 悽悲(처비): 처량하고 슬픔. ♦ 往事(왕사): 지나간 일. ♦ 憑(빙): 기대다, 의지하다. ♦ 孤塔(고탑): 외로이 서있는 탑. ♦ 亭亭(정정): 우뚝 솟은 모습. ♦ 靑山郭(청산곽): 성곽처럼 에워 싼 푸른 산. ♦ 白馬江(백마강): 충청남도 부여의 북부로 흐르는 강. ♦ 寒鴉(한아): 겨울 까마귀. ♦ 弔古(조고): 옛날을 위로하다.

□ 감상

부여를 찾아와 과거 역사를 회상한 느낌을 그대로 그리고 있다. 기나긴 역사 속에 그 복잡다단했던 온갖 이야기들이 숨어있는 부여 땅. 말로 다 형용할 수 없는 사실들이 어디에 다 숨어있는지 우리는 알 수는 없지만 우뚝 서있는 저 외로운 탑만은 그 의미를 알고 있으리라. 백제 멸망의 한을 그린 슬픈 회고시이다.

〔우봉愚峰 이정철李廷鐵〕

旅懷六言
회포를 풀어 놓다 6언시

-宋純송순

窓外一聲旅雁 창외일성여안	창밖에선 외로운 기러기 울은 소리
枕邊萬斛鄕愁 침변만곡향수	배게 맡에선 만 섬의 향수를 씹네.
老葉應鳴夜雨 노엽응명야우	시든 잎은 밤비 소리에 맞춰 바스락대기라도 할 테지만,
眠鷗誰伴湖秋 면구수반호추	가을 호수에서 조는 갈매기는 누가 친구 되어

줄까?

▶출전: ≪면앙집(俛仰集)≫ 권1

□ 字句 풀이

♦ 旅懷(여회): 나그네 회포. ♦ 旅雁(여안): 먼 곳으로 날아가는 기러기.
♦ 枕邊(침변): 베개 맡. 萬斛(만곡): '斛'은 10말, 많은 량. ♦ 老葉(노엽): 시들어 떨어지는 낙엽. ♦ 應鳴(응명): 서로 응하면서 우는 울음. ♦ 夜雨(야우): 밤에 내린 비. ♦ 眠鷗(면구): 잠자는 갈매기.

□ 감상

어느 계절보다 쓸쓸한 가을날의 고향생각을 실감나게 펼쳐 보이고 있다. 7언보다 6언으로 짧게 끝나는 간결한 맛이 향수를 더하는 것 같다.

〔우봉愚峰 이정철李廷鐵〕

龜亭
구정

-金得臣 김두신

夕照轉江沙　　석양빛은 강가 모래 위로 내려앉고,
석조전강사
秋聲生野樹　　가을 바람소리는 들판 나무에서 들려오네.
추성생야수
牧童叱犢歸　　목동은 송아지를 재촉해서 돌아가는데
목동질독귀
衣濕前山雨　　앞산에 내린 산비에 목동의 옷이 다 젖어 있네.
의습전산우

▶출전: ≪백곡집(柏谷集)≫ <백곡선조시집(柏谷先祖詩集)> 책1

□ 字句 풀이

- 夕照(석조): 저녁 때 넘어가는 불그레한 햇빛. ◆ 江沙(강사): 강모래.
- 秋聲(추성): 가을철의 바람 소리. ◆ 牧童(목동): 소치는 아이.

□ 감상

 가을철, 앞산에서는 소나기가 한 차례 지나갔는데 이 편에서는 석양빛이 모래톱 위에 내려앉고 있다. 앞산에 지나가는 소나기를 맞은 목동은 옷이 흠뻑 젖은 채 급히 소를 몰아 집으로 돌아오고…. 늦여름에서 초가을로 넘어갈 무렵의 풍경인 것 같다. 참 아름다운 시이다.

〔취월당醉月堂 이종선李鍾宣〕

撲棗謠
대추 따는 노래

—李達이달

隣家小兒來撲棗 인가소아래박조	이웃집 아이가 와서 우리 집 대추를 따기에,
老翁出門驅少兒 노옹출문구소아	이 늙은이 밖으로 나가 아이를 쫓았지.
小兒還向老翁道 소아환향로옹도	맹랑한 그 아이 내게 하는 말,
不及明年棗熟時 불급명년조숙시	내년에 대추 익을 때도 이러실래요?

▶출전: ≪손곡시집(蓀谷詩集)≫ 권6

□ 字句 풀이

♦ 隣家(인가): 이웃집. ♦ 不及(불급): 미치지 못함. 여기서는 '내년에는 이렇게 야박하게 하지 못하실 걸'이라는 의미로 쓰였다.

□ 감상

'不及明年棗熟時'라는 구절에 대한 해석이 분분하다. '내년에는 대추 농사가 이만 못할 걸요?'라고 해석하기도 하고 심지어는 '내년 대추 익을 때까지 사시거나 하시겠어요?'라는 뜻으로 풀기도 한다. 골이 난 아이가 철모르고서 약간의 원망을 담아 하는 말이다. 두 가지 의미를 다 살려 '내년에 대추 익을 때도 이러실래요?'라고 번역해 보았다. 시란 딱히 떨어지는 말보다는 어느 정도 애매한 언어로 표현하는 것이 다의성(多意性)을 가지는 데 도움이 된다.

〔취월당醉月堂 이종선李鍾宣〕

道中乍晴
길 가던 중 잠깐 개이니

— 朴趾源 박지원

一鷺踏柳根　　해오라기 한 마리 버들 뿌리 밟고 서 있고,
일로답류근
一鷺立水中　　해오라기 한 마리 물 가운데 우뚝 서 있네.
일로입수중
山腹深靑天墨色　산 중턱 짙푸르고 하늘은 먹빛인데,
산복심청천묵색
無數白鷺飛飜空　무수한 흰 해오라기 퍼덕이며 허공을 나네.
무수백로비번공

頑童騎牛亂溪水　개구쟁이 아이는 소를 타고 첨벙대는데,
완동기우란계수

隔溪飛上美人虹　시내 저편에선 미인인 양 고운 무지개 뜨네.
격계비상미인홍

▶ 출전: ≪연암집(燕巖集)≫ 권4

□ 字句 풀이

◆ 山腹(산복): 산의 중턱. ◆ 深靑(심청): 짙푸르다는 뜻. ◆ 飛翻(비번): 날개 퍼덕이며 날아오르는 모습. ◆ 頑童(완동): 철없이 놀고 있는 개구쟁이 아이들. ◆ 亂溪水(난계수): 시냇물에 이리저리 어지럽게 첨벙거리며 놀고 있는 모습. ◆ 隔溪(격계): 시내 저편이라는 뜻. ◆ 飛上(비상): '날아오르다'라는 의미로 여기서는 무지개가 떠오르는 모습을 표현한 말. ◆ 美人虹(미인홍): 마치 아름답고 예쁜 사람 같은 고운 무지개를 뜻함.

□ 감상

　이 시는 제목에 나타나듯이 길을 가던 중 비가 지나간 후 무지개가 뜨면서 펼쳐지는 풍경을 묘사한 시이다. 시상은 한 마리의 백로가 버드나무 뿌리 위에 서 있는 모습에서 전개되어 또 다른 한 마리에게로 옮겨가고 있다. 작자의 시선은 다시 산과 하늘을 응시하니 산허리는 비온 뒤라 짙푸름을 더하고 있다. 하늘 또한 먹구름이 아직 가시지 않은 상태이다. 비온 뒤 햇살이 먹구름 속을 잠시 비집고 나옴으로써 잠깐 개인 상태인 것이다. 이 틈을 타서 백로가 비상한다. 아이들은 불어난 물에서 첨벙댄다. 순진무구한 동심의 세계를 재미있다는 듯이 하늘 한편에서는 무지개가 떠서 내려다보고 있다. 이것도 서서히 뜨는 것이 아니라 일순간 햇빛을 받아 찬란하게 뜨고 있다. 온 세상이 환하게 밝아오는 기분이다. 한 폭의 수채화를 보는 듯하다. 한 마리의 백로에서부터 무지개가 뜨는 순간까지 짧은 시간에 관조하고 그것을 한 수의 시로 그림처럼 표현하고 있다. 시중유화(詩中有畵)! 시 속에 그림이 들어있다.

연암 박지원 선생은 실학자일 뿐 아니라, 대 문장가이다. 이런 관찰력과 감수성이 있으니 시인이 되고 문호가 되지 않을 수 없었으리라. 연암에 대해서 앞으로도 연구해야 할 과제가 무척 많다. 문화융성의 시대에 이런 연구를 하는 인력을 지원하지 않아서야 어찌 문화융성을 기대할 수 있겠는가?

〔수중守中 이종훈李鍾勳〕

蓼花白鷺
여뀌꽃과 흰 해오라기
-李奎報이규보

前灘富魚蝦 앞 개울에 물고기와 새우 매우 많으니
전탄부어하

有意劈波入 (백로가) 물결 가르고 들어가려하네.
유의벽파입

見人忽驚起 인기척에 깜짝 놀라 다시 날아올라,
견인홀경기

蓼岸還飛集 여뀌꽃 핀 언덕에 내려앉았네.
요안환비집

翹頸待人歸 목을 빼고서 사람들이 돌아가기를 기다리는데,
교경대인귀

細雨毛衣濕 가랑비에 온몸의 깃털이 다 젖는구나.
세우모의습

心猶在灘魚 마음은 여전히 개울 속 물고기에게 있는데,
심유재탄어

人道忘機立 사람들은 일러 말하길, "속세를 잊은 듯 서있다."
인도망기립
하네.

▶ 출전: ≪동국이상국집(東國李相國文集)≫ <동국이상국전집(東國李相國全集)> 제2권

□ 字句 풀이

* 灘(탄): 모래톱. * 富(부): 풍부한, 여기서는 물고기가 매우 많음을 뜻함.
* 魚蝦(어하): 물고기와 새우. * 劈波(벽파): 물결을 가르다. * 驚起(경기): 놀라서 날아 올라가는 모습. * 蓼岸(요안): 여뀌가 무성하게 자란 강 언덕.
* 還飛(환비): 날아서 돌아오다. * 翹頸(교경): 목을 빼어드는 모습. * 細雨(세우): 가랑비. * 灘魚(탄어): 개울 속에 물고기. * 道(도): 여기서는 '말하다'의 뜻. * 忘機(망기): 세속의 일을 잊음, 기회를 틈타 일을 꾸미려는 생각을 잊음.

□ 감상

여름날 가랑비 내려 앞개울에 물고기 떼 자유로이 노닐고 더불어 살아가는 백로가 먹이를 구하기 위해 모여드는 모습을 표현하고 있다. 한없이 평화로운 강마을의 모습이다. 여기에 갑자기 나타난 사람 때문에 백로는 황급히 날아간다. 그러나 멀리 날아가는 것이 아니라 가까운 여뀌 밭 속으로 잠시 몸을 피하고 있다. 다시 여울로 내려가 먹이를 먹기 위해서이다. 비를 맞으면서도 먹이를 얻기 위해 기다리고 있는 백로! 백로의 이러한 마음을 작자는 이미 읽고 있는데 뭇 사람들은 그저 백로의 본심은 알지 못하고 다만 자태의 아름다움만 감상하며 고고하다는 말들을 한다. 고고함의 뒤편에 숨어있는 기심(機心)을 너무나 잘 표현한 시이다. 백운 이규보 선생은 역시 큰 시인이다. 해오라기는 익히 보아온 평상의 이미지로는 고고한 선비나 선한 동물이지만 작자가 다른 시각에서 본 해오라기는 탐관오리에 비견할 만한 속물일 수도 있는 것이다. 범인(凡人)의 일반적인 사고를 뒤집어 지극히 평범한 데서 소재를 얻어 전혀 새로운 의미의 시를 쓴 백운 선생의 시재(詩才)에 감탄할 따름이다.

〔수중守中 이종훈李鍾勳〕

四月中旬 前山杜鵑爛開
사월 중순 앞산엔 진달래 흐드러지게 피고
-李匡師이광사

節晚何須恨 시절보다 늦었다고 한탄할 게 뭐있나?
절만하수한
終能盡意開 결국은 마음껏 피고 마는데.
종능진의개
想得先春地 생각해보니 이른 봄에 먼저 피어서,
상득선춘지
飄零更可哀 나부껴 지는 꽃이 도리어 가엾지.
표령갱가애

▶출전: ≪원교집(圓嶠集)≫ <원교집선(圓嶠集選)> 제2권

□ 字句 풀이

♦ 절만(節晚): 꽃들이 한창 피는 시절보다 늦은 때. ♦ 표령(飄零): 꽃잎이나 나뭇잎 같은 것이 나부껴 떨어짐.

□ 감상

 이 시를 쓴 시기는 1755년 을해옥사(乙亥獄事)로 인하여 원교가 함경북도 부령으로 유배된 그 이듬해 1776년(丙子) 봄으로 보인다. 겨우 사형만을 면하여 목숨을 건진 원교에게 유배지에서 새로 맞는 봄은 분명 남달랐을 것이다. 더욱이 산을 붉게 덮으며 핀 진달래의 연분홍 꽃잎 속에서 그는 옥사의 혼란 속에서 남편이 죽는 줄 잘못 알고서 먼저 자결한 아내와 아직 어미 아비의 손이 한참 필요한 어린 딸도 어리어 비쳤을 것이다. 그러나 이러한 절망의 순간이 있어야만 인간의 참다운 근기를 볼 수 있는 법! 원교는 이러한 참담함 속에서도 유배 온 그해를 은혜 받은 나이라는 뜻으로 은령(恩齡) 1세라 칭하고 올곧게 자신을 돋워 세우며 오히려 생의 전환기로 삼아 젊은 날 번잡

한 삶으로 인해 다하지 못했던 학문에 힘쓰고 서예에 정진하며 집필에 힘쓴다. 그러한 시간 속에서 그가 살았던 남쪽에서는 이미 흐드러지게 피기를 다했을 진달래가 북녘 땅이라서 뒤늦게 만개한 것을 보고서 이와 같이 읊은 것이다. 늦은 봄, 만개한 진달래에 슬쩍 자신을 비추어 그의 삶도 마침내 의지한대로 만개하기를 꿈꾸어보는 원교의 슬픈 자화상을 엿보는 듯하다.

〔이란而蘭 이진선李鎭仙〕

許烟客汝正挽
허연객(허필)의 죽음을 애도하며
― 李用休이용휴

其詩似其人 그의 시는 그 사람과 같아서,
기시사기인

眞極時露奇 진실 다하자 기이함이 드러났지.
진극시로기

其書與其畵 그의 글씨와 그의 그림도
기서여기화

又皆似其詩 또 모두 그의 시와 같았지.
우개사기시

▶ 출전: ≪탄만집(歎敎集)≫

□ 字句 풀이

◆ 허필(許佖 1708~1767): 호는 연객(煙客), 자는 여정(汝正). 이 시의 작자인 이용휴의 벗이자 시서화로 일생을 보낸 문인이다. 그의 시집이라고 전해지는 ≪연객시집(煙客詩集)≫은 현재 발견되고 있지 않고 있으며 생애 역시 불분명한 상태이다. 다만, 이용휴가 그의 생지명(生誌銘)을 지었고,

그가 죽자 이와 같은 만시(輓詩)를 지은 것으로 보아 그의 시와 서화가 대단한 경지에 이르렀음을 충분히 짐작할 수 있다. 이용휴는 그의 생지명을 통해 연객은 자태와 행동거지가 넉넉하였고, 성품은 온화하면서도 분명하였으며, 편안하면서도 꼿꼿하였다고 평하였다. ◆ 진극(眞極): 개인마다 고유하게 부여받은 성정의 참다움을 다하는 것. ◆ 노기(露奇): 일부러 기이하려 하지 않아도 기이함이 저절로 드러난다는 뜻. '奇'는 속되거나 고루하지 않으면서 기운이 뛰어나고 의경(意境)이 원만하여 소통이 잘 된다는 의미이다.

□ 감상

이 시는 본래 오언고시(五言古詩)로서 이보다 훨씬 길지만 가장 좋아하는 네 구절을 골랐다. 시의 제목 그대로 작자 이용휴의 오랜 벗이었던 연객(煙客) 허필(許佖)의 죽음을 애도한 만시로 당연히 그를 애도하고 추모하는 작자의 마음이 담겨있다. 그러나 시구 어디에서도 애도나 추모의 직설적인 표현은 보이지 않는다. 실제로 이 작품의 제목이 없었다면 이 시는 오히려 이용휴의 문예의식을 표현한 시라고 생각할 만하다. 일생을 시서화로 보낸 그의 벗에게 이와 같은 시를 지어 애도하면서 진실한 기품을 시와 그림과 글씨에 표출함으로써 자신만의 참다운 기이함을 드러냈다고 평하고 있다. 이 시만큼 겉으로는 칭송의 표현 한마디 없으면서도 내면적으로는 최고의 칭송을 담은 만시(輓詩)가 어디에 또 있을까 싶다.

〔이란而蘭 이진선李鎭仙〕

又賦梅 其二
또 매화를 읊다 제2수

- 兪肅基유숙기

未開躁躁常嫌遲 _{미개조조상혐지}	아직 피지 않았을 땐 조바심 내며 더디 핀다 하다가도,
旣盛忡忡更怕衰 _{기성충충갱파쇠}	피고 나면 애태우며 시들 것을 걱정하네.
始識邵翁透物理 _{시식소옹투물리}	나 비로소 알겠네, 소옹이 사물의 이치 꿰뚫어보고서
看花惟取半開時 _{간화유취반개시}	꽃이 반쯤 피었을 때를 아껴 보았던 그 이유를.

▶ 출전: ≪겸산집(兼山集)≫ 권1

□ 字句 풀이

♦ 未開(미개): 꽃이 아직 피지 않았을 때. ♦ 躁躁(조조): 몹시 조급하게 굶.
♦ 嫌遲(혐지): 꽃이 더디 피는 것을 못마땅하게 여김. ♦ 忡忡(충충): 근심하고 걱정하는 모양. ♦ 邵翁(소옹): 중국 북송 때 유학자인 정이천(程伊川: 1011~1077)을 가리킴.

□ 감상

마지막 구절, 옛 사람이 '꽃이 반쯤 피었을 때를 아껴 보았던 그 이유'를 깨닫게 되는 과정을 읊은 시이다. 초승달이나 보름달보다는 항상 상현달로만 온 세상을 비칠 수 있다면 인간 세상이 지나치게 밝지도 않고 또 불편할 만큼 어둡지도 않을 텐데…. 인류의 문명이 자전거를 발명한 상태에서 멈췄더라면 오늘날처럼 자동차와 스마트폰을 사용하는 편리함은 얻지 못했더라도 공해로 인해 마스크를 쓰고 다녀야 하는 불편함도 없었을 것이다.

〔남초南樵 이진현李辰鉉〕

偶吟
우연히 읊음

- 梁彭孫양팽손

不識騎牛好 소를 타는 것이 좋은 줄을 몰랐었는데,
부지기우호
今因無馬知 말이 없어 소를 타보니 좋은 줄을 알겠네.
금인무마지
夕陽芳草路 풀 향기 가득한 길 위로 해 넘어가는데,
석양방초로
春日共遲遲 봄날도 소걸음 따라 느릿느릿 저무네.
춘일공지지

▶ 출전: ≪학포집(學圃集)≫ <학포선생문집(學圃先生文集)> 권1

□ 字句 풀이

◆ 不識(불식): 알지 못함. ◆ 芳草(방초): 향기롭고 꽃다운 풀. ◆ 遲遲(지지): 더디고 더딤.

□ 감상

인생의 깨달음이란 이런 것이다. 부족함이 있어야 감사한 마음이 생기는 것이다. 교수님보다 훨씬 더 좋은 승용차를 몰고 등교하는 학생들이 과연 교수님의 가르침에 얼마나 감사할까?

〔남초南樵 이진현李辰鉉〕

金剛山
금강산

— 權近 권근

雪立亭亭千萬峰	눈 속에 천만 봉우리가 우뚝우뚝 솟았는데,
설립정정천만봉	
海雲開出玉芙蓉	바다 구름 걷히자 옥으로 만든 연꽃인양
해운개출옥부용	드러나는 자태.
神光蕩漾滄溟近	넘실거리는 신령스러운 빛은 큰 바다를 닮았고,
신광탕양창명근	
淑氣蜿蜒造化鍾	맑은 기운 구불구불 조화로움이 서려있네.
숙기완연조화종	
突兀岡巒臨鳥道	우뚝 솟은 멧부리는 새나 넘을 수 있는 가파른 길,
돌올강만임조도	
淸幽洞壑秘仙蹤	맑고 깊숙한 골짜기에는 깊게 감추어진 신선의
청유동학비선종	자취.
東遊便欲凌高頂	동쪽으로 유람 와 높은 정상에 오르거든,
동유편욕릉고정	
俯視鴻濛一盪胸	우주를 굽어보며 가슴속 한 번 시원하게 씻어
부시홍몽일탕흉	보시게!

▶ 출전: ≪양촌집(陽村集)≫ <양촌선생문집(陽村先生文集)> 권1

□ 字句 풀이

♦ 亭亭(정정): 꽃잎이나 종이, 옷자락 같은 것이 날리는 모습을 형용한 말.
♦ 玉芙蓉(옥부용): 눈에 덮인 산의 모양을 비유한 말. ♦ 蕩漾(탕양): 물결이 넘실거려 움직임. ♦ 滄溟(창명): 큰 바다. ♦ 淑氣(숙기): 자연의 맑은 기운.
♦ 蜿蜒(완연): (길게 뻗쳐 있는 모양이) 구불구불함. ♦ 造化(조화): 만물을 낳고 자라게 하고 죽게 하는, 영원무궁한 대자연의 이치. ♦ 突兀(돌올): 높이 솟아서 우뚝함. ♦ 岡巒(강만): 언덕과 산. ♦ 俯視(부시): 아래를 굽어봄.

◆ 鴻蒙(홍몽): 천지가 갈라지지 아니한 때의 우주.

☐ 감상

　금강산의 신비스러운 모습을 보고, 그 조화의 무궁함을 읊은 시이다. 비로봉에 올라 사통팔달 탁 트인 정경을 보고 세상사에 찌든 가슴을 쓸어내는 작가의 통쾌한 심사가 작품에 잘 드러나 있다.

〔취묵헌醉墨軒 인영선印永宣〕

雨夜有懷
비 내리는 밤의 감회

—印邠인빈

草堂秋七月　칠월 초당에 가을 깊은데,
초당추칠월

桐雨夜三更　삼경 녘 오동잎에 비가 내리네.
동우야삼경

欹枕客無夢　손님 베개 베고 꿈도 없이 단 잠 들었는데,
의침객무몽

隔窓蟲有聲　창 너머로 들려오는 풀벌레 소리.
격창충유성

淺莎翻亂滴　잔디엔 어지러이 빗방울 젖어들고,
천사번난적

寒葉洒餘淸　나뭇잎에 조금 남은 푸른 빛, 그마저 비에 씻기겠네.
한엽쇄여청

自我有幽趣　내가 느끼는 이 그윽한 정취가
자아유유취

知君今夕情　오늘밤 그대가 느끼는 심정이겠지.
지군금석정

▶ 출전: ≪동문선(東文選)≫ 권9

□ 字句 풀이

♦ 三更(삼경): 한밤중, 밤 11시부터 새벽 1시까지. ♦ 欹枕(의침): 베개에 의지하여. ♦ 無夢(무몽): 심신이 편안하여 번민이 없으므로 꿈을 꾸지 않는다는 말. ♦ 虫有聲(충유성): 가을 벌레소리.

□ 감상

 인의(印毅) 선생은 희성(稀姓)인 교동(喬桐) 인문(印門)에 유일하게 전하는 선대 어른이시다. 잎이 큰 오동잎에 빗소리 들리는 한 밤중, 잠 못 들어 하는 선비. 이 궁리 저 궁리 하다가 다시 서상에 앉아 글을 읽거나 글씨를 쓰지 않았을까 생각해 본다.

〔취묵헌醉墨軒 인영선印永宣〕

星山雜題
성산잡제

—林億齡 임 억 령

眼因思道合 눈을 감은 것은 도를 생각하기 위함이고,
안인사도합
頭爲厭時低 머리를 떨구고 지내는 것은 시속이 싫어서라네.
두위염시저
自得莊周學 스스로 장주의 학문을 체득하여 얻고 보니,
자득장주학
榮枯一指齊 영쇠고락(榮衰苦樂)이 매한가지인 것을.
영고일지제

▶출전: 《석천시집(石川詩集)》 <석천선생시집(石川先生詩集)> 권4

□ 字句 풀이

◆ 自得(자득): 스스로 터득함.

□ 감상

"눈을 감은 것은 도를 생각하기 위함이고, 머리를 떨구고 지내는 것은 시속이 싫어서이다."는 한 마디만으로도 작가는 이미 노·장의 세계로 등선했음을 알 수 있다. 영(榮)과 고(枯)는 자리가 다르지만 작가는 이미 영화나 쇠락함이나 다 같은 것이라고 말하고 있다. 노장의 철학을 이미 자득한 시인은 도인이자 신선인 것이다. 그래서 고경명(高敬命)도 임억령의 경지를 두고 "뛰어난 재주는 이태백과 다름이 없고 세상을 비웃는 말은 장주와 똑같다네(才攀太白遭逢異, 語紹莊周憤悱同)."라는 시로써 기린 바 있다.

〔원지元之 임동호林東鎬〕

次林石川韻
임석천의 시에 차운하여

— 李珥이이

石川古遺士 선생은 옛 선비와 똑 같은 사람.
석천고유사
風雨生揮筆 휘두르는 붓 끝에 비바람이 인다.
풍우생휘필
俊逸與淸新 준일함과 청신함이
준일여청신
公今合爲一 지금 공에게서 하나 되어 나타나고 있다.
공금합위일

興來百紙盡 _{흥래백지진}	흥이 나면 종이 백 장을 써 치워서
倐忽成卷帙 _{숙홀성권질}	잠깐 사이에 시는 권을 이루고 질을 이룬다네.
小子才可愧 _{소자재가괴}	초라한 나의 재주, 부끄럽게만 여겨져서,
不能窺堂室 _{불능규당실}	선생의 당실을 들여다보기 어렵네.
一席得親炙 _{일석득친자}	한 번의 자리로 큰 가르침을 얻었으니,
何幸同時出 _{하행동시출}	같은 세상에 태어난 것이 얼마나 큰 행운인가!
生平不屈膝 _{생평불굴슬}	평생에 무릎을 꿇어 본 일이 없던 나였으나,
今日爲公屈 _{금일위공굴}	오늘은 공의 앞에 무릎을 꿇고 머리를 숙이네.

▶ 출전: 《율곡전서(栗谷全書)》 <율곡선생전서(栗谷先生全書)> 권1

□ 字句 풀이

◆ 揮筆(휘필): 붓을 휘둘러 글씨를 씀. ◆ 俊逸(준일): 재능이 뛰어남, 또는 그런 사람. ◆ 倐忽(숙홀): 걷잡을 사이 없이 갑작스러움. ◆ 親炙(친자): 스승에게 가까이하여 몸소 그의 가르침을 받음.

□ 감상

이이(李珥)는 석천(石川) 임억령(林億齡)보다 40년 연하이고 임억령이 타계할 때 32세였던 후배이다. 평소 당당했던 이이가 "초라한 나의 재주가 부끄럽다(小子才可愧)."고 하며 평생을 살아오면서 남에게 무릎 꿇은 일은 임억령에게 처음이란 뜻을 밝혔다. 이는 후배로써 선배에 대한 단순한 공경을 표하는 예우가 아니다. 그것은 임억령 시의 경지를 체득한 뒤에 진실로 감복함을 밝힌 고백이다. 임억령은 8세 때에 시를 짓기 시작하여 평생을 시인으로서 시 속에 살았던 분이다. 임억령이 남긴 작품은 3,000수에 이른다. 이것도 정유병란의 화로 인하여 상당한 작품이 유실되고 뒤에 여러 곳의 유고를 수습한 것이라고 하니 창작했던 시의 양은 훨씬 많았을 것이다.

〔원지元之 임동호林東鎬〕

送別
그대를 보내며

－蔡裕後 채유후

莫歎賢勞獨 막탄현로독	홀로 수고롭다 탄식하지 말고,
休言道路長 휴언도로장	길이 멀다 말하지 마시게나.
扶桑曾遠役 부상증원역	일본은 본래 먼 길이지만,
巨海亦康莊 거해역강장	큰 바다도 편안하고 씩씩하게 다녀올 수 있을 걸세.
只是西門外 지시서문외	단지 서문의 밖에서
難分一日光 난분일일광	하루 동안 정 나누다 우리 서로 헤어지기가 어려울 뿐.
深情憑短語 심정빙단어	나의 깊은 정을 짧은 말에 의지하나니,
且復盡吾觴 차부진오상	다시 나의 술을 한 잔 쭉 비우시게나.

▶ 출전: ≪호주집(湖洲集)≫ <호주선생집(湖洲先生集)> 권2

□ 字句 풀이

◆ 莫歎(막탄): 탄식하지 말라는 뜻. '莫'은 '~하지 말라'는 금지사. ◆ 休言

(휴언): 말하지 말라는 뜻. 休도 '~하지 말라'는 금지사. ◆ 扶桑(부상): 해가 뜨는 곳, 여기서는 일본을 달리 일컫는 말로 썼다. ◆ 只是(지시): 다만, 단지. ◆ 深情(심정): 깊은 정.

□ 감상

일본에 사신으로 가는 친구를 전송한 시이다. 이왕에 가야할 길이라면 고생스럽다고도 말하지 말고 먼 길이라는 탓도 하지 말자는 당부의 말을 통해 진정으로 친구를 염려하고 위로하는 마음을 읽을 수 있다.

〔규보跬步 임성균任成均〕

<八月十五 挐舟溯江…> 四首 又賦
<8월 15일 밤에 배를 끌고 강물을 거슬러 오르다가…> 4수 후에 또 짓다

- 金昌協김창협

蒹葭岸岸露華盈   언덕마다 갈대, 그 위에 내린 이슬 꽃 가득하고,
겸가안안로화영
篷屋秋風一夜生   밤새 초가 마을엔 가을바람이 불었네.
봉옥추풍일야생
臥溯淸江三十里   맑은 강 삼십리를 배에 누운 채 거슬러 올라오니,
와소청강삼십리
月明柔櫓夢中聲   달 밝은 밤 노 젓는 소리가 꿈속에서 들려오네.
월명유로몽중성

▶출전: ≪농암집(農巖集)≫ 권3

□ 字句 풀이

◆ 蒹葭(겸가): 갈대. ◆ 一夜(일야): 하룻밤. ◆ 溯(소): 거슬러 올라가다.
◆ 夢中(몽중): 꿈 속.

□ 감상

 가을 밤, 배를 타고 강을 거슬러 올라가며 본 것을 묘사하고 느낀 것을 풀어쓴 시이다.

〔규보跬步 임성균任成均〕

單于夜宴圖
선우의 밤 향연 그림

-李恒福이항복

陰山獵罷月蒼蒼 음산에서 사냥 끝내니 달빛은 밝고 푸른데,
음산렵파월창창
鐵馬千羣夜踏霜 무리지은 철기마는 밤에 서리를 밟고 서있네.
철마천군야답상
帳裏胡茄三兩拍 장막 속에서 호가 소리 두 세 박자에 맞추어,
장리호가삼양박
樽前醉舞左賢王 좌현왕은 술동이 앞에서 취하여 춤을 추네.
준전취무좌현왕

□ 字句 풀이

◆ 單于(선우): 흉노의 왕, '찬우'라고 읽기도 한다. ◆ 陰山(음산): 곤륜산의 북쪽 줄기, 예로부터 중원 지역을 막는 병풍 구실을 함. ◆ 獵罷(엽파): 사냥을 끝내다. ◆ 蒼蒼(창창): 달이 밝아 띠게된 푸른 빛. ◆ 鐵馬(철마): '철기마'라고도 하며 무쇠처럼 강한 말이라는 뜻. ◆ 千羣(천군): 1천 무리, 많은 말무리를 일컬을 것임. ◆ 夜踏霜(야답상): 밤에 서리를 밟다. ◆ 帳裏(장리): 장막 속에서. ◆ 胡茄(호가): 피리의 일종. ◆ 三兩拍(삼양박): 두, 세 박자에 맞추어. ◆ 樽前(준전): 술동이 앞에. ◆ 醉舞(취무): 취하여 춤추다. ◆ 左賢王(좌현왕): 흉노의 최고 지위 인물에 대한 봉호(封號).

□ 감상

 이 시는 백사 이항복이 17세 무렵, 그의 부친 몽량과 동반 급제했던 재상 권철(權轍: 권율장군의 아버지)이 내보여준 열 폭 병풍 그림에 대해 권철의 청에 의해 쓴 시로 알려져 있다. 이 시에 만족한 권철은 백사를 손녀사위로 삼기로 마음을 정하게 되었다. 2년 뒤 백사가 19세 되던 해 권철의 손녀요, 권율의 딸인 권씨 부인에게 장가를 가게 되었으니 이 시는 결혼의 계기를 만들어준 시인 셈이다. 이 시를 읽을 때면, 장차 병조판서가 되어 임진왜란으로부터 나라를 구하게 되는 백사의 씩씩하고 꿋꿋한 기개와 그의 운명을 느끼게 된다.

〔삼강三江 임성수林性洙〕

無去來
본래 가고 옴이 없나니

－金基秋김기추

心隨萬境轉轉處 심수만경전전처	마음이란 만 번 변하는 상황 따라 이리저리 구르는 것.
喜怒哀樂從此起 희로애락종차기	희로애락이 모두 마음으로 인해 생기는 거지.
若知吾家無去來 약지오가무거래	우리네 인생, 본래부터 오고감이 없음을 깨달을 때에,
屹然獨步乾坤外 흘연독보건곤외	우뚝 솟아 홀로가리라, 하늘 땅밖의 그 세계로.

□ 字句 풀이

♦ 隨(수): 따르다, 좇다. ♦ 萬境(만경): 여기서는 '마음이 변화하는 수 없는 형태'를 의미. ♦ 轉(전): 구르다, 회전하다, 이리저리 상황에 따라 변하다. ♦ 處(처): '장소'라는 의미이지만 여기서는 '마음의 본바탕'을 뜻함. ♦ 喜怒哀樂(희로애락): 인생에서 느끼는 여러 감정들을 총칭. ♦ 從(종): 좇다. ♦ 此起(차기): 여기에서 일어나다, 이 시에서는 '마음으로부터 일어나다'라는 의미로 쓰였다. ♦ 若(약): 만약. ♦ 無去來(무거래): 가고 옴이 없음, 여기서는 '희로애락에 흔들리지 않는 고요한 경지'를 뜻함. ♦ 屹然(흘연): 높게 우뚝 솟은 모양. ♦ 獨步(독보): 홀로 걷다. ♦ 乾坤(건곤): 하늘과 땅.

□ 감상

 희로애락에 흔들리지 않는 마음의 경지에 다다르기 위해서는 치열한 자기 수련과 연마의 내공이 밑받침 되어야 한다. 백봉선생은 이 시를 통하여 열반적정(涅槃寂靜)의 경지를 보여줌으로써 후학들에게 동도의 길을 걷도록 인도하고 있다. 이 시를 읽을 때면 '더없이 담담한 마음으로(無去來의 마음) 우주와 하나가 되어 하늘땅 밖으로 우뚝 솟아 홀로 걸어가는 성자'의 모습을 떠올리게 된다.

〔삼강三江 임성수林性洙〕

宿大興寺
대흥사에 묵다

－洪吉周 홍길주

尋僧到晚飯 저녁 먹을 때 선승(禪僧)을 찾아와
심승도만반

山寺聞鍾鳴 산사에서 종소리 듣누나.
산사문종명

松燈寒欲滅 소나무 등불 찬 기운에 꺼지려는데
송등한욕멸

今夜宿泉聲 오늘밤은 냇물소리도 잠을 자는지 잠잠하구나.
금야숙천성

□ 字句 풀이

◆ 晚飯(만반): 저녁밥. ◆ 松燈(송등): 송진을 태워 밝히는 등불, 관솔불.

□ 감상

대흥사는 전남 해남에 위치한 고찰이자 명찰이다. 대흥사를 품고 있는 두륜산의 우아한 산세는 마치 와불(臥佛)의 형상을 하고 있어, 절 입구에서 바라보면 안온하기까지 하다. 홍길주가 이 절에 들러 하룻밤 유숙한 것 같다. 때는 어둑어둑해져서 저녁 식사 시간쯤이었나 보다. 등불은 바람 앞에 가물가물 타고 있고, 때 마침 범종소리는 울리고 산사 옆을 흐르는 냇물소리도 잠잠해지는 초저녁이 되었다. 시인은 대흥사의 웅장한 규모와 많은 스님들을 표현하기 보다는 어둠이 내려앉기 시작한 조용한 산사의 고즈넉함에 매료되었나 보다.

〔유재游齋 임종현林鍾鉉〕

偶吟
우연히 읊다

-洪顯周 홍현주

旅夢啼鳥喚 새 울음소리에 나그네 꿈을 깨고 보니,
여몽제조환

歸思繞春樹 고향으로 돌아가고픈 생각에 나무주변을 맴도네.
귀사요춘수

落花滿空山 떨어진 꽃이 온 산에 쌓여서
낙화만공산
何處故鄕路 고향 가는 길을 덮어 버렸네.
하처고향로

□ 字句 풀이

♦ 啼鳥喚(제조환): 우는 새 소리가 내 꿈을 깨워 부르다. ♦ 歸思(귀사): 고향에 돌아가고픈 심정. ♦ 繞春樹(요춘수): 봄 나무 주변을 맴돌다.

□ 감상

 오래전 일이다. 대학 4학년 때의 일이니 25년은 족히 된 것 같다. 당시 전국대학생미술대전에 우리 학교 대표로 출품하는 기회가 있었다. 그 때에 이 시를 출품하여 영광스럽게도 동상을 받았으니 내가 지금 서예가로 살아가는 데에 얼마간의 역할을 한 시이다.
 고향을 떠나 객지에서 살다보면 봄철은 다른 계절보다 마음이 더 싱숭생숭해진다. 화창한 봄날 지저귀는 새 소리가 나그네에게 고향으로 돌아가고픈 생각을 불러일으킨다. 아지랑이 피어있는 산에 온갖 꽃들이 떨어져 가득 쌓인 산길은 고향 길을 찾기도 어렵다고 시인은 표현하고 있다. 지금은 고향 전주를 떠나 서울에서 살고 있으니 고향 생각이 날 때마다 이 시를 써보면서 향수를 달래기도 한다.

〔유재游齋 임종현林鍾鉉〕

感秋回文
가을을 느끼다

-李知深이 지심

散署知秋早	더위 가시는 걸 보니 가을이 이른 줄 알고,
산서지추조	
悠悠稍感傷	한가로이 가을 감상에 젖어드네.
유유초감상	
亂松靑蓋倒	어지러운 소나무는 푸른 일산 뒤집어 놓은 듯,
난송청개도	
流水碧蘿長	흐르는 물은 푸른 이끼 늘여놓은 듯.
유수벽라장	
岸遠凝烟皓	먼 언덕에선 연기 한데 빛나고,
안원응연호	
樓高散吹凉	높은 누대에선 서늘한 바람 살랑대네.
누고산취량	
半天明月好	하늘에 떠 있는 달빛 참 좋아라!
반천명월호	
幽室照輝光	그윽한 방 안 환히 비추네.
유실조휘광	

▶ 출전: ≪동문선(東文選)≫ 권9

□ 字句 풀이

♦ 回文(회문): 한시체의 하나로서 그 형태가 다양하나 여기서는 각 구절을 마치 '토마토'라는 단어처럼 바르게 읽어도 거꾸로 읽어도 다 문장을 이루고 뜻이 통하는 형태를 취하였다. ♦ 悠悠(유유): 한가로운 모양.

□ 감상

여름이 가고 가을빛이 완연한 초가을의 풍경을 읊은 시이다. 회문시의 형태를 취한 점이 흥미롭다.

〔취정翠亭 임춘식任春植〕

寒食途中
한식날 길을 가다가

― 黃玹 황현

又復今年寒食來	또 다시 올해도 한식날 찾아와,
우부금년한식래	
故山松柏首重回	고향 쪽으로 고개 돌려 송백을 보누나.
고산송백수중회	
倦遊亂世看花發	난세에 놀러 다니며 꽃 핀 구경하는 것도 싫증나고,
권유란세간화발	
强笑春風引酒杯	봄바람에 술잔 들면서도 억지웃음 짓는다네.
강소춘풍인주배	
雨細只縱人面滴	가랑비 얼굴에 방울져 내릴 정도로 내리고,
우세지종인면적	
江明忽使旅懷開	강물은 훤히 트여 나그네 마음을 풀어주는구나.
강명홀사여회개	
書生雌伏終安用	물러나 바짝 엎드려 숨은 서생이 끝내 어디에 쓰이랴!
서생자복종안용	
昨夜西洲羽檄催	어젯밤 서주에서는 또 격서(檄書)가 왔다는데…
작야서주우격최	

▶ 출전: ≪매천집(梅泉集)≫ 권2

□ 字句 풀이

◆ 雌伏(자복): 세상에서 물러나 숨음. ◆ 羽檄(우격): 우서(羽書), 옛날 중국에서 몹시 급한 일이 있을 때에 날아가듯 빨리 가라는 뜻으로, 닭 깃을 꽂아 보내던 일에서 군사상 급하게 전하는 격문. 여기서는 의병을 모은다는 내용의 격문을 말한 것으로 보임.

□ 감상

망국의 난세를 당하고 보니 봄이 와도 봄이 온 줄을 모르겠고 꽃이 피어도 반갑지 않으며 유람마저도 싫어진 시인의 심정이 가슴에 와 닿는다. 나라가 망했어도 적에게 빌붙어 호의호식하는 매국노들이 황현 선생의 마음을 100분의 1인들 이해할 수 있을까?

〔취정翠亭 임춘식任春植〕

詠梅
매화를 읊다

-成允諧 성윤해

梅花莫嫌小 매화꽃 작다고 업신여기지 마시게.
매화막혐소

花小風味長 꽃은 작아도 풍미는 뛰어나다네.
화소풍미장

乍見竹外影 대나무 사이로 언뜻 언뜻 비치는 그림자.
사견죽외영

時聞月下香 때때로 풍겨오는 달빛 아래의 매화향기.
시문월하향

□ 字句 풀이

◆ 莫嫌(막혐): 업신여기거나, 불만스럽게 생각하지 말라. ◆ 乍見(사견): 잠깐, 언뜻 보이다. ◆ 風味(풍미): 고상하고 멋스러운 풍격.

□ 감상

산속에 숨어 살며 오직 공부하기만을 좋아했던 판곡(板谷)이 밝은 달빛 아래 언뜻 매화를 보며 바람결에 스며드는 향기를 소박하면서도 멋스럽게 읊은 시다. 오로지 은일하면서 호학(好學)하는 즐거움에 만족하는 자신을 스스로 위안하고, 허름한 거처에서 은거하는 자신과 세상 밖 다른 사람의 삶을 바꾸어 살피면서 안분지족(安分知足)의 미소를 짓는 판곡의 모습이 어슴푸레 그려진다.

〔석계石溪 장주현張珠賢〕

懷端宗而作詩調
단종을 영월(寧越)로 모셔두고 돌아오며 지음
― 王邦衍왕방연

千里遠遠道 천만리 머나먼 길,
천리원원도

美人離別秋 고운 님 여의옵고.
미인리별추

此心無所著 내 마음 둘 데 없어,
차심무소착

下馬臨川流 냇가에 앉았으니.
하마림천류

川流亦如我 저 물도 내 안 같아,
천류역여아

嗚咽去不休 울어 밤길 예놋다.
오열거불휴

□ 字句 풀이

● 端宗(단종): 조선 제6대 왕. 1452년 5월 문종이 재위 2년 만에 죽자, 12세에 왕위에 올랐다. 그러나 1453년 숙부 수양대군이 모든 권리를 장악하자 단종은 수양대군에게 왕위를 물려주고 상왕이 되었다. 1456년 성삼문·박팽년·이개 등이 단종 복위를 도모하다가 모두 처형된 뒤, 1457년 상왕

에서 노산군으로 강봉되어 강원도 영월 청령포로 유배되었다. 그해 10월에는 마침내 17세의 나이에 죽임을 당했다. ◆ 嗚咽(오열): 설움에 복받쳐 목메어 울다.

□ 감상

　작자는 권력의 하수인으로 어쩔 수 없는 길을 갔다 오면서도 백성의 한 사람으로서 인간적인 번뇌와 이별의 애상을 느낄 수밖에 없었을 터! 목 놓아 울지도 못하고 흐르는 눈물 주체할 수 없는 애절한 심정을 소리 내며 흐르는 강물에 의지해 토로하고 있다. 권력의 역사 속에서 때로는 무참히 짓밟히고 세월 속에서 잊혀져가는 삶의 무상함과 인간의 존엄성을 절절히 생각하게 한다.

〔석계石溪 장주현張珠賢〕

室人勸我止酒 詩以答之
술을 그만 마시라는 아내에게 시로써 답하다
－權韠권필

數日留連飮 수일류련음
　며칠 동안 연이어 술을 마시고도,

今朝興又多 금조흥우다
　오늘 아침 흥이 다시 넘쳐나네.

卿言也復是 경언야부시
　술을 그만 마시라는 당신 말도 옳지만,

奈此菊枝何 내차국지하
　이 국화꽃을 보면서 어찌 안 마실 수 있겠소.

▶출전: ≪석주집(石洲集)≫ 권6

□ 字句 풀이

♦ 數日(수일): 여러 날, 며칠 동안. ♦ 留連飮(유련음): 연이어 마심. ♦ 卿(경): 아내를 높여 부르는 말. ♦ 復是(부시): 또한 옳다. ♦ 奈何(내하): 어떻게.

□ 감상

비가 내리는 휴일 빗소리나 들을 요량으로 한가한 정자를 찾았다. 제법 세월을 견뎌온 큰 나무들이 둘러있는 사이에 정자가 자리하고 있다 보니 무조음(無調音)의 빗소리가 고즈넉하다. 절기는 한 여름이나 비가 오는 탓인지 소슬한 기운이 몸을 감싼다. 어느새 가을인가? 한기를 느낄 만큼 습한 바람이 지나자 이 적적한 고요가 행복한 고독으로 젖어든다. 간간이 적막을 깨는 새소리, 빗소리, 낙숫물 소리…, 한참을 그렇게 앉아 있다가 석주 선생의 시를 읊조려 본다. 저 멀리 향기로운 숲을 지나온 바람을 벗 삼아 몇 잔의 술과 함께 선생의 높은 홍취를 조금이나마 그려본다. 그리 멀지 않은 곳에 자리한 빈 밭에 성긴 울타리가 조촐하다. 이렇게 한적한 날이면 못내 선생을 그리워하는 후학이 있다는 걸 선생께서는 아실는지? 국화가 필 가을이 몇 걸음 밖에서 서성인다.

〔일강一江 전병택全炳澤〕

香爐峰詩
향로봉시

-西山大師 서산대사

萬國都城如蟻垤 만국의 도성은 개미집과 같고,
만국도성여의질

千家豪傑若醯鷄 천고의 호걸은 하루살이 초파리라.
_{천가호걸약혜계}
一窓明月淸虛枕 창에 가득 밝은 달빛 베고 누웠으니,
_{일창명월청허침}
無限松風韻不齊 무한한 솔바람이 갖은 곡조를 다 전하네.
_{무한송풍운부제}

□ 字句 풀이

◆ 萬國(만국): 온 세상. ◆ 都城(도성): 도읍의 성. ◆ 垤蟻(질의): 개미가 땅 속에 집을 짓기 위하여 파낸 흙가루가 땅 위에 두둑하게 쌓인 것. ◆ 醯鷄(혜계): 초파리. ◆ 淸虛(청허): 마음이 맑아 잡생각이 없음. 대사의 아호가 청허임을 생각해보면 또 다른 맛을 느낄 수가 있다. ◆ 無限(무한): 끝이 없이 이어지는 모양. ◆ 韻不齊(운부제): 다듬어 짓지 않아도 절로 운치가 있는 자연의 소리.

□ 감상

  20여 년 전의 일이다. 어느 서예전을 관람 하던 중 눈길을 멈추게 하는 시가 한 편 있었다. 당시에 작자의 이름은 적혀있지 않았는데, 그 내용인 즉 다음과 같았다.

彌天大業紅爐雪 하늘까지 다다른 큰일이라도 붉은 화롯불에 한
              점 눈송이요,
跨海雄基赫日露 바다를 덮을 큰 기틀이라도 햇볕 아래 이슬이라.
誰人甘死片時夢 누가 잠깐의 꿈속 세상에 살다 감을 달가워하랴!
超然獨步萬古眞 만고의 진리를 향해 초연히 나 홀로 걸어가리라.

  몇 번을 되뇌어 보아도 범상한 시가 아니었다. 매월당이 아니고서 누가 이런 시를 지으랴 생각하고 있다가 한참이 지나서야 성철 스님께서 24세 때 출가하면서 지은 출가시임을 알았다. 우둔한 나로서도

가슴속 한켠에 뭉클함을 느꼈는데 그 뒤 인연 따라 책장을 들추다가 서산대사의 이 시(偈頌)를 만나게 되었다. 바쁜 틈이라도 잠깐씩 마음에 두고, 되새겨볼 일이다.

〔일강—江 전병택全炳澤〕

野草
들풀

—金九容 김구용

纖纖野草自開花 섬섬야초자개화	작고 여린 들풀은 멋대로 꽃을 피웠고,
檣影如龍水面斜 장영여용수면사	물에 비친 돛 그림자는 용처럼 수면에 빗겨있네.
日暮每依煙渚宿 일모매의연저숙	날 저물면 언제나 안개 낀 물가 찾아 자고 가는데,
竹林深處有人家 죽림심처유인가	대숲 깊은 곳에 사람 사는 집 보이네.

▶출전: ≪척약재하음집(惕若齋學吟集)≫ <척약재선생학음집(惕若齋先生學吟集)> 권하

□ 字句 풀이

◆ 纖纖(섬섬): 여리고 가냘픔, 부드럽고 긴 모양. ◆ 野草(야초): 들풀.
◆ 檣影(장영): 돛대의 그림자. ◆ 斜(사): 비스듬하다, 기울다. ◆ 日暮(일모): 날이 저물다. ◆ 煙渚(연저): 안개가 자욱한 물가. ◆ 深處(심처): 깊숙한 곳.

□ 감상

 배를 타고 강을 따라 내려가는데, 들판에는 꽃들이 피어 있고 수면에는 출렁이는 물결 속의 용처럼 구불구불 돛 그림자가 보인다. 이 얼마나 아름다운 표현인가! 마치 한 폭의 그림같다. 시는 모름지기 이렇게 실감이 나면서도 아름다움이 넘쳐야 한다. 험난한 시대를 살아가는 선비이면서도 아름다운 시들이 많은 것은 자연에 묻혀 조용히 살아가고자 하는 마음을 가졌기 때문이라고 생각한다.

〔은파隱波 전영월全榮月〕

夷山
이산에서

- 許篈 허 봉

春來三見洛陽書　봄 들면서 세 번이나 서울편지 받았는데,
춘래삼견낙양서
聞說慈親久倚廬　어머님은 문기대어 나를 기다리신다 하네.
문설자친구의려
白髮滿頭斜景短　흰머리 드리우고 짧은 여생 사시는 분,
백발만두사경단
逢人不敢問何如　사람을 만나도 우리 어머니 안부를 감히 묻지
봉인불감문하여　　못하네.

▶ 출전: ≪하곡집(荷谷集)≫ <하곡선생시초(荷谷先生詩鈔)>

□ 字句 풀이

♦ 洛陽(낙양): 중국 하남성에 있는 지명, 역대 왕조의 수도였으므로 여기에

서도 '서울'의 의미로 쓰임. ◆ 聞說(문설): 남이 말 하는 것을 들음. ◆ 慈親(자친): 자애로운 어버이, 대개 어머니를 일컬음. ◆ 斜景(여경): 서쪽으로 기우는 태양, 혹은 남은 생애. ◆ 逢人(봉인): 사람을 만나다, 여기서는 고향 사람을 만났다는 뜻이다.

□ 감상

이 시는 갑산으로 귀양 가 있으면서 고향의 노모를 그리워하며 지은 시이다. 사람이 궁하면 부모를 부르기 마련이다. 이 시에는 귀양살이로 인하여 인생이 얼마 남지 않은 노모를 끝내 뵙지 못하는 것인가 하는 안타까운 심정이 여실히 드러나 있다. 비록 고향 사람을 만나더라도 그동안 뵙지도 못함은 물론 소식조차 듣지 못했던 어머님의 안부를 묻기가 겁이 난다. 혹시 그 동안 어머님 신변에 무슨 일이 발생했다는 소식, 심지어는 돌아가셨다는 소식을 들을 수도 있겠기에…. 어머님에 대한 그런 그리움과 조바심을 시인은 마지막 구절에서 '逢人不敢問何如(사람을 만나도 우리 어머니 안부를 감히 묻지 못하네.)'라는 말로 표현하였다.

〔은파隱波 전영월全榮月〕

見四仙立馬
네 명의 신선이 말을 세우고 보다
－白光弘 백광홍

昨下蓬萊第一峰 봉래산 제일봉을 어저께 내려왔는데
작하봉래제일봉

輕鬟猶帶綠雲容 상투 끝엔 여태껏 초록 구름 남은 듯.
경환유대록운용

雙雙立馬梨花下 짝지어 배꽃 아래 말을 세워 보노라니,
_{쌍쌍입마이화하}

雪醮紅紗亂玉鬉 배꽃이 말잔등에 눈처럼 내려 휘날리네.
_{설초홍사난옥종}

▶ 출전: ≪기봉집(岐峯集)≫ 권2

□ 字句 풀이

◆ 鬟(환): 쪽 진 머리, 산의 모양을 형용하는 말. ◆ 綠雲(녹운): 푸른 구름, 여인의 머릿결이 숱이 많고 윤택함을 형용하는 말. ◆ 立馬(입마): 말을 멈추어 세움. ◆ 雪醮(설초): 눈이 다 하여 없어지다. ◆ 紅紗(홍사): 적부루마, 붉은빛과 흰빛의 털이 섞여 있는 말. ◆ 玉鬉(옥종): 옥 같이 아름답고 훌륭한 말의 갈기.

□ 감상

어제 금강산에 다녀왔는데 상투 끝에 금강산의 초록 구름이 여태껏 남았다'는 표현이 신선하다. 아름다운 풍광의 여운이 또 금강산에 다녀오고 싶은 마음을 부추긴다. 말갈기에 눈 내리듯 떨어지는 배꽃의 묘사도 참신하다. 8문장가의 한 사람으로 꼽힐 만하다.

〔백헌栢軒 전인식全仁植〕

對月獨酌
달을 마주한 채 홀로 기울이는 술잔

－鄭澈 정철

夕月杯中倒 저녁달은 술잔 속에 빠져있고,
_{석월배중도}

春風面上浮 봄바람은 살며시 얼굴을 어루만진다.
_{춘풍면상부}

乾坤一孤劍 하늘과 땅 사이에 외로운 검 한 자루
_{건곤일고검}

長嘯更登樓 다시금 누대에 올라 긴 휘파람 분다.
_{장소경등루}

▶ 출전: ≪송강집(松江集)≫ <송강속집(松江續集)> 권1

□ 字句 풀이

◆ 杯中(배중): 술잔 속. ◆ 倒(도): 넘어지다, 거꾸러지다. ◆ 長嘯(장소): 긴 휘파람. ◆ 登樓(등루): 누대에 오르다.

□ 감상

술잔을 앞에 둔 사나이의 기상이 어쩌나 힘이 있는지 심장의 박동 소리를 더하게 한다. 저녁달을 술잔에 끌어들이는 씩씩한 사내의 기상과, 직면한 어렵고 힘든 일들을 단칼에 해결하겠다는 의욕이 살아 있는 시라 할 수 있다.

〔백헌栢軒 전인식全仁植〕

秋日泛舟(一)
가을 뱃놀이(1)

－吳漢卿 오한경

海霧晴猶暗 바다 안개 걷히니 물빛 오히려 검푸르고,
_{해무청유암}

江風晚更斜 강바람 날 저물자 더욱 세찬데,
_{강풍만경사}

滿汀紅葉亂 물 위에 울긋불긋 어지러운 단풍잎,
만정홍엽란
疑是泛桃花 복사꽃이 떠내려 오는 줄 알았다네.
의시범도화

▸출전: ≪동문선(東文選)≫ 권19

□ 字句 풀이

◆ 猶暗(유암): 오히려 어둡다, 안개가 걷히니 푸르다 못해 검푸른 물색이 더욱 어두워 보인다는 의미. ◆ 汀(정): 모래섬. ◆ 紅葉亂(홍엽란): 단풍이 어지러이 떠오며 흩어진 모습. ◆ 疑是(의시): ~이 아닌가 의아해 함. ◆ 泛桃花(범도화): 복사꽃이 떠오다. 무릉도원의 고사를 연상한 것인데, '어부가 냇물에 복사꽃이 떠 오는 것을 보고 물을 따라 올라가서 선경을 발견하였다.'는 게 무릉도원 이야기의 핵심이다.

□ 감상

온종일 강마을에 내렸던 바다안개가 저녁녘에야 걷혔으니 물색은 푸르다 못해 검푸르고 소슬한 강바람 세차게 몰아치니 만추의 강촌은 스산하기만 하다. 모래섬 가득 흩뿌려진 단풍잎을 바라보며 작가는 짐짓 복숭아꽃으로 착각해 본다. 복숭아꽃 물에 떠서 흘러가는 곳만 낙원일까? 시인이 뱃놀이하고 있는 이곳이 바로 낙원이지.

〔심운心雲 전현숙全賢淑〕

秋日泛舟(二)
가을 뱃놀이(2)

— 吳漢卿 오한경

水鳥浮還沒 물새는 떴다가 다시 잠기고,
수조부환몰

沙洲直復斜 모래톱은 곧게 펼쳐졌다 다시 구부러지네.
사주직부사

傍舟山展畵 뱃머리 산 풍경 화폭을 펼친 듯
방주산전화

迎棹浪生花 거슬러 젖는 노에 물보라 이네.
영도낭생화

▶ 출전: ≪동문선(東文選)≫ 권19

□ 字句 풀이

◆ 浮還沒(부환몰): 떴다가 다시 잠김. ◆ 沙洲(사주): 물 가운데 작은 섬.
◆ 山展畵(산전화): 자연의 산수가 마치 한 폭의 그림을 펼친 듯 아름다움.
◆ 浪生花(낭생화): 급한 물살을 거슬러 젖는 노에 마치 꽃이 피어나듯 물보라가 인다는 말.

□ 감상

강물 위로 떴다가 다시 물속으로 잠기는 물새, 곧게 펼쳐졌다가도 다시 구불구불해지는 모래톱, 일렁이는 물이랑 때문에 곧은 듯 굽어 보이는 강가의 풍경이 잔잔하면서도 아름답다. 세찬 물살을 거슬러 젓는 돛대에 이는 물보라는 더욱 장관을 이룬다. 아름다운 자연 산수 시이다.

〔심운心雲 전현숙全賢淑〕

守靜(節錄)
마음의 고요함을 지켜라

- 李滉이황

守身貴無撓 몸 지킴은 꺾이지 않음을 귀히 여기고,
수신귀무요

養心從未發 마음 기름은 감정을 드러나지 않은 상태를 좇으라.
양심종미발

苟非靜爲本 진실로 고요함을 근본으로 삼지 않는다면,
구비정위본

動若車無軏 그 행동은 마치 수레에 쐐기 없는 것과 같을
동약차무월 것이니라.

▶ 출전: ≪퇴계집(退溪集)≫ <퇴계선생문집(退溪先生文集)> 권5 속내집(續內集)

□ 字句 풀이

♦ 無撓(무요): 구부러지지 아니함. ♦ 未發(미발): 중용에서 말하는 오욕칠정이 발동하지 않은 상태. ♦ 動若(동약): 행동이 마치 ~와 같다. ♦ 軏(월): 수레의 끌채 맨 끝의 가로나무를 고정하는 쐐기.

□ 감상

仁(인)은 사람(人) 둘로서 만들어진 글자로 사람과 사람의 관계를 뜻한다. 부모에 대해서는 효, 형제에게는 우애, 부부끼리는 사랑, 자녀에게는 자애, 나라에는 충성, 친구에게는 신의, 타인에게는 진실해야 한다는 공자 말씀이 담겨있는 글자다. 퇴계 선생은 12살 때 논어를 익혀 진정 사람이 해야 할 행동이 무엇인지를 깨달았다고 한다. "진실로 고요함을 근본으로 삼지 않는다면, 그 행동은 마치 수레에 쐐기 없는 것과 같을 것이니라."고 한 말이 무섭게 가슴에 다가온다. 새겨들어야 할 말이다. 이 시는 본래 이보다 훨씬 긴데, 앞의 4구절을

택했다. 뒷부분을 옮기면 다음과 같다.

>我性愛山隱　塵紛久消歇　一朝來嘗世　已覺神外滑
>何況都城中　欲海競顚越　君爲布衣生　樹蘭寧自伐
>君門扉好掩　君井泥莫汨　四壁有圖書　焚香坐超忽
>潛昭判善利　一帥麾千卒　豈有中行士　衒寶甘自刖
>乘除得與失　不啻霄壤揭　二子勉專精　老我誠亦竭

〔완석頑石 정대병鄭大炳〕

阻雨 宿神勒寺
비에 막혀 신륵사에 묵으며
— 申光漢신광한

好雨留人故不晴 　봄비가 나를 머물게 해놓고서 개지 않으니,
호우류인고불청

隔窓終日聽江聲 　진종일 창 너머로 강물 소리를 듣네.
격창종일청강성

斑鳩又報春消息 　산비둘기는 봄소식을 알리느라,
반구우보춘소식

山杏花邊款款鳴 　산 살구꽃 가지에 앉아 꾸욱꾸욱 울고 있네.
산행화변관관명

▶ 출전: ≪기재집(企齋集)≫ <기재별집(企齋別集)> 권4

□ 字句 풀이

◆ 好雨(호우): 때 맞춰 알맞게 내리는 비. ◆ 隔窓(격창): 창 너머. ◆ 斑鳩(반구): 산비둘기. ◆ 款款(관관): 비둘기 우는 소리의 형용.

□ 감상

 봄비가 길을 막아 떠나지 못한다는 핑계아래 작자는 즐길 것을 다 즐기고 있다. 강물 흐르는 소리, 산비둘기 노래 소리…. 봄의 생동하는 생명력을 느끼게 한다. 잠시나마 세속을 벗어나 여유와 편안함을 누리는 선비의 모습이 눈에 선하다. 요즘처럼 바쁜 세상에서는 여유를 갖기가 쉽지 않다. 나는 무엇을 구실 삼아 이런 여유를 가질 수 있을까? 나 자신을 한 번 돌아볼 일이다.

〔완석頑石 정대병鄭大炳〕

山行
산길을 가다가

－金始振김시진

閒花自落好禽啼 한화자락호금제	한가한 꽃 혼자 지고, 예쁜 새들 우짖는데,
一徑淸陰轉碧溪 일경청음전벽계	소롯길 맑은 그늘 돌아서면 푸른 시내.
坐睡行吟時得句 좌수행음시득구	앉아 졸다, 가다 읊다, 때로 싯귀를 얻어도
山中無筆不須題 산중무필불수제	산중에 붓이 없어 적을 길이 없구나.

□ 字句 풀이

◆ 閒花(한화): 한가로이 피어 있는 꽃. ◆ 一徑(일경): 한줄기 소롯길. ◆ 淸陰(청음): 맑은 그늘. ◆ 轉(전): 돌다. ◆ 碧溪(벽계): 푸른빛이 감도는 시내. ◆ 坐睡(좌수): 앉아서 졸다. ◆ 行吟(행음): 걸으면서 시를 읊음. ◆ 時得句(시득구): 이따금 좋은 시 구절을 얻다.

□ 감상

 산길을 간다. 말없이 홀로 산길을 간다. 꽃들은 저 혼자 피었다 저 혼자 진다. 새들은 낯선 손님을 보고 놀라 고개를 내밀고 노래한다. 소롯길의 맑은 그늘 속을 돌아나가자 푸른 시내가 나를 반긴다. 볕이 따스하다. 시냇가 너럭바위에 앉아 있으니 졸음이 온다. 뒷짐 지고 걷는데 가슴속에서 뭉게뭉게 피어난 생각이 시가 되고, 노래가 된다. 그 시상들을 달아날까 싶어 붙들어 두고 싶지만 붓이 없는 것을 어이 한단 말인가? 참 행복한 시인이다. 우리는 붓이 있어도 쓸 시를 얻지 못해 1년 내내 시 한수도 짓지 못하고 사는 처지인데….

〔연재淵齋 정도영鄭道永〕

次太和樓詩
태화루 시에 차운하여

−李原이원

公餘隨意上高樓 　공무 끝나 맘 내키는 대로 태화루에 오르니,
공여수의상고루

地暖冬天却似秋 　날씨 따뜻하여 겨울이 가을 날 같구나.
지난동천각사추

山聳奇峰分萬點 　기이한 산봉우리는 헤아릴 수 없이 솟았고,
산용기봉분만점

江交巨海自東流 　태화강은 동으로 흘러 큰 바다와 만나네.
강교거해자동류

梅花初發雪晴岸 　눈 개인 강 언덕에 매화가 피어나고,
매화초발설청안

草色遙看雨後洲 　비 그친 모래톱엔 멀리 봄 풀빛이 보이네.
초색요간우후주

待得春來增景槩 　봄이 무르익어 경치가 더 좋아지기를 기다려,
대득춘래증경개

會將詩酒此重遊 술 마시고 시 지으며 다시 노닐어야 하겠네.
회장시주차중유

▶출전: ≪용헌집(容軒集)≫ <용헌선생문집(容軒先生文集)> 권2

□ 字句 풀이

◆ 태화루(太和樓): 울산에 소재하고 있으며, 진주 촉석루(矗石樓), 밀양 영남루(嶺南樓)와 함께 영남의 3대 누각으로 불림. ◆ 공여(公餘): 공무(公務)의 여가. ◆ 수의(隨意): 구속과 제한이 없는 일. ◆ 상고루(上高樓): 태화루에 오르다. ◆ 강(江): 태화강(太和江). ◆ 주(洲): 강이나 호수 가운데 모래가 쌓여 된 섬. ◆ 경개(景槪): 산수의 아름다운 풍경. ◆ 장(將): 장차 행하다.

□ 감상

이 시는 겨울 어느 날 공무가 끝난 뒤에 틈을 내어 태화루(太和樓)에 올라가서 지은 것이다. 태화루에서 바라보는 강 건너편의 산과 동쪽 바다로 흘러드는 바다, 눈 그친 강 언덕에 핀 매화와 비 그친 모래톱의 푸른 풀빛에서 작가는 봄이 멀지 않았다는 것을 느꼈다. 아울러 봄이 오면 다시 이곳에 와서 술 마시고 시를 지어야겠다는 희망을 담고 있다. 원래 태화루는 객지에 온 관원들의 휴식 장소였다. 아름다운 경승 속에 위치하고 있었던 태화루는 울산에 부임한 문무 관원뿐 아니라 전국의 많은 시인묵객이 찾았던 명소가 되었다. 이 시인은 공무를 끝낸 뒤에 틈을 내어 태화루에 올랐다. 초봄풍경이 아름답다. 봄이 더 무르익으면 다시 오겠다는 생각을 한다. 허허, 그러다간 아마 다시 놀러오기 힘들 걸. '급시행락(及時行樂)'이라는 말이 있다. 놀 수 있을 때 노는 사람이 가장 부지런한 사람이다. 게으른 사람은 일을 해야 할 때는 오히려 놀다가 놀 수 있을 때는 일을 추켜들고 나오는 사람이다. 물론 이 시의 작가 이원이 그런 사람이라는 뜻은 아니다. "이 다음에 다시 와야지."라고 하는 말이 미덥지 않아 하는 말이다.

〔연재淵齋 정도영鄭道永〕

睡起
잠에서 깨어

-徐居正서거정

簾影深深轉 발 그림자 깊숙이 옮겨 들고,
염영심심전
荷香續續來 연꽃 향기 끊임없이 풍겨오네.
하향속속래
夢回孤枕上 홀로 잠들어 꿈에서 깨어보니,
몽회고침상
桐葉雨聲催 오동잎은 빗소리를 재촉하는구나.
동엽우성최

□ 字句 풀이

◆ 睡起(수기): 잠에서 깨어남. 여기서는 낮잠에서 깨어남. ◆ 簾(렴): 주렴.
◆ 深深(심심): 깊숙이. 여기서는 발 그림자가 시간이 감에 따라 방 속 깊이 들어옴을 나타냄. ◆ 續續(속속): 끊임없이, 연이어서. ◆ 夢回(몽회): 꿈으로부터 돌아오다, 잠에서 깨다. ◆ 孤枕(고침): 외로운 잠자리.

□ 감상

어느 여름날 한낮에 연못가 정자에서 발을 드리우고 낮잠을 자던 선비가 방 안 깊이 들어오는 발그림자와 연꽃 향기, 그리고 오동잎을 때리는 빗소리에 잠이 깨었다. 작가는 이처럼 매우 평범한 소재를 가지고 산뜻한 느낌을 자아내는 시를 완성하였다. 아무 일 아닌 일도 시인이 다루면 명시가 되고 거창한 일도 범인이 다루면 췌사(贅辭: 군더더기 말)가 되고 마니 군더더기 잔소리나 하는 사람이 되지 않기 위해서는 책을 읽어야 하리라. 그리고 마음을 맑게 하여 가슴에 시심을 자리잡게 해야 하리라. 이 시대에 문인서예가로 살아간다는 것, '임중이도원(任重而道遠)'임을 날마다 날마다 새롭게 느껴야 할 텐데….

〔소헌紹軒 정도준鄭道準〕

池上
못 가에서

― 申欽 신흠

一逕穿蒙密 일경천몽밀	숲 속엔 오솔길 하나 나 있고,
懸厓有少茨 현애유소자	산언덕엔 조그마한 오두막이 서 있네.
藝蘭仍作畝 예란잉작무	난을 심으려 밭을 일구고,
貯月欲成池 저월욕성지	달을 담으려 연못을 만들었네.
竹塢還聽瑟 죽오환청슬	대숲에선 거문고 소리 들려오고,
香燈却對棊 향등각대기	등불아래선 바둑을 두네.
山家淸事足 산가청사족	산중에 청아한 일 많기도 하니,
煮茗又題詩 자명우제시	차 달이다가 다시 시를 쓰네.

▶ 출전: ≪상촌고(象村稿)≫ 권10

□ 字句 풀이

♦ 穿(천): 뚫다, 개통하다. ♦ 蒙密(몽밀): 나무 따위가 우거지고 빽빽함. ♦ 懸厓(현애): 낭떠러지. ♦ 畝(무): 갈아놓은 밭의 한 두둑과 한 고랑을 아울러 이르는 말. ♦ 貯(저): 쌓아두다, 저축하다. ♦ 還(환): 여기서는 부사로 '또', '다시'의 의미 ♦ 却(각): 여기서는 부사로 '오히려'의 뜻. ♦ 香燈(향등): 안방 안의 등불. ♦ 煮(자): 끓이다, 익히다.

□ 감상

산중 생활의 즐거움을 표현한 시이다. 산속 오솔길 조그만 오두막집에서 밭 일구고 연못 만들어 사는 소박한 즐거움이 담겨 있다. 자연을 벗 삼아 바둑 두고 차 마시며 시를 쓰는, 그야말로 청정미가 살아있는 작품이라 할만하다. "난을 가꾸려 밭을 일구고, 달을 담으려 못을 만들었다."는 구절이 특별히 아름답다.

〔소헌紹軒 정도준鄭道準〕

紫洞晴霞
자동의 맑은 노을

-車天輅차천로

石門流水出桃花 석문유수출도화	석문의 흐르는 물에 복숭아꽃 떠 오니,
疑是秦餘避世家 의시진여피세가	진나라 난리 피해 살았던 인가가 있었나?
澗草細沾靑嶂雨 간초세첨청장우	골짝 풀은 청산의 빗발에 흠뻑 젖고,
洞天深鎖赤城霞 동천심쇄적성하	동천은 적성의 안개 속에 들어있네.
雲屯古木迷棲鶴 운둔고목미서학	고목에 구름 덮이자 깃든 학 안 보이고,
日落荒城見暮鴉 일락황성견모아	황성에 석양지자 저녁 까마귀 나타나네.
欲識小山叢桂在 욕지소산총계재	이 작은 산에 계수나무 숲 있는 줄 알고 싶거든,
直須招隱問丹砂 직수초은문단사	곧바로 은자 불러 장생불사약 물어보시게.

▶출전: ≪오산집(五山集)≫ 권3

□ 字句 풀이

♦ 石門(석문): 신선이 사는 무릉도원을 비유한 것. ♦ 叢桂(총계): 총계는 계수나무 숲으로 은자(隱者)가 사는 곳을 상징함. ♦ 丹砂(단사): 수은과 유황의 화합물, 주사(朱砂), 도교를 신봉하는 사람들이 장생불사를 꿈꾸며 만들어 먹었던 약.

□ 감상

이 시는 물론 자동에 노을이 지는 풍경을 읊은 자연시지만 한편으로는 차천로 자신의 암울한 현재를 '골짜기 풀은 청산의 빗발에 흠뻑 젖고, 동천은 적성의 안개 속에 들어있네(潤草細沾靑嶂雨, 洞天深鎖赤城霞).'로 표현하고, 남이 자기의 재주를 알아주지 않음을 '고목에 구름 덮자 깃든 학 안 보이고, 황성에 석양지자 저녁 까마귀 나타났지(雲屯古木迷棲鶴, 日落荒城見暮鴉).'라는 말로 표현했다고 할 수도 있을 것이다. 불우한 시인의 모습을 보는 것 같아 마음이 짠하다.

〔여천如泉 정명숙鄭明淑〕

春日遊水種寺
봄날 수종사에서 노닐다

- 丁若鏞 정약용

麗京明衣袖 고운 햇살 옷깃에 스쳐 밝은데,
여경명의수

輕陰汎遠田 옅은 그림자 먼 밭에 떠 있다.
경음범원전

舍舟欣散漫 배에서 내리니 자유로워 기분 좋고,
사주흔산만

入谷愛幽娟 골짜기에 들어서니 그윽하여 즐겁구나.
입곡애유연

巖卉施妝巧 바위 풀 교묘하게 단장했고,
암훼시장교

山茸發怒專　산 버섯 둥글게 불끈 솟아있네.
산용발노전

漁村生逈渚　아스라이 강변에 어촌 보이고,
어촌생형저

僧院寄危巔　위태로운 산머리엔 절간이 붙어있네.
승원기위전

慮澹須輕物　생각이 담박하니 사물이 가벼이 여겨지고,
여담수경물

身高未遠仙　높이 올라서니 신선세계가 멀게 뵈질 않는구나.
신고미원선

惜無同志客　안타까움은 뜻을 같이하는 길손이 없어,
석무동지객

談討溯微玄　현묘한 도를 찾는 이야기 나눌 수 없다는 것.
담토소미현

▶ 출전: ≪다산시문집(茶山詩文集)≫ 권1

□ 字句 풀이

◆ 麗京(려경): 아름다운 햇살. ◆ 衣袖(의수): 옷소매. ◆ 輕陰(경음): 엷은 그림자. ◆ 舍舟(사주): 배에서 내리다. ◆ 怒專(노전): 온전히 꼿꼿이 거꾸로 솟음. ◆ 逈渚(형저): 먼 곳에 있는 물가.

□ 감상

이 시에서 가장 핵심 대목은 역시 '생각이 담박하니 사물이 가벼이 여겨지고, 몸이 높아지니 신선세계가 멀게 뵈질 않는구나(慮澹須輕物, 身高未遠仙).'이다. 다산은 18년간의 유배생활 등 온갖 어려움 속에서도 몸은 부지런히 노력하고 마음은 담담하게 하려고 노력했다. 그리하여 매일 신선이 되는 느낌을 느끼며 삶을 긍정적으로 이끌어 나갔다. 그러니 스스로 '이제는 신선이 다 된 것 같다.'는 자부심을 가질 수밖에….

〔여천如泉 정명숙鄭明淑〕

書諸橋驛壁上
제교역의 벽에 쓰다

-鄭夢周 정몽주

積雪經寒凜 (적설경한름)	눈 쌓인 길 오느라 추위 겪었고,
狂濤涉險難 (광도섭험난)	거친 물결 만나서 험난함도 겪었네.
東來今幾日 (동래금기일)	동쪽 고려를 떠나온 지가 며칠이던가,
南去漸無山 (남거점무산)	중국 땅 남쪽으로 갈수록 산이 없네.
官柳綠相倚 (관류록상의)	관아의 푸른 버들 빛이 서로 어울리고,
野花紅未殘 (야화홍미잔)	들판의 붉은 꽃은 아직 아니 시들었네.
書生亦榮矣 (서생역영의)	서생은 역시 영광스런 역할을 하는 사람.
獻馬向天閑 (헌마향천한)	천자의 마구간에 말을 다 바치러 가다니!

▶출전: ≪포은집(圃隱集)≫ <포은선생문집(圃隱先生文集)> 권1

□ 字句 풀이

◆ 狂濤(광도): 거친 파도. ◆ 獻馬(헌마): 국가 간의 교류에서 예물로 말을 바치거나 또는 강국에서 약소국의 군사력을 약화시키기 위하여 강제적으로 말을 요구하는 경우에 바치는 말.

□ 감상

먼 길을 눈 속에 걷고 거친 파도와 싸워가며 대국에 조공을 바치러 가는 심정이 오죽 하셨을까! 일개 서생이 천자에게 말을 바치러 가는 것마저 영광이라고 애써 서글픈 마음을 감추고 있는 것 같아 더욱 서글픈 생각이 든다. "서생은 역시 영광스런 역할을 하는 사람! 천자의 마구간에 말을 다 바치러 가다니(書生亦榮矣, 獻馬向天閑)."라는 구절은 일종의 반어법이다. 고려의 서생으로서 중국의 황제가 징발하는 말을 바치러가는 신세를 자조적으로 표현하며 설한의 치욕을 언젠가는 씻으리라는 다짐을 하고 있는 것이다.

〔연봉硯峯 정명환鄭明煥〕

夜興
밤의 흥취
－鄭夢周 정몽주

夜氣生公館 고요한 밤기운이 공관(公館)에 일고,
야기생공관

空庭雨乍收 빈 뜰에 내리던 비 잠시 걷혔네.
공정우사수

飛螢帶秋思 반딧불 쓸쓸한 심정 띤 채 이리저리 나는데,
비형대추사

宿客抱淸愁 나그네는 적적한 수심을 품고 누웠네.
숙객포청수

露葉聞餘滴 나뭇잎에 맺힌 이슬 물방울 되어 구르는 소리,
로엽문여적

星河看欲流 은하수 바라보니 흘러가려는 것 같구나.
성하간욕류

明朝還北去 내일 아침 북으로 돌아가려니,
명조환북거

數起問更籌 일어나서 밤 시각 자주 묻노라.
수기문갱주

▶ 출전: ≪포은집(圃隱集)≫ <포은선생문집(圃隱先生文集)> 권1

□ 字句 풀이

• 乍收(사수): 내리던 비가 잠시 걷힘. • 淸愁(청수): 맑은 근심. • 餘滴(여적): 남은 물방울. • 星河(성하): 은하수. • 數起(수기): 수시로 일어나서. • 更籌(경주): 밤의 시각을 재는 물시계의 한 가지.

□ 감상

포은 선생은 사신으로 객지를 돌아다닌 때가 많았다. 비오는 객지 공관에서 내일 아침 일찍 출발 할 것이 걱정되어 깊은 잠은 못 이루고 수시로 일어나서 시간을 알아보는 그 심정이 안타깝다. 풀잎에 맺힌 이슬이 물방울 되어 떨어지는 소리가 들릴 정도로 예민한 신경을 가진 시인의 모습이 눈앞에 그려지는 것만 같고 고요한 밤의 시적 분위기가 생생하게 되살아남을 느낄 수 있다.

〔연봉硯峯 정명환鄭明煥〕

朴淵瀑布
박연폭포

－申濡신유

飛流千丈掛靑空 천 길이나 떨어지는 폭포가 하늘에 걸려 있네.
비유천장괘청공

開鑿當年技力窮 파낼 그 당시에는 온 힘을 쏟았으리라.
개착당년기력궁

若使謫仙吟到此 만일 이태백더러 이곳에 와서 시 읊게 한다면,
약사적선음도차

鑪峯未必擅寰中 중국 여산폭포가 있는 향로봉만 차지하려 하지 않을 걸.
노봉미필천환중

▶출전: ≪죽당집(竹堂集)≫ 권7

□ 字句 풀이

◆ 朴淵瀑布(박연폭포): 개성시 북쪽 16㎞ 지점에 있는 천마산과 성거산 사이의 웅장한 화강암 암벽에 걸쳐 있다. 높이 37m, 너비 1.5m. 북한 천연기념물 제 388호로 지정되어 있다. 예로부터 서경덕과 황진이와 더불어 송도삼절로 유명하다. ◆ 飛流(비류): 날 듯이 세차게 흐름. ◆ 開鑿(개착): 산을 뚫거나 땅 밑을 파서 길이나 운하 등을 냄. ◆ 謫仙(적선): 벌을 받아 신선세계에서 인간세계로 쫓겨 내려 온 선인, 중국 당나라 때의 시인 이백의 별호.

□ 감상

중국 당나라 때의 천재 시인인 이백의 향로봉 아래 여산폭포에 관한 시가 유명한데 만약 이백에게 고려의 박연폭포 아래에 와서 시를 짓게 한다면 여산폭포만 자신의 '트레이드마크' 시제로 사용하려 하지 않고, 응당 박연폭포도 자신의 중요 시제로 삼으려고 덤빌 것이라는 표현이 참 재미있다.

〔송연松姸 정선희鄭善禧〕

宿證覺寺
증각사에 묵으며

-李穡이색

石峰如削出塵寰 깎은 것 같은 돌 봉우리 티끌세상을 벗어난 듯,
석봉여삭출진환
坐撫雲煙縹緲間 그 봉우리 앉아 어렴풋이 운연을 어루만지네.
좌무운연표묘간

梵唄聲殘僧入定 범패 소리 잦아드니 스님은 참선에 들고,
범패성잔승입정
一輪明月照千山 바퀴처럼 둥근 달 떠올라 온 산을 비추네.
일륜명월조천산

▶ 출전: ≪목은고(牧隱藁)≫ <목은시고(牧隱詩藁)> 권30

□ 字句 풀이

◆ 塵寰(진환): 티끌세상, 속세. ◆ 縹緲(표묘): 끝없이 넓거나 멀어서 있는지 없는지 알 수 없을 만큼 어렴풋함. ◆ 梵唄(범패): 석가여래의 공덕을 찬미하는 노래. 법회를 시작할 때 범패를 읊으며 부처의 높고 큰 덕을 찬미한다.
◆ 入定(입정): 참선 수행에 들어감.

□ 감상

증각사에서 하룻밤을 묵으며 보고 느낀 것을 담담하게 표현한 시이다.

〔송연松姸 정선희鄭善禧〕

浮碧樓
부벽루

- 奇大升기대승

錦繡山前寺 비단 수를 놓은 산 앞엔 영명사가 있고
금수산전사
大同江上樓 대동강 산기슭엔 부벽루가 서 있네.
대동강상루
江山自今古 강산은 예나 지금이나 다름없건만
강산자금고
往事幾春秋 흘러간 역사의 변화는 그 얼마인가?
왕사기춘추

粉壁留佳句　부벽루 기둥에 아름다운 시구가 붙어있고
분벽유가구
蒼崖識勝遊　아득한 낭떠러지엔 놀던 사람들 이름이 새겨져 있네.
창애지승유
扁舟不迷路　조각배는 강물 따라 잘도 떠가고
편주불미로
余亦泝淸流　나 역시 푸른 물결 거슬러 오르네.
여역소청류

▶ 출전: ≪고봉선생문집(高峯先生文集)≫ 제1권

□ 字句 풀이

◆ 春秋(춘추): 세월. ◆ 留佳句(유가구): 좋은 글귀를 써놓음. ◆ 勝遊(승유): 흥취 있게 노니는 것. ◆ 扁舟(편주): 조각배.

□ 감상

역사의 변화에 따라 소멸되는 존재가 아니라, 유구한 자연의 일부로서 살아가고자 하는 작자의 바람이 표출된 시이다.

〔해인海仁 정양애丁良愛〕

春興
봄의 흥취

－鄭夢周정몽주

春雨細不滴　봄비 가늘어 방울지지 않더니
춘우세부적
夜中微有聲　밤 깊어 희미하게 빗소리 들려라
야중미유성

雪盡南溪漲 쌓인 눈 마저 녹아 남쪽 개울에 물이 불어날 텐데
설진남계창
草芽多少生 새싹은 얼마나 돋았을까?
초아다소생

▶출전: ≪동문선(東文選)≫ 권19

□ 字句 풀이

◆ 雪盡(설진): 눈이 녹아서 다 없어짐. ◆ 多少生(다소생): '多少'는 '얼마나'의 뜻으로 多少生은 '얼마나 돋아났을까?'라는 의미이다.

□ 감상

 작자는 우연한 일로 깊은 밤에 잠을 깬 것 같다. 봄비 줄기가 너무 가늘어 낮 내내 비 내리는 소리가 들리지 않더니만 밤이 깊어 고요해지자 제법 물방울 져 떨어지는 소리가 들린다. 그 후로 쉽사리 잠들지 못한다. 그리고는 밤에 내리는 보슬비로 인해서 생기는 자연의 여러 변화에 대해서 생각해 본다. '이 비에 얼음은 마저 다 녹을 것이고, 그러면 앞 시내에 물이 불어나고 봄기운도 떠 따뜻해질 테니 아! 이제 강 언덕에서는 새싹도 많이 돋겠구나….' 이 시는 봄날의 정경을 실감나게 읊었는데 정작 눈으로 본 풍경은 하나도 없다. 시인은 이부자리 안에 있으면서 생각으로만 시를 지었다. 눈으로 직접 본 풍경은 하나도 없으면서 이처럼 실감나게 봄을 묘사한 시가 또 있을까? 중국 당나라 때의 시인 맹호연의 〈춘효(春曉)〉라는 시 외에.

〔해인海仁 정양애丁良愛〕

日本奉使時作(一)
일본에 사신으로 가서(1)

-鄭夢周 정몽주

平生南與北 평생남여북	평생토록 남과 북으로 다녔건만,
心事轉蹉跎 심사전차타	마음먹은 일은 뜻대로 된 게 없네.
故國海西岸 고국해서안	고국의 바다는 서쪽에 있고,
孤舟天一涯 고주천일애	나를 태운 외로운 배는 하늘 끝에 있네.
梅窓春色早 매창춘색조	매화 비치는 창가엔 벌써 봄빛이 찾아왔고,
板屋雨聲多 판옥우성다	판잣집엔 빗소리가 요란하구나.
獨坐消長日 독좌소장일	홀로 앉아 긴 날을 보내자니,
那堪苦憶家 나감고억가	어찌 고향 그리는 괴로움을 견딜 수 있으리오!

▶ 출전: ≪포은선생문집(圃隱先生文集)≫ 권1

□ 字句 풀이

♦ 蹉跎(차타): 시기를 놓침, 일을 이루지 못하고 나이가 많아짐. ♦ 板屋(판옥): 서민들의 집이 아닌 일본 전통주택. ♦ 天一涯(천일애): 하늘 끝.

□ 감상

교통수단도 좋지 않았던 그 시절에 사신의 임무를 띠고 남쪽으로는 일본, 북쪽은 원나라와 명나라까지 오가야 하는 평소의 고충을 토로하였다. 그리고 현재 일본에 사신으로 와 있으면서 객관에서 본 풍경과 느끼는 감정을 잔잔한 필치로 쓴 시이다. 고려 말, 이성계에게 끝까지 저항한 대표적인 충신으로 이름난 정몽주이기에 강한 이미지만 떠올리기가 쉬운데 정몽주의 시를 보면 의외로 정겹고 포근한 시가 많다. 약하고 부드러울 때는 한없이 약하고 부드럽다가도 정의 앞에 서는 한없이 강해지는 게 진짜 사나이다. 정몽주의 삶과 충정과 시를 아울러 살펴보면 정몽주의 그런 진짜 사나이다운 모습을 볼 수 있다.

〔범여凡與 정양화鄭良和〕

日本奉使時作(二)
일본에 사신으로 가서 (2)

-鄭夢周 정몽주

夢繞鷄林舊弊廬　　꿈은 옛 집의 계림을 맴도는데
몽요계림구폐려

年年何事未歸歟　　해마다 무슨 일로 집으로 돌아가지 못하는가?
년년하사미귀여

半生苦被浮名縛　　뜬 이름에 얽매여 반평생이 괴롭구나.
반생고피부명전

萬里還同異俗居　　만리 이역에서 그 풍속에 어울려 사는 신세,
만리환동이속거

海近有魚供旅食　　바다는 가까워 나그네 먹을거리 있지만,
해근유어공여식

天長無鴈寄鄕書　　하늘은 멀어 기러기도 고향 소식 전하지
천장무안기향서　　못하네.

舟回乞得梅花去　　배가 돌아갈 때 매화를 얻어가서,
주회걸득매화거

種向溪南看影踈　　시내 남쪽에 심어 성근 그림자를 두고 보리라.
종향계남간영소

▸ 출전: 《정포은봉사시작(鄭圃隱奉使時作)》

□ 字句 풀이

◆ 鷄林(계림): 지금의 경주, 이 시에서는 시인의 고국인 우리나라를 지칭함.
◆ 歟(여): 의문어기 조사.

□ 감상

　왜구의 노략질 근절과 잡혀간 우리 백성을 데려와야 하는 사신 임무의 중압감이 나그네의 심사를 더욱 처량하게 하고, 고향에 대한 향수를 더하게 한다. 외교적 결과에 따라서는 앞날을 보장할 수 없는 타국에서 희미한 희망을 매화에서 찾으려 하는 시인의 마음이 외롭다 못해 처절하다.

〔범여凡與 정양화鄭良和〕

題伽倻山讀書堂
가야산 독서당에 제하여

－崔致遠최치원

狂噴疊石吼重巒　　첩첩바위 토해내는 물소리 깎아지른 산봉우리 울리니,
광분첩석후중만

人語難分咫尺間　　지척서도 사람 말 분간하기 어렵구나.
인어난분지척간

常恐是非聲到耳　　옳다, 그르다 하는 소리 내 귀에 들릴까봐
상공시비성도이

故敎流水盡籠山　　흐르는 물 부러 시켜 산을 온통 감싼 게지.
고교류수진농산

▶ 출전: ≪고운집(孤雲集)≫ 권1

□ 字句 풀이

♦ 狂噴(광분): 미친 듯이 뿜어내는 물결. ♦ 吼(후): 큰 소리를 내며 울부짖다. ♦ 重巒(중만): 중첩된 멧부리. ♦ 難分(난분): 분간하기가 어렵다. ♦ 是非聲(시비성): 옳으니 그르니 하며 다투는 소리. ♦ 敎(교): '~로 하여금 ~하게 하다'는 의미의 사역동사. ♦ 籠山(농산): 산을 에워싸다.

□ 감상

가야산 골짜기를 흘러내리는 세찬 물소리를 듣노라면 시끄러운 세상만사를 잊을 수 있어 그곳에 가고 싶다. 세월호 사건이 아직 마무리되지도, 잊혀 지지도 않았는데, 윤일병 사건까지 터졌다. 꽃 같은 젊은 아이들이 대책 없이 목숨을 잃는 세상이 너무 안타까워 가슴이 더 먹먹하다. 바깥세상에 사는 사람들의 떠드는 소리, 다투는 소리가 행여 산자락으로 들려올까 싶어, 산이 일부러 계곡물소리를 크게 내는가 보다. 그런데 요즘은 산에 가도 시끄럽기는 마찬가지이다. 산도 사람으로 넘친다.

〔아당雅堂 정연숙鄭淵淑〕

村居
촌에 살며

－李崇仁 이숭인

赤葉明村逕 붉은 단풍잎이 산길을 밝히고,
적엽명촌경

淸泉漱石根 맑은 샘물은 돌부리를 씻어 주는구나.
청천수석근

地偏車馬少 땅이 외져서 찾아오는 사람 드문데,
지편거마소

山氣自黃昏 산은 저 혼자 황혼을 맞네.
산기자황혼
▸출전: ≪도은집(陶隱集)≫ 권3

□ 字句 풀이

◆ 赤葉(적엽): 붉은 잎사귀, 단풍나무 잎. ◆ 村逕(촌경): 시골의 좁은 길.
◆ 淸泉(청천): 맑은 샘물. ◆ 漱石根(수석근): 돌부리를 씻어냄. ◆ 地偏(지편): 땅이 외지다. ◆ 車馬少(거마소): 수레와 말이 드물다는 것은 찾는 사람이 적음을 의미함.

□ 감상

  가을이 되어 붉은 단풍잎이 촌길을 밝혀 나그네로 하여금 발길을 멈추게 하고, 맑은 시냇물이 돌 밑을 졸졸 흐르는 시적 정취가 한결 상쾌하다. 세상 사람들이 나를 잊었는지, 아니면 내가 덕이 없어 찾는 이가 없는 건지 어쨌든 홀로 있어도 세월은 쉬지 않고 흘러 황혼에 접어든다. 이제 이내 몸도 조용히 인생의 황혼기를 준비해야겠다.

〔아당雅堂 정연숙鄭淵淑〕

途中避雨有感
길 가다가 비를 피하며 느낀 바 있어서
                           -李穀이곡

甲第當街蔭綠槐   길가에 으리으리한 집 있어, 회화나무 녹음을
갑제당가음록괴   드리웠었네.
高門應爲子孫開   당시에 높은 문도 자손들 위해 열어놓았었지.
고문응위자손개

年來易主無車馬 세월 지나 주인이 바뀌어 왕래하는 사람들
연래역주무거마
끊어지고,

唯有行人避雨來 오로지 나그네만 비를 피하러 찾아오누나.
유유행인피우래

▶출전: ≪가정집(稼亭集)≫ 권16

□ 字句 풀이

◆ 甲第(갑제): 크고 넓게 잘 지은 저택, 매우 훌륭한 집. ◆ 當街(당가): 길거리에 있는. ◆ 蔭綠(음록): 무성한 그늘. ◆ 槐(괴) : 홰나무. 낙엽교목의 느티나무. ◆ 高門(고문): 솟을대문, 지체 높은 가문. ◆ 年來(연래): 여러 해부터. ◆ 易主(역주): 주인이 바뀌다. ◆ 車馬(거마): 수레와 말. 사람의 왕래를 나타냄. ◆ 惟~有(유~유): 오직 ~만이 있다.

□ 감상

 길을 가다 소나기를 만났다. 잠시 비가 그치겠지 하고 길가 대문간으로 비를 피해 섰다. 사람들의 왕래가 빈번한 큰길가에 세워진 으리으리한 큰 집, 누구 집일까? 금세 그칠 것 같던 비는 빗줄기가 굵어지고 살짝 열려있는 큰 대문 안이 궁금해져 살펴봐도 인기척은 없고 거미줄만 쳐있다. 아무도 살지 않는 집인지도 모른다. 집주인이 이런 집에 살 정도라면 자손이 번창 하고, 부귀영화를 대대로 누리며 살아가겠구나 하고 생각을 했으나 시 속에서 작자는 훗날 주인이 바뀌어 더 이상 사람들의 왕래가 없게 된 풍경을 읊고 있다. 묘한 슬픔의 징조가 그 시대를 반영하듯 묻어난다. 인간의 부귀란 참으로 허망한 것이다. 현 시대의 재력가와 권력을 앞세운 정치가들도 살아가면서 음덕(陰德)을 많이 베풀어 가난하고 억울하게 살아가는 이웃을 내 몸과 같이 여겨야 할 것이다. 더불어 배려하는 마음으로 나의 가정과 이웃을 돌보며 참다운 세상이 되도록 하는 것이 남은 인생의 작은 소명이라고 다짐해본다.

〔청강靑岡 정영태鄭永泰〕

登潤州慈和寺上房
윤주 자화사 상방에 올라

― 崔致遠최치원

登臨暫隔路岐塵 등림잠격노기진	잠시 속세의 먼지에서 벗어나 고요한 절에 올라,
吟想興亡恨益新 음상흥망한익신	흥망성쇠를 곱씹으니 한이 더욱 새롭구나.
畫角聲中朝暮浪 화각성중조모랑	뿔피리 소리에 아침저녁으로 세상 물결 일렁이고,
靑山影裏古今人 청산영리고금인	청산 그림자 속에 고금의 인물은 숨어있네.
霜摧玉樹花無主 상최옥수화무주	옥수에 서리 내려 꽃은 임자 없고,
風暖金陵草自春 풍난금릉초자춘	금릉의 따스한 봄바람 풀은 절로 파릇파릇.
賴有謝家餘境在 뇌유사가여경재	진나라 귀족 사씨 집안 시인들의 경지 아직 남아,
長敎詩客爽精神 장교시객상정신	시 짓는 나그네의 정신을 길이길이 시원스럽게 하네.

▶출전: 《고운집(孤雲集)》 권1

□ 字句 풀이

◆ 登臨(등림): 오르다. ◆ 潤州(윤주): 지금의 강소성 진강현. ◆ 古山影裏古今人(고산영리고금인): 오래된 산 그림자 속 옛 사람과 지금 사람이라는 의미로 항구한 자연 속에서 인간의 흥망을 상기시키며 삶의 무상함을 느끼게 하는 구절. ◆ 謝家餘境(사가여경): 사씨(謝氏) 집안의 남은 경지라는 뜻으로, 사씨집안은 진(晋)나라 때 사조(謝眺), 사령운(謝靈運) 등 시인을 배출

청강 정영태

한 명문가이다.

□ 감상

최치원이 중국 강소성 자화사(慈和寺)에 다녀온 감회를 시로 표현한 것이다. 역사의 도도한 흐름 속에서 인간의 삶이 어떤 의미인가를 진(晋)나라의 흥망에 빗대어 묘사하였다. 한 번 사는 인생인데 겨울이 가고, 봄이 오듯 자연의 순리대로 맑고 청렴하게 살아간다면, 그것이 곧 내 인생의 최고의 가치가 아닐까 생각해본다.

〔청강靑岡 정영태鄭永泰〕

閨情
여인의 정

― 李玉峰 이옥봉

有約來何晩 (유약래하만)	오신다고 약속해 놓고 어찌 이리 늦으시나요,
庭梅欲謝時 (정매욕사시)	뜰 앞에 핀 매화는 이미 지려 하는데.
忽聞枝上鵲 (홀문지상작)	문득 가지 위에서 까치 우는 소리 들려오기에,
虛畵鏡中眉 (허화경중미)	혹시나 하는 생각에 거울보고 눈썹 다시 그려봅니다.

□ 字句 풀이

- 何晩(하만): 어찌 이리 늦는가? 임을 애타게 기다리는 여인의 마음을 표현. ◆ 欲謝時(욕사시): 여기서의 '謝'는 '감사하다'는 뜻이 아니고 '꽃이 진

다'는 뜻이므로 '欲謝時(욕사시다)'는 '(매화꽃이) 지려고 하는데'라는 의미이다. ◆ 忽聞(홀문): 문득 듣다, 느닷없이 들려오다. ◆ 鵲(작): 까치. ◆ 虛畵(허화): 헛되이 그리다, 공연히 기대하며 (눈썹을) 그리다.

□ 감상

 젊은 날, 몸이 쇠약하여 요양을 떠난 적이 있다. 우연히 한시를 좋아하고 글씨를 잘 쓰는 분을 만나게 되었는데 그분은 김구선생과 한 독당을 함께 하실 때 벽보를 저녁에 써 붙이면 아침엔 다른 쪽에서 구호를 써 붙이던 혼란기가 있었노라고 하셨다. 그 분은 시골에 사셨으나 딱히 대화할 만 한 친구도 없었고, 또 시골 일을 해본 경험도 없어서 항상 외로움을 타셨다. 나는 붓글씨를 좋아해서 그분한테 자주 놀러 가곤 했었는데 그분은 흥이 나면 무릎장단에 맞춰 시를 읊곤 하셨다. 그러면서 시에 대한 내력과 풀이를 해주셨는데 시는 외워야 제 맛을 느낄 수 있다고 말씀하시곤 했다. 그 분이 읊어주던 시를 내가 붓으로 써 보여드리면 어린 친구가 글씨에 소질이 있다고 말씀 하시던 모습이 생각난다.

 그 때 유난히 마음에 와 닿던 시가 바로 이옥봉의 시 '규정(閨情)'이다. 그때는 부모님과 떨어져 지내던 터라 그 시가 더욱 마음에 와 닿았던 것 같다. 내 마음 속에도 막연하게 기다리는 사람이 있었던가 보다. 이 시를 마주할 때마다 그 때가 생각난다. 올 봄에 중국 서안교통대학에서 초대전을 할 때, 그 때를 생각하며 욕심 없이 써보려 하였으나 그러하지 못해 아쉬웠는데, 이후 교통대학 박물관에서 작품을 기증해달라고 하여 이 시를 쓴 작품을 중국에 남겨 두고 왔다.

〔죽림竹林 정웅표鄭雄杓〕

述樂府詞
악부사를 기술하다
― 金守溫 김수온

十月層氷上 시월층빙상	시월 겹겹이 언 얼음장 위에,
寒凝竹葉栖 한응죽엽서	차디찬 대자리 보아(깔고),
與君寧凍死 여군녕동사	그대와 함께 차라리 얼어 죽을지언정
遮莫五更鷄 차막오경계	새벽닭아 울지 말아라!

　　　　(오늘밤이 더디 새었으면, 더디 새었으면!)

▶ 출전: ≪식우집(拭疣集)≫ 권4

□ 字句 풀이

◆ 層氷(층빙): 겹겹이 얼어 두꺼운 얼음. ◆ 寒凝(한응): 차가운 기운이 응결되는 것. ◆ 寧凍死(영동사): 차라리 얼어 죽을지언정. ◆ 五更(오경): 새벽 4시부터 6시까지의 시각. ◆ 遮莫(차막): ~하지 말라.

□ 감상

　제목이 〈술악부사述樂府詞〉이니 악부시를 기술했다는 뜻이다. 고려 가요 〈만전춘별사(滿殿春別詞)〉를 한문 악부체를 빌어 한시(漢詩)화 한 것이다. 닭이 울면 날이 새고 날이 새면 정든 임과 헤어져야 한다. 여인은 차라리 댓잎 자리 위에서 얼어 죽더라도 임과 헤어질 수 없다고 한다.

　몇 년 전 부산을 여행하다가 우연히 열차 안에 있는 잡지 속에서 이 사를 보게 되었다. 여행 중이어서인지 많은 감흥이 느껴졌다. 우리 생각과 달리 조선 시대에도 이와 같은 시를 쓴 로맨티스트가 있었던가! 사랑을 노래한 시가 많다 하지만 마지막 구절의 그 절절한 사랑이 얼마나 멋스러운지! 여행을 마치고 찻집에서 유명을 달리한 일사(一史) 구자무(具滋武) 선생과 만나 이 시에 대해 이야기 하였다.
   시대를 막론하고 사랑 이야기는 언제나 간절하지 않느냐며 파안대소하던 선생의 모습이 이 시를 볼 때마다 생각난다. 얼마 전, 생전에 선생과 자주 찾던 찻집을 가보았다. 시와 찻집이 그렇게 또 하나의 추억이 된다.

〔죽림竹林 정웅표鄭雄杓〕

同諸友步月甫山口號
여러 벗들과 달밤 보산에서 거닐며 읊다
- 奇大升기대승

凉夜與朋好 　서늘한 밤 벗들과 사이좋게
량야여붕호
步月江亭上 　달빛을 밟으며 강 가 정자에 올랐네.
보월강정상
夜久風露寒 　밤 깊어 바람과 이슬 차가워지는데
야구풍로한
悠然發深想 　가슴에 담아두었던 시상을 가만히 꺼내보네.
유연발심상

▶출전: ≪고봉집(高峯集)≫ 권1

□ 字句 풀이

◆ 口號(구호): 문자로 쓰지 않고 마음에 떠오르는 대로 곧 읊는다는 뜻.
◆ 步月(보월): 달밤에 거닒. ◆ 悠然(유연): 침착하고 여유가 있어 마음이나 태도가 태연한 모양.

□ 감상

  지기들과 달 밝은 밤 정답게 거니는 그림 한 폭이 그려진다. 달이 뜨고 강가에 정자도 있다. 밤안개는 소나무를 감싸고, 밤이 깊어지자, 강물 소리마저 더 맑은데 바람이 이에 맞장구를 쳐준다. 홀로 있어도 흥이 일어날 법한 밤인데 벗님들이 함께 있으니 무슨 말이 필요하겠는가. 그저 읊조리며 순간을 마음에 새길 뿐! 이제는 흩어져 각자의 삶을 바삐 살아가는 옛 벗들이 그립다.

〔후산厚山 정재석鄭在錫〕

又同諸友步月甫山口號
여러 벗들과 달밤 보산에서 거닐며 또 짓다
- 奇大升기대승

松蓋和煙杳   일산(日傘) 같은 소나무 안개 속에 어렴풋하고,
송개화연묘

江聲入夜聞   밤 되니 강물 소리 귓가에 선명하네.
강성입야문

涼風吹短褐   서늘한 바람은 짧은 옷소매 속으로 불어오는데
량풍취단갈

歸路月紛紛   돌아오는 길에는 달빛이 온통 부서져 내렸네.
귀로월분분

▶출전: ≪고봉집(高峯集)≫ 권1

□ 字句 풀이

◆ 松盖(송개): 키 큰 소나무가 무성히 우거져 우산 같은 모양새임을 일컫는 말. ◆ 杳(묘): 아득히 먼 모양. ◆ 短褐(단갈): 갈포, 베로 만든 짧은 옷. ◆ 紛紛(분분): 흩날리는 모양이 뒤섞이어 어지러움, 흩어져 나부낌.

□ 감상

 달밤 지기(知己)들과 거니는 흥취를 억누를 수 없어 작자는 또 다시 시 한 수를 읊는다. 안개 속에서 일산(日傘) 같은 소나무의 모습이 어렴풋하고, 밤 깊어 강물 소리가 귓가에 선명하다. 돌아오는 길, 부서져 내리는 달빛이 한 폭의 그림처럼 곱다.

〔후산厚山 정재석鄭在錫〕

望月
보름달
-宋翼弼송익필

未圓常恨就圓遲 미원상한취원지	둥글지 않았을 때는 늦게 둥글어져서 안타깝더니,
圓後如何易就虧 원후여하이취휴	둥글어진 뒤에는 어찌 그리 쉽게 이지러지는가?
三十夜中圓一夜 삼십야중원일야	한 달 가운데 둥근 날은 하루,
百年心事總如斯 백년심사총여사	인생 백년의 마음 속 생각 또한 모두 이와 같으리.

▶출전: ≪구봉집(龜峯集)≫ 권1

□ 字句 풀이

◆ 未圓(미원): 모양이 아직 둥글지 않을 때. ◆ 如何(여하): '어떠한가'의 의미. ◆ 心事(심사): 마음에 생각하는 일. ◆ 如斯(여사): 이와 같다.

□ 감상

　보름달을 보고 있는 시인은 하루하루가 보름달처럼 둥글기를 바라지만 그것은 있을 수 없는 일이라는 것을 안다. 그러나 아쉬운 마음이 드는 것은 어쩔 수 없다. 세상에서 뜻대로 되는 일은 이처럼 적은 것이다. 이에, 끝내 뜻을 펴지 못한 자신의 신세가 보름달 속에 비친다. 구봉처럼 고매한 정신을 지닌 사람도 이런 생각을 하는가! 마음이 편치 못하다.

〔송암松巖　정태희鄭台喜〕

鳳宇先生詞
봉우선생 말씀

－權泰勳 권태훈

不積跬步 (부적규보)	반걸음이 쌓이지 않으면,
無以至千里 (무이지천리)	천리에 이르지 못하고
不積細流 (부적세류)	작은 물줄기 모이지 않으면,
無以成江海 (무이성강해)	강과 바다를 이루지 못한다.

□ 字句 풀이

◆ 跬步(규보): 반걸음 밖에 안 되는 가까운 거리, 또는 반걸음. ◆ 細流(세류): 가늘게 졸졸 흐르는 냇물.

□ 감상

 봉우(鳳宇)선생의 말씀이다. 게으르지 않고 노력하면 1분 2분이 모여서 한 시간 두 시간이 되고, 한 시간 두 시간이 모여서 하루 이틀이 되고, 하루 이틀이 합해져 춘하추동의 한 계절이 될 수 있다는 원리를 잊지 말고 나아가면 부지불식간에 밤이 새벽이 되고, 새벽이 아침으로 화하여서, 마침내 한 계절이 되고 또 1년이 될 수 있는 것이다. 가는 중간에는 行行行裏覺(행하고, 행하고, 행한 속에서 깨닫고), 去去去中知(가고, 가고, 가는 중에 알고), 그렇게 살면 될 것이다.

〔송암松巖 정태희鄭台喜〕

道中記所見
도중에 본 것을 적다

－李定稷이정직

白雲橫里落 (백운횡리락)	마을엔 흰 구름 비껴있고,
松竹自成籬 (송죽자성리)	소나무와 대나무는 절로 울타리가 되었네.
遙望極淸絶 (요망극청절)	멀리서 바라보니 참으로 맑구나.
居人應未知 (거인응미지)	이곳에 사는 사람들은 오히려 이러한 맛을 알지 못하리라.

□ 字句 풀이

♦ 籬(리): 울타리. ♦ 遙望(요망): 멀리 바라보다. ♦ 淸絶(청절): 더할 수 없이 깨끗하다.

□ 감상

　시골 풍경에 도취되어 쓴 시이다. 문제는 외부 사람들은 이처럼 시골 풍경을 부러워 하며 찬미하는데 정작 시골에 사는 사람들은 자기가 사는 곳이 그렇게 아름다운 줄도 잘 모르고 그곳에서 사는 재미도 잘 느끼지 못한다. 사람은 꼭 겪어봐야 알고 또 당해봐야만 아는 존재인가!

〔지당智堂 정혜영鄭惠英〕

樂道吟
낙도음

－李資玄이자현

家住碧山岑 (가주벽산잠)	내 집은 푸른 산봉우리 위에 있고요,
從來有寶琴 (종래유보금)	예로부터 전해온 귀한 거문고도 있답니다.
不妨彈一曲 (불방탄일곡)	언제라도 한 가락 탈 수는 있지만,
祗是少知音 (지시소지음)	단지 아쉬울 손, 이 소리를 알아듣는 이가 드물다는 것!

□ 字句 풀이

◆ 不妨(불방): ~하는 것도 괜찮다, 무방하다. ◆ 祗(지): ~뿐, 오직, 단지.

□ 감상

　알아듣는 사람이 없는 음악을 연주한다는 것은 고역일 수 있다. 물론 내가 좋아 내가 타고 마는 거문고 가락도 있을 수 있다. 그래도 음악은 역시 공락(共樂: 함께 즐김)에 의미가 있다. 친구의 예술세계를 알아줄 수 있는 좋은 벗이 될 수 있기를….

〔지당智堂 정혜영鄭惠英〕

雨荷
빗속의 연잎

-崔瀣최 해

貯椒八百斛 뇌물 좋아한 당나라 사람 원재(元載)가 후추마저도
저초팔백곡   뇌물로 받아 800곡이나 쌓아두는 바람에,

千載笑其愚 천년이 지난 후세에도 웃음거리가 되었거늘,
천재소기우

如何碧玉斗 너 연잎은 어인 일로 푸른 옥으로 만든 말(斗)을
여하벽옥두   들고서

竟日量明珠 하루 종일 빛나는 구슬을 되고 있단 말이냐?
경일량명주

▸ 출전: 《동문선(東文選)》 권19

□ 字句 풀이

◆ 斛(곡): 1斛은 10섬. ◆ 千載(천재): 천년 동안, 천년이 지난 뒤에. ◆ 如何(여하): 어찌하여, 어인 일로. ◆ 竟日(경일): 하루 종일.

□ 감상

재치가 넘치는 시이다. 연잎에 방울방울 맺히는 물방울을 보석 구

슬로 생각하고 그 구슬들이 연잎에 어느 정도 차면 연잎은 무게를 못 이기고 기울어 물을 쏟아내 버리는 현상을 벽옥으로 만든 말을 가지고 구슬을 되고 있다고 표현한 발상이 참 참신하다. 눈을 지녔다 해서 같은 눈이 아니다. 시인은 연잎에 맺히는 물방울을 보고서 이런 시를 지었는데 우리는 그저 그것을 바라보면서도 아무런 생각을 못했으니 말이다.

〔혜원惠苑 조은리趙恩梨〕

月夜憶兒
달밤 떠나간 아이를 그리며
-洪敬謨홍경모

月華如汝面 밝은 달이 꼭 네 얼굴 같이,
월화여여면

夜夜上東園 밤마다 동쪽 뜨락에서 떠오른다.
야야상동원

萬事皆成恨 만사가 모두 한스럽기만 하여,
만사개성한

九天欲訴寃 하늘에다 따져보기라도 하고 싶구나.
구천욕소원

新添枕邊淚 베개 맡에 눈물은 더해만 가고
신첨침변루

時接夢中魂 때로 꿈속에서 너의 넋을 마주하곤 한단다.
시접몽중혼

猶有殘花馥 아직도 시들어가는 꽃향기 남아
유유잔화복

凄然入酒罇 기울이는 술병 속으로 서글프게 파고드는구나.
처연입주준

▶ 출전: 《관암전서(冠巖全書)》 책2

□ 字句 풀이

♦ 汝面(여면): 네 얼굴. 생전에 아이의 얼굴. ♦ 九天(구천): 하늘의 가장 높은 곳, 하늘 위. ♦ 訴寃(소원): 백성이 원통한 일을 관아에 하소연하던 일. ♦ 新添(신첨): 눈물이 흐르고 또 흘러 새롭게 더해간다는 의미. ♦ 殘花(잔화): 시들어 가는 꽃. ♦ 凄然(처연): 외롭고 쓸쓸하고 구슬픔.

□ 감상

세상에 가장 큰 불효가 부모에 앞서 저세상으로 가는 것이라고 한다. 사랑하는 딸아이를 먼저 보내고 지은 아버지의 시이다. 눈물 없이는 읽기가 쉽지 않다. 세월호의 어린 넋들이 생각나 가슴이 아프고 또 그들의 부모가 생각나 더 가슴이 아프다.

〔혜원惠苑 조은리趙恩梨〕

無題
무제

— 李德懋이덕무

欲將學海淬文鋒 욕장학해쉬문봉	배움의 바다를 길어다가 문장 봉우리의 날을 세워
李杜指揮似轉蓬 이두지휘사전봉	이백과 두보 부리기를 다북쑥을 굴리듯 하였으면.
物色雖饒今世用 물색수요금세용	물질이야 풍족한 세상이 되었지만
辭華其奈古人同 사화기나고인동	글이야 그 어찌 옛사람처럼 아름답게 쓸 수

	있겠는가?
未逢禪寺磨針媼 _{미봉선사마침온}	절에서 쇠절구 갈아 바늘 만드는 노파 못 만나면
難壓騷壇建幟翁 _{난압소단건치옹}	시단에 깃대 꽂은 선배를 어찌 누를 수 있겠나?
颯爽精神唯一句 _{삽상정신유일구}	정신을 상쾌하게 하는 건 오직 한 구절 멋진 글이니,
閒吟中散送飛鴻 _{한음중산송비홍}	한가로이 혜강의 기러기 노래를 읊조려 보네.

▶ 출전: ≪청장관전서(靑莊館全書)≫ 권1

□ 字句 풀이

◆ 學海(학해): 학문의 세계. 학문을 꾸준히 힘써야 함을 밤낮 쉬지 않고 바다로 흘러가는 하천에 비유한 말. ◆ 李杜(이두): 당나라 시인 이백과 두보를 말함. ◆ 轉蓬(전봉): 바람에 나부끼는 다북쑥. ◆ 未逢禪寺磨針媼(미봉선사마침온): 이백이 젊었을 적에 광산(匡山)에서 글을 읽다가 학업을 다 마치지 않은 채 돌아가는데 길에서 어떤 노파가 쇠방망이를 가는 것을 보았다. 이백이 노파에게 그 까닭을 묻자 노파는 대답하기를 "바늘을 만들기 위해서이다."하므로 이백은 그 말에 감동되어 오던 길을 되돌아가서 학업을 마쳤다고 한다. ≪잠확유서(潛確類書)≫에 나오는 말이다. 공부에 힘써야 함을 이른 말이다. ◆ 嵇中散(혜중산): 진(晉)나라 때 죽림칠현의 한 사람인 혜강(嵇康)을 말하며, 중산은 혜강이 중산대부(中散大夫)라는 벼슬을 지냈으므로 붙여진 명칭이다. ◆ 송비홍(送飛鴻): '날아가는 기러기를 보내다'라는 뜻으로 혜강의 시 가운데 "目送飛鴻, 手揮五絃(눈으로는 기러기를 보내면서 손으로는 오현금을 타고 있네)."라는 구절이 있다.

□ 감상

이백이나 두보도 굴복시킬 만한 문장 실력을 갖고자 한 이덕무의 포부가 그대로 드러난 시이다. 이런 포부를 가지고 문장에 힘을 기울였기 때문에 그처럼 훌륭한 문장가가 될 수 있었을 것이다. 뜻을 높게 갖고 기개를 펼쳐볼 일이다. 望天子면 作太守라! 천자를 꿈꾸며 살다 보면 태수라도 될 수 있다고 하지 않았던가?

〔녹야綠也 조인화趙仁華〕

蚖珍詞七首贈內
누에치기의 노래 7수를 지어 아내에게 주다
— 丁若鏞 정약용

款段未聞生騄駬 조랑말이 준마를 낳았단 말 못 들었고,
관단미문생록이

獱狐不見産獒盧 삽살개가 맹견을 낳은 것을 못 보았네.
반호불견산오노

今年擇種如金粒 금년에 고른 종자 금싸라기 같으니,
금년택종여금립

來歲纏絲等玉壺 내년에는 고치실이 옥항아리와 다름없으리.
내세전사등옥호

▸출전: ≪다산시문집(茶山詩文集)≫ 제1권

□ 字句 풀이

◆ 원진(蚖珍): 원진은 계절과 달에 따라 구분되는 여덟 종류의 누에치기 명칭 가운데 하나로, 3월에 치는 것을 말함. ◆ 관단(款段): 조랑말, 볼품없는 말. ◆ 녹이(騄駬): 준마의 이름, 주나라 목왕이 천하를 주유할 때 타던 팔준마(八駿馬)의 하나. ◆ 獱狐(반호): 꼬리가 짧은 개, 삽살개 ◆ 오(獒): 크고 억센 개를 나타냄.

□ 감상

  다산 선생은 언제 어떤 모습을 봐도 존경하지 않을 수 없다. 품질 좋은 누에고치를 생산하자는 말에 빗대어 아내에게 영특한 아들을 낳아줄 것을 당부하는 모습이 너무나 해학적이다.
  겉으로 보기에는 우스갯소리 같지만 내적으로는 영특한 아들을 얻어 잘 가르쳐 큰 인물로 키우고 싶다는 의지가 매우 강하게 담겨있는 시이다. 세상에 자식을 키우는 사람이라면 다산의 자식 욕심을 한 번 새겨볼 일이다.

〔녹야綠也 조인화趙仁華〕

夜景
밤경치

－金鎭圭 김진규

輕雲華月吐 　엷은 구름은 아름다운 달을 토해내고
경운화월토
芳樹澹烟沉 　향긋한 나무들은 옅은 안개 속에 잠겼네.
방수담연침
夜久孤村靜 　밤이 이슥하여 외로운 마을 고요한데
야구고촌정
淸泉響竹林 　맑은 샘 흐르는 소리만 대숲에 울리네.
청천향죽림

▶출전: ≪죽천집(竹泉集)≫ 권3

□ 字句 풀이

♦ 輕雲(경운): 엷은 구름. ♦ 月吐(월토): 달을 토해내다. ♦ 芳樹(방수): 향긋한 나무. ♦ 澹烟(담연): 옅은 안개. ♦ 夜久(야구): 밤이 이슥해지다.

□ 감상

　뜻이 있고 감성이 있는 사람에게만 보이는 밤하늘과, 잡념을 없애고 귀 기울이는 사람만이 들을 수 있는 맑은 샘 흐르는 소리, 그리고 고요한 밤경치에 젖어들어 꾸밈없는 소회를 읊고 있는 시인이 어우러져 한 폭의 그림을 보는 듯하다.

〔규당圭堂 조종숙趙琮淑〕

詠月
달

－白承昌 백승창

睡起推窓看　자다 일어나 창 열고 보니
　수기추창간
非冬滿地雪　겨울이 아닌데도 뜰에는 온통 눈.
　비동만지설
呼童急掃庭　아이 불러 급히 마당 쓸라 하니
　호동급소정
笑指碧天月　웃으며 손가락으로 하늘의 달 가리키네.
　소지벽천월

□ 字句 풀이

◆ 睡起(수기): 자다가 일어나. ◆ 非冬(비동): 겨울이 아닌데. ◆ 呼童(호동): 아이를 부름. ◆ 急掃庭(급소정): 급히 뜰을 쓸라 함.

□ 감상

　눈(雪)으로 착각할 만큼 밝은 달빛을 아이의 손짓 하나로 눈이 아니라 달빛임을 알린 해학적이면서도 예술적 표현수법이 가슴에 와 닿는다.

〔규당圭堂 조종숙趙琮淑〕

山居雜詠
산 속에 기거하면서 자유로이 읊다
-浮休大師부휴대사

俛仰天地間 하늘을 우러러보기도 하고 땅을 굽어보기도 하는
면앙천지간

暫爲一時客 잠시 다녀가는 한때의 나그네 인생.
잠위일시객

穿林種新茶 밭을 일구어 새 차를 심고,
천림종신다

洗鼎烹藥石 솥을 씻어서 새 약차를 달이네.
세정팽약석

月夜弄明月 달밤에는 밝은 달을 즐기고,
월야농명월

秋山送秋夕 가을 산에서 추석을 보내네.
추산송추석

雲深水亦深 구름 깊고 물 또한 깊어,
운심수역심

自喜無尋迹 찾는 이 없으니 내 스스로 기쁘도다.
자희무심적

□ 字句 풀이

◆ 俛仰(면앙): 아래를 굽어봄과 위를 쳐다봄. ◆ 藥石(약석): 약과 침이라는 뜻으로 여러 가지 약을 통틀어 이르는 말.

□ 감상

이처럼 자연에 묻혀 살 수 있다면 얼마나 좋을까? 자연이 나를 받아주지 않아서 못 떠나는 것일까? 내가 주저하느라 못 떠나는 것일까? 주저하느라 못 떠난다. 내 스스로 못 떠나고 또 안 떠나면서도 떠난 사람들을 부러워하다니….

〔한메 조현판曺鉉判〕

禪詩
선시

－本淨禪師 본정 선사

視生如在夢 삶을 꿈속 같이 보면
시생여재몽

夢裏實是鬧 꿈속은 진실로 시끄러울 것이다.
몽리실시료

忽覺萬事休 홀연히 깨고 나면 만사가 헛것이어서
홀각만사휴

還同睡時悟 도리어 잠들기 전과 같게 되나니.
환동수시오

智者令悟夢 지혜로운 사람은 꿈 깨는 법을 알고,
지자령오몽

迷人信夢鬧 어리석은 사람은 꿈속의 소란을 믿네.
미인신몽료

會夢如兩段 꿈이 양 갈래인 것을 안다면,
회몽여량단

一悟無別悟 한번 깨닫고 나면 다시 깨달을 일 없으리라.
일오무별오

富貴與貧賤 부귀와 빈천도
부귀여빈천

更亦無別路 또한 서로 다른 것이 아니로다.
갱역무별로

□ 字句 풀이

◆ 홀각(忽覺): 홀연히 깨달음. ◆ 지자(智者): 지혜로운 사람. ◆ 미인(迷人): 어리석은 사람.

□ 감상

인생은 긴 꿈과 같다. 꿈이 현실인지 깨어 있는 것이 현실인지 모를 때가 있다. 한 바탕 꿈이라면 꿈속에서 일어나는 일에 무슨 실(實)이 있으리오. 부귀와 가난, 명예와 빈천, 생과 사, 모두가 꿈속의 꿈일 뿐이니 아무것에도 마음 쓸 것이 없다. 그저 태연하게 현실에 만족하며 행복하게 살아가면 될 뿐이다.

〔한메 조현판曺鉉判〕

閑中自慶
한가한 가운데 스스로 기뻐함
- 圓鑑國師 沖止 원감국사 충지

日日看山看不足 날마다 산을 보아도 더 보고 싶고
일일간산간부족

時時聽水聽無厭 때때로 물소리를 들어도 물리지 않네.
시시청수청무염

自然耳目皆淸快 눈과 귀로 다가오는 자연은 모두 다 청쾌한 것인데
자연이목개청쾌

聲色中間好養恬 이러한 자연의 소리와 빛 속에서 내 삶을 잘
성색중간호양념

가꾸어 나가리라.

□ 字句 풀이

◆ 看不足(간부족): 보는 것이 부족함, 더 보고 싶음. ◆ 無厭(무염): 물리지 않고 싫증남이 없음. ◆ 淸快(청쾌): 산뜻하여 기분이 상쾌함. ◆ 養恬(양념): 평온함과 고요함을 잘 가꿔나감.

□ 감상

보아도 보아도 싫지 않은 산, 들어도 들어도 물리지 않는 물소리. 자연은 참 좋은 것이다. 허나, 이렇게 자연을 좋아하는 것도 다 수양이 된 사람만 가능한 일이다. 속인이야 아무런 하는 일이 없이 하루만 산 속에 있게 해도 따분해서 견디기가 쉽지 않을 것이다. 하루 산행하고서 산이 좋다고 산으로 갈 생각을 말고 정말 평생토록 혼자서 산만 보고 물소리만 듣고서도 살 수 있을지를 생각해 볼 일이다.

〔민영民影 주승용朱升鎔〕

浪吟
내키는 대로 읊다

－朴遂良박수량

口耳聾啞久　　벙어리, 귀머거리 된지 오래이지만,
구이농아구
猶餘兩眼存　　오히려 눈은 그대로 남아있어,
유여양안존
紛紛世上事　　분분한 세상사를
분분세상사

能見不能言 볼 수는 있으나 말할 수는 없다네.
_{능견불능언}

□ 字句 풀이

♦ 聾啞(농아): 귀로 듣지 못하고 입으로 말하지 못하는 것, 또는 그러한 사람. ♦ 紛紛(분분): 떠들썩하고 뒤숭숭함.

□ 감상

스스로 벙어리 되기를 자처하여 보고서도 못 본 척, 말을 하지 않고 살기가 어디 쉬운 일인가! 말을 하지 않는다는 것! 득도한 사람이나 가능한 일이다.

〔찰지인察地人 진영근陳永根〕

次任大仲韻
임대중의 시에 차운하여

-權尙夏권상하

嶺月來花社 꽃피는 산골마을에 언덕 너머로 둥실 달 떠오를 제
_{영월래화사}
山翁起整衣 노인이 일어나 옷매무새 정돈하네.
_{산옹기정의}
重來有好客 다시 찾아올 귀한 손님 계시니,
_{중래유호객}
且莫掩柴扉 아직 사립문을 닫지 말라하네.
_{차막엄시비}

▶ 출전: ≪한수재집(寒水齋集)≫ <한수재선생문집(寒水齋先生文集)> 권1

□ 字句 풀이

♦ 산옹(山翁): 산속에 사는 늙은이. ♦ 정의(整衣): 옷매무새를 바로잡다, 복장을 단정히 하다. ♦ 柴扉(시비): 사립문, 보잘것없는 거처.

□ 감상

　반가운 친구를 정중히 맞는 친구의 태도가 돋보이는 시이다. 반가운 친구가 누구인가? 바로 고개 너머로부터 떠오르는 달이다. 그리고 또 달처럼 찾아오는 친구이다. 나는 언제나 친구로부터 이런 대접을 받아보나? 옷매무새 고치고서 나를 기다리는….

〔찰지인察地人 진영근陳永根〕

甘露寺 次惠遠韻
감로사에서 혜원의 시에 차운하여
－金富軾김부식

俗客不到處　사람들 발길이 닿지 않는 곳이라
속객부도처

登臨意思淸　와보니 마음이 더욱 깨끗해지네.
등임의사청

山形秋更好　산세는 가을되니 더욱 좋고,
산형추갱호

江色夜猶明　강물 빛은 밤에도 여전히 맑다네.
강색야유명

白鳥高飛盡　흰 물새는 높이 날아가 버리고
백조고비진

孤帆獨去輕　외로운 배 홀로 가벼이 떠있네.
고범독거경

自慚蝸角上 부끄럽네, 달팽이 뿔 위에서 아옹다옹 다투며,
_{자참와각상}

半世覓功名 반평생 공명을 찾아 헤맨 인생이여!
_{반세멱공명}

▶ 출전: ≪동문선(東文選)≫ 권9

□ 字句 풀이

◆ 甘露寺(감로사): 경기도 개풍군 중서면 전보(錢甫) 오봉봉(五鳳峰)에 있었던 경치가 빼어난 절이다. 이자연(李子淵)이 창건한 것으로 전하며 이 절은 왕실과 밀접한 관계를 가지고 있을 뿐만 아니라 시인 묵객들도 많이 찾는 절이기도 했는데 시승(詩僧) 혜소(惠素)와 김부식은 이곳에서 서로 화답하면서 1000여 수의 시를 지었다고 한다. ◆ 次韻(차운): 앞서 다른 사람이 지은 시의 운자와 같은 운자를 따서 시를 짓는 일이나 그 시를 가리키는 말. ◆ 俗客(속객): 세상 사람이나 속세의 손님. ◆ 登臨(등림): 산에 오르고 강을 찾는다는 뜻으로 명산대천의 명승지를 유람하다가 감로사에 이르렀다는 의미. ◆ 蝸角(와각): 달팽이 뿔처럼 작고 좁은 집을 가리키는 말, 혹은 손만 대도 움추려 버리는 달팽이 뿔처럼 짧은 인생을 빗댄 말.

□ 감상

이 시는 김부식이 지은 것으로 오언율시 측기식(仄起式)이며, 첫 구에 압운을 하지 않았고, 한 구에 5자 모두가 측성으로 정격(正格)이라 할 수는 없는 시이다. 운(韻)은 淸, 明, 輕, 名으로 평성의 경(庚)자 운목(韻目)이다. 혜소가 지은 시의 운자를 차운하여 지은 시로 전하고 있다. 이제껏 벼슬길에 급급했던 자신의 삶에 부끄러움을 느끼며 화려하지 않은 필치로 담담하게 그려낸 시이다.

수련(首聯)의 '俗客不到處, 登臨意思淸(속세에서 벗어나니 정신세계까지 맑아진다).'이라고 한 것은 김부식이 속세를 떠나 감로사라는 절을 찾았고, 이에 높은 곳에 올라 멀리 바라보니, 마음이 맑고 편안해진다고 읊은 것이다. 함련(頷聯)의 '山形追更好, 江色夜猶明(산세

는 더욱 아름다움 쫓고, 강 빛깔은 밤이어서 맑다).'이라고 한 것은 텅 빈 가을 산과 강물에 비친 달이 있는 밤이 화려한 봄 산과 낮보다 더 좋다고 표현한 것이다. 이로써 세속적인 것보다 한 차원 높은 세계가 있음을 말하고 있다. 경련(頸聯)의 '白鳥高飛盡, 孤帆獨居輕(흰 물새는 높이 날아가 버리고 외로운 돛단배는 홀로 가볍게 떠있다).'이라고 한 것은 맑고 높은 경지를 그려내기 위해, 높은 곳에서 내려다보이는 정경을 빌려 표현한 것이다. 미련(尾聯)의 '自慚蝸角上 半世覓功名(달팽이 뿔처럼 좁은 세상에서 반평생 공명을 찾아 헤맨 삶을 부끄러워하네).'이라고 한 것은 자족하는 삶을 모르고, 반평생을 부질없는 벼슬과 명리에 연연해 왔던 자신이 부끄럽다고 말함으로써 세속의 아름다운 광경들을 초탈한 경지를 보여준다.

〔소사韶史 채순홍蔡舜鴻〕

寧越郡樓作
영월군의 누각에서
－端宗단종

一自冤禽出帝宮　　한 마리 원통한 새가 되어 왕궁을 나선 후,
일자원금출제궁

孤身隻影碧山中　　나 홀로 푸른 산중에서 외로이 지내네.
고신척영벽산중

假眠夜夜眠無假　　밤마다 잠을 자려 해도 잠도 오지 않고,
가면야야면무가

窮恨年年恨不窮　　해마다 한을 없애려 해도 한은 남아있네.
궁한년년한불궁

聲斷曉岑殘月白　　울음 그친 새벽 산에 달도 지려하는데,
성단효잠잔월백

血流春谷落花紅　피 흐르는 봄 골짜기 지는 꽃 붉어라.
혈류춘곡낙화홍
天聾尙未聞哀訴　하늘은 귀머거리 되어 슬픈 하소연 듣지
천롱상미문애소　　못하는데,
胡乃愁人耳獨聰　어찌하여 시름에 겨운 사람의 귀만 홀로 밝은
호내수인이독총　　것인가.

□ 字句 풀이

◆ 一自(일자): ~로부터, 왕궁으로부터 한 마리의 새가 되어 나왔다는 것.
◆ 寃禽(원금): 원뜻은 두견새[子規]이나 여기에서는 원통한 새로 단종 자신을 가리킴. ◆ 帝宮(제궁): 군주가 거처하는 궁궐. ◆ 隻影(척영): 외로운 그림자, 홀로 있으니 그림자도 하나. ◆ 聲斷曉岑(성단효잠): 소쩍새 소리가 새벽 산에서 끊어짐. ◆ 血流春谷(혈류춘곡): 피 흐르는 봄 골짜기. ◆ 愁人(수인): 근심, 고민이 있는 사람, 곧 단종 자신을 표현한 것. ◆ 天聾(천롱): 하늘이 귀가 먹어 들을 수 없는가, 하늘을 원망하는 표현.

□ 감상

　이 시는 칠언 율시 측기식(仄起式)으로 수구(首句)에 압운(押韻)을 하였고, 운은 宮, 中, 窮, 紅, 聰으로 평성의 東자 운목(韻目)이다. 단종은 너무 어린 시절 보위에 오른 탓에 야심을 품은 숙부의 앞에서 자신의 목숨을 보존할 힘조차 없었다. 그래서 소년 왕 단종의 시는 이토록 기구하고 슬픈 것이다. 그러나 단종이 이 시를 직접 지은 것이 아니라는 주장이 있기도 하다.
　수련(首聯)에서는 '한 마리 원통한 새가 되어 왕궁을 나와, 나 홀로 푸른 산 중에서 외로이 지낸다(一自寃禽出帝宮, 孤身隻影碧山中).'고 하여 궁궐에서 쫓겨난 단종 자신의 외롭고도 비참한 처지를 읊고 있다. 자신을 '一自寃禽'이라 하여 작고 힘없는 새에 비유한 것이다. 그리고 '孤身隻影'이라 하여 푸른 산 중에 외로운 그림자를 드리웠다고

읊었다. 함련(頷聯)에서 '밤마다 잠을 자려 해도 잠도 오지 않고, 해마다 한을 없애려 해도 한은 남아있다(假眠夜夜眠無假, 窮恨年年恨不窮).'고 한 것은 누구에게도 원한 살 일을 하지 않았다는 억울함과 나이는 어리지만 일국의 임금이었던 몸을 이렇게 핍박하거나 제거하려는 현실에 대한 분노로 몸부림치는 모습을 반영한 것이다. 경련(頸聯)에서는 '울음을 그친 새벽 산에 달도 지려하는데 피가 흐르는 봄날 골짜기에 낙화도 붉더라(聲斷曉岑殘月白, 血流春谷落花紅).'고 하여 억울한 심정을 절절하게 표현하고 있으며, '聲斷曉岑'의 구에서는 지극한 고독감에 천애고아가 되었다고 느끼는 단종의 모습이 그려진다. 또 '殘月白'이라 하여 새벽에 흰 달이 지고 있는 처연함 마저 느끼게 한다. '血流春谷'에서의 이 흐르는 피(血流)는 슬픔과 한을 이기지 못하여 토한 피일 것이다. 미련(尾聯)에서는 '하늘은 귀머거리라 원통한 한을 듣지 못하는데 한 많은 사람의 귀는 어찌 홀로 밝은가(天聾尙未聞哀訴, 何奈愁人耳獨聰).'라고 하여 원통함에 분노하고, 슬픔의 한에 대한 절망적인 심정을 읊고 있다. 이제 하늘마저도 귀가 먹어 나의 슬픈 하소연을 듣지 못하는가보다고 하면서, 그 소리를 들을 정도로 귀가 밝은 사람은 자신 밖에 없다는 사실을 생각하니 정말로 서럽다고 마무리 짓고 있다.

〔소사韶史 채순홍蔡舜鴻〕

新羅懷古
신라의 옛 자취를 돌이켜 생각하다
　　　　　　　　　　　　　　　　－柳得恭유득공

幾處靑山幾佛幢 청산 곳곳마다 절집이 몇이었던가,
기처청산기불당

荒池雁鴨不成雙 황량해진 안압지엔 기러기와 오리가 날지
_{황지안압불성쌍} 않네.
春風谷口松花屋 산골짜기 송화옥에 봄바람은 화사하지만,
_{춘풍곡구송화옥}
時聽寥寥短尾尨 이따금씩 정적 깨고 꼬리 짧은 개만 짖어대네.
_{시청요요단미방}

▶ 출전: ≪영재집(泠齋集)≫ 권2

□ 字句 풀이

◆ 佛幢(불당): 절집에 설치된 깃발, 절집을 이름. ◆ 荒池(황지): 황폐해진 연못, 안압지를 가리킴. ◆ 不成雙(불성쌍): 짝을 이루지 못함, 기러기와 오리가 날아오지 않는다는 뜻. ◆ 松花屋(송화옥): 신라 왕실의 여인들이 봄이 되면 잔치를 베풀었다는 곳, 신라 서울의 서쪽 산록인 송화산에 있었던 것으로 추정됨. ◆ 寥寥(요요): 쓸쓸하고 고요한 모양, 공허한 모양. ◆ 短尾尨(단미방): 신라의 토종 삽살개, '동경이'로 불리며 천연기념물 540호로 지정됨.

□ 감상

서라벌의 푸른 산에는 곳곳마다 신라 때 만들어진 수많은 사찰이 있었지만 지금은 다 허물어 사라졌다. 문무왕 때 못을 파고 진귀한 나무를 심고 짐승을 길렀다고 전해지는 안압지에는 기러기 한 마리 날아들지 않는다. 신라왕실의 여인들이 봄이 오면 송화방에 모여서 잔치를 베풀었다는데, 그곳에도 봄은 왔건만 인적은 찾아 볼 수 없다. 다만 어디선가 삽살개 짖는 소리만 들려올 뿐이다. 서라벌의 풍경을 관조하는 유득공의 사유체계를 통해 신라의 흥망과 천년 세월의 감회에 젖어들게 하는 시이다.

〔석초石艸 최경춘崔慶春〕

鮑石亭
포석정

-洪聖民 홍성민

澗水嗚嗚亂石欹 간수오오난석의	어지러운 암석에 '우우' 부딪치는 물소리 슬픈데
故都雲物摠非宜 고도운물총비의	옛 서울은 구름도 사물도 제모습이 아니구나.
西風入樹飜生感 서풍입수번생감	고목에 서풍이 일자 감개가 더 깊어져
一雨連宵未洗悲 일우연소미세비	긴긴 밤 비가 내려도 이 시름은 씻지 못할 걸.

▶출전: ≪졸옹집(拙翁集)≫ 권4

□ 字句 풀이

◆ 澗水(간수): 산골 물, 골짜기 사이를 흐르는 시내. ◆ 嗚嗚(오오): 슬픈 소리를 형용하는 말, 노래를 부르는 소리. ◆ 故都(고도): 옛 도읍. ◆ 雲物(운물): 직역하자면 구름과 사물, 즉 자연과 인간사를 아울러 이르는 비유적인 표현. ◆ 西風(서풍): 서쪽에서 불어오는 바람, 흔히 가을바람을 이름. ◆ 連宵(연소): 밤새도록.

□ 감상

포석정을 생각하면 유상곡수(流觴曲水: 굽이진 물에 술잔을 띄워 서로 권하는 일종의 놀이)의 운치보다 슬픈 역사가 먼저 떠오른다. 경애왕은 자진하고 비빈(妃嬪)과 대신들은 죽음보다 더한 수치를 겪어야 했었다. 그 사건의 현장이 바로 포석정이다. 경주 사람들은 예로부터 ≪삼국사기≫를 읽을 때면 926년(경애왕 4년) 11월의 기사는 읽지 않으려 했다고 한다. 너무나 충격적인 신라의 부끄러운 모습이기 때문이다.

위 시를 지은 홍성민은 이 같은 사실에 대해 언급하지 않고, 대신 사물에 빗대어 이러한 사실들을 간접적으로 표현하고 있다. 워낙 슬픈 일이라 물소리마저 구슬피 들린다. 더구나 고목에 가을바람이 몰아치니 잎사귀는 우수수 떨어지는데 그 모습이 마치 적들이 쳐들어왔을 때 군사건 백성들이건 사방으로 뿔뿔이 흩어져 도망가는 형국처럼 보인다. 신라 멸망의 아픔을 생각하고 있자니 밤새도록 비가 내린다고 해도 그 빗물이 그 아픔과 한을 어이 씻어낼 수 있겠는가?

〔석초石艸 최경춘崔慶春〕

詠菊
국화를 읊다

—徐敬德 서경덕

園中百卉已蕭然 원중백훼이소연	정원의 모든 꽃 이미 시들었는데,
祗有黃花氣自全 지유황화기자전	노란 국화만이 기운 온전하네.
獨抱異芳能殿後 독포이방능전후	홀로 남다른 향기 품고 뒤에 서서,
不隨春艶竝爭先 불수춘염병쟁선	봄 따라 고운 빛깔로 찬란함을 다투지 않는다네.
到霜甘處香初動 도상감처향초동	서리 내릴 즈음에야 비로소 향기 뿜어내고,
承露溥時色更鮮 승로부시색경선	이슬에 젖어야 빛깔 더욱 곱다네.
飡得落英淸五內 손득락영청오내	떨어진 꽃잎 씹으면 온 뱃속까지 맑아지기에,

杖藜時復繞籬邊 지팡이 짚고 때때로 울타리 가를 맴돈다네.
_{장려시부요리변}

▶ 출전: ≪화담집(花潭集)≫ <화담선생문집(花潭先生文集)> 권1

□ 字句 풀이

◆ 蕭然(소연): 쓸쓸함. ◆ 五內(오내): 다섯 가지 내장기관.

□ 감상

　지금 내가 살고 있는 지리산 청학동은 해발 850고지에 위치한 명승지이다. 모든 국화가 거의 다 지는 10~11월쯤에야 청학동에 국화가 피기 시작하여 다음해 1월 말까지 눈 속에서 고난을 인내하며 피어나는 그윽한 국화향기를 만끽하며 감상할 수 있다. 이렇듯 국화의 고운 빛깔과 고매한 정신을 음미하면서 나는 화담선생이 지은 시의 의미를 조금이나마 느껴본다. 국화를 읊은 많은 명시가 있지만 나는 화담선생의 이 시가 최고의 명시라고 생각한다.

〔화봉華峯 최기영崔基榮〕

重九日 題益陽守李容明遠樓
중양절에 익양 군수 이용의 명원루에 제하여
-鄭夢周정몽주

靑溪石壁抱州回　고을을 안고 도는 맑은 시내,
_{청계석벽포주회}
更起新樓眼豁開　눈앞이 트이는 우뚝 솟은 정자.
_{갱기신루안활개}

南畝黃雲知歲熟 　남쪽 밭엔 누런 곡식 물결치고,
남무황운지세숙

西山爽氣覺朝來 　서쪽 맑은 산기운 아침을 깨우네.
서산상기각조래

風流太守二千石 　많은 돈을 가진 풍류객이
풍류태수이천석

邂逅故人三百盃 　옛 벗 뜻밖에 만나면 술 삼백 잔은
해후고인삼백배 　마셔야하는 법.

直欲夜深吹玉笛 　깊은 밤 피리 불고파서,
직욕야심취옥적

高攀明月共徘徊 　밝은 달 붙잡고 서성이네.
고반명월공배회

▶ 출전: ≪포은집(圃隱集)≫ <포은선생문집(圃隱先生文集)> 권2

□ 字句 풀이

◆ 豁開(활개): 사방이 트이고 열림. ◆ 石(석): 벼를 세는 단위, 한 섬. 한 섬은 열 말. 한 말은 약 18리터. ◆ 邂逅(해후): 우연히 만남. ◆ 故人(고인): 오랜 친구. ◆ 直欲(직욕): 바로 ~을 하고자 함. ◆ 高攀(고반): 높은 곳에 오름.

□ 감상

　뒤에는 석벽이 솟아있고, 앞에는 맑은 냇물 골짜기 돌아서 흐르는 곳에 명월루를 지어 놓으니 눈앞이 환하다. 남쪽에 펼쳐져있는 넓은 들판에는 곡식이 누렇게 익어가고, 서산에서 상쾌한 가을바람이 불어오는 시절에 풍류를 누려본다. 돈 많은 사내가 돈을 아낄 필요가 있을까? 다정한 친구를 만나 술이나 많이 마실 수밖에 없다. 술에 취한 도도한 흥취를 더욱 돋우기 위해 깊은 밤 피리를 불면서 저 달과 함께 밤을 지새우고 싶다.

〔화봉華峯 최기영崔基榮〕

送洪光國晟令公之任西河
서하로 벼슬하러 떠나는 홍성을 전송하며

-李用休이용휴

人與人相等 사람과 사람 사이 차등 없이 같은 것이니,
인여인상등

官何居民上 벼슬하는 자가 어찌 백성 위에 있다 하겠나.
관하거민상

爲其仁且明 어진 마음과 명석함을 지니고 있어야,
위기인차명

能副衆所望 백성들의 기대에 부응할 수 있을 것이네.
능부중소망

▶출전: ≪탄만집(欸欸集)≫

□ 字句 풀이

◆ 相等(상등): 정도나 등급 따위가 서로 비슷하거나 같음. ◆ 仁且明(인차명): 어진 마음과 일처리에 있어서의 명석함. ◆ 所望(소망): 바라는 바, 기대하는 바.

□ 감상

이 시는 작자가 풍천 부사(豊川府使)로 떠나는 홍성(洪晟 1702~1778)을 전송하며 써준 시이다.

〔사어당四於堂 최남규崔南圭〕

水月吟
물에 비친 달을 읊다

－安鼎福안정복

水月無定象 물에 비친 달은 정해진 형상이 없어서
수월무정상

虛影易欺人 빈 그림자에 속기 쉬운 법.
허영이기인

不識光明體 물 속에 비친 밝은 그것이 무엇인지 몰랐었는데,
불식광명체

青天轉素輪 알고보니 푸른 하늘에 뜬 수레바퀴 같은 달이었구나.
청천전소륜

▶ 출전: ≪순암집(順菴集)≫ <순암선생문집(順菴先生文集)> 권1

□ 字句 풀이

♦ 定象(정상): 일정한 형상. ♦ 虛影(허영): 진짜 달의 실체가 아닌 물에 비친 빈 그림자라는 뜻. ♦ 易欺人(이기인): 사람을 속이기 쉽다. ♦ 素輪(소륜): 밝은 수레바퀴라는 뜻으로 하늘에 뜬 밝은 달을 가리킴.

□ 감상

물속에 비친 달을 노래한 시이다.

〔사어당四於堂 최남규崔南圭〕

月夜偶題
달 밝은 밤에

－金時習 김시습

滿庭秋月白森森　가을 뜨락에 달빛 휘영청 밝은데,
만정추월백삼삼
人靜孤燈夜已深　인기척 없는 깊은 밤 등불만이 홀로 밝구나.
인정고등야이심
風淡霜淸不成夢　바람, 서리 담박하여 잠 못 이루는데,
풍담상청불성몽
紙窓簾影動禪心　종이창에 발(簾) 그림자 선심(禪心)을 일으키네.
지창렴영동선심

▶ 출전: ≪매월당집(梅月堂集)≫ <매월당시집(梅月堂詩集)> 권4

字句 풀이

◆ 森森(삼삼): 차가운 모양, 여기서는 가을 달빛의 밝고도 차가운 모양.
◆ 禪心(선심): 참선의 경지에 든 마음, 한 대상에 집중하여 흐트러지지 않은 마음 상태.

감상

　아름다운 산수를 찾아 동가숙서가식(東家食西家宿)하는 유랑의 삶을 살면서 좋은 경치를 만나면 시 한 수 읊조리던 매월당 김시습의 음풍농월(吟風弄月) 시이다. 율곡 이이로 부터 '백세의 스승'이라는 칭송을 듣기도 했던 매월당은 지성의 실천에 스스로 엄격했던 행동하는 지식인이었다. 가을 달 휘영청 밝아 잠 못 이룬 날, 창에 어른거리는 발그림자에 집중하여 달빛이 전하는 감흥을 느끼고, 달그림자와 짝하여 외로운 자신을 잊고자 한 정감을 표현한 시라고 할 수 있을 것이다.

〔동우東隅 최돈상崔惇相〕

題開寧門樓
개령의 문루에 제하여

－李原이원

南行苦炎熱 남행길 찌는 더위에 괴로운데
남행고염열

一上納微涼 누각에 오르고 보니 그나마 시원하구나.
일상납미량

喬木千丈老 우뚝 솟은 나무, 천 길 자라 늙어있고
교목천장노

高樓百尺强 높은 누각은 백 척도 넘을 듯.
고누백척강

日移疏竹影 해가 옮겨가자 대 그림자 성글고
일이소죽영

風動碧荷香 바람이 불어 푸른 연잎 더욱 향기로워라.
풍동벽하향

坐久無塵想 오래 앉아 있으니 속세의 생각은 사라지고
좌구무진상

長吟到夕陽 길게 흥얼거리다 보니 벌써 석양이 기우네.
장음도석양

▶출전: 《용헌집(容軒集)》 <용헌선생문집(容軒先生文集)> 권2

□ 字句 풀이

♦ 開寧(개령): 경상북도 김천 지역의 옛 지명. ♦ 千丈(천장): 천 길, 여기서는 키가 큰 나무를 비유함. ♦ 强(강): ~하고도 더 남음이 있음. ♦ 碧荷(벽하): 푸른 연잎, 혹은 연잎 사이로 돋보이게 피어난 연꽃. ♦ 塵想(진상): 속세의 잡념.

□ 감상

이 시는 작자 이원이 경상도관찰사로 부임하여 개령의 객관 동쪽에 있는 '무민루(撫民樓)'라는 누대에 올라 지은 것이다. 정사를 돌보느라 지친 심신을 달래려 잠시 누각에 올라서 보니 우뚝 자란 나무 사이로 높이 선 누각에는 차츰 해 그림자가 드리우고, 연꽃 향기는 바람결에 실려 더 향기롭게 풍겨온다. 이런 풍경을 보면서도 속세의 찌든 잡념을 버릴 수 없다면 아예 누대에 오를 자격이 없는 사람이다. 아름다운 자연의 정취 속에서 자신마저 잊어버릴 수 있는 사람이라야 이 누대에 올라 이런 시를 지을 수 있을 것이다.

〔동우東隅 최돈상崔惇相〕

船頭
뱃머리에서

－僕遜설 손

船頭潺潺迸水聲 선두잔잔병수성	뱃머리엔 잔잔한 파도 부딪쳐 철썩이고,
篷上淅淅晩風生 봉상석석만풍생	쑥대위에선 휘휘거리며 늦바람이 이네.
靑山如龍入雲去 청산여룡입운거	푸른 산은 용처럼 구름 속으로 들어가고,
白浪捲花飛雪明 백랑권화비설명	흰 눈설은 꽃처럼 환한 눈송이로 날리네.
日落平疇群雁集 일락평주군안집	해지자 평평한 밭둑엔 기러기 떼 모여들고,
天涯倦客一身輕 천애권객일신경	하늘 끝에 나른한 나그네 몸 하나라서 가벼워라.
故鄕歲晏不歸去 고향세안불귀거	이 해가 또 저물어도 고향에 가지 못하니,
拔劍長吟無限情 발검장음무한정	칼 뽑아들고 한없는 이 심정을 읊어 보네.

▶출전: ≪동문선(東文選)≫ 권16

□ 字句 풀이

◆ 潺潺(잔잔): 졸졸 흐르는 시냇물 소리가 약하고 가늚. ◆ 淅淅(석석): 비 오는 소리, 바람 부는 모양. 쏴쏴, 살랑살랑, 산들산들, 솔솔, 부슬부슬, 우수수. ◆ 日落(일락): 해가 지다. ◆ 長吟(장음): 길게 읊음.

□ 감상

홀홀단신이라서 외롭기도 하지만 거리낄 것도 없다는 표현이 무섭다. 칼을 뽑아들고서 한없는 정회를 달랜다는 표현도 무인답다. 이민족 무인의 시라서 더욱 관심을 갖게 되었다.

〔송포松圃 최명환崔明煥〕

新雪
첫눈

−李崇仁이숭인

蒼茫歲暮天 (창망세모천) 푸르고 아득한 세밑의 하늘,
新雪遍山川 (신설편산천) 온 산천에 첫눈이 내렸네.
鳥失山中木 (조실산중목) 새들은 산속의 나무를 잃고,
僧尋石上泉 (승심석상천) 스님은 돌 위의 샘물을 찾네.
飢烏號野外 (기오호야외) 굶주린 까마귀는 들 밖에서 우짖고,

凍柳臥溪邊 얼어붙은 버들은 시냇가에 누워있네.
동류와계변
何處人家在 어느 곳에 인가가 있는가?
하처인가재
遠林生白煙 먼 숲에서 흰 연기 일어나네.
원림생백연

▶ 출전: ≪도은집(陶隱集)≫ <도은선생시집(陶隱先生詩集)> 권2

□ 字句 풀이

♦ 滄茫(창망): 물이 푸르고 아득하게 넓은 모양, 넓고 멀어서 아득함. ♦ 新雪(신설): 새로 내려 쌓인 눈. ♦ 溪邊(계변): 시냇가.

□ 감상

　세밑에 내린 눈으로 온 천지가 하얗게 덮여있다. 산속에 사는 새들도 눈에 덮인 둥지를 찾아 헤매고, 절의 스님도 눈 속에서 샘을 찾는다. 들녘에선 겨울에 먹이를 못 구해 굶주린 까마귀가 울고, 강가엔 추위에 얼어붙은 버들이 서 있다. 사방을 둘러봐도 눈 덮인 산과 들뿐, 사람은 가까이 보이지 않는다. 다만 저 멀리 숲 너머로 연기가 피어오르는 인가가 몇 채 있을 뿐이다. 이 시에서 눈은 세상과 격리되도록 만드는 대상이다. 온 천지를 뒤 덮은 눈으로 인해 세속과 격리된 시적 공간이 선명하게 부각되어 속세를 벗어난 청신한 품격을 느끼도록 하는 동시에 비범한 의경(意境)을 선사하고 있다.

〔송포松圃 최명환崔明煥〕

途中憶癸娘
여행길에 계랑을 그리워하며
-劉希慶 유희경

一別佳人隔楚雲　어여쁜 그 사람과 아득히 헤어진 뒤로
일별가인격초운

客中心緖轉紛紛　마음은 뒤숭숭, 어수선하기만 했네.
객중심서전분분

靑鳥不來音信斷　반가운 소식마저 끊겨 들려오지 않으니,
청조불래음신단

碧梧凉雨不堪聞　벽오동에 내리는 가을비 소리도 차마 듣지
벽오량우불감문　　못하겠네.

▶출전: 《촌은집(村隱集)》 권1

□ 字句 풀이

◆ 佳人(가인): 참하고 아름다운 여자, 미인. ◆ 紛紛(분분): 떠들썩하고 뒤숭숭함. ◆ 靑鳥(청조): 파랑새, 사랑의 편지를 전한다는 전설상의 새, 반가운 편지. ◆ 凉雨(양우): (가을철의) 서늘한 비.

□ 감상

저자 유희경은 기생 이매창(李梅窓)과의 사랑이야기로 유명하다. 이매창, 유희경, 직소폭포는 부안삼절(扶安三絶)이라 불린다. 1590년 무렵 깊은 정을 나누었던 두 사람은 유희경이 서울로 돌아가고 이어 임진왜란이 일어나 다시 만날 기약이 없게 되었다. 비록 짧은 기간이었지만 진정 마음이 통했던 연인을 떠나보낸 매창은 깊은 마음의 상처를 받았고, 이후 "이화우 흩뿌릴 제 울며 잡고 이별한 님 추풍낙엽에 저도 날 생각는가 천리에 외로운 꿈만 오락가락 하노매."와 같은 명시들을 지어 임에 대한 그리움을 표현하였다. 유희경 역시 매창을

그리워하기는 마찬가지였고, 이 시를 비롯하여 여러 편의 시를 통해 그리움을 달랬다.

〔설산雪山 최미연崔美蓮〕

長干行
장간행

-許蘭雪軒 허난설헌

家居長干里 우리 마을 이름은 장간리예요.
가거장간리
來往長干道 늘 마을길을 오고 가지요.
내왕장간도
折花問阿郞 그때마다 꽃 꺾어들고 임에게 물어보았죠.
절화문아랑
何如妾貌好 "꽃하고 나하고 누가 더 예뻐?"
하여첩모호

▶출전: ≪난설헌시집(蘭雪軒詩集)≫

□ 字句 풀이

◆ 阿郞(아랑): 여인이 남편이나 애인을 친근하게 일컫는 애칭. ◆ 何如(하여): 어떠한가?

□ 감상

장간리는 중국의 악부시(樂府詩)에 많이 등장하는 마을 이름이다. 그 마을을 배경으로 지어진 악부시가 바로 〈장간행〉이다. 중국에서도 〈장간행〉이라는 이름아래 지어진 시가 많다. 한결같이 어린 시절 남녀 간의 귀여운 사랑을 그린 시들이다. 이 시 또한 천진함과 귀여움이 넘치는 시이다.

    허난설헌은 그다지 행복한 삶을 살다간 여인이 아니었음에도 시 속에서 표현된 모습에서는 행복함과 천진함이 느껴져 좋다. 보통 사람들이나 시인 모두 평범한 일상의 풍경을 마주하고 사는 건 매한가지일 텐데, 역시 시심(詩心)을 지닌 사람은 다른 세상을 보며 사는 것 같다.

〔설산雪山 최미연崔美蓮〕

讀書
독서

－奇大升기대승

讀書求見古人心 (독서구견고인심) 글 읽을 땐 옛사람의 마음을 보아야 하니,
反覆唯應着意深 (반복유응착의심) 반복하며 깊이 뜻을 두어 읽어야 한다네.
見得心來須體認 (견득심래수체인) 마음으로 느껴 얻으면 몸으로 실천하게 되나니
莫將言語費推尋 (막장언어비추심) 헛되니 말만 가지고서 찾으려 들지 마소.

▶출전: ≪고봉집(高峯集)≫ <고봉선생문집(高峯先生文集)> 제1권

□ 字句 풀이

♦ 着意(착의): 무슨 일에 뜻을 둠, 집착하여 깊이 궁리함. ♦ 見得(견득): 마음으로 느껴 깨달음. ♦ 體認(체인): 마음속으로 깊이 인정하여 몸으로 실천할 생각을 가짐.

□ 감상

 말로만 하는 독서가 아니라 진정으로 깨달아 몸으로 실천하는 독서를 하라고 권하는 시이다.

〔몽무夢務 최재석崔載錫〕

次圓機韻
원기의 시에 차운하여
－奇大升기대승

屢說探杯勝 자주 술 마시기를 좋아해서,
루열탐배승

尋常惱醉欹 번민속에 취하여 쓰러지는 일 일상이 되었네.
심상뇌취의

寒梅初落後 매화꽃 처음 떨어진 뒤,
한매초락후

細草欲生時 잔풀 돋아나려는 이때에.
세초욕생시

意妙慙新學 그대 시의 뜻이 오묘하여 새로 배움 부끄럽고,
의묘참신학

詞深脫舊知 그대 시어가 속 깊으니 옛 지식 벗어나게 하네.
사심탈구지

悠悠情不極 유유한 정 끝이 없어,
유유정불극

寫出畫中詩 그림 속의 시를 써 내노라.
사출화중시

▶출전: ≪고봉집(高峯集)≫ <고봉선생문집(高峯先生文集)> 제1권

□ 字句 풀이

◆ 尋常(심상): 대수롭지 않고 예사로움. ◆ 寒梅(한매): 겨울에 피는 매화.
◆ 細草(세초): 잔 풀, 원지과에 속하는 여러 해 살이 풀의 이름이기도 하다.
◆ 悠悠(유유): 여유가 있는 모습, 끝없이 이어짐. ◆ 畵中詩(화중시): 중국 북송 문인 소식(蘇軾)이 왕유(王維)에 대해 평하기를 "왕유의 시를 음미하면 시 가운데 그림이 있고, 그림을 감상하면 그림 가운데 시가 있다(味摩詰之詩, 詩中有畵, 觀摩詰之畵, 畵中有詩)."라고 한 데서 나온 말로서 회화적인 묘사력이 뛰어난 시를 비유하는 말.

□ 감상

원기라는 사람의 시에 화답하여 지은 시로 보인다.

〔몽무夢務 최재석崔載錫〕

次雙溪寺石門韻
쌍계사 석문시에 차운하여
― 趙憲 조헌

寒溪飛下碧潭幽 시냇물 날아 내린 못 깊어서 푸르고,
한계비하벽담유

石刻分明對路頭 길 어귀엔 돌에 새긴 글씨 분명하게 마주서
석각분명대로두 있네.

緩步松陰投古寺 천천히 소나무 숲 길 걸어 옛 절에 다다르니,
완보송음투고사

錦屛秋擁夕陽樓 가을 단풍이 비단 병풍처럼 석양지는 누대를
금병추옹석양루 둘렀구나.

▶출전: ≪중봉집(重峰集)≫ <중봉선생문집(重峯先生文集)> 권1

□ 字句 풀이

◆ 碧潭(벽담): 물빛이 매우 푸르게 보이는 깊은 못. ◆ 路頭(노두): 길거리.
◆ 緩步(완보): 느리게 걸음.

□ 감상

　맑은 계곡의 깨끗한 물이 곳곳에 깊은데, 계곡 옆 도로가에는 '石門'이란 글씨가 새겨진 돌문이 있고, 노을 속 소나무 길 따라 오르니 옛 절에 다다랐다. 눈앞에는 쌍계사 최치원 진감선사비(眞鑑禪師碑)가 우뚝 솟아 불가(佛家)의 멋스러움을 느끼게 한다. 단풍이 든 산이 누대를 감싸듯 둘러 서있다. 아름다운 풍경을 읊은 아름다운 시이다.

〔호암湖岩 하태현河泰鉉〕

青鶴洞
청학동

－魏漢祚위한조

穿雲一路不分明	분간하기 힘든 길을 구름 속 뚫고 겨우 찾아서,
천운일로불분명	
客到山門獨鶴迎	산사에 다다르니 학이 홀로 반기네.
객도산문독학영	
丹岸雨添瑤草畵	붉은 언덕에 비 뿌리니 요초염료로 그린 그림 같고,
단안우첨요초화	
碧崖風落玉碁聲	푸른 벼랑에 바람 부니 옥돌 소리 절로 나네.
벽애풍락옥기성	
閑花老柏千年在	한가로운 꽃 늙은 잣나무는 천년의 세월을
한화로백천년재	

	머금고,
亂石飛泉百道爭 _{난석비천백도쟁}	돌 사이 폭포수는 백 갈래로 쏟아지네.
世有名區人不識 _{세유명구인불식}	이토록 아름다운 곳을 세상 사람들은 모르는데,
孰能於此養心精 _{숙능어차양심정}	그 누가 이곳에서 정기를 기를까.

□ 字句 풀이

◆ 飛泉(비천): 폭포. ◆ 名區(명구): 산수가 좋아 널리 이름 난 지역.

□ 감상

  기이한 사람에게도 청학동 풍경은 기이하고 신령스럽게 보였나 보다. 마음의 정기를 기를 만한 곳인데도 아무도 모르고 있다고 한탄하고 있으니 말이다. 눈앞에 펼쳐진 풍광을 보며 꿈꿔왔던 유토피아(이상향)에 대한 갈망을 표현한 시라고도 할 수 있을 것이다.

〔호암湖岩 하태현河泰鉉〕

佛日庵月臺 次季實韻
불일암 월대에서 계실의 시에 차운하여

— 高敬命 고경명

路入招提紫翠重 _{노입초제자취중}	초제로 들어가는 길은 울긋불긋,
香爐傍矗最高峯 _{향로방촉최고봉}	곁에 솟은 향로봉 제일 높구나.
仙家物色應須記 _{선가물색응수기}	선가의 경치 응당 기록으로 남겨야 하는 법.

百丈風潭五鬛松　바람 불어오는 못가에 심은 잣나무 백 길이
백장풍담오렵송　　넘겠네.

▶ 출전: ≪제봉집(霽峯集)≫ 권2

□ 字句 풀이

◆ 招提(초제): 사방에서 모이는 승려를 쉬어가게 마련한 절, 혹은 관부에서 사액(賜額)한 절을 이르는 말. ◆ 矗(촉): 우뚝 솟다. ◆ 物色(물색): 자연의 경치. ◆ 丈(장): 길이를 재는 단위, 한 자(尺)의 열 배로 약 3m에 해당함. ◆ 五鬛松(오렵송): 잣나무.

□ 감상

불일암의 월대 풍경을 감상하며 후세에 전할 생각으로 지은 시이다.

〔성헌誠軒 홍금자洪今子〕

遊仙詞
신선 찾아 노니는 노래
－許蘭雪軒허난설헌

焚香遙夜禮天壇　천단에 향불 피워 길고 긴 밤 예를 올리는데,
분향요야례천단
羽駕翻風鶴氅寒　신선이 타는 수레 바람에 나부끼고 학창의는
우가번풍학창한　　싸늘하네.
清磬響沈星月冷　맑은 경쇠소리 깊이 울려 퍼지고 달빛 별빛
청경향침성월랭　　차가운데,

桂花煙露濕紅鸞 계수나무 꽃의 이슬이 붉은 난새를 적시네.
계화연로습홍란

▸ 출전: ≪난설헌시집(蘭雪軒詩集)≫

□ 字句 풀이

◆ 羽駕(우가): 신선이 타는 수레.　◆ 鶴氅(학창): 학창의(鶴氅衣), 창의는 선비들이 입던 직령으로 된 포(袍)의 한 가지이다. 도포와 두루마기의 중간 형태이다 창의는 여러 가지가 있는데, 소매가 넓은 백색 창의에 뒷솔기가 갈라져 있으며, 깃, 도련, 수구 등, 가를 검은 헝겊으로 넓게 두른 것이 학창의이다. 예로부터 신선이 입던 옷이라고 전해지며, 사대부들이 평상시 옷으로 입었고, 덕망이 높은 도사나 학자들이 입었다.

□ 감상

불우하고 고독한 상황에서 신선의 세계를 동경하고 있는 가녀린 천재 여류 시인의 모습이 눈에 보이는 듯하다. 방안에서 한 발자국도 나서지 못하면서 유선사(遊仙詞: 신선 찾아 노니는 노래)를 지었으니 안타까움이 더한다.

〔성헌誠軒 홍금자洪今子〕

靈谷歸來 不勝仙興 乃作步虛詞
영곡에서 돌아오는 길에 신선의 흥을 이기지 못해
'보허사'를 짓다

－林悌임 제

玉洞朝眞駕鶴歸 신선이 사는 옥동에서 학이라도 타고 온 걸까?
옥동조진가학귀

晴雲低濕紫煙衣	하늘은 맑고 자줏빛 안개가 옷에 서리네.
청운저습자연의	
殘碁一局海天曉	바둑이 끝날 즈음, 수평선 너머로 먼동이
잔기일국해천효	터오는데,
月照瑤壇星斗稀	달빛은 요단(瑤壇)을 비추고 북두성은
월조요단성두희	희미해지네.

▶ 출전: ≪임백호집(林白湖集)≫ 권3

□ 字句 풀이

◆ 晴雲(청운): 갠 하늘의 구름. ◆ 紫煙(자연): 자줏빛 노을. ◆ 海天(해천): 바다 위의 하늘, 수평선 위의 하늘. ◆ 瑤壇(요단): 신선이 사는 곳, 요대(瑤臺)라고도 함.

□ 감상

이 작품은 백호 임제가 1578년 2월 10일 한라산에 오르려고 영실 계곡을 지나다가 계곡의 아름다운 경치에 붙들려 등반을 제쳐두고 존자암에 머물며 지은 시로 전해지고 있다. 임제가 쓴 제주도 기행문인 〈남명소승(南溟小乘)〉에 영곡(靈谷)이라는 표현이 나오는데 이는 지금의 한라산 영실을 가리킨다. 임제는 이곳을 '오백장군동(五百將軍洞)'이라고 표현하였다. 그는 영곡에 대해 '절벽 층을 이룬 영곡에 세 갈래의 폭포가 있고 능선에 올라 살펴보면 만 리가 푸르다. 큰 기암들이 사람 같이 서 있어 천여 개가 넘는데 아마도 이 때문에 신선이 산다는 동(洞)이라고 부른 것 같다.'는 설명을 하였다.

한라산을 등산할 때면 송림 우거진 사이 길을 빠져 나왔을 때 펼쳐지는 장관에 놀라며 매번 발길을 멈추곤 한다. 마치 신선들이 흰 사슴과 함께 놀았던 것 같은 선경(仙境)이다. 그래서 산을 오르는 나의 발걸음이 자꾸만 뒤쳐진다. 아마 임제도 그 당시에 그러했으리라!

〔일화―華 홍도일洪道日〕

登漢拏山絶頂詩
한라산 꼭대기에 올라

― 金緻김치

石磴穿雲步步危 눈 쌓인 돌 비탈길 내딛는 걸음마다 위태롭더니,
석등천운보보위

兩餘天氣快晴時 이틀 새 하늘이 맑게 개이네.
양여천기쾌청시

山高積雪經春在 산봉우리에 쌓인 눈은 봄 지나도록 그대로 있고,
산고적설경춘재

海闊長風盡日吹 드넓은 바다에서는 종일 바람 불어오네.
해활장풍진일취

鶴駕不迷玄圃路 신선의 수레는 곤륜산으로 가는 길을 헤매지 않고,
학가불미현포로

鳳簫留待赤松期 봉소(鳳簫)만이 남아 적송자(赤松子)를 기다리네.
봉소유대적송기

從今欲試飱霞術 이제야 장생불사의 약을 짓는 신선술을 배우고자 하니,
종금욕시손하술

歸去人間暮恨遲 인간세상으로 돌아갈 날 늦어짐을 아쉬워하네.
귀거인간모한지

□ 字句 풀이

◆ 鶴駕(학가): 신선이 타는 수레. ◆ 玄圃(현포): 전설에서 중국 곤륜산 위에 선인이 있다는 곳. ◆ 鳳簫(봉소): 대나무를 사용하여 봉황의 날개 모양으로 만든 고전 악기의 한 가지. ◆ 赤松(적송): 적송자(赤松子), 중국 전설에 나오는 상고시대의 신선. ◆ 飱霞術(손하술): 먹으면 장생불사한다는 선가(仙家)의 약을 제조하는 기술.

□ 감상

　김치(金緻)는 1609년(광해군 원년) 1월 7일, 제주판관으로 부임하게 된다. 이 시는 1609년 4월 8일 민응생(閔應生), 이효성(李孝誠), 정인수(鄭麟壽) 등과 같이 한라산을 등반하고, 존자암(尊者庵)에 잠시 머물러 주지승과 함께 백록담에 올라 지은 작품이다. 존자암은 한국 불교 최초의 사찰이다. 한라산 중턱 영실에 자리 잡고 있으며 부처님의 16아라한 중 발타라 존자가 부처님의 불법을 전하기 위하여 세운 절이라 한다. 옛 문헌인 이원진 목사의 〈탐라지〉 기록에 의하면 존자암은 1650년대 거의 폐사되어 초가 형태로 명맥만 유지한 것으로 기록되어 있다. 그 흔적만 남아 있던 존자암이 실로 350년 만인 지난 2002년에 복원되었다. 한라산 중턱 영실을 오를 때면 복원된 그 절을 보면서 나는 김치판관의 아름다운 산행을 생각한다. 그 옛날 주지스님과 함께 산행하며 신선을 찾는 기쁨을 누렸으리라. 백록의 산행! 이 보다 더한 아름다움이 어디에 있을까.

〔일화一華 홍도일洪道日〕

落花巖
낙화암

－洪春卿 홍춘경

國破山河異昔時　나라가 망해 산하가 예전과 다른데,
국파산하이석시

獨留江月幾盈虧　홀로 남은 강월은 얼마나 찼다 기울었나?
독류강월기영휴

落花巖畔花猶在　낙화암가의 꽃들이 아직 남았으니,
낙화암반화유재

風雨當年不盡吹 비바람 그 당시에 다 불지 않았구나.
풍우당년부진취

□ 字句 풀이

◆ 國破(국파): 나라가 망함. ◆ 盈虧(영휴): 가득참과 이지러짐. ◆ 當年(당년): 그 해, 해당연도. ◆ 不盡(부진): 끝나거나 다하지 않음, 없어지지 않음.

□ 감상

이 시는 시(時), 휴(虧), 취(吹)를 운자(韻字)로 사용하고 있는 측기식(仄起式) 칠언절구이다. 낙화암은 백제 말기의 슬픈 고사가 전해지는 곳이고, 시인은 통일신라와 고려를 거친 뒤 조선중기에 살았던 인물이다. 기구(起句)에서 언급하는 국파란 말할 것도 없이 백제의 멸망을 의미한다. 산하가 예전과 달라졌음은 통치하는 사람들이 달라진 산하에 살고 있음을 가리키기도 하지만 백제가 멸망한 뒤 약 900년이 지나 시인이 살았으니 산하의 모습 역시 많이 달라졌음을 의미하는 것이기도 하다. 부여는 백제의 수도였으나 통일신라시대에는 수도가 경주로 옮겨졌고, 그 후로는 경주에서 개성으로, 개성에서 한양으로 옮겨갔다. 백제의 수도였던 부여는 이처럼 외면되었으니 부여 입장에서 본다면 예전과는 많이 달라진 세상이 된 것이다.

승구(承句)는 읽어가며 음미할수록 미묘한 글귀이다. '독류(獨留)'는 홀로 남은 것인데 언제나 밝은 해나 늘 거기에 서있는 바위와 같은 것이 남아 그 위를 비추거나 그를 증명하는 것이 아니라, 쉴 새 없이 흘러가는 강물 위에 무수히 찼다가 기울어지는 달만이 유독 남아 이 낙화암을 비춘다는 설정 때문에 미묘한 것이다.

이러한 생각은 전구(轉句)에서 더욱 미묘한 반전으로 발전한다. 낙화암이란 꽃이 떨어진 바위라는 의미인데 당시에 꽃이 다 떨어졌을 것으로 생각했던 그 낙화암에 다시 꽃들이 피어나고 있음을 읊고 있기 때문이다. 이미 900년 전에 삼천궁녀가 나라의 멸망을 슬퍼해 뛰어내린 바위지만 그 충절의 정신은 지금 이 순간에도 기억되고 이어져 굳건히 다시 피어나고 있음을 암시하고 있다.

  결구(結句)의 풍우는 궂은 날씨이다. 평화로운 시대가 아니라 전쟁으로 인해 국가가 존멸의 위기에 처하고 많은 사람들이 죽고 병들어 어려워지는 사회상황을 암시한다. 나라를 지키려는 충절들이 수없이 죽었지만 비바람에 떨어졌던 꽃이 다시 피어나듯 충절어린 마음들이 굳건히 이 나라를 지키고 있음을 역설하고 있다. 몇 번을 읽어봐도 명시는 명시이다. 이 시가 지어진 후, 수많은 선비들이 읊었을 테고 지금도 많은 서예가들이 이를 소재로 글씨를 쓰고 있다.

〔중허中虛 홍동의洪銅義〕

綾城文生宅 次玉峯韻 二首中一首
능성의 문생댁에서 옥봉의 시에 차운하여 2수 중 1수
－洪命元 홍명원

酒量君偏大   주량이야 그대가 훨씬 세지만,
주량군편대

棋才誰較高   바둑 두는 재주는 누가 더 높을지.
기재수교고

歸雲掩明月   구름이 밝은 달을 가려버리니,
귀운엄명월

悄悵負良宵   아쉽네그려! 더 아름다운 밤을 누릴수 없음이.
초창부량소

▶ 출전: ≪해봉집(海峯集)≫ 권1

□ 字句 풀이

◆ 棋才(기재): 바둑을 잘 두는 재능(才能). ◆ 掩(엄): 가리다, 숨기다.
◆ 悄悵(초창): 근심하는 모양, 마음에 섭섭하게 여김. ◆ 良宵(양소): 달이

밝고 아름다운 밤, 깊은 밤.

□ 감상

이 시를 읽다보면 해봉(海峯)의 인간적인 면모를 확연하게 느낄 수 있다. 시인은 첫 구부터 아예 상대보다 주량이 세지 못함을 고백한다. 그러나 바둑만큼은 지고 싶지 않았던 것 같다. 시간이 그렇게 흘렀으니 몇 판을 두었을 것이요, 서로 장고(長考)를 거듭하였을 것이다. 바둑을 두다가 술잔도 오고갔을 것이고, 시도 몇 수쯤은 주고받았을 것이다. 그러는 사이에 시간은 흘러 어두워졌고, 달이 떠올랐어도 구름이 달을 가려버린 정경이 그려진다. 날이 어둡고 구름이 달을 가리니 바둑판이 제대로 보일 리가 만무하다. 해가 지고, 그나마 뜬 달마저 구름에 가리는 혼탁한 세상, 그래서 겨우겨우 보이는 희미한 바둑판같은 세상에서 최선을 다해 묘수(妙手)를 찾아보려했던 시인의 서글픈 마음이 살그머니 나의 눈을 자극한다.

〔중허中虛 홍동의洪銅義〕

過江陵珍富驛
강릉 진부역을 지나며

－洪敬孫홍경손

淸川峻嶺擁林亭 맑은 내 높은 산 정자를 둘렀는데,
청천준령옹림정

一片山雲閒鎖庭 한 조각 산 구름이 정원을 덮었더라.
일편산운한쇄정

更有淸風來左右 맑은 바람 다시 일어 좌우로 불어오면,
갱유청풍래좌우

自從巖畔老松靑 저절로 바위 가에 푸른 노송 드러나리.
자종암반로송청

□ 字句 풀이

♦ 林亭(임정): 숲 속에 지어진 정자. ♦ 峻嶺(준령): 높고 가파른 고개.
♦ 山雲(산운): 산에 끼어 있는 구름. ♦ 老松(노송): 늙은 소나무.

□ 감상

  임정(林亭)이란 숲속에 지어진 정자이다. 정자는 물이 좋고 경치가 좋은 곳에 위치한 벽이 없이 지어진 건축물이다. 때론 나그네가 그곳에서 여독(旅毒)을 풀기도 하고, 주변의 아름다운 경관을 만끽하며 시문을 짓거나, 걸쭉하게 술을 한 잔 들이킬 수 있는 공간이다. 정자는 당연히 진부역사(珍富驛舍)일 것이나 시를 읊조리다보면 그 시상이 은연중에 궁궐로 귀결된다.
  주변에 어떤 곳도 막히지 않고 누구든지 받아줄 수 있는 마음이 넓은 임금, 사방 어느 곳에서나 불평이 없도록 백성들의 안위를 걱정하는 사려 깊은 임금이 앉아계신 공간이다. 맑은 물이 돌아 흐르는 것처럼 주위에는 청백리와 지혜로운 사람들이 넘치고, 높은 산이 주위를 둘러 있는 것처럼 출중한 인물들이 임금의 주위에서 장엄하게 보필한다. 정자는 그런 공간의 상징일 수도 있다는 생각으로 이 시를 읽으면 색다른 맛, 좀 더 깊은 맛을 느낄 수 있으리라.

〔도곡陶谷 홍우기洪愚基〕

朴杏山全之宅有題
행산 박전지 댁에서 쓰다

-洪奎홍규

酒盞常須滿 술잔은 항상 가득 채워야 하나,
주잔상수만
茶甌不用深 차 사발엔 가득 따를 필요가 없네.
다구불용심
杏山終日雨 행산 댁에 하루 종일 물 끓는 소리,
행산종일우
細細更論心 세세히 흉금을 터놓고 이야기하네.
세세경론심

▶ 출전: ≪동문선(東文選)≫ 권19

□ 字句 풀이

♦ 酒盞(주잔): 술잔.　♦ 茶甌(다구): 차 사발.　♦ 細細(세세): 아주 상세하게.
♦ 論心(논심): 마음속에 품은 생각을 서로 탁 터놓고 이야기함.

□ 감상

　시를 읽다보면 홍규는 행산(杏山)의 집에 자주 찾아가, 술을 마시고, 차도 마시며, 많은 이야기를 나누었던 것 같다. '술잔은 항상 채우되, 찻잔은 채울 필요가 없다(酒盞常須滿, 茶甌不用深)'의 구절을 읽다보면 고금의 심정이 다르지 않음을 확인하게 된다. 술을 마실 때면 잔을 채워야 한다고 호기를 부리지만, 차를 마실 때에는 그렇지 않다. 술과 차, 잔과 사발, 채우는 것과 비우는 것, 진한 향기와 그윽한 향기, 혼미해지는 것과 맑아지는 것이 미묘하게 대비를 이루고 있다. 이 시에서는 채워야 한다는 술잔보다 반드시 채우지 않아도 된다는 찻잔〔茶碗〕에 무게중심이 있는 것 같다.

〔도곡陶谷 홍우기洪愚基〕

棲白雲
흰 구름 속에 살다

－李時善이시선

避喧棲白雲　속세의 소란함을 피하려 흰 구름 속에 둥지를
피훤서백운　틀었는데
塵襟尙紛紛　속된 마음 세속적 생각에 여전히 번잡스럽네.
진금상분분
壹氣將何致　한줄기 내 원기는 어디를 향하게 해야 하나?
일기장하치
營營未易耘　영리에 몰두하는 마음 꺾기가 쉽지 않으니….
영영미이운

□ 字句 풀이

◆ 塵襟(진금): 속된 마음이나 세속적인 생각. ◆ 壹氣(일기): 만물의 원기.
◆ 營營(영영): 영리에 몰두하는 모양, 악착같이 이익을 추구하는 모양.

□ 감상

　세속을 벗어나고자 구름 속에 둥지를 틀어 봐도 소용이 없다. 세속을 벗어나고 벗어나지 못함은 환경을 바꾸는 데에 달려 있지 않고 내 마음을 바꾸는 데에 달려 있다. "放下屠刀 立卽成佛"이라는 말이 있다. "도살장에서 도살하는 사람도 도살하는 칼만 내려놓으면 그 자리에서 부처가 될 수 있다."는 뜻이다. 마음먹기에 따라 신선도 될 수 있고 미천한 속인도 될 수 있으니 힘써 마음을 닦을 일이다.

〔덕곡德谷 홍재범洪在範〕

自悼
스스로가 슬퍼서

― 李時善이시선

頭上日月何太忙	머리 위에 해와 달은 어찌 서두르기만 하는지,
두상일월하태망	
身年向暮不再壯	몸이 저물어만 가니 다시 젊어질 순 없어라.
신년향모부재장	
平生志業無所成	평생에 마음먹은 일 이룬 것 아무 것도 없으니,
평생지업무소성	
中宵孤坐懷愴悢	한밤중에 홀로 앉아 생각하니 내 탓이로세.
중소고좌회창량	
翻思衛武九十五	돌이켜 위무(衛武)의 아흔 다섯 해를 생각하며,
번사위무구십오	
猶存懿戒自懲創	훌륭한 교훈으로 삼아 스스로 뉘우쳐 경계하리.
유존의계자징창	
還當自讀古人書	응당 반성하여 스스로 옛 사람의 글 읽으면서,
환당자독고인서	
不以晼晚輕沮喪	쉬 저무는 날 때문에 낙담하진 않으리라.
불이원만경저상	

□ 字句 풀이

◆ 衛武(위무): 주나라 무왕의 아홉째 동생인 강숙(康叔)의 8세손으로 이름은 화. 즉위한 후 곧 강숙의 정치를 배워 나라를 다스리자 백성들이 화목하게 모여들었다. 시호는 무(武)이다. 여기서는 작자도 나라를 위해 여러 해 동안 많은 노력을 했음을 말한다. ◆ 沮喪(저상): 기가 꺾이다, 낙담하다.

□ 감상

나이 들어 힘이 쇠약해지면 스스로 슬퍼지기 마련인가보다. 그런데 슬픔도 슬픔 나름인 것 같다. 무엇 때문에 슬퍼하는지? 국가와 민족을 위해 아직도 할 일이 많음을 슬퍼할 것인가? 아니면 단순히 더

이상 즐길 수 없는 나의 육신 때문에 슬퍼할 것인가?

〔덕곡德谷 홍재범洪在範〕

壁上掛單
벽에 표주박 하나 걸어 놓고
-涵月禪師 함월선사

終日忘機坐 온종일 세상일 잊고 앉아 있나니,
종일망기좌

諸天花雨飄 천지에 꽃비 흩뿌려 날리네.
제천화우표

生涯何所有 내 생애 무엇이 남아 있는가?
생애하소유

壁上掛單瓢 표주박 하나 벽 위에 걸려 있네.
벽상괘단표

□ 字句 풀이

♦ 終日(종일): 아침부터 저녁까지의 사이. ♦ 諸天(제천): 모든 하늘. 불교에서는 하늘이 여덟으로 되어 있는데 그 여러 하늘은 마음을 수양하는 경계에 따라 나뉘어 있다고 생각한다. ♦ 生涯(생애): 살아 있는 평생 동안. ♦ 單瓢(단표): 한 개의 표주박.

□ 감상

  무욕의 절정을 읊은 시이다. 노승은 단 한 개의 표주박마저도 거추장스러워 벽에 걸어 놓고, 온 하늘에 꽃비가 흩날리는 날에 진종일 세상일 잊고 앉아 내 생애에 무엇이 남아있느냐고 조용히 되묻고 있다. 물 따라 구름 따라 혼자서 가라는 무소유(無所有)란 이런 구절을 두고 한 말일 것이리라!

〔동구東丘 황보근黃寶根〕

俊禪子
준선자에게

　　　　　　　　　　　－西山大師 서산대사

悲歡一枕夢　슬픔과 기쁨은 한 베개 꿈이요,
비환일침몽
聚散十年情　만남과 헤어짐은 십 년의 정이라.
취산십년정
無言却回首　말없이 고개 돌리니,
무언각회수
山頂白雲生　산머리에 흰 구름만 이네.
산정백운생

□ 字句 풀이

◆ 悲歡(비환): 슬픔과 기쁨. ◆ 聚散(취산): 사람들의 모임과 흩어짐, 만남과 헤어짐을 아울러 이르는 말. ◆ 山頂(산정): 산꼭대기.

□ 감상

만나고 헤어짐은 저 하늘에서 흰 구름이 일어났다 사라지는 것과 같다. 만나야 할 사람은 만나고, 헤어져야 할 사람은 헤어지는 것이다. 정처 없이 떠도는 구름 같고 기약 없이 흐르는 물과 같은 인생의 덧없음을 느끼며 말없이 고개를 돌려 바라보니 산 위에는 흰 구름만 인다.

〔동구東丘 황보근黃寶根〕

江亭
강 가 정자에서

－鄭澈 정 철

日夕江風起	해 지자 강바람 일어
일석강풍기	
波濤自擊撞	파도가 제 스스로 부딪히네.
파도자격당	
山翁睡初罷	산에 사는 늙은이 잠들려다가 그만두고,
산옹수초파	
忽忽倚虛窓	홀연히 일어나 허허로운 마음 안고 창에 기대네.
홀홀의허창	

▶ 출전: ≪송강집(松江集)≫ <송강원집(松江原集)> 권1

□ 字句 풀이

◆ 日夕(일석): 저녁 무렵. 해가 질 무렵부터 밤이 되기까지. ◆ 擊撞(격당): 쳐서 부딪힘. ◆ 山翁(산옹): 산속에 사는 늙은이. ◆ 忽忽(홀홀): 문득 갑작스럽게.

□ 감상

잠을 자려다가 다시 일어나 창가에 기대앉는 이유는 무엇일까? 그 이유는 아무도 모른다. 나만 알 따름이다.

〔난설蘭雪 황정숙黃貞淑〕

月夜
달밤

－鄭澈 정철

隨雲度重嶺   겹쳐진 봉우리를 건너온 구름,
수운도중령
伴月宿虛簷   달과 짝하여 처마 밑에 깃드네.
반월숙허첨
晨起解舟去   새벽에 일어나 배를 타고 떠나니,
신기해주거
麻衣淸露霑   삼베옷이 이슬에 젖는구나.
마의청로점

▶ 출전: ≪송강집(松江集)≫ <송강원집(松江原集)> 권1

□ 字句 풀이

◆ 重嶺(중령): 겹쳐진 산봉우리. ◆ 伴月(반월): 달과 짝하다. ◆ 晨起(신기): 새벽에 일어나다. ◆ 麻衣(마의): 삼베옷.

□ 감상

친구라곤 달과 구름밖에 없이 하룻밤을 새우고 새벽에 배를 타고 떠나는 나그네!

〔난설蘭雪 황정숙黃貞淑〕

후 기

우리는 가끔 영화를 본다. 영화를 보다 보면 어느새 도취되어 자신도 모르는 사이에 눈물을 흘리기도 하고 더러 폭소를 터뜨리기도 한다. 영화뿐 아니라 연극도 마찬가지다. 무대에서 펼쳐지는 상황이 곧바로 관객에게 감동으로 다가와 눈물을 흘리게도 하고 웃게도 하며 분노에 차게도 한다. 그러므로, 영화나 연극은 어느 예술보다도 그 감동효과가 빠른 예술이라고 할 수 있다.

그런데 서예 전시장에 온 관람객이 작품 앞에 서서 감동에 벅찬 나머지 눈시울을 적시거나 폭소를 터뜨리는 경우는 거의 없다. 그저 조용히 바라볼 뿐이다. 서예는 작품이 주는 감동의 효과가 영화나 연극에 비해 훨씬 느리다. 그런데 서예 작품에 한번 감동을 받으면 그 감동은 무척 오래 간다. 평생 동안 감동이 이어질 수도 있다.

서예는 명언(名言)이나 가구(佳句)와 함께하는 예술이기 때문에 하나의 작품이 뇌리에 박혀 평생의 좌우명이 될 수도 있는 것이다. 건실한 필획과 탄탄한 장법으로 구성된 서예작품, 게다가 작가의 고매한 인품과 학식이 담긴 서풍으로 쓴 명언과 아름나운 밀은 우리들에게 분명 감동으로 다가올 수 있다. 영화나 연극과 같은 직접적인 감동이 아니라 음미하면 할수록 맛이 있고 생각하면 할수록 진국이 우러나오는 그런 감동으로 다가올 수 있는 것이다. 그런데 요즈음 서예가 그런 감동을 창출하지 못하고 있다. 감동을 창출하지 못하는 이유는 여러 가지가 있을 수 있겠지만 그 중 중요한 요소 하나가 바로 작품의 수요자가 작품을 읽을 수 없다는 것이다. 서예의 예술적 측면에서는 매력을 느낄지 모르나 글을 읽을 수 없기 때문에 글로부터 오는 진한 감동은 기대할 수 없게 된 것이다. 이처럼 서예작품 수요자들이 글을 읽지 못하는 탓에 감동을 느끼지 하지 못하다 보니 서예에 대한 사회적 관심이 전에 비해 훨씬 멀어진 것 또한 사실이다. 그렇다면 서예는 이대로 사회에서 도태되는 것일까? 결코 그렇지 않다. 서예는 이 시대에 다시 감동적인 예술로 되살아 날 수 있다. 아니 이미 되살아나고 있다. 서예에 대한 중국의 관심으로 인해 중국내에서 일어난 서예 열기는 이제 미국과 유럽으로 확산되고 있다. 한자, 한문과 함께 서예가 세계의 문화시장에서 관심을 끌고 있는 것이다.

서예는 필획과 결구, 장법 등 서예작품 구성의 여러 요소가 자아내는 아름다움으로 인한 감동도 물론 크지만 소재로 선택한 글귀로부터 받는 감동도 결코 적지 않다. 아니, 오히려 서예의 예술적 기능으로서의 작품성보다도 문장이 주는 감동을 더 소중히 여긴다고도 할 수 있다. 이러한 점은 다음과 같은 설문조사를 통해서도 확인할 수 있다.

3	서예작품을 걸어 두는 가장 큰 이유는 무엇입니까?			
	① 벽면이 허전하여 인테리어 목적으로		② 쓴 글귀를 생각하며 생활의 교훈을 삼으려고	
	14(명)	11.0(%)	93(명)	73.2(%)
	③ 서예의 추상미술적 아름다움에 매료되어		④ 지인이 써준 것이기 때문에	
	13(명)	10.2(%)	7(명)	5.5(%)

*총 응답자 대상자 187名 중 127名 응답

이러한 관점에서 보자면 서예에서의 서제(書題) 선문(選文)은 매우 중요하다. 이런 인식아래 국제서예가협회가 서제로서의 한국 한시에 관심을 갖고 모든 회원이 함께 노력하여 『국제서예가협회 추천 한국한시 316』을 출간한 것은 정말 뜻 깊은 일이라고 할 수 있을 것이다.

감수라는 이름아래 국제서예가협회 회원들이 추천해주신 한국 한시 316수를 읽으면서 중국의 한시에 결코 뒤지지 않는 우리 한국한시의 아름다움을 체감하였다. 그리고 그런 시를 사랑하는 회원 여러분들의 건강하고 아름다운 시심에 감동을 받았다. 앞으로 국제서예가협회 회원들이 서예에서 서제선문이 차지하는 중요성을 더욱 절감하여 한시, 한문은 물론 현대에 출간되는 여러 인문학 관련 저술에도 보다 더 많은 관심을 가지시기를 바란다. 끝으로 나를 도와 회원들이 보내 주신 원고들은 일일이 교정하고 독자들이 읽기 편하도록 한자음을 달고 체재를 통일하여 편집해준 우리 전북대학교 대학원의 박사생 전가람과 석사생 박세늬에게 참으로 애썼다는 말과 함께 고맙다는 말을 전한다. 이 책이 한국 서단의 서예가들이 공부하는 데에 하나의 도움이 될 수 있기를 기대한다.

2014년 12월 일
전북대학교 연구실에서 김병기 識

한시 작가 편람

강희맹(姜希孟 1424~1483)

조선 초기의 문신이다. 본관은 진주(晉州)이고, 자는 경순(景醇), 호는 사숙재(私淑齋)·운송거사(雲松居士)·국오(菊塢)·만송강(萬松岡)이다. 시호는 문량(文良)이다. 문장실력이 뛰어나 세종·성종에게 총애를 받았다. 18세에 별시문과에 장원급제한 이후 여러 관직을 거쳐 1482년 좌찬성(左贊成)에 이르렀다. 경사와 전고에 능했고 늘 겸손하여 나서기를 좋아하지 않았다고 한다.
문집으로 ≪금양잡록(衿陽雜錄)≫과 ≪촌담해이(村談解頤)≫, ≪진산세고(晉山世稿)≫가 있다. 세조 때는 ≪신찬국조보감(新撰國朝寶鑑)≫과 ≪경국대전≫, 성종 때는 ≪동문선≫, ≪동국여지승람≫, ≪국조오례의(國朝五禮儀)≫ 등의 편찬에 참여하였다.

고경명(高敬命 1533~1592)

조선 중기의 문신 겸 의병장으로 본관은 장흥(長興)이고, 자는 이순(而順)이며 호는 제봉(霽峰)이다. 시호는 충렬(忠烈)이다. 광주 압보촌에서 태어났으며, 형조좌랑(刑曹佐郞)·사간원헌납(司諫院獻納)·사헌부지평 등을 역임하였고, 1563년에는 홍문관교리가 되었다. 1592년 임진왜란이 일어났을 때 김천일·박광옥 등과 함께 의병을 일으켰고 전라좌도 의병대장으로 추대되었다. 그는 아들 고인후의 유팽로·안영 등과 함께 왜적과 싸우다가 금산에서 순절하였다. 후에 의정부좌찬성(議政府左贊成)에 추증되었다.
저서로는 ≪제봉집(霽峰集)≫ 및 ≪속집(續集)≫과 ≪유집(遺集)≫, ≪서석록(瑞石錄)≫, ≪정기록(正氣錄)≫ 등이 있다.

고의후(高義厚 생졸년 미상)

조선 후기의 위항시인(委巷詩人)이며, 호는 온곡(醞谷)이다. 위항(委巷)이란 좁고 지저분한 거리를 뜻하는 것으로 중인 이하의 신분 계층이 사는 곳을 말한다. 양반 사대부만의 전유물이던 한문학에 대하여 한양을 중심으로 중인이하 상인, 천민 계급에서도 이를 연구하는 별개

의 학문이 발달하였는데, 이를 위항문학이라 하고, 그 시인들을 위항
시인이라 하였다. 이들은 신분상의 제약 때문에 관계 진출이 엄격이
통제되었지만 상당한 교양을 갖춘 지식인들이었다.

곽예(郭預 1232~1286)

고려 후기의 문신. 본관은 청주(淸州), 자는 선갑(先甲), 호는 연담(蓮
潭). 1255년에 급제하여 왕명의 출납을 관장하는 벼슬자리에 올랐고
전주사록(全州司錄)에 임명되었다. 홍저와 함께 일본에 가서 왜구의 침
범을 중지시킬 것과 고려인 포로 송환을 요구하기도 하였다. 원나라에
성절(聖節)을 하례하고 돌아오던 도중 55세의 나이로 병사했다. 문장
을 잘 짓고 서법에도 능하여 독특한 서체를 이루었다. 사람됨이 강직
하고 소박하여 높은 지위에 이르러서도 옛날과 다름이 없었다고 한다.
그가 한원(翰院)에 있을 때에 비가 오면 맨발로 우산을 쓰고 홀로 용
화지(龍化池)에 가서 연꽃을 감상하였다는 일화는 유명하다.

구봉령(具鳳齡 1526~1586)

조선 중기의 문신·학자. 본관은 능성(綾城), 자는 경서(景瑞), 호는
백담(柏潭), 시호는 문단(文端)이다. 외종조 권팽로(權彭老)에게 ≪소
학≫을 배워 문리를 얻고, 이황(李滉)의 문하에 들어가 수학하였다.
1560년 별시문과에 을과로 급제해 승문원부정자(承文院副正字)·예문
관검열(藝文館檢閱)·봉교(奉敎)를 거쳐 1581년 대사헌에 오르고, 이
듬해 병조참판·형조참판 등을 지냈다. 그는 한때 암행어사로 황해도
·충청도 등지에 나가 흉년과 기황(飢荒)으로 어지럽던 민심을 수습하
기도 하였다. 시문에 뛰어나 기대승(奇大升)과 비견되었고, 〈혼천의기
(渾天儀記)〉를 짓는 등 천문학에도 조예가 깊었다. 죽은 뒤 용산서원
(龍山書院)에 제향되었다.
저서로는 ≪백담문집≫ 및 그 속집(續集)이 있다.

권근(權近 1352~1409)

본관은 안동 사람이고, 자는 가원(可遠)·사숙(思叔)이고, 호는 양촌
(陽村)이며 시호는 문충(文忠)이다. 1368년 문과에 급제하여 춘추관
검열(檢閱)이 되었고, 우왕 때에는 좌사의대부(左司議大夫)·성균관대
사성(成均館大司成) 등을 역임하였다. 창왕 때는 좌대언(左代言)·지
신사(知申事)를 역임하였고, 밀직사첨서사(密直司僉書事)로 명나라에
다녀오기도 하였다. 1389년에는 윤승순(尹承順)의 부사(副使)로서 명
나라에 다녀왔는데 그때 가져온 예부의 자문(咨文)으로 인해 우봉(牛
峯)에 유배생활을 하였다. 조선 개국 후 왕명으로 ≪동국사략≫을 편

찬하였다. 문장에 뛰어나고, 경학에도 밝아 경학과 문학의 양면을 조화시키려 노력하였다.
문집 ≪양촌집(陽村集)≫ 외에도 저서 ≪오경천견록(五經淺見錄)≫, ≪사서오경구결(四書五經口訣)≫, ≪동현사략(東賢事略)≫ 등이 전한다.

권상하(權尙夏 1641~1721)

조선 후기의 학자. 서울 출신. 본관은 안동(安東). 자는 치도(致道). 호는 수암(遂菴)·한수재(寒水齋). 이이로부터 송시열로 이어지는 기호학파의 정통 계승자이며 호락논변(湖洛論辨)이 일어나게 되는 계기를 마련한 인물이다. 송시열에게 계승된 기호학파의 지도자로서, 이이가 주장하는 '기발이승일도설(氣發理乘一途說)'을 지지하였다. 1660년 진사가 되어 성균관에 들어가 수학하였다. 1659년 효종의 승하 시에 있었던 자의대비(慈懿大妃)의 복제 문제가 다시 발생하여 스승 송시열이 관작을 박탈당하고 덕원(德源)에 유배되는 불운을 당하게 되었다. 이때 그는 남인의 정권에서는 관계에 진출하는 것을 단념하고 청풍의 산중에 은거하며 학문과 교육에 전념할 것을 결심하였다. 글씨에도 뛰어났으며 충주의 누암서원(樓巖書院), 청풍의 황강서원(黃岡書院), 정읍의 고암서원(考巖書院), 성주(星州)의 노강서원(老江書院), 보은의 산앙사(山仰祠), 예산의 집성사(集成祠), 송화의 영당(影堂) 등에 배향되었다. 문집에 ≪한수재집(寒水齋集)≫, ≪삼서집의(三書輯疑)≫ 등이 있다.

권태훈(權泰勳 1900~1994)

소설 ≪단(丹)≫을 통해 우리에게 다가와 고유의 현묘한 도를 체현했던 금세기 마지막 국선(國仙)으로 근대에서 현대에 이르는 격동의 100년을 살았다. 망국과 분단, 부패와 혼란으로 점철된 세월 속에서 부동의 철학을 지닌 채 맨몸으로 풍풍우우(風風雨雨) 속을 걸어간 선비였다. 유가의 13경에 통달하고 곡학아세 하는 썩은 유학자들과 '독야청청'하는 체하는 반민족적 유학자들을 통박하며 경세치용, 실사구시를 추구한 진정한 실학자였다. 불교와 도교의 경전을 섭렵하고 유불도 3교의 진면목을 통찰한 철인이었으며, 평생을 암울한 민족적 현실에 대해 적극적인 참여로 일관해온 지식인이었다.

권필(權韠 1569~1612)

조선 중기 선조 때의 시인이다. 본관은 안동, 자는 여장(汝章)이고, 호는 석주(石洲)다. 송강 정철의 문인이며 선조 때의 뛰어난 문장가로서 허균과 절친했다. 목릉성세로 대표되는 당대의 문단에서 동악 이안

눌과 더불어 최고 시인으로 평가받았다. 과거에 뜻이 없어 시와 술로 낙을 삼고 가난하게 살다가 동몽교관(童蒙敎官)에 임명되었으나 거절 하였다. 그는 광해군의 비(妃) 유씨(柳氏)의 아우 유희분(柳希奮) 등 척족들의 방종을 풍자한 궁류시(宮柳詩)를 지어 비방하였는데 광해군 이 크게 노하여 시의 출처를 찾던 중 그의 시가 발견되어 광해군이 친 히 신문하고 혹독한 고문을 당한 끝에 귀양을 가게 되었다. 가는 길에 사람들이 주는 술을 폭음하고 이튿날 죽었다.
문집으로는 ≪석주집(石洲集)≫과 한문소설 ≪주생전(周生傳)≫, ≪위경천전(韋敬天傳)≫이 전해지며, 강화도 송해면 하도리 석주초당 터에 후손 권체가 세운 〈석주권필유허비(石州權韠遺墟碑)〉가 남아있다.

기대승(奇大升 1527~1572)

조선 중기의 문신이자 학자이다. 본관은 행주 사람으로, 자는 명언(明彦)이고, 호는 고봉(高峯)·존재(存齋)이다. 이황의 문인이며, 김인후·정지운·이항 등과 교유하였다. 1558년 식년문과에 급제한 후 승문원 부정자(承文院副正字)에 임명되었고 그해 이황을 찾아가 태극도설에 관한 의견을 나누었는데, 이때 이황과의 만남은 기대승의 사상 형성에 큰 영향을 주었다. 그 뒤로 이황과 13년 동안 서신을 통해 학문과 처세에 관해 교유하였다. 그 가운데 1559년에서 1566년까지 8년간 이루어진 '사칠논변'은 조선유학사상 깊은 영향을 끼쳤던 논쟁이다. 1572년에 성균관대사성을 맡았고 이어 종계변무주청사(宗系辨誣奏請使)를 역임했다. 후에 공조참의(工曹參議)를 지내다가 벼슬을 그만두고 고향으로 돌아가던 길에 그해 11월 고부에서 병사하였다.

길재(吉再 1353~1419)

고려 말에서 조선 초의 성리학자이다. 자는 재보(再父)이고, 호는 야은(冶隱)·금오산인(金烏山人)이며, 시호는 충절(忠節)이다. 본관은 해평(海平) 사람이다. 고려 말, 이색·정몽주와 함께 '삼은(三隱)'으로 불린다. 1370년 박분(朴賁)에게 ≪논어≫와 ≪맹자≫를 배우며 성리학을 접하게 되었다. 1387년 성균학정(成均學正)이 되었다가 1388년에 순유박사(諄諭博士)를 역임하고 성균박사(成均博士)에 이르렀다. 조선 건국 이후 1400년에 이방원이 태상박사(太常博士)에 임명하였으나 두 임금을 섬기지 않겠다며 사양하였다.
문집으로는 ≪야은집(冶隱集)≫, ≪야은속집(冶隱續集)≫, 언행록인 ≪야은언행습유록(冶隱言行拾遺錄)≫이 있다.

김구(金坵 1211~1278)

고려 말기를 장식한 큰 학자이자 명 문장가였고 지대한 외교 업적을 남긴 정치가이다. 호는 지포(止浦)이고 자는 차산(次山)이며 시호는 문정(文貞)이다. 22세에 문과에 2등으로 급제한 후, 첫 관직으로 정원부사록(定遠府司錄)을 맡았고 얼마 후에 제주통판(濟州通判)으로 자리를 옮겼는데 이때에 제주의 '돌 문화' 역사에 길이 남을 큰 업적을 남겼다. 돌을 쌓아 담을 쳐서 각자 경작하는 경계를 바로잡고 동물들이 곡식을 유린하는 것을 방지하도록 하여 오늘날 제주도 돌담이 세계의 문화유산으로 인정을 받는 초석을 다진 것이다. 제주도 사람들은 지금도 이 사실을 기리며 '돌문화의 은인'으로 칭송하고 있다. 김구의 문장에 대해서 이규보는 일찍이 "내 뒤를 이어 이 나라 문장의 저울대를 잡을 사람은 반드시 이 사람일 것이다."고 칭찬하였으며, 당시의 국왕은 "동쪽 우리나라의 정기를 타고나, 서쪽 중국의 문장 고수들을 제멋대로 주무르는 인물"이라고 칭송하였다. 당시 원나라로 보내는 표(表:일종의 외교 문서성격의 글)를 많이 지어 우리 민족의 자존심을 살리면서도 실리를 추구하는 탁월한 외교를 펼쳤다. 강한 나라가 되기 위해서는 외교력을 키워야 함을 절감하여 우리나라 역사상 처음으로 〈국립 통역관 양성기관〉에 해당하는 '통문관' 설치를 건의하여 성사시켰다. 한림학사지제고(翰林學士知制誥: 왕에게 조서나 교서 등의 글을 지어 올리는 일을 맡아보던 벼슬)에 발탁되기도 하였고, 수찬관(修撰官)을 겸직하였으며 좌복야(左僕射), 추밀원부사(樞密院副使), 정당문학(政堂文學), 이부상서(吏部尙書)를 거쳐 보문각태학사(寶文閣太學士)를 겸하였고 왕을 도와 국정을 총괄하는 평장사(平章事)의 자리에 오르는 등 중요관직을 두루 맡았다. 향년 68세로 졸하였다. 묘는 현재 전라북도 부안군 변산면 운산리 산3-1번지에 있으며 전라북도 문화재로 지정되어 있다. 조선 중종 때 풍기의 소수서원보다 9년 먼저 세운 부안의 도동서원(道東書院)에 주벽으로 배향하였으며 순조 1년(1801)에 이르러 사적에 수록된 시문을 모아 ≪지포집(止浦集)≫ 3권을 발간하여 오늘에 전하고 있다.

김구용(金九容 1338~1384)

고려 후기의 문인이며 학자이다. 본관은 안동(安東), 초명은 제민(齊閔)이었고, 자는 경지(敬之)이며, 호는 척약재(惕若齋)·육우당(六友堂)이다. 이색, 이집, 정몽주, 이숭인 등과 교유했다. 시를 잘 지어 이색이 "붓을 대면 시가 구름과 연기처럼 솟아난다(下筆如雲烟)."고 칭찬하였다. 그의 시는 초야에 은거하는 심정을 읊은 것과 난세에 선비로서의 고뇌를 읊은 것이 주류를 이루는데 특히 황학루(黃鶴樓)의 장엄한 경치를 읊은 〈무창시(武昌詩)〉가 유명하다. 1384년에 행례사(行禮使)로 명나라에 갔는데, 당시 명나라와의 외교적 마찰이 생겨 요동에서 붙잡혀 남경으로 압송되었다가 대리(大理)로 유배 가던 중 여주 영녕현에서 병으로 죽었다. 1400년에 아들 명리(明理)가 그의 유작을 수집하여 하륜, 정도전의 서문, 이색의 제후(題後), 수증시문 등을 붙여 시집 ≪척약재학음집(惕若齋學吟集)≫을 간행한 것이 지금까지 전해지고 있다.

김극기(金克己 생졸년 미상)

고려 명종 때의 문인으로 본관은 경주(慶州)이며, 호는 노봉(老蜂)이다. 대체로 1150년경에 출생하여 60세 정도 살았을 것으로 추정한다. 어릴 적부터 학문으로 이름이 났으며 진사가 된 후에도 관직에는 뜻을 두지 않고 초야에서 시를 지으며 지내다가 40대에 이르러 명종이 부름에 의주방어판관(義州防禦判官)을 맡았다. 문집 ≪김거사집(金居士集)≫은 한국문학사상 초유의 대규모인 135권으로 간행되었는데 15세기까지는 전승되었지만 그 후로 실전되었다. 그러나 ≪동문선≫과 ≪신증동국여지승람≫ 등에 그의 시 260여 수가 남아 있다.

김기추(金基秋 1908~1985)

현대 한국불교계의 큰 선객(禪客)이다. 본관은 김해(金海)이며, 호는 백봉(白峯)이다. 부산에서 태어나 전통적인 유교 가정에서 자랐는데 부산 제2상업학교에 다닐 당시 조선어와 조선사를 교과목에 포함시킬 것과 교명을 우리말로 바꿀 것, 군사교육을 중단할 것 등을 주장하며 투쟁을 벌이다가 퇴학당하였다. 1928년 일제에 사상범으로 검거되어 '치안유지법' 위반죄로 징역 3년을 선고받았다. 광복 후에는 조선건국준비위원회 간부 활동을 하다가 미군정 포고령 위반죄로 2년 동안 수감생활을 했다. 그때부터 불교에 관심을 갖게 되었고 1963년 대전의 심광사(心侊寺)에서 불덕을 닦았다. 이후로 대전, 부산, 지리산 등지에서 ≪금강경(金剛經)≫·≪유마경(維摩經)≫·≪선문염송(禪門拈頌)≫ 등을 교재로 삼아 참선의 교리를 가르치고 수행을 지도하였다.
저서로는 ≪금강경강송(金剛經講頌)≫·≪유마경대강론(維摩經大講論)≫·≪선문염송요론(禪門拈頌要論)≫ 등이 있다.

김득신(金得臣 1604~1684)

조선 후기의 시인으로, 본관은 안동(安東) 사람이다. 자는 자공(子公)이고, 호는 백곡(柏谷)이다. 본격적으로 세상에 이름이 알려진 것은 당시 한문 4대가인 이식(李植)으로부터 "그대의 시문이 당금의 제일"이라는 평을 들은 이후부터라고 한다. 그는 공부 방법으로 옛 선현들의 문장을 많이 읽는 것을 채택하였는데, 〈백이전(伯夷傳)〉은 무려 1

억 번이나 읽었다고 한다. 이 때문에 그는 자신의 서재를 '억만재(億萬齋)'라 이름 하였다. 시를 잘 지었을 뿐만 아니라 시를 보는 안목도 높아 ≪종남총지(終南叢志)≫ 같은 시화를 남기며 이행·정철·권필 같은 전대의 유명한 시인들과 남용익·김석주·홍만종 같은 당대 문사들의 시를 뽑아서 자기 나름대로의 비평을 덧붙였다. 저서로는 술과 부채를 의인화한 가전소설 ≪환백장군전(歡伯將軍傳)≫과 ≪청풍선생전(淸風先生傳)≫이 있으며, 비록 그의 저술은 상당부분 병자호란 때 불타 없어졌다고 하나 그의 문집인 ≪백곡집(柏谷集)≫을 통해 여전히 많은 글들이 전해지고 있다.

김문옥(金文鈺 1901~1960)

유학자이자 일제시대와 광복 후를 거쳐 산 경학문장가 중의 한 사람이다. 자는 성옥(聖玉), 호는 효당(曉堂), 본관은 광산(光山)이다. 1901년 경남 섬천군에서 출생했다. 일찍이 고당(顧堂) 김규태(金奎泰)와 함께 율계(栗溪) 정기(鄭琦)선생 문하에 들어가 수학하여, 15세 전에 사서오경을 마치고, 20대에 시서백가어(詩書百家語)를 탐구하였다. 1927년 율계선생을 따라 구례로 이거하여 더욱 경학문장에 정진하였다. 노사(蘆沙) 기정진(奇正鎭)의 학통을 이어받았으며 위당(爲堂) 정인보, 현산(玄山) 이현규(李玄圭)와 함께 한말(韓末) 3대 경학문장가(經學文章家)로 추앙받았다. 일제치하 때는 애국애민의 의분심이 강하여 지하 독립투사들을 은닉한 죄로 순창 임실 감옥에서 3개월간 옥고를 치르기도 했으며 이때 끝까지 삭발을 거부하고 의관을 보전하였다. 1960년 60세를 일기로 별세하자, 그의 문인과 향내 유림들이 화순(和順) 남면(南面) 절산사(節山祠)에 봉안(奉安)하여 제향하였다. 저서에는 ≪효당집(曉堂集)≫이 있다.

김병연(金炳淵 1807~1863)

조선 후기 시인으로 본관은 안동(安東) 사람이다. 자는 성심(性深)이고, 호는 난고(蘭皐)이다. 속칭 김삿갓 혹은 김립(金笠)이라고도 부른다. 1811년 홍경래의 난 때 선천부사(宣川府使)로 있던 조부 김익순(金益淳)이 홍경래에게 항복하였기 때문에 연좌제로 집안이 망하였다. 후에 김병연은 사면을 받고 과거시험에 응시하여 김익순의 행위를 비판하는 내용의 답을 써 급제하였다. 그러나 나중에 김익순이 자신의 조부라는 사실을 알게 된 후 벼슬을 버리고 방랑생활을 시작하였다. 그는 전국을 방랑하면서 각지에 즉흥시를 남겼는데 그 시 중에는 권력자와 부자를 풍자하고 조롱한 것이 많기 때문에 민중시인이라고도 불린다. 그는 방랑하다가 전라도 동복(同福)에서 객사하였다. 작품으로

≪김립시집(金笠詩集)≫이 있다.

김부식(金富軾 1075~1151)

고려 중기의 유학자이자, 역사가이며, 정치가였다. 본관은 경주(慶州)이고, 자는 입지(立之)이며, 호는 뇌천(雷川)이다. 이자겸과 묘청의 난을 물리치고 수충정난정국공신(輸忠定難靖國功臣)에 책봉되었고, 검교태보수태위문하시중판이부사(檢校太保守太尉門下侍中判吏部事) 자리에 올랐다. 아버지의 소망에 따라 형제들과 최고의 문장가로 입신양명하였기에, 유가의 대의명분으로 끊임없이 자신의 정치적 이상을 실현하려고 했다. '부식(富軾)'이라는 그의 이름은 동생 김부철(金富轍)과 함께 송나라 최고의 문장가인 소식(蘇軾)과 소철(蘇轍) 형제의 이름을 따라 지은 것이다. 1116년에 송나라에 사신으로 가면서부터 그의 학문적 두각을 드러내기 시작했다. 휘종황제로부터 사마광이 쓴 ≪자치통감≫을 선물 받은 것이 계기가 되어 ≪삼국사기≫를 편찬하였다.

김삼의당(金三宜堂 1769~1823)

조선 후기의 여류시인이다. 본관은 김해이고, 전라북도 남원 사람이며, 당호는 삼의당(三宜堂)이다. 한국 한시문학의 한 맥을 이룬 담락당 하립(河砬)과 결혼하여 부부시인이 되었다. 김삼의당의 시집인 ≪삼의당김부인유고(三宜堂金夫人遺稿)≫에는 253편의 시와 22편의 문이 실려 있으며, 남편인 하립이 김삼의당이 거처하는 집 벽에 글씨와 그림을 가득히 붙이고 뜰에는 꽃을 심어, '삼의당(三宜堂)'이라고 불렀다고 한다.

김수온(金守溫 1410~1481)

본관은 영동(永同). 자는 문량(文良). 호는 괴애(乖崖)·식우(拭疣), 시호는 문평(文平)이다. 1441년 식년문과에 병과로 급제하여 세종의 특명으로 집현전 학사가 되었다. 1458년 동지중추부사에 올라 정조부사로 명나라에 다녀왔다. 세종 때 수양대군·안평대군이 존경하던 고승 신미(信尾)의 동생으로 불경에 달통하고 제자백가와 육경에 해박하여 후에 세조의 총애를 받았다. 시문에 뛰어나 명나라사신으로 왔던 한림 진감(陳鑑)과 〈희청부(喜晴賦)〉로써 화답한 내용은 명나라에까지 알려졌으며, 성삼문·신숙주·이석형 등 당대의 석학들과 교유하며 문명을 겨루었다. ≪치평요람≫·≪의방유치(醫方類聚)≫ 등의 편찬과 ≪명황계감(明皇誡鑑)≫·≪금강경≫ 등의 번역에 참여하였으며, 〈원각사비명(圓覺寺碑銘)〉을 찬하고, 사서오경의 구결에 참여하였다. 저서로는 ≪식우집(拭疣集)≫이 있다.

김시습(金時習 1435~1493)

본관은 강릉(江陵). 자는 열경(悅卿), 호는 매월당(梅月堂), 청한자(淸寒子), 동봉(東峰), 벽산청은(碧山淸隱), 췌세옹(贅世翁), 법호는 설잠(雪岑). 서울 출생이다. 태어난 지 여덟 달에 스스로 능히 글을 알았다고 한다. 세종이 불러다 시험해 보고 '신동'이라 칭찬하고 학문이 성취하기를 기다려 후세에 크게 등용하겠다고 한 일로 인하여 더욱 유명해졌다. 세종·문종이 죽고 단종이 3년 만에 세조에게 왕위를 빼앗기자 김시습은 사흘 동안 밖에 나오지 않은 채 크게 소리 내어 울고 서적을 다 불사르고 절로 들어가 중이 되었다. 이른 바 생육신의 한 사람으로서 불의의 세상에 항거하며 평생을 기이한 행동과 방랑으로 살다가 1493년(성종 24년), 홍산(鴻山) 무량사(無量寺)에 누워 앓다가 생애를 마쳤다. 향년 59세였다.

김시진(金始振 1618~1667)

조선후기의 문신으로, 본관은 경주(慶州), 자는 백옥(伯玉), 호는 반고(盤皐)이다. 1644년 문과에 급제하여 이듬해 검열이 되었다. 1647년 지평이 된 뒤 수찬·부교리·집의 등을 거쳐 1659년에 전라도 관찰사가 되었다. 이때 이몽학(李夢鶴)과 한 패로 오해 받아 장살당한 김덕령(金德齡)의 신원을 건의하였다. 1662년 승지를 지낸 뒤 경기좌균전사(京畿左均田使)로 파견되었으며 1666년 사은부사(謝恩副使)로 청나라에 다녀와서 수원부사·호조참판·예조참판 등을 지냈다.

김인후(金麟厚 1510~1560)

조선 중기 문신·유학자이다. 본관은 울산(蔚山)이고, 자는 후지(厚之), 호는 하서(河西)·담재(澹齋)이다. 10세 때 김안국(金安國)에게서 《소학》을 배우고, 1531년 성균관에 입학했다. 성균관에서 이황과 함께 동문수학하였으며, 노수신·기대승·정지운·이항 등과 교유하였다. 1540년 권지승문원부정자(權知承文院副正字)를 맡고, 그 다음해 호당(湖堂)에 들어가 사가독서한 후 홍문관저작(弘文館著作)이 되었으며, 1543년 홍문관박사 겸 세자시강원설서(世子侍講院說書), 홍문관부수찬(弘文館副修撰)에 나아갔다. 1545년 을사사화가 일어나자 고향인 장성으로 돌아갔다. 그 후 벼슬을 모두 사양하였다. 그의 문하로는 정철·변성온·기효간·조희문·오건 등이 있다.

김종서(金宗瑞 1383~1453)

본관은 순천(順天). 자는 국경(國卿). 호는 절재(節齋). 1383년 전라남도 순천에서 태어났다. 1405년 문과에 급제, 1419년 사간원우정언(司諫院右正言)으로 등용되고 이어서 지평(持平)·집의(執義)·우부대언(右副代言)을 지냈다. 1433년 함길도도관찰사(咸吉道都觀察使)가 되어 두만강과 압록강 일대에 출몰하는 여진족들의 침입을 격퇴하고 6진(六鎭)을 설치하여 두만강을 경계로 국경선을 확장하였다. 세종의 명으로 변방에서 중앙의 관직을 맡았으며 상당한 영향력을 행사했다. 세종의 뒤를 이은 문종이 재위 2년 만에 죽자 영의정 황보인(皇甫仁) 우의정 정분(鄭苯)과 함께 좌의정으로서 문종의 마지막 유명을 받들어 12세의 어린 단종을 보필하였다. 대호(大虎)라는 별호까지 붙은 지혜와 용맹을 겸비한 명신이었으나 왕위를 노리던 수양대군에 의하여 1453년 두 아들과 함께 집에서 격살되고 대역모반죄라는 누명까지 쓰고 효시됨으로써 계유정난의 첫 번째 희생자가 되었다. 1746년에 복관(復官)되었으며 시조 2수가 전해지고 있다. 저서에 ≪제승방략(制勝方略)≫이 있다.

김종직(金宗直 1431~1492)

본관은 선산(善山) 사람이다. 자는 계온(季溫)·효관(孝盥)이고 호는 점필재(佔畢齋)이며 시호는 문충(文忠)이다. 1453년 23세에 과거에 합격하여 진사가 되었고, 1459년에 식년문과에 정과로 급제하여 사가독서를 했으며, 정자(正字)·교리(校理)·경연관(經筵官)·도승지·이조참판·한성부윤(漢城府尹)·형조판서 등을 거쳐 중추부지사(中樞府知事)에까지 이르렀다. 영남학파의 종조이며, 조선 초 성리학을 이룬 대학자로 평가된다. 그의 제자들로는 정여창·김굉필·김일손·유호인·남효온 등이 있다. 무오사화 때, 이미 죽은 그는 부관참시를 당하고, 그의 문집이 모두 소각되었다. 중종이 즉위한 뒤에 김종직의 신원이 회복되었고, 숙종 때, 영의정에 추증되었다. 문집으로는 ≪점필재집(佔畢齋集)≫이 있고, 저서로 ≪유두유록(流頭遊錄)≫, ≪청구풍아(青丘風雅)≫, ≪당후일기(堂後日記)≫ 등이 있으며, 편서에 ≪동문수(東文粹)≫, ≪일선지(一善誌)≫, ≪이준록(彛尊錄)≫ 등이 있다.

김지남(金止男 1559~1631)

본관은 광산(光山)이고, 자는 자정(子定), 호는 용계(龍溪)이다. 재종숙 양(讓)에게 입양되었다. 1591년 사마시와 별시문과에 동시에 합격하였다. 지제교(知製敎)·수찬(修撰)·교리(校理) 등과 예조·병조·형조참의 등의 벼슬을 두루 역임하였고, 외직으로는 행주판관(幸州判官) 및 경상감찰사, 남양·상주·청풍의 수령 등을 역임하였다. 1623년 인조반정으로 광해군 때 임명된 조신들이 외직에서 모두 파직되었으나, 그만은 특별히 유임되었다. 저서로는 ≪용계유고(龍溪遺稿)≫가 있다.

김진규(金鎭圭 1658~1716)

조선 후기 문신. 본관은 광산(光山) 사람이고, 자는 달보(達甫)이며, 호는 죽천(竹泉)이다. 시호는 문청(文淸)이다. 인경왕후(仁敬王后)의 오빠이기도 하다. 송시열의 문인이며, 1686년 정시문과에 갑과로 급제하였다. 1689년 이조좌랑을 맡고 있을 때, 기사환국이 일어나 거제도로 귀양을 가게 되었다. 1694년 갑술환국으로 서인이 다시 집권하게 되자 지평(持平)에 기용되었다. 1699년 동부승지를 맡아 송시열을 배반했던 윤증을 공박하여 소론과 대립하게 되었다. 다시 소론이 집권한 것을 계기로 유배되었다가, 돌아와 1710년 대제학과 공조판서를 지내고, 1713년 좌참찬 자리에 올랐다. 그는 문장과 서화에 모두 능하였다. 문집으로 ≪죽천문집(竹泉文集)≫이 있고, 편저서로 ≪여문집성(儷文集成)≫, 작품으로는 ≪강화충렬사비문(江華忠烈祠碑文)≫ 등이 전한다.

김집(金集 1574~1656)

본관은 광산이고, 자는 사강(士剛)이며, 호는 신독재(愼獨齋)이다. 시호는 문경(文敬)이다. 김장생(金長生)의 아들로 한양에서 출생하였으며 송익필의 문인이다. 18세 때 진사가 되었고, 1610년 헌릉참봉(獻陵參奉)에 제수되었지만 당시 왕인 광해군과 정치적 이념이 달라 거절하였다. 그러나 인조반정 이후 부여현감(扶餘縣監)·임피현령(臨陂縣令)·지평(持平)·집의(執義)·공조참의(工曹參議)·예조참판·대사헌·이조판서 등을 역임하였고, 중추부판사(中樞府判事)를 맡고 있을 때 세상을 떠났다. 만년에 예학 연구에 전념하여 아버지와 함께 예학의 기본적 체계를 완성하였고, 송시열이 그의 수제지이다.
문집에는 ≪신독재유고(愼獨齋遺稿)≫가 있고, 편서로 ≪의례문해속(疑禮問解續)≫이 있다.

김창협(金昌協 1651~1708)

조선 후기의 학자이자 문신이다. 본관은 안동(安東)이고, 자는 중화(仲和)이며, 호는 농암(農巖)·삼주(三洲)이다. 시호는 문간(文簡)이다. 1669년 19세 되던 해 진사가 되었고, 1682년 증광문과에 장원급제하였다. 집의·대사간·동부승지·대사성 등을 역임하고, 청풍부사의 자리에 있을 때인 1689년 기사환국이 일어나 아버지 수항이 진도에 유배된 뒤 사사되었고, 그는 영평의 산중에 은거하였다. 1694년 아버지의 죄가 풀리고 그는 호조참의·대제학·예조판서 등 여러 차례 관직이 제수되었으나 모두 사양하였다. 문학과 성리학의 대가로서 명망이 높았고, 서예에도 능통하였다.
문집으로 ≪농암집(農巖集)≫이 있고, 저서로는 ≪농암잡지(農巖雜識)≫, ≪주자대전차의문목(朱子大全箚疑問目)≫이 있으며, 편서에 ≪강도충렬록(江都忠烈錄)≫, ≪문곡연보(文谷年譜)≫가 있다.

김치(金緻 1577~1625)

조선의 문신이다. 자는 사정(士精)이고, 호는 남봉(南峰)·심곡(深谷)이다. 아버지는 부사 시회(時晦)이며, 증영의정(贈領議政) 충무공 시민(時敏)에게 입양되었다. 1597년 알성문과에 병과로 급제하였다. 설서(設書)를 맡은 후 1608년에는 사가독서를 하였다. 광해군 때 이조참의·동부승지·대사간·홍문관교리 등을 역임하였고, 병조참지 자리에 올랐다. 광해군의 날로 심해지는 학정에 병을 핑계로 사직하고 두문불출하였다. 인조반정 이후 잠시 관직에 다시 올랐다가 대북으로 몰려 유배되었다. 다시 풀려나와 동래부사를 맡고, 경상도 관찰사를 지내다 안흥군(安興君)에 봉해졌다.
저서로는 ≪심곡비결(深谷秘訣)≫과 시문집 ≪남봉집(南峰集)≫이 전한다.

김홍도(金弘道 1745~?)

영·정조의 문예부흥기부터 순조(純祖) 연간 초기에 활동한 화가. 본관은 김해(金海). 자는 사능(士能). 호는 단원(檀園)·단구(丹邱)·서호(西湖)·고면거사(高眠居士)·취화사(醉畵士)·첩취옹(輒醉翁). 어린 시절 강세황의 지도를 받아 그림을 그렸고 그의 추천으로 도화서(圖畵署) 화원(畵員)이 되어 정조의 신임 속에 당대 최고의 화가로 인정을 받았다. 29세인 1773년에는 영조의 어진과 왕세자(뒤의 정조)의 초상을 그렸다. 1781년 무렵부터 명나라 문인화가 이유방(李流芳)의 호를 따라 '단원'이라 자호하였다. 1788년에는 김응환(金應煥)과 함께 왕명으로 금강산 등 영동 일대를 기행하며, 그곳의 명승지를 그려 바쳤다. 1791년 정조의 어진을 그린 공으로 충청도연풍 현감(縣監)에 임명되어 1795년까지 봉직하였다. 현감 퇴임 후 만년에는 병고와 가난이 겹친 생활고에 시달리다가 여생을 마쳤다. 사경산수 속에 풍속과 인물, 영모 등을 가미하여 한국적 서정과 정취가 짙게 배인 일상의 모습을 화폭에 담았다. 특히 산수화와 풍속화에서 뛰어난 작품을 남겼다. 작품에는 ≪행려풍속도≫(1778), ≪단원풍속도첩≫(18세기 후반), ≪송월도≫(1779), ≪꽃과 나비≫(1782), ≪단원도≫(1784) 등이 있다.

ㄴ

노수신(盧守愼 1515~1590)

조선 중기의 문신·학자. 본관은 광주(光州). 자는 과회(寡悔). 호는 소재(蘇齋)·이재(伊齋)·암실(暗室)·여봉노인(茹峰老人). 1543년 식년문과에 장원급제한 이후 전적·수찬을 거쳐, 1544년 시강원사서가 되었다. 그러나 1545년 명종이 즉위하고, 소윤 윤원형이 을사사화를 일으키자 이조좌랑(吏曹佐郞)의 직위에서 파직되어 1547년 순천으로 유배되었다. 그 후 양재역벽서사건(良才驛壁書事件)에 연루되어 죄가 가중됨으로써 진도로 이배되어 19년간 귀양살이를 하였다. 1567년 선조가 즉위하자 풀려나와 교리에 기용되고, 1573년 우의정, 1578년 좌의정을 거쳐, 1585년에는 영의정에 이르렀다. 1588년 영의정을 사임하고, 영중추부사(領中樞府事)가 되었으나, 이듬해 10월 정여립(鄭汝立)의 모반사건으로 기축옥사가 일어나자 과거에 정여립을 천거했다는 이유로 탄핵을 받고 파직되었다. 그의 덕행과 업적의 성과는 매우 다양하여 왕과 백성들, 그리고 많은 동료들에게 영향을 주었다.
문집에 ≪소재집(穌齋集)≫이 있다.

ㄷ

단종(端宗 1441~1457)

조선 제6대 왕으로 12세에 즉위하여 재위 3년 만에 강원도 영월군 청령포에 유폐되었다가 17세에 승하하였다. 숙부인 세조의 강요로 양위되었다가 그의 측근들에 의해서 폐위되고 죽어서도 시호를 받지 못해 노산군(魯山君)으로 불리다가 숙종 대에 가서야 '단종'이란 시호를 받게 되었다. 여러 조정 대신들이 복위를 도모하다가 모두 처형되기도 하였으며 노산군에서 서인으로 강등되어 끈질기게 자살을 강요받기도 하였다. 단종은 자살하였다는 기록도 있고 사약을 받았다고도 한다. 이렇게 죽자 영월군 호장(戶長) 엄홍도(嚴興道)가 아무도 거들떠보지도 않는 시신을 수습하여 매장하려고 하였으나 적당한 곳이 없던 차에, 눈보라가 치던 날 사슴이 앉았다 간 자리를 보고 그 곳에 가매장하였다고 전한다. 오늘날 영월에 있는 장릉으로 사적 제196호로 지정되어 있다.

ㅁ

무용수연(無用秀演 1651~1719)

조선의 스님으로 호는 무용(無用)이며 속성(俗姓)은 오(吳), 이름은 수연(秀演)이다. 효종 2년에 섬무(暹武)라는 절행벽단첨사(節行碧團僉使)의 아들로 태어나 13세에 부모를 잃고 형에게 의탁하다가 19세에 이르러 세상이 무상함을 절감하여 조계산 송광사 혜관노사(惠寬老師)를 찾아 머리를 깎았다. 22세에 선·교를 배우기 위해 침굉대사의 문하에 들어가 공부했다. 침굉은 그 인물이 비범함을 알고 그를 백암화상에게 보냈고 그에 따라 무용은 백암의 법제자가 되었다. 그의 능력은 점차 드러나기 시작하여 그를 따르는 학승들이 매우 많았지만 그는 아직 조용히 공부하기를 원해 백운암에 은거하기도 하고 다시 송광사에 가서 백암의 가르침을 받았다. 1719년, 10월 미타삼존불상을 개조하고 염불에 전념하다가 입적하였다.
≪무용집(無用集)≫이라고 하는 그의 법어, 시문을 모은 문집이 남아 그의 사상을 파악할 수 있는 귀중한 자료가 된다.

박래호(朴來鎬 생졸년 미상)

근대의 박래호라는 분이 지은 시로 전해 올 뿐, 작자의 생애에 대해서는 알려진 바가 거의 없다.

박상(朴祥 1474~1530)

조선 중기의 문신으로, 본관은 충주(忠州) 사람이다. 자는 창세(昌世)이고, 호는 눌재(訥齋)이며, 시호는 문간(文簡)이다. 16세기 호남지역을 대표하는 인물이며, 23세(연산군2년)에 진사시에 급제하여 호당(湖堂)에 뽑히고, 중시관(重試官)에 올랐으며 벼슬은 통정목사(通政牧使)를 지냈다. 30년의 관직생활 중에 항상 강직한 성품으로 대의를 지키는 선비의 기상을 잃지 않았다. 1515년 김정(金淨)과 함께 앞서 중종반정으로 폐위된 단경왕후 신씨의 복위를 상소하였다가 남평(南平) 오림역(烏林驛)으로 유배되어 나중에 정광필과 조광조 등의 노력으로 풀려났다. 퇴계 이황도 "하늘이 내린 완인(完人)"이라고 평할 정도였으며 성현(成俔), 신광한(申光漢), 황정욱(黃廷彧)등과 함께 서거정 이후 4가(四家)로 칭송되었다. 저서로는 ≪눌재집(訥齋集)≫이 있다.

박수량(朴守良 1491~1554)

조선 중기의 문신이다. 본관은 태인(泰仁)이고, 자는 군수(君遂)이며, 시호는 정혜(貞惠)이다. 1513년에 진사가 되었고, 1514년 별시문과에 을과로 급제하여 광주(廣州)향교의 훈도를 지냈다. 부정자(副正字)·예조좌랑·충청도사·사헌부지평(司憲府持平) 등을 역임하였다. 1534년 함경도 경차관(敬差官)으로 지방 관아를 순시하고 돌아왔으며, 다시 나주목사로 임명하였다. 호조참판·공조참판·예조참판 등을 역임하였으며, 1546년 춘추관동지사(春秋館同知事)로서 ≪중종실록≫ ≪인종실록≫ 편찬에 참여하였다. 전라도관찰사로 전직하여 노모를 봉양하다가 1552년 우참찬에 재임명되었고, 이후 한성부판윤·중추부지사 등을 역임하였다. 청백리로 추대되었다.

박순(朴淳 1523~1589)

서울 태생으로 자는 화숙(和叔), 호는 사암(思菴), 시호는 문충(文忠)이다. 조선의 문신이며 정치인·성리학자·시인이다. 훈구파와 신진사림의 교체기에 훈구파의 대부였던 윤원형을 축출함으로써 조선 역사에 사림의 시대를 연 주역이다. 성균관 대사성, 예조판서, 한성부 판윤 등을 거쳐 영의정에 올랐고 청백리에 녹선되었다. 조선시대를 통틀어 장원급제자는 영의정이 되지 못한다는 징크스를 깬 몇 안 되는 인물이기도 하다. 15세에 화담 서경덕의 문인으로 들어가 책과 실제를 병행하는 학풍으로 평생을 살았다. 남명 조식과 퇴계 이황의 문하생이기도 했으며 고정관념에 얽매이거나 구애받는 것을 싫어했다. 이런 그의 성향으로 원로가 된 후에도 한참 후배였던 이이나 성혼과도 교우가 매우 두터웠으며, 이 때문에 서인으로 지목되면서 당시 주류 유학계의 탄핵을 받았다. 그의 동문이나 문하생들이 모두 동인이 되어 그를 공격하자, 14년간이나 지켜왔던 정승 자리에서 내려와 포천에 은거했다. 저서로는 ≪사암집(思菴集)≫ 7권이 있다.

박영모(朴泳模 1910~1983)

유학자이자 한의학을 통해 제세(濟世)에 힘쓴 지방 선비였다. 자는 내선(來善) 호는 우당(藕堂)이다. 일찍이 당형(堂兄)인 완재(緩齋) 박현모(朴賢模)선생에게서 수학하였으며 나중에 정율계(鄭栗溪) 선생을 사사하고 김효당(金曉堂), 김고당(金顧堂), 정하당(鄭荷堂) 등 여러 학자들과 함께 강학토론과 질문분변을 통해 학문의 세계를 넓혀나갔으며 오서오경(五書五經)에서부터 염락군서(濂洛群書)에 이르기까지 두루 익혔다. 지식과 덕망을 함께 갖춘 한의학자이자 유학자로서 근대 마지막 선비 중의 한 사람이라 할 것이다.

유고집으로 ≪우당유고(藕堂遺稿)≫가 있다.

박은(朴誾 1479~1504)

조선 중기의 학자이자 시인이다. 본관은 고령(高嶺)이고, 자는 중열(仲說), 호는 읍취헌(挹翠軒)이다. 17세에 진사가 되었고, 이듬해에는 식년문과에 병과로 급제하였으며, 그 뒤 승문원 권지를 받고 홍문관 정자(正字)가 되고, 수찬(修撰)에 있으면서 경연관(經筵官)을 지냈다. 해동강서파(海東江西派)의 대표적 시인이다. 읍취헌유고는 그의 절친한 친구 이행(李荇)이 그의 시를 모아낸 것인데, 그 안에 있는 박은의 시는 현실세계를 벗어나 갖은 고민과 번뇌로부터 정신적으로 평화로운 초현실과 인생의 무상함을 노래하고 있다.

박지원(朴趾源 1737~1805)

조선 후기의 실학자이자 소설가로, 본관은 반남(潘南)이며, 자는 중미(仲美)이고 호는 연암(燕巖)이다. 30세부터 실학자 홍대용과 교유하며 서양의 신학문을 접하였다. 1777년에는 홍국영에 의해 벽파(僻派)로 몰리며 신변의 위협을 느껴 황해도 김천의 연암협(燕巖峽)으로 이사를 간 후 학문에 정진하였다. 1780년 친족 형인 박명원이 진하사겸사은사(進賀使兼謝恩使)가 되어 청나라에 갈 때 함께 요동·열하·북경 등지를 다녔다. 이때, 청나라의 실제적인 생활과 기술을 눈여겨보았고 귀국한 뒤, ≪열하일기≫를 지어 청나라의 문화를 조선에 소개하였다. 또한 청나라의 문물을 배워야 한다는 북학파의 영수로서 이용후생(利用厚生)의 실학을 강조하였다. 제자로는 박제가·유득공·이서구 등이 있으며, 작품으로는 ≪허생전≫, ≪호질≫, ≪양반전≫ 등이 있다.

백광홍(白光弘 1522~1556)

조선 중기 때의 문인이다. 전남 장흥 기산리 출생으로 본관은 수원이고, 자는 대유(大裕)이며, 호는 기봉(岐峯)이다. 우리나라 최초의 기행가사 작가이며 조선 선조 때 송익필, 이산해 등과 당대 8문장가로 일컬어진다. 신사무옥으로 장흥에 유배 와 있던 13년간 영천 신잠(申潛)에게 수학하였다. 김인후(金麟厚), 양응정(楊應鼎) 등과 교유하며 ≪서경≫, ≪시경≫ 등의 유학 경전의 세계에 빠져들었다. 유고로 ≪기봉집(岐峰集)≫이 전하는데 한시 175수 가사 1편(〈관서별곡(關西別曲)〉)이 수록되어 있다.

백광훈(白光勳 1537~1582)

조선 중기의 시인이다. 본관은 해미(海美)이고, 자는 창경(彰卿)이며, 호는 옥봉(玉峯)이다. 박순(朴淳)에게서 수학하였으며, 13세에 상경하여 양응정(梁應鼎)·노수신(盧守愼) 등에게서도 수학하였다. 1564년에 진사가 되었으나 벼슬에는 뜻이 없었고, 1572년에 명나라 사신에게 시와 글을 지어주어 사신이 감탄하니, 백광선생(白光先生)의 칭호를 얻게 되었다. 백광훈은 최경창(崔慶昌)·이달(李達)과 함께 삼당파(三唐派) 시인 중 한사람으로 불리는데, 그들은 송나라 시풍을 버리고 당나라 시풍에 힘썼다. 1590년 옥봉서원(玉峯書院)에 배향되었고, 문집으로 ≪옥봉집(玉峯集)≫이 있다.

백승창(白承昌 생졸년 미상)

작자의 생애에 대해서는 알려진 바가 거의 없다.

변계량(卞季良 1369~1430)

조선초기의 문신으로, 자는 거경(巨卿), 호는 춘정(春亭)이며, 본관은 밀양(密陽)이며 시호는 문숙(文肅)이다. 1385년 문과에 급제하여 전교주부(典校主簿) 비순위정용랑장(備巡衛精勇郎將) 겸 진덕박사(進德博士)가 되었다. 조선 건국 시기, 천우위중령중랑장(千牛衛中領中郎將) 겸 전의감승(典醫監丞)이 되었고, 태종 말까지 좌부빈객·예조판서 등을 역임했다. 1420년 집현전이 설치된 후로 20년 동안 대제학을 맡았고 과거의 시관을 맡았다. ≪화산별곡(華山別曲)≫, ≪태행태상왕시책문(太行太上王諡冊文)≫을 지어 조선의 건국을 찬양하였다. 저서로는 ≪춘정집≫ 3권이 있다. ≪태조실록≫의 편찬과 ≪고려사≫ 개수에 참여했고 ≪낙천정기(樂天亭記)≫, ≪헌릉지문(獻陵誌文)≫을 지었다.

본정선사(本淨禪師 667~761)

본정선사의 속성은 장씨(張氏)이다. 어릴 때 출가하여 소세 혜능(慧能) 문하에서 법을 얻었으며 사공산 무상사(無相寺)가 그의 본사(本寺)이다.

부휴당(浮休堂 1543~1615)

조선 중기 선사(禪師). 이름은 선수(善修), 호는 부휴(浮休)이다. 20세 때 지리산에 들어가 신명장로(信明長老)에게서 수도하였으며 서예에도 뛰어났다. 덕유산 초암에 은거하고 있던 중 임진왜란이 발발하여 왜적 수십 명을 만나게 되었는데 팔짱을 끼고 선 그의 앞에서 왜적이 칼날을 휘두르는 자세를 취하였으나 그가 태연부동하게 있었으므로 왜적들이 크게 놀라 절한 뒤 물러갔다 한다. 이후 가야산 해인사에 머물 렀을 때 명나라 장수 이종성(李宗城)이 찾아와서 법문을 듣고 며칠 동 안 옆에서 모셨다고 전해진다. 1614년 11월 송광사(松廣寺)에 있다 가 임종게(臨終偈)를 남기고 입적하였다. 나이 72세, 법랍 57세였다. 광해군 때 홍각등계(弘覺登階)라는 시호가 추증되었다.
저서로는 ≪부휴당집(浮休堂集)≫이 있다.

사명대사(四溟大師 1544~1610)

조선 중기의 고승이다. 풍천임씨로, 속명은 응규(應奎)이다. 자는 이환(離幻)이며, 호는 사명당(四溟堂) 또는 송운(松雲)이고, 별호는 종봉(鍾峯)이다. 부모님이 돌아가신 뒤 김천 직지사(直指寺)로 출가하여 신묵(信默)의 제자가 되었다. 직지사의 주지스님을 지냈고, 1575년 선종수사찰(禪宗首寺刹)인 봉은사(奉恩寺)의 주지로 천거되었으나 사양하였다. 1592년에 임진왜란이 일어나자 의승병을 모아 순안으로 가서 스승 휴정과 함께 하였다. 1593년 평양성을 탈환한 전투에서 혁혁한 전공을 세워 선조가 그의 전공을 포양하여 선교양종판사(禪敎兩宗判事) 자리를 제수하였다. 1604년 왕명을 받고 일본과의 외교 강화를 위해 일본으로 가서 수개월 동안 고군분투하여 전란 때 잡혀갔던 3,000여명의 동포들을 데리고 돌아왔다. 그 후 병에 걸려 해인사에서 요양하다가 1610년 8월 26일 설법을 하고 결가부좌한 채 열반하였다.
저서로는 문집인 ≪사명당대사집(四溟堂大師集)≫ 7권과 ≪분충서난록(奮忠서難錄)≫ 1권 등이 전해진다.

서거정(徐居正 1420~1448)

조선 초기의 문신이자 학자이다. 본관은 달성(達城), 자는 강중(剛中)이고, 호는 사가정(四佳亭)이다. 1444년 식년 문과에 급제하였고, 1451년 사가독서(賜暇讀書)를 한 후 집현전 박사를 지냈다. 1457년에는 문신정시(文臣庭試)에 장원하여 공조참의 등을 역임했다. 문풍을 일으키는 데 큰 공헌을 하였고, ≪경국대전≫, ≪동국여지승람≫, ≪동문선≫, ≪동국통감≫ 등 많은 편찬 사업에 참여했다. 글 쓰는 재주가 뛰어나 문학 저술도 많이 남겼다.
문집으로는 ≪사가집(四佳集)≫이 있고, 저서로는 ≪동인시화(東人詩話)≫·≪동문선(東文選)≫·≪역대연표(歷代年表)≫·≪태평한화골계전(太平閑話滑稽傳)≫·≪필원잡기(筆苑雜記)≫가 있으며, 글씨는 ≪화산군권근신도비(花山君權近神道碑)≫(충주)가 있다. 대구 구암서원(龜巖書院)에 배향되었다.

서경덕(徐敬德 1489~1546)

조선 중기의 학자로 개성 출신이다. 본관은 당성(唐城)이고, 자는 가구(可久), 호는 복재(復齋), 화담(花潭), 시호는 문강(文康)이다. 독학으로 학문을 연구하였다고 전한다. 18세 때 ≪대학≫의 '치지재격물(致知在格物)'조를 읽고 "학문을 하면서 먼저 격물을 하지 않으면 글을 읽어서 어디에 쓰리오!"라고 탄식하며 천지만물의 이름을 벽에다 써 붙이고 날마다 힘써 궁구하였다고 한다. 황진이의 유혹에도 넘어가지 않았다는 일화가 전해지고 있으며 박연폭포·황진이와 함께 송도삼절(松都三絶)로 불린다. 독자적인 기일원론의 학설을 제창하였다는 평을 듣는다. 저서로는 ≪화담집(花潭集)≫이 있다.

서익(徐益 1542~1587)

조선의 문신으로, 본관은 부여(扶餘), 자는 군수(君受), 호는 만죽(萬竹), 또는 만죽헌(萬竹軒)으로 불렸으며 충청도 논산 출신이다. 1569년에 별시문과에 병과로 급제하였다. 1585년 의주목사로 재직할 때 정여립 등 동인이 기호사림의 영수인 이이를 공격한다는 소식을 듣고 수차례에 걸쳐 이이를 변호하는 상소를 올렸으나 뜻을 이루지 못하고 오히려 파직되어 충청도 은진현으로 돌아와 취규재(聚奎齋)라는 서재를 열어 후학을 양성하였다. 그 후 전라도 고산(高山)에 만죽정(萬竹亭)을 지었는데, 오늘날 사인암(舍人巖) 혹은 세심대(洗心臺)라 칭하는 곳이 바로 그 곳이다. 산수를 사랑하여 주변에 대나무 1만 그루를 심어 스스로 호를 만죽(萬竹)이라 하고, 정자를 지어 세심정(洗心亭)이라 하니 많은 학사들이 모여들었다. 생전에 율곡은 물론 정철, 고경명 등 저명한 기호 유현들과 깊은 교분이 있었다. 1578년 향년 46세의 나이로 세상을 떠났고, 묘소는 충청남도 논산시 가야곡면 삼전리에 있으며, 도암(陶庵) 이재(李縡)가 지은 신도비가 있다.
저서로는 ≪만죽헌집(萬竹軒集)≫이 전한다.

서헌순(徐憲淳 1801~1868)

조선 후기의 문신이다. 사헌부 대사헌, 공조판서 등을 역임했으며, 헌종실록 편찬 작업에도 참여하였다. 1862년에는 경상도관찰사를 맡아 동학 교주 최제우와 교도들을 붙잡아 처벌하였다. 정사를 다스리는 데 청렴결백하며 일의 옳고 그름을 잘 판단하였다.

설손(偰遜 ?~1360)

초명은 백료손(百遼遜)이다. 위구르(Uighur, 回鶻) 사람으로, 조상 대대로 설련하(偰輦河)에 살았기 때문에 설로써 성을 삼았다. 문장에 재주가 있고, 학문이 박학하여 원나라 순제 때 진사에 합격하여 한림응봉문자(翰林應奉文字) · 선정원단사관(宣政院斷事官) · 단본당정자(端本堂正字) 등을 지냈다. 1358년 홍건적의 난을 피해 고려로 왔는데 마침 그 당시 왕이 공민왕이었고, 설손이 황태자를 가르칠 때 그때 원나라에 가 있던 공민왕과 친교가 있어 후한 대우를 받았다.
저서로는 ≪근사재일고(近思齋逸藁)≫가 있다.

성윤해(成允諧 1520~1586)

아호는 판곡(板谷)이다. 19세 때, 상주화령현(尙州化寧縣) 판곡리에 우거하였고 만년에 상주화령 원통산(圓通山)에서 은거하였던 일민(逸民)이다. 고가를 수리하고 방 두 칸을 만들어 한 칸에는 경서를 두고, 또 다른 한 칸에 약방문을 비치하여 연구하고 공부하기를 좋아하였다고 한다.

성임(成任 1421~1484)

조선 초기의 문신으로 본관은 창녕(昌寧), 자는 중경(重卿), 호는 일재(逸齋) · 안재(安齋)이며, 시호는 문안(文安)이다. 1438년에 사마시에 합격하였고, 1447년에는 식년문과에 병과로 급제하고 승문원정자(承文院正字)에 제수되었다. 1453년 계유정란 때, 세조를 도와 원종공신(原從功臣) 2등에 올랐다. 1472년 명나라 황태자 책봉사로서 연경에 다녀온 뒤, 신숙주의 추천으로 성균관에서 후진을 양성하였다. 1482년 좌참찬에 올랐으나 병으로 사임하였고, 지중추부사(知中樞府事)로 재직 중에 병사하였다. 송설체(松雪體)의 대가로 해서 · 행서를 특히 잘 썼으며 〈원각사비(圓覺寺碑)〉 · 〈한계미묘비(韓繼美墓碑)〉 · 〈최항신도비(崔恒神道碑)〉 등의 글씨가 남아있다. 경복궁 전문(殿門)의 편액과 왕실의 사경(寫經) 등 국가적인 글씨를 많이 썼다. 중국의 ≪태평광기≫를 모방하여 ≪태평통재(太平通載)≫를 간행하였으며 문집으로는 ≪안재집(安齋)≫이 있다.

성혼(成渾 1535~1598)

자는 호원(浩原), 호는 우계(牛溪), 묵암(默庵)이다. 성리학의 대가로 기호학파의 이론적 근거를 마련한 학자이다. 좌참판, 우참판을 지냈고, 그의 저서는 ≪사칠속편(四七續編)≫과 ≪우계집(牛溪集)≫, ≪주문지결(朱門旨訣)≫, ≪위학지방(爲學之方)≫과 시조 3수가 있다. 율곡 이이와 교분이 두터웠으나 학설에 있어서는 퇴계 이황의 학설을 지지했다. 이이와 6년에 걸쳐 사단칠정에 대한 논쟁을 하여 유학계에서 화제가 되기도 했다.

송순(宋純 1493~1582)

본관 신평(新平)이고, 자는 수초(遂初)이며, 호는 면앙정(俛仰亭)·기촌(企村) 등을 사용했다. 시호는 숙정(肅定)이다. 1519년 별시문과에 급제, 1547년 주문사(奏聞使)로 명나라에 다녀와서 개성부유수를 지냈다. 1550년 이조참판 때 죄인의 자제를 기용했다는 이기(李芑) 일파의 탄핵으로 유배되었다. 구파의 사림으로 이황 등 신진사류와 대립하였다. 1569년 대사헌 등을 거쳐 우참찬에 이르러 기로소(耆老所)에 들어갔다가 그 후로는 벼슬을 그만 두었다. 강호가도(江湖歌道)의 선구자로 시조에 뛰어났다. 담양 구산서원에 배향되었다. 문집에 ≪기촌집(企村集)≫·≪면앙집(俛仰集)≫이 있고, 작품에 〈면앙정가〉가 있다.

송시열(宋時烈 1607~1689)

조선 후기의 문신이자 학자이다. 본관은 은진(恩津)이고, 자는 영보(英甫)이고, 호는 우암(尤菴) 또는 우재(尤齋)이다. 노론의 영수이며, 이황의 이원론적인 이기호발설(理氣互發說)을 배격하고, 이이의 기발이승일도설(氣發理乘一途說)을 지지, 사단칠정이 모두 이(理)라 하여 일원론적 사상을 발전시켰으며 예론에도 밝았다. 27세 때 생원시에서 〈일음일양지위도(一陰一陽之謂道)〉를 논술하여 장원으로 합격하였다. 이때부터 그의 학문적 명성이 널리 알려졌고 2년 뒤인 1635년에는 봉림대군의 사부로 임명되었다. 1649년 효종이 즉위하여 척화파 및 재야 학자들을 대거 기용하면서 그에게도 세자시강원진선(世子侍講院進善)·사헌부장령(司憲府掌令) 등의 관직을 내리지 비로소 벼슬에 나아갔다. 그의 행적에 대해서는 당파 간에 칭송과 비방이 무성했으나 1716년의 병신처분(丙申處分)과 1744년의 문묘배향으로 학문적 권위와 정치적 정당성이 공인되었다. 영조 및 정조대에 노론의 일당 전제가 이루어지면서 그의 역사적 지위는 더욱 견고하게 확립되고 존중되었다. 저서에 ≪송자대전≫, ≪우암집(尤庵集)≫, ≪송서습유(宋書拾遺)≫, ≪주자대전차의(朱子大全箚疑)≫, ≪정서분류(程書分類)≫, ≪주자어류소분(朱子語類小分)≫ 등이 있다.

송익필(宋翼弼 1534~1599)

본관은 여산(礪山)이며 자는 운장(雲長)이고 호는 구봉(龜峰)·현승

(玄繩)이며, 시호는 문경(文敬)이다. 1534년 서울에서 출생하였다. 어릴 적부터 문장에 뛰어난 재주가 있었지만 서출이기 때문에 관직에 오르지는 못하였다. 하지만 아버지의 후광덕분에 당시 걸출한 문장가들과 교유할 수 있었고, 이산해(李山海)·최경창(崔慶昌)·백광홍(白光弘)·최립(崔岦)·이순인(李純仁)·윤탁연(尹卓然)·하응림(河應臨) 등과 더불어 '8문장가'중 한 사람으로 일컬어졌다. 학문과 재능에 대한 강한 자부심과 재야 사림의 처사로 고매하게 행세한 것 때문에 사람들에게 비난을 받기도 하였다. 그럼에도 불구하고 경기도 파주에 은거하며 그를 따르는 후진을 많이 양성하였다. 제자로는 정엽(鄭曄)·서성(徐渻)·정홍명(鄭弘溟)·김반(金槃) 등이 있는데, 그의 학맥은 김집을 거쳐 송시열까지 이어지게 되었다.
문집으로는 ≪구봉집(龜峯集)≫이 있다.

송한필(宋翰弼 생졸년 미상)

조선 중기의 학자·문장가이다. 본관은 여산(礪山). 자는 계응(季鷹), 호는 운곡(雲谷). 익필(翼弼)의 동생이다. 신분상 얼손(孼孫)에 해당되어 제약을 크게 받다가 아버지 대부터 양민 노릇을 하였다. 그의 형 송익필은 율곡 이이를 처음부터 끝까지 옹호하였는데 이 때문에 송익필을 심의겸(沈義謙)의 당으로 지칭하고 동인들은 이이에 대한 원망을 송익필에게 전가하여 1589년 일족을 노예로 환천하였다. 그리하여 일족이 사방으로 흩어지는 비극을 당하였다. 지금으로서는 그의 생애에 대해서 알 길이 없고 형 송익필과 함께 선조 때의 성리학자·문장가로서만 알려져 있다. 박인로(朴仁老)·김지백(金知白)·최대겸(崔大謙)·박신립(朴信立) 등과 교유하였다. 시 32수와 잡저가 형 송익필의 ≪구봉집(龜峯集)≫에 부록으로 실려 있다.

신광수(申光洙 1712~1775)

조선 후기 영조 때의 문인. 본관은 고령(高靈). 자는 성연(聖淵). 호는 석북(石北) 또는 오악산인(五嶽山人). 집안은 남인으로 초기에는 벼슬길이 막혀 향리에서 시작에 힘썼다. 39세 때에 진사에 올라 벼슬을 시작하였다. 49세에 영릉참봉(寧陵參奉)이 되고, 53세에 금오랑(金吾郎)으로 제주도에 갔다가 표류하였다. 제주에 40여 일 머무르는 동안에 〈탐라록(耽羅錄)〉을 지었다. 1772년 61세 때에 기로과에 장원하여 돈녕부도정(敦寧府都正)이 되었다. 영조는 그를 대단히 대우하여 그가 서울에 거주할 집이 없다는 사실을 알고 집과 노비를 하사하였다. 그 뒤에 우승지(右承旨)·영월부사(寧越府使)를 역임하였다. 조선 후기 당시 널리 애송되었던 ≪관산융마(關山戎馬)≫를 지었다.

주요 작품으로 ≪부해록(浮海錄)≫, ≪석북집(石北集)≫ 등이 있다.

신광한(申光漢 1484~1555)

조선 중기의 문신. 본관은 고령(高靈) 사람으로, 자는 한지(漢之)이고, 호는 기재(企齋)이며, 시호는 문간(文簡)이다. 중종 때 문과에 급제하여 호당에 선발되어 문형(文衡)을 맡았다. 신숙주의 손자이다. 1507년 사마시에 합격하고 1510년 식년문과에 급제하였다. 1514년에 사가독서 한 후 홍문관전교(弘文館傳敎)를 맡았다. 1518년 조광조 등과 더불어 신진사류로서 대사성에 발탁되었으나 이듬해 기묘사화에 연루되어 삭탈관직 되었다. 1537년에 다시 등용이 되어 이조판서·홍문관제학을 역임했다. 1553년에 궤장(几杖)을 하사받고, 기로소(耆老所)에 들어갔다.

신사임당(申師任堂 1504~1551)

조선 중기의 예술가로서 시·서·화에 모두 능했으며, 율곡 이이의 어머니로서 덕행과 재능을 겸비한 현모양처로 칭송되고 있다. 본관은 평산(平山)이고, 사임당(師姙堂)은 당호(堂號)이며, 시임당(媤任堂), 임사재(妊思齋)라고도 하였다. 당호의 뜻은 주나라 문왕의 어머니인 태임(太任)을 본받는다는 것이다. 그녀의 그림과 글씨, 시도 그녀의 성격처럼 매우 섬세하고 아름답다. 풀벌레·포도·화조·어죽(魚竹)·매화·난초·산수 등이 그림의 주된 소재이며, 너무도 섬세하고 사실적이어서 여름 볕에 말리려고 풀벌레 그림을 마당에 내놓았더니 닭이 와서 진짜 풀벌레인 줄 알고 쪼아 종이가 뚫어질 뻔했다는 일화가 전해진다. 화가로서 유명했던 신사임당이 부덕(婦德)의 상징으로서 존경을 받게 된 것은 그녀가 죽은 뒤 1백 년이 지난 17세기 중엽, 송시열이 그녀의 그림에 감탄하며 천지의 기운이 응축된 힘으로 율곡 이이를 낳았을 것이라는 평가를 한데서 비롯된 것이라고 한다. 또한 율곡이 대유학자로서 존경의 대상이 되자 그의 어머니인 사임당은 천재화가이기보다는 그를 낳은 어머니로 칭송받기 시작했다.
대표작품으로는 〈자리도(紫鯉圖)〉, 〈산수도(山水圖)〉, 〈초충도(草蟲圖)〉, 〈노안도(蘆雁圖)〉 등이 있다.

신위(申緯 1769~1847)

본관은 평산(平山)이고 자는 한수(漢叟), 호는 자하(紫霞) 경수당(警修堂)을 썼다. 1799년 알성문과에 급제한 후 조선 후기의 문신으로서 이조참판·병조참판 등 여러 벼슬을 역임했다. 1812년 서장관(書狀官)으로 청나라에 가서 안목을 넓혔는데, 그 당시 교류했던 인물들 중

특히 옹방강과의 교류는 그의 학문에 많은 영향을 주게 되었다. 이정(李霆), 유덕장(柳德章)과 함께 조선3대 묵죽화가로 꼽힌다. 묵죽법(墨竹法)은 문호주파법(文湖州派法: 명나라 화가 문징명의 화파)을 따랐고 서예는 동기창법(董其昌法)을 따랐으며 조희룡 등 추사파 화가들에게도 큰 영향을 미쳤다. 그는 시에도 뛰어나 강위(姜瑋), 황현(黃玹), 이건창, 김택영(金澤榮)에게도 영향을 미쳤다.

작품으로는 논시시인〈동인논시절구(東人論詩絶句)〉, 판소리 연행을 한시화한〈관극절구(觀劇絶句)〉, 왕사정의〈추류시(秋柳詩)〉를 본떠 지은〈후추류시(後秋柳詩)〉와 당시의 부당한 신분제도와 화폐개혁 등 현실 문제를 다룬〈잡서(雜書)〉등이 있다.

신유(申濡 1610~1665)

조선 중기의 문신이다. 본관은 고령(高靈), 자는 군택(君澤), 호는 죽당(竹堂)·이옹(泥翁)이다. 1630년 진사가 되었고 1636년 별시문과에서 장원급제하였다. 정언·지평·이조정랑을 역임하였다. 1643년에는 통신사의 종사관으로서 일본에 다녀왔다. 그 뒤로 동부승지·우승지·도승지·부제학·예조참판을 지냈다. 저서로는《죽당집(竹堂集)》이 있다.

신유한(申維翰 1681~?)

조선 후기의 문신·문장가이다. 본관은 영해(寧海), 자는 주백(周伯), 호는 청천(靑泉)이다. 1705년 진사시에 합격하고, 1713년 증광문과에 병과로 급제한 그는 1719년 제술관(製述官)으로서 통신사 홍치중(洪致中)을 따라 일본에 다녀왔고 봉상시첨정(奉常寺僉正)을 지냈다. 문장으로 이름이 났는데, 특히 시에 걸작이 많고 사에도 능하였다.

저서로는《해유록(海遊錄)》·《청천집(靑泉集)》·《충서난록(奮忠難錄)》등이 있다.

신흠(申欽 1566~1628)

본관은 평산(平山)이고 자는 경숙(敬叔), 호는 현헌(玄軒)·상촌(象村)·현옹(玄翁)·방옹(放翁)이며 시호는 문정(文貞)이다. 송인수(宋麟壽)와 이제민(李濟民)을 스승으로 삼았다. 1585년 진사시와 생원시에 연이어 합격했고 1589년 춘추관 관원에 뽑히면서 예문관봉교(禮文館奉敎)·사헌부감찰·병조좌랑 등을 역임하였다. 일찍이 문장으로 이름을 떨쳤고 동인의 배척을 받기도 하였으나 선조의 신망을 받았다. 문장력이 뛰어나서 명나라와의 외교문서를 제작하고 시문을 정리하였으며 각종 의례문서 제작에도 참여했다. 정주학(程朱學)을 연구한 학자로도 이름이 높은데 이정구·장유·이식과 함께 한문학의 태두라 불린다. 저서·편서로는 ≪상촌집≫, ≪야언(野言)≫ 등과 ≪현헌선생화도시(玄軒先生和陶詩)≫, ≪낙민루기(樂民樓記)≫, ≪황화집령(皇華集令)≫ 등이 있다.

안정복(安鼎福 1712~1791)

조선 후기의 역사학자·실학자. 본관은 광주(廣州). 자는 백순(百順). 호는 순암(順庵)·한산병은(漢山病隱)·우이자(虞夷子)·상헌(橡軒). 이익을 스승으로 삼고 과거를 외면한 채 여러 학문을 섭렵했으며 특히 가학을 기본으로 경사 이외에 음양·성력·의약·복서 등의 기술학과 손자·오자 등의 병서, 불교·노자 등의 이단사상, 그리고 패승(稗乘)·소설 등에 이르기까지 읽지 않은 것이 없었다. 이러한 그의 학문과 덕행이 널리 알려지면서 1749년부터 만령전참봉(萬寧殿參奉)·사헌부감찰·익위사익찬(翊衛司翊贊)·목천현감 등을 역임하였다. 이익의 문인이 된 뒤, 그의 학문과 사상에 두드러진 변화를 띠기 시작하였고, 정치권이 정적인 노론의 전권시대로 접어들자 이익의 문인들 사이에도 천주교의 만연과 양명학에 대한 관심이 높아져 전통적인 성리학적 가치관의 쇠퇴를 드러내면서 사상적인 갈등을 보였다. 그는 당시 유행하던 양명학을 이단으로 규정하여 비판하였고 천주교에 대해서도 부정적이었다. 즉 그는 경세치용의 경세론을 학문과 현실에 연결시키고 그 정신으로 불합리한 현실을 극복하려고 노력한 신보수적인 학자였다고 할 수 있다. 주요저서로 ≪동사강목≫, ≪임관정요≫ 등이 있다.

양사언(楊士彦 1517~1584)

조선 전기의 문인이자 서예가이다. 본관은 청주(淸州)사람으로, 자는 응빙(應聘)이고, 호는 봉래(蓬萊)·완구(完邱)·창해(滄海)·해객(海客)이다. 명종 때 문과에 급제하여 대동승(大同丞)을 맡고, 삼등·함흥·평창·강릉 등 여덟 고을의 수령을 지냈다. 그는 회양 군수로 있을 때 자주 금강산에 가서 경치를 즐겨 감상하는 등 자연을 즐겼다. 그가 만폭동(萬瀑洞)의 바위에 새긴 '봉래풍악원화동천(蓬萊楓岳元化洞天)' 글씨는 지금도 남아 있다. 그는 해서와 초서에 능하여, 안평대군·김구·한호와 함께 조선 전기 4대 명필 중의 한사람에 꼽힌다. 문집으로는 ≪봉래집(蓬萊集)≫이 있고, 유묵으로 그가 지은 〈서호별곡(西湖別曲)〉이 연세대학교 도서관에 소장되어 있다.

양팽손(梁彭孫 1488~1545)

조선 중기의 문신으로, 본관은 제주(濟州)이고, 자는 대춘(大春)이며, 호는 학포(學圃)이다. 능성(綾城) 출신이다. 1510년 조광조와 함께 생원시에 합격하고, 1516년 식년문과에 갑과로 급제했으며, 또 현량과에 발탁되었다. 이후 정언·수찬·교리 등의 관직을 역임했다. 1519년 10월 기묘사화가 일어나자, 조광조·김정 등을 위해 소두(疏頭)로서 항소하였다. 이 일로 인해 삭직되어 고향인 능주(綾州)로 돌아와 중조산(中條山) 아래 쌍봉리에 작은 집을 지어 학포당(學圃堂)이라 이름하고 독서로 소일하였다. 특히, 능주로 유배되어온 조광조와는 매일 경론을 탐구하며 지냈다. 1539년에 다시 관직을 제수 받았으나 사양하고 취임하지 않았다. 그러다가 1544년 김안로의 사사 후 용담현령(龍潭縣令)에 잠시 부임했다가 곧 사임하고 다음해에 58세로 죽었다. 글씨를 잘 썼고 이조판서에 추증되었으며, 능주의 죽수서원(竹樹書院)에 배향되었다. 문집에 ≪학포유집(學圃遺集)≫이 있다.

여운필(呂運弼 1901~1976)

본관은 함양(咸陽), 자는 은경(殷卿), 호는 도산(陶山)이다. 조선 고종 신축년 11월 10일 태어나 병진년 윤8월 27일 향년 75세의 나이로 세상을 떠났다.

염흥방(廉興邦 ?~1388)

본관은 서원(瑞原), 자는 중창(仲昌), 호는 동정(東亭)이다. 1357년 과거에 장원급제하였고, 여러 벼슬을 거쳐 좌대언(左代言)이 되었다. 1362년 지신사(知申事)로서 홍건적을 평정하고 서울을 수복한 공을 인정받아 2등 공신으로 책록되고 1367년 밀직지신사(密直知申事)가 되었다. 1375년 우왕 즉위 후 당시 권세가였던 이인임(李仁任)의 비위에 거슬리는 바람에 지방에서 귀양살이를 했다. 그 뒤 서성군(瑞城君)으로 책봉되었고 이어 삼사좌사(三司左使)가 되었다. 귀양을 갔다 온 뒤로는 이인임에게 아부하며 임견미(林堅味) 등과 전횡을 일삼다가 후에 함께 행패를 일삼던 임견미·왕복해(王福海) 등과 강탈한 토지와 노비에 대해 조사받고 처형당했다. 저서로는 ≪동정집(東亭集)≫이 있다.

오경석(吳慶錫 1831~1879)

자는 원거(元秬). 호는 역매(亦梅)·진재(鎭齋). 본관은 해주(海州). 역관(譯官)으로 조선 말기의 개화사상의 선구자라 할 수 있다. 유대치(劉大致), 박영효(朴泳孝), 김옥균(金玉均) 등과 함께 쇄국을 반대하고, 선진 문화의 수입을 주장했으며, 청나라를 왕래하며 많은 과학 도서를 들여왔다. 중인출신으로 역관이 되어 청나라에 왕래하며 신학문에 눈을 뜨기 시작하여 ≪해국도지(海國圖誌)≫, ≪영환지략(瀛環誌略)≫ 등의 서적을 구입, 친구인 유대치(劉大致)에게 읽게 하고 김옥균·박영효·홍영식 등 소장 정치인들에게 개화사상을 고취했다. 1869년 좌의정 박규수(朴珪壽)와 함께 개국을 주장하여 병자수호조약의 체결을 지지함으로써 조약을 원만히 맺게 했다. 1877년 숭정대부(崇政大夫)를 거쳐 숭록대부(崇祿大夫)가 되어 쇄국 정책에 반대하고, 문호의 개방과 선진 문명의 수입을 주장했다. 글씨는 특히 전자(篆字)를 잘 썼으며, 그림에도 일가를 이루었다.

오원(吳瑗 1700~1740)

조선 후기의 문신이다. 본관은 해주(海州)이고 자는 백옥(伯玉)이며 호는 월곡(月谷)이고 시호는 문목(文穆)이다. 영조 때 정언(正言)·교리(校理)·검토관(檢討官)을 지냈고, 이조좌랑을 거쳐 승지·공조참판에 이르렀다. 일찍이 영조에게 당나라 육지(陸贄)가 황제에게 아뢴 양세법(兩稅法)의 여섯 가지 폐단을 강의하여 왕으로부터 크게 칭찬을 받았고, 성학(聖學)의 긴요한 임무를 조목을 들어 밝히고 성덕의 문제와 시정의 잘잘못 등을 거론하였다. 성품은 정직하고 성실하였고, 총명함이 남달랐으며 문장 또한 깨끗한 절개를 지녔다 하여 진정한 유신(儒臣)이라는 평을 들었다. 좌찬성(左贊成)에 추증되었으며 저서로는 ≪월곡집(月谷集)≫이 있다.

오재언(吳在彦 1854~1915)

휘(諱)는 재언(在彦), 자는 인수(仁守), 호(號)는 소계(小溪)이다. 본관은 함양이며 전북 남원 운봉에서 살았다. 어릴 때부터 글재주가 뛰어났고 위기지학에 전념, 20세 이후에 문장이 심오하여 이름을 크게 떨쳤다. 전북 남원의 전형적인 선비로서 고을의 풍속을 진작시켜 도의를 더욱 밝히고, 예서(禮書)를 권장하는 등 호학지사로서 명성을 크게 날렸다. ≪소계유고(小溪遺稿)≫가 후대에 전한다. 1915년 10월 24일 정침(正寢)에서 61세의 삶을 마쳤다.

오한경(吳漢卿 1242~1314)

고려 후기의 문신으로, 본관은 해주(海州)이고, 초명은 한경(漢卿)이며, 자는 월수(月叟)이다. 시호는 문온(文溫)이다. 1260년 국자감시에서 장원급제하여 동궁시학이 되었고, 이어 남경사록(南京司錄)·중서주서(中書注書)를 거쳐 충렬왕 초에는 첨의사인·금녕부사 등을 역임하였다. 후에 좌사의대부·밀직부사를 맡았다. 1308년에는 사림원학사·삼사우사가 되었다. 첨의찬성사(僉議贊成事)·감춘추관사(監春秋館事)·지선부사(知選部事)를 역임한 후 벼슬을 그만 두었다.

왕방연(王邦衍 생졸년 미상)

조선 세조 때의 인물이다. 세조 때 금부도사(禁府都事)를 지냈고 사육신 사건이 있은 후, 상왕 단종이 노산군으로 격하되어 영월로 귀양 갈 때 호송한 인물이라는 설도 있고, 후에 단종에게 사약이 내려졌을 때 사약을 가지고 간 사람으로 기록되기도 하였다. 이시의 작자를 알 수 없다는 기록도 있다.

원감국사 충지(圓鑑國師 冲止 1266~1292)

고려의 승려. 속성은 위(魏), 이름은 원개(元凱), 호는 밀암(密庵), 시호는 원감국사(圓鑑國師), 탑호는 보명(寶明). 정안(定安) 출생이다. 1284년 문과에 장원 급제, 일본에 사신으로 다녀왔으며 뒤에 승려가 되어 원오(圓悟)의 대를 이어 조계산의 제6세가 되었다. 외국에도 이름을 떨쳐 원나라 세조는 빈주의 예로 맞았다고 한다. ≪동문선≫에 그의 시와 글이 실려 있다.

위한조(魏漢祚 생졸년 미상)

조선 중기의 기인(奇人)으로 속명은 위한조(魏漢祚)이고, 자는 중염(仲炎)이며, 갑산 출신이다. 백우자·이혜손의 문인이며, 천문과 지리 등 모든 학문이 능통했다고 한다. 기이한 술법을 배워서 험준한 계곡을 평지를 달리듯 하였고, 축지법을 배워 하루에 수 천리를 달렸다고 한다. 동양의 여러 나라 산천을 구경 다니다가 후에 조선으로 돌아와 청학동에 자리를 잡아 청학상인이라 불렸다. 1602년 정월 보름날 제자들을 불러 "나는 이 세상을 떠날 때가 되었다."라는 말을 남기고는 새벽에 일어나 뜰을 거닐다가 대란산(大蘭山) 안개 속으로 사라진 뒤 다시는 세상에 나타나지 않았다고 한다.

유득공(柳得恭 1749~1807)

조선의 실학자이다. 자는 혜풍(惠風)·혜보(惠甫)이고, 호는 영재(泠齋)·영암(泠庵)·고운당(古芸堂)이며 본관은 문화(文化) 사람으로, 진사 유춘(柳瑃)의 아들이다. 진사가 되고나서, 1779년 이덕무·박제가·서이수 등과 규장각 검서에 발탁되어 '4검서'라 일컬어졌다. 그 후 포천·제천·양근 등의 군수를 지내면서도 항상 검서의 직함을 가지고 있었으며, 만년에 첨지중추부사(僉知中樞府事)를 거쳐 풍천부사를 지냈다. 그는 북학파 학자로, 박제가·이덕무 등과 더불어 실사구시를 통한 산업진흥을 주장하였고, 문체(文體)에도 신경지를 개척하였으므로 박제가·이덕무·이서구와 함께 한문신파 4가로 불렸다. 회고시와 기행문에 능하여 이조원(李調元)으로부터 동국의 문봉이라는 극찬을 받았다. 저서로는 ≪영재집(泠齋集)≫이 있으며, 편서(編書)로는 ≪경도잡지(京都雜誌)≫, ≪앙엽기(盎葉記)≫, ≪고운당필기(古芸堂筆記)≫, ≪발해고(渤海考)≫, ≪사군지(四郡志)≫가 있다. 그리고 시작(詩作)으로 〈이십일도회고시(二十一都懷古詩)〉가 전한다.

유몽인(柳夢寅 1559~1623)

조선중기의 설화문학가. 서울 명례방(明禮坊) 출생. 본관은 고흥(高興)이며 자는 응문(應文), 호는 어우당(於于堂)·간재(艮齋)·묵호자(默好子) 등을 사용하였다. 성혼(成渾)과 신호(申濩)에게서 수학하였으나 경박하다는 책망을 받고 쫓겨났기에 성혼과는 사이가 좋지 못하였다고 한다. 1582년에 진사가 되고, 1589년 증광문과에 장원급제하였으며, 1592년 수찬으로 명나라에 질정관(質正官)으로 다녀왔고 임진왜란이 일어나자 선조를 평양까지 호종하였다. 1623년 인조반정 때 화를 면하였으나 관직에서 물러나 방랑생활을 하였다. 그해 7월 현령 유응경(柳應泂)이 "유몽인이 광해군의 복위음모를 꾸민다"고 무고하여 국문을 받았다. 마침내 역률(逆律)로 다스려 아들 약(瀹)과 함께 사형되었다. 정조 때 신원되고, 이조판서에 추증되었다.
저서로는 야담을 집대성한 ≪어우야담(於于野譚)≫과 시문집 ≪어우집(於于集)≫이 있다.

유성룡(柳成龍 1542~1607)

조선 중기의 문신이다. 본관은 풍산(豊山)으로 지는 이현(而見)이고 호는 서애(西厓)이다. 의성에서 태어났으며 퇴계 이황(李滉)의 문인이다. 1564년 생원·진사부터 시작해 승문원권지부정자(承文院權知副正字)·경연검토관(經筵檢討官)·병조좌랑·이조좌랑·부교리 등을 역임한 뒤, 1578년 사간이 되었다. 1592년 4월 13일 임진왜란이 발발하자 병조판서를 겸하고 도체찰사로서 군무(軍務)를 총괄하였다. 이어 영의정이 되어 왕을 호종하여 평양에 이르렀을 때 반대파의 탄핵을 받고 면직되었다가 다시 영의정에 올라 4도의 도체찰사를 겸해 군사를 총지휘했다. 1598년 명나라 경략(經略) 정응태(丁應泰)가 조선이 일본과 연합해 명나라를 공격하려 한다고 본국에 무고한 사건이 일어났다. 이에 이 사건의 진상을 변명하러 가지 않는다는 북인들의 탄핵으로 삭탈관직 당했다가 1600년에 복관되었으나 다시 벼슬을 하지 않고 은거하였다. 저서로는 ≪서애집(西厓集)≫・≪징비록(懲毖錄)≫・≪신종록(愼終錄)≫・≪영모록(永慕錄)≫・≪관화록(觀化錄)≫・≪운암잡기(雲巖雜記)≫ 등이 있다. 시호는 문충(文忠)이다.

유숙기(兪肅基 1696~1752)

조선 후기의 학자로 본관은 기계(杞溪), 자는 자공(子恭), 호는 겸산(兼山)이며, 단양에서 태어났다. 1715년 생원시에 1등으로 합격하였으나 문과는 통과하지 않았다. 송산에서 성리학을 탐구하였으며, 이후 매읍으로 옮겨 제자들을 가르쳤다. 1733년 명릉참봉(明陵參奉)으로 등용되어 효릉참봉(孝陵參奉)・종부시주부(宗簿寺主簿)・임피현령(臨陂縣令)・전주판관(全州判官) 등을 지냈다. 일생을 경학과 성리학에 힘썼으며 수령으로 있을 때는 선정을 베풀기로 이름이 높았다. 정치적으로는 성균관 유생으로 있으면서 송시열을 변호하였고, 경종 대에 소론에게 죽임을 당한 윤지술의 신원을 요청하는 등의 활동을 하였다. ≪소학≫과 경서를 매일 정독하며 이론과 실천의 부합에 힘썼고, 〈태극도설차의(太極圖說箚疑)〉, 〈중용차의(中庸箚疑)〉, 〈서경차의(書經箚疑)〉 등 많은 저술을 남겼다. 주요저서로는 ≪겸산집(兼山集)≫이 있다.

유집(柳楫 1585~1651)

조선 중기의 문신. 본관은 문화(文化). 자는 용여(用汝). 호는 백석(白石). 김제(金堤) 출생. 최명룡, 김장생의 문인으로, 1616년 생원시에 합격하였다. 인조반정 후 김장생의 천거로 오수찰방(獒樹察訪)에 제수되었고, 1627년 정묘호란 때에는 양호호소사(兩湖號召使) 김장생의 막하에서 의병모집에 많은 활약을 하였다. 그 뒤 고향에 은거하여 학문연구와 후진양성에 전념하다가 1630년 다시 의금부도사에 제수되었고, 1636년 기린찰방(麒麟察訪), 이듬해 왕자사부에 제수되었으나 병으로 인하여 모두 사양하였다. 성리학에 밝고 시문에 뛰어났다. 지평에 추증되고 김제의 백석사(白石祠)에 제향되었다.
문집에 ≪백석유고(白石遺稿)≫가 있다.

유호인(兪好仁 1445~1494)

본관은 고령(高靈), 자는 극기(克己), 호는 임계(林溪)・뇌계(㵢溪)를 사용하였다. 김종직(金宗直)의 문인이다. 1474년 식년문과에 병과로 급제, 봉상시 부봉사(奉常寺副奉事)를 거쳐 1478년 사가독서한 후 1480년에 거창현감과 공조좌랑(工曹佐郎)을 지내고 1486년에 검토관(檢討官)을 거쳐 이듬해 ≪동국여지승람≫의 편찬에 참여하였다. 1494

년 장령을 거쳐 합천군수로 재직 중 병사하였다. 시·문·서에 뛰어나 당대 3절(絶)이라 불리었고, 당시 4대 학파 중 사림파에 속하였다. 장수의 창계서원(蒼溪書院), 함양의 남계서원(藍溪書院)에 배향되었다.

유희경(劉希慶 1545~1636)

조선 중기의 시인이다. 본관은 강화(江華)이고, 자는 응길(應吉)이며, 호는 촌은(村隱)이다. 박순으로부터 당시를 배웠으며, 어려서부터 효자로 이름이 났다. 임진왜란 때에는 의병으로 나가 싸운 공으로 선조로부터 포상과 교지를 받았다. 광해군 때에 이이첨이 인목대비를 내쫓아 서인(庶人)으로 강등시키려고 그에게 상소를 올리라 협박했으나 거절하고 따르지 않았다. 인조가 왕위에 오른 뒤에 그 절의를 높이 사서 가선대부로 품계를 올려주었고, 80세 때 가의대부를 제수 받았다.
문집으로 ≪촌은집≫이 있고, 저서로 ≪상례초(喪禮抄)≫가 있다.

윤두수(尹斗壽 1533~1601)

조선중기의 문신으로, 본관은 해평(海平)이다. 자는 자앙(子仰)이고 호는 오음(梧陰)이며 시호는 문정(文靖)이다. 명종 때 이조정랑으로 있던 외척 이량의 아들 이정빈(李廷賓)을 천거하자 그는 끝까지 거절하였다. 이 일로 무고를 당하여 파직 되었다가 이량이 실각한 이후 다시 복직이 되었고 선조 때에는 동인들로부터 진도군수 이수의 뇌물을 받았다는 혐의를 받아 파직되었다가 이듬해 연안부사로 나가 선정을 베풀었다. 대사헌(大司憲)을 맡았을 때에는 당쟁을 하는 과정에서 회령으로 유배되었다가 임진왜란 때 복직이 되어 임금을 개성까지 호종하였고 어영대장(御營大將)을 지낸 후에 영의정 올랐으며 해원 부원군(海原府院君)에 봉작되었다.

윤선도(尹善道 1587~1671)

조선 중기의 문신이자 시인이다. 본관은 해남(海南)으로, 자는 약이(約而)이고, 호는 고산(孤山)·해옹(海翁)이며 시호는 충헌(忠憲)이다. 1612년 진사가 되어, 의금부도사(義禁府都事)를 맡았으나 곧 사직하고 여러 관직에 임명된 것을 모두 사퇴하였다. 1628년 42세 때 별시문과 초시에 장원하여 형조정랑·한성부서윤(漢城府庶尹) 등을 역임하였다. 1652년 동부승지를 지낼 때 남인 정개청(鄭介淸)의 서원 철폐 여부로 서인 송시열 등과 논쟁하다가 탄핵을 받고 삭탈관직 당하였는데 1657년 중추부첨지사(中樞府僉知事) 자리로 다시 복직되었다. 그는 일생을 치열한 당쟁 때문에 거의 유배지에서 보냈지만 경사와 의약·복서·음양·지리 등에 통하였으며 특히 시조에 뛰어났다. 윤선도가 죽은 뒤 1675년 남인이 집권하게 되어 신원(伸寃)되었으며, 이조 판서를 추증 받았다. 저서로는 ≪고산유고(孤山遺稿)≫가 있다.

윤여형(尹汝衡 생졸년 미상)

생졸년도는 알 수 없지만, 익재 이제현이 그에게 준 〈9월15일효기유감기시윤여형학유(九月十五日, 曉起有感, 寄示尹汝衡學諭: 9월 15일 새벽에 일어나 느낀 바 있어 학유 윤여형에게 부쳐 보이다.)〉라는 시로 보아 이제현과 거의 비슷한 시기에 활동했던 것으로 생각된다. 이제현이 준 시를 보면 그는 불우한 삶을 살았던 듯하다. ≪동문선(東文選)≫에 그의 시 7수가 실려 있다.

윤증(尹拯 1629~1714)

조선 후기의 학자·정치인·사상가이다. 본관은 파평(坡平), 자는 자인(子仁), 호는 명재(明齋)·유봉(酉峰), 시호는 문성(文成)이다. 1642년 성리학에 전심하기로 마음먹고서 권시(權諰), 김집, 송시열에게서 문학과 주희에 대해 배웠다. 효종 말년, 조정에 천거되었고 1664년 내시교관(內侍敎官)에 제수되었으며, 이어 공조랑(工曹郞)·사헌부지평(司憲府持平)에 계속 제수되었으나, 모두 사양하였다. 그 뒤로도 호조참의, 대사헌 등을 역시 모두 사양하였다. 학질을 앓다가 1714년 죽었다.

을지문덕(乙支文德 ?~629)

을지문덕은 고구려 영양왕(재위: 590~618) 때의 장군으로 수나라의 침입에 맞서 싸워 승리를 이끌어낸 장수로 유명하다. 을지문덕의 이름에 대해 '을지(乙支)'가 연장자를 의미한다고도 하고, '을(乙)'만 성이고 '지(支)'는 존대의 접미사로 보기도 하며, 선비족 계통의 성씨로 생각하여 을지문덕을 귀화인으로 보는 설도 있다. 여수장우중문(與隋將于仲文)은 을지문덕이 수나라 장수 우중문에게 지어 보낸 것으로, 현재 전해지는 최고(最古)의 한시이다. 살수대첩은 살수대전이라고도 하며, 고구려 영양왕 23년(612)에 고구려와 중국 수나라가 살수에서 벌인 큰 싸움이다. 수나라의 양제(煬帝)가 고구려를 정복하려고 100만 대군을 이끌고 쳐들어왔으나, 을지문덕 장군 휘하의 고구려 군사들은 살수를 건너온 수나라의 별동대 30만 5,000여 명을 모두 죽였다. 을지문덕은 고구려가 멸망한 뒤에도 명장으로서 칭송을 받았다. 고려 현종 때에는 평양 근처에 사당이 세워졌으며 1680년 조선 숙종도 그에게 사당을 내렸다. 현재 서울에 위치한 을지로는 그의 이름에서 유래한 것이다.

이가환(李家煥 1742~1801)

조선후기의 문신이며 학자이다. 본관은 여흥(驪興)이고, 자는 정조(廷藻)이며, 호는 금대(錦帶)·정헌(貞軒)이다. 이익(李瀷)의 종손으로, 이용휴(李用休)가 부친이다. 1777년 증광문과에 을과로 급제, 1780년 비인현감(庇仁縣監)이 되었다. 1784년 생질인 이승훈이 북경에서 돌아오면서 교우 관계에 있던 사람들이 서학에 관심을 가졌을 때, 천주교에 대한 내용으로 이벽(李檗)과 논쟁을 벌이다가 도리어 천주교인이 되었다. 그러나 1791년에 있었던 신해박해 때는 광주부윤(廣州府尹)으로 있으면서 천주교를 탄압하기도 하였다. 1795년에 주문모(周文謨) 신부의 입국사건에 연루되어 충주목사로 좌천되기도 했는데, 천주교인을 탄압하다가 파직되었다. 그 뒤에 다시 천주교를 연구하다가 1801년 이승훈, 권철신 등과 함께 옥사로 순교하였다. 정조로부터 '정학사(貞學士)'라 불려질 만큼 대학자였던 그는 특히 천문학과 수학에도 정통했다. 저서로는 ≪금대유고(錦帶遺稿)≫가 전한다.

이개(李塏 1417~1456)

조선 단종 때의 문신으로 사육신(死六臣)의 한 사람이다. 본관은 한산(韓山). 자는 청보(淸甫)·백고(伯高), 호는 백옥헌(白玉軒)이며 목은 이색의 증손이다. 태어나면서부터 글을 잘 지었다고 전해진다. 1436년 사마시에 합격하여 진사가 되고, 1441년에 집현전저작랑으로서 당나라 명황의 사적을 적은 ≪명황계감(明皇誡鑑)≫의 편찬에 참여하였고 훈민정음의 제정에도 참여하였다. 1456년 2월에 집현전부제학에 임명되었으나, 이해 6월에 성삼문 등 육신이 주동이 되어 상왕을 복위시키려는 계획이 발각되어 박팽년(朴彭年)·하위지(河緯地)·유응부(兪應孚)·유성원(柳誠源)과 함께 국문을 당하였다. 이 때 그는 작형(灼刑)을 당하면서도 태연하였다고 전해지며, 성삼문 등과 같은 날 거열형(車裂刑)을 당하여 숙었다. 뒤에 남효온(南孝溫)이 그 당시 공론에 의거하여 단종 복위 사건의 주도인물인 성삼문·박팽년·하위지·이개·유성원·유응부 등 6인을 선정, 〈육신전(六臣傳)〉을 지었는데, 이 글이 세상에 공포된 뒤 육신의 절의를 국가에서 공인하여 1691년에 사육신의 관작을 추복(追復)시켰다. 노량진의 민절서원(愍節書院), 홍주의 노운서원(魯雲書院) 등에 제향되었다. 시호는 충간(忠簡)이다.

이건창(李建昌 1852~1898)

조선 말기의 문신, 대문장가. 본관은 전주(全州), 자는 봉조(鳳朝), 호는 영재(寧齋). 이조판서 시원(是遠)의 손자로 할아버지로부터 충의와 문학을 바탕으로 한 가학의 가르침을 받았으며 5세 때에 이미 문장을 구사할 만큼 재주가 뛰어나 신동이라는 말을 들었다. 1866년 15세의 어린 나이로 별시문과에 병과로 급제하였으나 너무 일찍 등과하였기 때문에 19세에 이르러서야 홍문관의 관직을 주었다. 1880년 경기도 암행어사로 나가서 관리들의 비행을 파헤치는가 하면 흉년을 당한 농민들을 일일이 찾아다니면서 구휼에 힘썼다. 1896년 해주 관찰사에 제수 되었으나 극구 사양하였으며 세 차례나 유배를 겪기도 하였다. 그 뒤 향리인 강화도 사기리로 내려가서 서울과는 발길을 끊고 지내다가 47세로 세상을 떠났다. 그는 천성이 강직하여 부정·불의를 보면 추호도 용납 하지 않았다고 전해진다.
저서로는 ≪명미당집(明美堂集)≫, ≪당의통략(黨議通略)≫ 등이 있다.

이곡(李穀 1298~1351)

고려 말의 학자이자 문신이다. 자는 중부(仲父)이고, 호는 가정(稼亭)이며, 본관은 한산(韓山)이다. 시호는 문효(文孝)이며, 고려 삼은 중의 한 사람인 이색(李穡)의 부친이다. 이곡은 1333년에 원나라의 과거시험에서 급제하여 정동행중서성(征東行中書省), 좌우사원외랑(左右司員外郎)의 벼슬을 지냈고, 원나라 황제에게 고려에서 처녀들을 징발하여 바치는 처녀조공을 중지해 줄 것을 건의하여 성사시켰다. 1344년 고려로 돌아와 도첨의찬성사(都僉議贊成事)를 역임하며 한산군(韓山君)에 봉해졌다. 문장력이 뛰어나 스승 이제현과 함께 충렬·충선·충숙왕 3대의 실록편찬 작업에 참여하였고, 유학경전에 해박한 대학자로서 후세인들의 추앙을 받았으며 고려시대 가전체작품인 〈죽부인전〉이 ≪동문선≫에 전해지고 있다.
한산의 문헌서원에 배향되어 있으며 문집으로는 ≪가정집(稼亭集)≫이 있다.

이자현(李資玄 1031~1125)

고려 중기의 학자로, 자는 진정(眞精)이고, 호는 식암(息庵)이며, 시호는 진락(眞樂)이다. 본관은 인주(仁州) 사람이다.
문종 때 급제하여, 선종 때 대악서승(大樂署丞)을 지내다가 사직하고 춘천의 청평산에 들어가 문수원(文殊院)을 수리하며 당과 암자를 10여 곳에 짓고, 당을 문성(聞性), 암자를 각각 견성(見性)·선동(仙洞)·식암(息庵)이라 이름하고 선학(禪學)을 닦았다. 1117년에 남경(南京)에서 예종을 만났는데, 그때 왕후와 공주가 의복을 하사하는 등 특별한 대우를 받았다. 인종이 특별히 아껴 그가 병에 몸져눕자 어의를 보내고 차와 약을 하사하기도 하였다. 청평산에 ≪청평식암(淸平息庵)≫이라는 해서(楷書) 작품을 썼다.

이광사(李匡師 1705~1777)

조선 후기 문인, 서예가로 본관은 전주(全州). 자는 도보(道甫). 호는 원교(員嶠)·수북노인(壽北老人)이다. 왕실 후손의 명문벌족이었던 그의 집안은 소론으로 영조 등극의 반대편에 섰던 까닭에 영조의 등극과 함께 위축될 수밖에 없었고, 결국 그는 1755년 나주괘서사건(羅州掛書事件)에 연루되어 함경북도 부령으로 유배(51세) 되었다가, 문인들에게 글과 글씨를 가르쳐 선동한다는 죄목으로 다시 전라남도 신지도(薪智島)로 이배되어(58세) 그곳에서 향년 73세의 나이로 일생을 마쳤다. 성리학에 사상적 기반을 두었던 조선시대에 양명학을 탐구한 정제두의 학맥을 이은 그는 문집 ≪원교집선(員嶠集選)≫과 ≪두남집(斗南集)≫ 등을 남겼다. 이규상(李奎象)의 ≪병세재언록(幷世才彦錄)≫ 등을 통해서 볼 때 그가 당시 대중적 인기를 한 몸에 받는 서예가로 그 명성을 다하였을 뿐만 아니라, 그의 서풍이 당대와 후대에까지 크게 영향을 미쳤음을 알 수 있다.

이규보(李奎報 1168~1241)

고려 시대의 명문장가로서 시대를 풍미했다. 본관은 황려(黃驪), 자는 춘경(春卿), 호는 백운거사(白雲居士)이다. 어려서부터 시와 문장에 뛰어난 '기동(奇童)'이라는 소리를 들었다. 1191년 진사과에 급제하였으나, 이듬해 아버지가 돌아가시자 개성의 천마산으로 들어가 글을 쓰며 지냈다. 1215년부터 최충헌(崔忠獻)의 인정을 받아 출세가도를 달리게 되었다. 1237년에는 수태보문하시랑평장사(守太保門下侍郎平章事)를 지냈다. 대표적인 서사시 〈동명왕편〉은 민족의 영웅이자 고구려 건국자인 동명왕의 생애와 발자취를 노래한 것으로 한국 문학사에 큰 업적으로 평가된다. 문집으로는 ≪동국이상국집≫이 있다. 즉흥시를 빠르게 잘 써서 흔히 당나라의 천재시인 이백에 비유되곤 하였다. 걸음이 빠르고 말이 빠르고 시를 빨리 짓는다 하여 '3첩(捷)'이란 별칭으로 불리기도 하였으며, 술과 시와 거문고를 특별히 사랑한다 하여 '삼혹호(三酷好)선생'으로 불리기도 하였다.

이기설(李基卨 1566~1622)

조선 중기의 문신으로 본관은 연안(延安)이고 자는 공조(公造), 호는 연봉(蓮峯)이다. 1586년 주부(主簿)에 특제되었고 다시 청산현감(靑山縣監)에 추천되었으나 사양하였다. 그러나 어버이의 뜻을 거역 못하고 그해 겨울 무주현감을 거쳐 이듬해 송화현감이 되었다. 그 뒤로 한성부판관(漢城府判官)·호조정랑(戶曹正郎)으로 선릉(宣陵)과 정릉(靖陵)의 도감낭청(都監郎廳)·비변사낭청(備局郎廳) 등을 역임하였다. 벼슬을 그만두고는 서울 삼청동 백련봉(白蓮峯) 아래에 연봉정(蓮峯亭)을 짓고 학문에 전심하였다. 경사·천문·지리·율학·병술 등 여러 방면에 정통하였으며 당시 사대부의 사표가 되었다. 1623년 이조참판에 추증되고, 1633년 인조의 특명으로 정려(旌閭)를 내렸는데 그 액을 효자삼세(孝子三世)라고 하였다. 저서로는 ≪연봉집(蓮峰集)≫이 있다.

이단상(李端相 1628~1669)

조선 중기 문인. 본관은 연안(延安), 자는 유능(幼能), 호는 정관재(靜觀齋)·서호(西湖), 시호는 문정(文貞)이다. 1648년 진사시에 장원하였고 이듬해 정시문과에 병과로 급제하여 설서·대교·부수찬·교리 등을 역임하고, 서연(書筵)을 지냈다. 1655년 사가독서를 한 뒤 대간이 되어 자신의 정론을 밝혔다. 전라도의 기근이 심한 고을을 두루 살펴 구제하게 했다. 효종이 승하한 후 학문에만 전념하다가 응교(應敎)를 거쳐 인천부사(仁川府使)가 되었다. 1680년 민정중(閔鼎重)의 건의로 이조참판(吏曹參判) 겸 경연(經筵), 양관제학(兩館提學)에 추증되었고 다시 이조판서(吏曹判書)로 추증되었다. 문하에는 아들인 희조(喜朝)와 김창협·김창흡·임영 등의 학자가 있다.

저서로 ≪대학집람(大學集覽)≫·≪사례비요(四禮備要)≫·≪성현통기(聖賢通紀)≫·≪정관재집≫ 등이 있다.

이달(李達 1539~1618)

조선 중기 선조 때의 한시인(漢詩人)이다. 본관은 신평(新平)이고, 자는 익지(益之)이며, 호는 손곡(蓀谷)·동리(東里)·서담(西潭)이다. 시문에 뛰어난 정사룡과 박순 등의 문인으로, 특히 당시풍의 시를 잘 지어 선조 때의 최경창·백광훈과 함께 삼당파 시인으로 이름을 떨쳤다. 그러나 어머니가 관기인 신분적 한계로 벼슬은 한리학관(漢吏學官)에서 그쳤다. 그는 서출이라는 신분적 제약으로 인해 벼슬길이 막힌 울분을 시문으로 달랬고, 강원도 원주시 부론면 손곡리에 은거하여 호를 손곡이라 하고, 남은 생을 후진을 양성하는 데 힘썼다. 말년에는 허균과 허난설헌을 가르쳤는데, 허균에게 많은 영향을 끼친 것으로 알려져 있다. 허균은 스승의 전기로 ≪손곡산인전(蓀谷山人傳)≫을 집필하기도 하였다. 저서로는 문집 ≪손곡시집(蓀谷詩集)≫이 전해지는데, 이 문집은 제자인 허균이 저본을 수집하고, 아들 이재영(李再榮)이 편차해서, 1618년경 간행한 초간본으로 한시 330여 수가 실려 있다.

이달충(李達衷 ?~1385)

고려 후기의 문신이다. 본관은 경주이고, 자는 중권(仲權)며, 호는 제정(霽亭)이다. 시호는 문정(文靖)이고, 이제현(李齊賢)의 종질(從姪)이다. 충숙왕 때 문과에 급제하여 성균좨주를 맡았고, 공민왕 때 전리판서(典理判書)·감찰대부(監察大夫) 등을 역임하였다. 호부상서(戶部尙書)를 지낼 때 팔관회에서 울타리를 철거한 일과 관련해 공민왕의 노여움을 사는 바람에 파직되었다가 다시 밀직제학(密直提學)에 발탁되었다. 그러나 이후 전횡을 일삼던 신돈에게 주색만 좋아한다고 직언했다가 그에게 미움을 사서 또다시 파면되었다. 신돈이 죽은 후에 이달충은 신돈을 늙은 여우에 비유한 시를 짓기도 하였다. 우왕 때에는 계림부윤(鷄林府尹)이 되었고, 계림군에 봉해졌다. 그는 역사에도 능통하여 이제현·백문보와 함께 《국사》 보완·찬수작업에 참여하기도 하였다. 유고로 《제정집(霽亭集)》이 전해지고 있다.

이덕무(李德懋 1742~1793)

조선 후기의 실학자로, 본관은 전주(全州), 자는 무관(懋官)이며, 호는 형암(炯庵)·청장관(靑莊館)·아정(雅亭)·영처(嬰處)·동방일사(東方一士)·신천옹(信天翁)이다. 박학다식하고 개성이 뚜렷한 문장으로 명성이 높았지만 서출이었기 때문에 높은 관직에 오르지는 못하였다. 20세에 박제가, 유득공, 이서구와 함께 《건연집(巾衍集)》을 내었다. 명말청초의 고증학 대가들의 저서에 심취한 나머지 그가 연경에서 직접 기록해온 자료들과 가져온 고증학 관련 책들은 그의 북학론을 발전시키는 근간이 되었다. 서화에 모두 능하였으며 정조의 두터운 사랑과 신임을 받았다. 이덕무가 죽은 뒤 정조가 그의 업적을 기념하여 장례비와 《아정유고(雅亭遺稿)》 간행비를 내어주기도 하였다.

이매창 (李梅窓 1573~1610)

본명은 향금(香今), 자는 천향(天香), 매창(梅窓)은 호이다. 태어나서 서른일곱의 나이로 죽을 때 까지 부안(扶安)에서 살았다. 기생으로서 시와 거문고에 뛰어나 개성의 황진이와 쌍벽을 이루었다. 허난설헌, 황진이와 함께 조선 3대 여류 시인으로 꼽히지만 그녀의 삶은 기구했다. 관기가 된 그녀는 스스로 기명을 매창(梅窓)이라 했다. 그녀가 웃음과 노래와 시를 팔던 연회장에는 16세기 최고 시인 유희경(劉希慶), 혁명가 허균이 끼어 있었다. 두 사내는 단 한 번도 그녀를 매창이라 부르지 않았다고 한다. 유희경은 정인이었고 허균은 문우(文友)였다. 셋은 대등한 영혼으로 흠모했고 사랑했다. 그녀는 기생임에도 불구하고, 뛰어난 글재주로 당당하게 뭇 양반 학자들과 시를 논했다. 매창의 흔적은 그녀의 시비(詩碑)가 남아있는 전북 부안(扶安)에서 찾아볼 수가 있다.

이백순(李栢淳 1930~2012)

전남 보성 출생으로, 조부인 낙천(樂川) 이교천(李敎川) 선생에게 글을 배웠다. 19세 이후에는 양재(陽齋) 권순명(權純命, 1891~1974), 효당(曉堂), 김문옥(金文鈺, 1901~1960), 현곡(玄谷) 류영선(柳永善, 1893~1961), 현산(玄山) 이현규(李玄圭, 1882~1949) 등 호남과 호서지역의 명유(名儒)들을 찾아다니며 수학하였다. 21세부터 전남 보성군 복내면의 덕산정사(德山精舍)에서 후학을 가르치기 시작하였고, 마을이 주암댐 건설로 인해 수몰하게 되어 59세 때부터는 광주에서 살았다. 그 후 전국 각지에서 온 후학이 1,000여 명에 이르렀다. 저술로는 ≪한문학대계(漢文學大槪)≫와 ≪송담강학록(松潭講學錄)≫이 있다. 유학의 10대 경전을 모두 완역(完譯)하기도 하였고, 선조 때의 문신 미암(眉巖) 유희춘(柳希春)이 초서로 쓴 ≪미암일기(眉巖日記)≫와 춘향전의 지은이로 추정되는 무극재(无極齋) 양주익(梁周翊)의 문집, 노사(蘆沙) 기정진(奇正鎭)의 ≪노사집(蘆沙集)≫ 등을 번역하였다.

이산해(李山海 1539~1609)

본관은 한산(韓山)이며 자는 여수(汝受), 호는 아계(鵝溪)·종남수옹(綜南睡翁) 등을 사용했으며 시호는 문충(文忠)이다. 1539년 목은 이색의 7대손으로 출생하였다. 어려서부터 숙부 이지함에게서 학문을 배웠다. 1545년 을사사화가 일어나 그의 집안이 화를 입게 되자 고향인 충청도 보령으로 이주하였다. 1561년 문과에 급제하여 승정원과 홍문관 수찬(修撰), 병조참판·형조판서·이조판서·대제학·판의금부사(判義禁府事)·우의정·영의정 등 주요 관직을 두루 역임하였다. 1608년 선조가 사망하자 원상(院相)으로서 국정을 주도하였고, 대북파가 정권을 장악하는데 큰 역할을 하였다. 이후 관직에서 물러나 1609년 사망하였다. 어릴 적부터 서화에 능하여 대자와 수묵 산수도에 뛰어났으며, 선조 때 문장8가라 불렸다. 저서로는 ≪아계유고(鵝溪遺稿)≫가 있고, 글씨로는 ≪조정암광조묘비(趙靜庵光祖墓碑)≫가 있다.

이색(李穡 1328~1396)

본관은 한산(韓山)사람으로, 자는 영숙(穎叔), 호는 목은(牧隱)이다. 포은 정몽주, 야은 길재와 함께 삼은(三隱)의 한 사람이다. 1341년에 진사가 되었고, 1348년 원나라에 가서 국자감의 생원으로서 성리학을 연구하였다. 1351년 아버지 상을 당해 귀국한 후 1352년 고구려에 당면한 여러 정책의 시정개혁에 관한 건의문을 올렸다. 1354년 원나라에서 응봉 한림문자 승사랑 동지제고 겸국사원편수관(應奉翰林文字承事郎同知制誥兼國史院編修官)을 지냈고, 1388년 철령위문제가 일어

났을 때에는 화평을 주장하였다. 1395년에 한산백(韓山伯)에 봉해졌
는데 이성계가 출사를 종용하였으나 끝내 거절하고 그 다음해 여강(驪
江)으로 가던 길에 죽었다. 저서에는 ≪목은문고(牧隱文藁)≫와 ≪목
은시고(牧隱詩藁)≫ 등이 있다.

이서구(李書九 1754~1825)

조선 후기 때의 사가시인(四家詩人) 중의 한 사람. 본관은 전주(全州)
이고, 자는 낙서(洛瑞)이며 호는 척재(惕齋)·강산(薑山)·소완정(素
玩亭)·석모산인(席帽山人) 등을 썼다. 외할머니 손에서 자라며 외숙
으로부터 당시(唐詩)·≪사기≫·≪통감(通鑑)≫ 등을 배웠다. 12세부
터 경전을 읽기 시작하고 16세에는 연암 박지원을 만나 문장을 배웠
으며 21세에 정시 병과에 제16인으로 뽑혔다. 그해 10월에 섭기주
(攝記注)로 첫 관직에 나간 이후 시강원사서(侍講院司書)·홍문관교
리(弘文館校理)·한성부판윤(漢城府判尹)·평안도관찰사·형조판서·
판중추부사(判中樞府事) 등을 역임하였다. 문자학과 전고에 능통하였
으며, 사가시인 중 유일한 적출로서, 순탄한 관직생활을 하였지만 어
려서 어머니를 여읜 외로움의 영향인지 벼슬보다는 은거에 뜻을 두었
다. 아들이 없음과 늙어감과 벼슬을 한 일, 이 세 가지를 평생의 한으
로 여겼다고 한다. 문집으로는 ≪척재집(惕齋集)≫과 ≪강산초집(薑山
初集)≫이 있다.

이석형(李石亨 1415~1477)

이석형은 조선 전기의 문신이다. 본관은 연안(延安)이고, 자는 백옥
(白玉)이며, 호는 저헌(樗軒)이다. 시호는 문강(文康)이다. 문종 때 정
인지 등과 함께 ≪고려사≫ 개찬작업에 참여했고, 전라도 관찰사, 형
조참판, 내사성, 중추부판사 등을 역임했다. 세조 때는 사서의 구결
작업에 참여해 ≪논어≫의 구결을 주관하였나. 이정구(李廷龜)가 지은
신도비명에 보면, 저자의 탄생과 관련한 일화가 있다. 부친 이회림(李
懷林)이 늦도록 아들이 없어 삼각산에 기도하여 그를 낳았다는 이야기
와 이석형이 태어나기 전날 밤 그의 부친이 꿈을 꾸었는데, 큰 바위에
앉아 있으니 백룡이 바위를 쪼개고 나와서 날아오르더라는 이야기다.
'석형(石亨)'은 이 꿈으로 인해 생긴 이름이라고 한다. 저서로는 ≪대
학연의집략(大學衍義輯略)≫ 21권과 ≪저헌집(樗軒集)≫ 등이 있으며
편저로는 ≪역대병요(歷代兵要)≫·≪치평요람(治平要覽)≫ 등이 있다.

이성(李晟 1251~1325)

고려시대의 문신으로, 본관은 담양(潭陽)이다. 20세에 문과에 급제한

후, 온수감무(溫水監務)·수원사록(水原司錄)을 지냈고, 사직한 뒤 다시 천거로 국자박사(國子博士)와 좌사보(左思補)를 지냈으나 또다시 사직하였다. 충선왕이 그를 내서사인(內書舍人)으로 발탁시켜 선부의랑(選部議郞) 등을 역임하였다. 그가 다시 낙향하자 민부전서(民部典書)로 특진시켰으며 뒤에 화평부사(化平府使)가 되었다. 그러나 역시 얼마 안 되어 사직하고 오직 학문에 힘써 오경사(五經笥)라는 칭호를 들었다.

이순신(李舜臣 1545~1598)

본관은 덕수(德水)이고, 자는 여해(汝諧), 시호는 충무(忠武)이다. 임진왜란 때 삼도수군통제사로 수군을 이끌고 전투마다 승리를 거두어 왜군을 물리치는 데 큰 공을 세웠다. 이러한 승리로 조선 수군은 제해권을 장악했고, 북상하던 왜군은 병력 보충과 군수품 보급에 어려움을 겪게 되었다. 이러한 공으로 정2품 정헌대부(正憲大夫)가 되었다. 시문에도 능하여 시조 및 한시와 《난중일기(亂中日記)》 등의 작품을 남겼다. 유품 가운데 《이충무공난중일기부서간첩임진장초(李忠武公亂中日記附書簡帖壬辰狀草)》는 국보 제76호로 지정되었고, 아산 현충사에 보관되어 있는 유물들은 보물 제326호로 지정되어 있다. 임진왜란에서 나라를 구한 영웅으로 숭배되어 통영 충렬사(忠烈祠), 여수 충민사(忠愍祠), 아산 현충사(顯忠祠) 등에 배향되었다. 묘는 충청남도 아산에 있다.

이숭인(李崇仁 1349~1392)

고려 말의 학자로, 자는 자안(子安)이고, 호는 도은(陶隱)이며, 본관은 경산부(京山府)이다. 공민왕 때 문과에 급제하여 숙옹부승(肅雍府丞)이 되었고, 장흥고사겸진덕박사(長興庫使 兼 進德博士)를 지냈다. 전리총랑(典理摠郞)을 지낸 때에 정도전 등과 함께 북원의 사신을 돌려보낼 것을 청하다가 귀양을 갔다. 다시 돌아와서는 성균사성(成均司成)을 지냈고, 우사의대부(右司議大夫)로 전임하였다. 후에 정몽주의 당파라 하여 삭탈관직 당하고 멀리 유배되었는데 조선이 개국될 무렵 정도전이 자신과 함께 처세하지 않은데 앙심을 품고 심복 황거정을 보내 이숭인을 죽였다고 한다. 저서로는 《도은집(陶隱集)》이 있는데 그 서문에 의하면 《관광집(觀光集)》·《봉사록(奉使錄)》·《도은재음고(陶隱齋吟藁)》 등을 지었다고 하나 지금은 전해지지 않고 있다.

이시선(李時善 1625~1715)

조선 후기 학자. 본관은 전주 사람으로, 자는 자수(子修)이고, 호는 송월재(松月齋)이다. 그는 입신양명을 꿈꾸며 과거 준비를 하다가 "진흙 수렁에서 명리 다툼을 숙명으로 하는 벼슬길은 장부가 갈 길이 못된다."라고 말한 아버지의 가르침에 따라 공부를 접고 전국을 유람하기 시작했다. 유람을 마치고 고향으로 돌아가서는 숲속에 송월재(松月齋)라는 서재를 지어놓고 거기서 독서와 글쓰기를 하며 학문에 정진했다. 그는 어려운 글을 읽을 때 빈 바가지를 옆에다 놓고 이해가 될 때까지 팥알을 하나씩 던져 넣으면서 반복해서 읽었다고 한다. 그 결과 ≪육경사자≫와 성리학뿐만 아니라 역사·노장·제자병가·지리·복서 등 서적들에 통달하여 다방면에 박학다식 하게 되었다. 그런 그의 학식과 높은 인격이 한양에까지 소문이 퍼져 83세에 호군(護軍)이란 관직을 제수 받았고, 91세에 세상을 떠났다.

문집 및 저서로 ≪송월재집(松月齋集)≫과 ≪하화편(荷華編)≫, ≪역대사선(歷代史選)≫, ≪경서훈해(經書訓解)≫ 등이 있다.

이언적(李彦迪 1491~1553)

조선 중기의 성리학자이다. 본관은 여주(驪州)이고, 초명은 적(迪), 자는 복고(復古), 호는 회재(晦齋)·자계옹(紫溪翁)이며, 시호는 문원(文元)이다. 이조·예조·형조의 판서를 역임하고 1545년 좌찬성이 되었다. 1547년 윤원형과 이기(李芑) 등이 조작한 '양재역벽서사건'에 무고하게 연루되어 강계로 유배되어 그곳에서 많은 저술을 남기고 죽었다. 그는 성리학에서 기보다 이를 중시하는 이설(理說)을 정립하였고, 이는 이황의 사상에 커다란 영향을 주게 되었다.

저서로는 ≪구인록(求仁錄)≫, ≪봉선잡의(奉先雜儀)≫, ≪속대학혹문(續大學或問)≫, ≪관서문답록(關西問答錄)≫ 등이 있으며, 문집으로는 ≪회재집(晦齋集)≫이 있다.

이옥봉(李玉峰 생졸년 미상)

조선 중기의 여류시인. 전주이씨이며 호는 옥봉(玉峰)이다. 시 32편이 수록된 ≪옥봉집(玉峰集)≫ 1권만이 ≪가림세고(嘉林世稿)≫의 부록으로 전한다. 선조 때 옥천군수를 지낸 이봉(李逢)의 서녀(庶女)로 태어났다. 어려서부터 시문에 뛰어났으며, 신분의 굴레 속에서 결혼에 대한 꿈을 버리고 서울로 왔다. 승지를 지낸 조원(趙瑗)의 소실이 되었는데 조원은 여자가 시를 짓는 건 지아비의 얼굴을 깎아내리는 일이라 여겨 시를 짓지 않겠다는 맹세를 받고 옥봉을 받아들였다고 한다. 그러나 조원 집안의 산지기가 도둑의 누명을 쓰고 잡혀가게 되자 옥봉이 파주 옥사에게 시 한수를 써 보내 무사히 풀려난 일을 계기로 조원에게 버림받아 쫓겨나게 된다. 이에 옥봉은 뚝섬 근처에 방 한 칸을 얻어 지내며 조원의 마음을 돌려보려 애썼으나 허사였고 결국 옥봉은 조원을 사모하다 자신이 지은 시를 기름 먹인 한지에 적어 이를 몸에 겹겹이 감고 바다에 투신한 뒤, 중국 명나라 산동 지방의 해안으로 떠밀려간다. 참혹한 시신이 바닷가에 떠다닌다는 얘기를 듣고, 관리가 건져 올리자 '해동 조선국 승지 조원의 첩 이옥봉'이라고 쓴 한지와 함께 그 속에 빼곡히 기록된 시가 나타난다. 시를 읽고 감명을 받은 관리는 '이옥봉 시집'을 만들어 보관하다가 몇 년 뒤, 사신으로 조선을 방문한 일행 중 조원의 아들인 승지 조희일로부터 이옥봉에 대해 듣게 되지만 때는 이미 옥봉이 세상을 떠난 지 40년이나 지난 후였다는 일화가 전해진다. 대표작으로는 〈영월도중(寧越途中)〉, 〈추사(秋思)〉, 〈자적(自適)〉, 〈규정(閨情)〉 등이 전한다.

이용휴(李用休 1708~1782)

조선 후기의 학자로 본관은 여주(驪州)이고, 자는 경명(景命)이며, 호는 혜환(惠寰)이다. 일찍이 진사시에 합격하였으나 과거를 보지 않고 고인의 법에 맞는 문장을 이룩하는데 전념하였다. 행장이나 묘지명이 전해지지 않고 있어 자세한 행적은 알 수 없지만 남인 문단의 영수로서 30여 년간 재야의 문단을 주도했던 인물인 것만은 확실하다. 이언진(李彦瑱), 이단전(李亶佃)과 같은 뛰어난 시인들을 제자로 거느리기도 하였다. 진보적인 시 정신을 가지고 있어 기존의 틀에 얽매이지 않고, 늘 새로운 깨달음의 정신으로 사물을 새로운 시각으로 바라보았다. 저서로는 ≪혜환잡저(惠寰雜著)≫, ≪탄만집(歎數集)≫, ≪혜환시집(惠寰詩集)≫ 등이 있다.

이원(李原 1368~1429)

고려 말 조선 초의 문신이다. 본관은 고성(固城)으로, 자는 차산(次山)이고, 호는 용헌(容軒)이다. 1385년에 문과에 합격하여 사복시승(司僕寺丞)에 등용되었다. 조선이 건국된 뒤 제2차 왕자의 난 때 방원 태종을 도와 좌명공신이 되었다. 사헌부대사헌, 경기도·경상도 관찰사, 한성부판사, 예조판서, 좌·우의정 등을 역임했다. 저서로는 문집 ≪용헌집(容軒集)≫이 있다.

이이(李珥 1536~1584)

조선 중기의 문신, 학자이자 정치가이다. 본관은 덕수(德水), 자는 숙헌(叔獻), 호는 율곡(栗谷)·석담(石潭) 등을 사용하였다. 시호는 문성(文成)이며 강원도 강릉 출신이다. 사헌부 감찰을 지낸 원수(元秀)의 아들이며 어머니는 사임당 신씨이다. 1548년 진사시에 합격하고,

19세에 금강산에 들어가 불교를 공부하다가 하산하여 성리학에 전념하였다. 22세에 성주목사 노경린(盧慶麟)의 딸과 혼인하고, 다음해 예안의 도산(陶山)으로 이황(李滉)을 방문 하였다. 그해 별시에서 〈천도책(天道策)〉을 지어 장원하고 이때부터 29세에 응시한 문과 전시(殿試)에 이르기까지 아홉 차례의 과거에 모두 장원하여 '구도장원공(九度壯元公)'이라 일컬어졌다. 〈동호문답(東湖問答)〉, 〈만언봉사(萬言封事)〉, 〈성학집요(聖學輯要)〉 등을 지어 국정 전반에 관한 개혁안을 왕에게 제시하였고 성혼(成渾)과 '이기사단칠정인심도심설(理氣四端七情人心道心說)'에 대해 논쟁하기도 하였다. 서경덕(徐敬德)과 이황 등 당대 성리학자의 상이한 주장을 균형 있게 아우르며 그의 독특한 성리설을 전개시켜 나갔다는 평가를 받고 있다.

이익(李瀷 1681~1763)

조선 후기의 실학자로 본관은 여주(驪州), 자는 자신(子新), 호는 성호(星湖)이다. 어렸을 때부터 허약해 10세까지도 글도 못 배울 정도였다. 1705년 25세에 증광문과에 응시하였다가 낙방하고 이듬해 형 잠(潛)이 장희빈을 두둔하는 상소를 올렸다가 당쟁의 제물로 장살된 후 관직에 뜻을 버리고 낙향하여 학문에만 전념하였다. 1727년 그의 문명이 조정에까지 미쳐 선공감(繕工監) 가감역(假監役)을 제수하였으나 사양하였고, 1763년 83세 때 조정에서 노인을 우대하는 예에 따라 첨지중추부사(僉知中樞府事)의 자급(資級)을 내렸지만 그해 세상을 떠나고 말았다. 후에 이조판서에 추증되었다.
저서로는 ≪성호사설(星湖僿說)≫, ≪곽우록(藿憂錄)≫, ≪성호선생문집≫, ≪이선생예설(李先生禮說)≫, ≪사서삼경≫, ≪근사록(近史錄)≫ 등이 있고, 편저로는 ≪사칠신편(四七新編)≫, ≪상위전후록(喪威前後錄)≫ 등이 있다.

이인로(李仁老 1152~1220)

고려 무신집권 때의 문인이다. 본관은 경원(慶源)이고 초명은 득옥(得玉)이며 자는 미수(眉叟) 호는 쌍명재(雙明齋)이다. 일찍 부모를 여읜 이인로를 화엄승통(華嚴僧統)인 요일(寥一)이 거두어 양육하고 공부시켰다. 어릴 적부터 시문과 글씨에 재주가 있었으나 1170년, 19세 때 정중부(鄭仲夫)가 무신의 난을 일으키자 피신하여 불교에 귀의하였다. 후에 환속하여 29세에 진사과에 장원급제하였으며, 하정사행(賀正使行)의 서장관(書狀官)과 한림원의 예부원외랑(禮部員外郎)·비서감우간의대부(祕書監右諫議大夫) 등을 역임하였다. 임춘·오세재 등과 교유하며 시와 술을 즐겨, '죽림고회(竹林高會)'를 결성하기도 했다.

저술로는 ≪은대집(銀臺集)≫·≪쌍명재집≫·≪파한집(破閑集)≫ 등이 있다고 하나, 현재 ≪파한집(破閑集)≫만이 전해지고 있다.

이자현(李資玄 1031~1125)

고려 중기의 학자로, 자는 진정(眞精)이고, 호는 식암(息庵)이며, 시호는 진락(眞樂)이다. 본관은 인주(仁州) 사람이다. 문종 때 급제하여, 선종 때 대악서승(大樂署丞)을 지내다가 사직하고 춘천의 청평산에 들어가 문수원(文殊院)을 수리하며 당과 암자를 10여 곳에 짓고, 당을 문성(聞性), 암자를 각각 견성(見性)·선동(仙洞)·식암(息庵)이라 이름하고 선학(禪學)을 닦았다. 1117년에 남경(南京)에서 예종을 만났는데, 그때 왕후와 공주가 의복을 하사하는 등 특별한 대우를 받았다. 인종이 특별히 아껴 그가 병에 몸져눕자 어의를 보내고 차와 약을 하사하기도 하였다. 청평산에 ≪청평식암(淸平息庵)≫이라는 해서(楷書) 작품을 썼다.

이장용(李藏用 1201~1272)

고려 원종 때의 문신. 초명은 인기(仁祺), 자는 현보(顯甫), 시호는 문진(文眞), 본관은 인천(仁川)이다. 고종 때 과거에 급제하여 서경사록(西京司錄), 중서문하평장사(中書門下平章事)에 이르렀다. 원종 5년, 왕을 따라 사신으로 몽고에 가서 해동현인(海東賢人)의 칭을 받았으며 돌아와서 문하시랑, 경원군개국백(慶源郡開國伯)에 봉해졌다. 임연(林衍)이 원종을 폐립할 때 왕의 의혹을 사서 영여도(靈輿島)에 유배되었으나 몽골의 병부시랑 흑적의 힘으로 방면되었다. 원종 8년, 감수국사(監修國史)로 신종·희종·강종의 삼대실록을 편수했다. 풍채가 아름답고 총명였으며 경사에 두루 통함은 물론, 음양·의약·율력에도 능통했다고 한다. 저서에 ≪선가종파도(禪家宗派圖)≫가 있다.

이전(李㙉 1558~1648)

조선 중기의 문신으로 자는 숙재(叔載), 호는 월간(月澗), 본관은 흥양(興陽)이다. 유성룡에게서 학문을 배웠다. 임진왜란이 일어났을 때 의병을 일으켜 싸우다가 적중에 포위되었지만 병에 걸린 동생을 구하여 탈출에 성공하였다. 후일 그 아우 준(埈)이 형에게 감복하여 화공으로 하여금 그때 당시의 모습을 그리게 하였는데 이것이 바로 〈급난도(急難圖)〉이며 이 그림에 당시의 식자들이 찬문을 많이 써 주었다고 한다. 1603년에 사마시에 합격하였고, 세마(洗馬)를 제수 받았으나 사양하였다. 그 이후에도 관직에 나아가지 않고 화당(華堂)에 우거하며 정경세(鄭經世)·조정(趙靖) 등과 함께 학문을 토론하였다.

이정직(李定稷 1841~1910)

조선말의 학자로 자는 형오(馨五)이고, 호는 석정(石亭)이며, 본관은 신평(新平)이다. 시문에 재주가 있었고 서화에도 능했으며 실학에 조예가 깊었다. 27세에 중국 연경에 가는 사신단에 동행하여 연경에 머무르는 동안 동서양의 책들을 두루 접하였다. 이를 계기로 그는 전통적인 도학의 기초 위에 새로운 과학을 조화하고자 하였다. 연경에서 돌아온 후 부모를 모시고 지리산으로 들어가 살다가 부모가 돌아가신 후 그의 고향인 김제로 돌아와서 사람들과 학문을 토론하고 자신이 기록해 두었던 글들을 정리하며 지냈다. 그는 서화에 능하였지만 아무리 생활이 힘들어도 절대 자신의 작품을 사고팔지 않았다. 또한 조정에서 관직에 나오기를 청하여도 나아가지 않았다.

저서로는 ≪시경주해(詩經註解)≫・≪시학중해(詩學重解)≫・≪소여록(燒餘錄)≫・≪간오정선(刊誤精選)≫・≪소시주선(蘇詩註選)≫・≪석정집(石亭集)≫ 등이 있다.

이제현(李齊賢 1287~1367)

고려 후기의 문신으로, 본관은 경주(慶州)이고, 자는 중사(仲思)이며, 호는 익재(益齋)・역옹(櫟翁)이다. 시호는 문충(文忠)이다. 1301년 성균시에 1등으로 합격하였고 이어 과거에 합격하였다. 1303년 권무봉선고판관(權務奉先庫判官)으로 시작하여 연경궁녹사(延慶宮錄事)・예문춘추관(藝文春秋館)・사헌규정(司憲糾正)・전교시승(典校寺丞)・삼사판관(三司判官)・서해도안렴사(西海道按廉使) 등을 지냈다. 1314년 충선왕의 부름으로 원나라의 수도 연경으로 가 만권당에서 머물렀다. 그 곳에서 이제현은 만권당에 출입한 요수(姚燧)・염복(閻復)・원명선(元明善)・조맹부(趙孟頫) 등 원나라 문인들과 교유하였다. 1320년 고려로 돌아와 1324년 밀직사를 거쳐 1325년 재상의 자리에 올랐다. 민지(閔漬)의 ≪본조편년강목(本朝編年綱目)≫을 중수하는 일을 맡았고, 충렬왕・충선왕・충숙왕의 실록을 편찬하는 일에도 참여하였다. 저술로는 ≪익재난고≫ 10권과 ≪역옹패설(櫟翁稗說)≫ 2권이 현존하고 있는데, 이것을 합해 ≪익재집≫이라고도 한다.

이지심(李知深 ?~1170)

고려 중기의 문신으로, 주로 간관(諫官)으로서 많은 활동을 하였다. 급사중(給事中), 국자사업(國子司業), 동지공거(同知貢擧), 간의대부(諫議大夫), 국자감대사성(國子監大司成) 등을 역임하였다. 1170년 국자감대사성(國子監大司成)의 자리에 올랐을 때 무신들의 정변이 일어나 다른 문신들과 함께 살해되었다.

이항복(李恒福 1556~1618)

조선시대의 문신으로, 본관은 경주(慶州)이고, 자는 자상(子常)이며, 호는 백사(白沙)이다. 임진왜란 때 형조판서·병조판서 등을 지냈고, 그 이후로 5번이나 병조판서로서 병권을 잡고 나라를 구하는데 크게 활약하였다. 그는 당쟁 속에서도 붕당에 가담하지 않고, 그 사이를 조정하는 데 힘썼다.

저서로는 ≪백사집(白沙集)≫, ≪북천일록(北遷日錄)≫, ≪사례훈몽(四禮訓蒙)≫ 등이 있으며 ≪연려실기술(燃藜室記述)≫·〈선조조상신(宣祖朝相臣)〉조에 그의 행적이 소개되어 있다. 서울 부암동에 이항복의 별장 터로 추정되는 곳이 남아있는데, 이 계곡을 '백사실계곡'이라고 부른다.

이해(李瀣 1496~1550)

본관은 진보(眞寶)이고, 자는 경명(景明), 호는 온계(溫溪)로, 퇴계 이황의 형이다. 1525년에 진사가 되었고, 1528년에 식년문과에 병과로 급제하였다. 사간·정언 등 요직을 거쳐 직제학(直提學)·좌승지·도승지 등을 역임하였다. 인종이 즉위한 뒤, 이기(李芑)의 원한을 사게 되었는데, 그로 인해 명종이 즉위한 뒤에 이기의 심복인 사간 이무강(李無彊)의 탄핵을 받아, 무고사건에 연좌된 구수담(具壽聃)의 일파로 몰리게 되었다. 명종은 그의 결백함을 알고 특별히 그를 갑산(甲山)에 귀양 보내는 정도로만 하였으나, 귀양 가는 도중에 양주에서 병사하였다. 예서에 뛰어났으며, 선조 때 벼슬이 환급되어 이조판서에 추증되었다. 영주의 삼봉서원(三峰書院), 예안의 청계서원(淸溪書院)에 배향되었다. 시호는 정민(貞愍)이다.

이행(李荇 1478~1534)

조선 중기의 문신이다. 본관은 덕수(德水)이고, 자는 택지(擇之)이며, 호는 용재(容齋)·청학도인(靑鶴道人)이다. 시호는 문정(文定)이었으나 후에 문헌(文獻)으로 바뀌었다. 1495년 증광문과에 병과로 급제, 권지승문원부정자(權知承文院副正字)·검열(檢閱) 등을 지냈고 1504년에는 윤씨의 복위를 반대하다가 유배되었다. 1506년 중종반정으로 풀려나와 복권되었다. 그 뒤 대사간·대제학·이조판서·우의정 등의 관직을 역임하였다. 1529년 ≪신증동국여지승람≫을 편찬하여 왕에게 바쳤고, 그 다음해 좌의정의 자리에 올라 김안로(金安老)를 논박하다가 중추부판사(中樞府判事)로 전직되었으며 이어 귀양 가서 죽었다. 문장에 뛰어나고 글씨와 그림에도 능하였다. 후에 신원(伸寃)되고 묘정(廟庭)에 배향되었다. 문집에 ≪용재집(容齋集)≫이 있다.

이현보(李賢輔 1467~1555)

조선 중기의 문신이자 시조작가이다. 본관은 영천(永川) 사람으로, 자는 비중(棐中)이고, 호는 농암(聾巖)·설빈옹(雪鬢翁)이다. 시호는 효절(孝節)이다. 홍유달(洪遺達)의 문인이고, 김안국·정사룡·조광조·이황 등과 교유했다. 이황은 이현보의 동향 후배로, 농암과 인간적·문학적으로 깊은 교류를 했다. 이현보는 시조작가로서 유명한데, 현재 전해지는 시조는 8수뿐이다. 그는 시조작가로서 조선 초기의 시가가 조선 중기 시가로 발전하도록 하는 기틀을 마련하였으며 교량역할을 했다. 저서로는 ≪농암집(聾巖集)≫이 전한다.

이현일(李玄逸 1627~1704)

조선 후기의 문신이자 학자이다. 본관은 재령(載寧) 사람이고, 자는 익승(翼升)이며, 호는 갈암(葛庵)이다. 영남학파(嶺南學派)이다. 1646년과 1648년, 두 차례 초시에 합격했지만 벼슬에는 뜻이 없어 향리에서 칩거하다가, 1666년 경상도지방의 사림의 대표로 송시열·허목·윤선도 등의 예설(禮說)을 비판하는 〈복제소(服制疏)〉를 작성하면서 정치적 의견을 내보이기 시작하였다. 1674년부터 이듬해까지 여러 관직을 천거·제수 받았으나 모두 사양하였고, 1677년에서야 비로소 공조좌랑을 제수 받아 중앙정계에 나아갔다. 이후 공조정랑·지평(持平) 등을 역임하였고 1688년에 이이의 '사단칠정론'을 비판한 ≪율곡사단칠정서변(栗谷四端七情書辨)≫을 지었다. 1689년부터 이조참의·성균관좨주·이조참판·대사헌·이조판서 등 여러 관직을 두루 역임하였다. 1871년에 문경(文敬)이라는 시호가 내려졌지만 환수되었고, 1909년에야 비로소 관직과 시호 모두 회복되었다.
저서로는 시문집인 ≪갈암집(葛庵集)≫과 중형 휘일(徽逸)과 함께 편찬한 ≪홍범연의(洪範衍義)≫가 있다.

이황(李滉 1501~1570)

조선 중기의 문신, 성리학자. 본관은 진보(眞寶)이고 자는 경호(景浩), 호는 퇴계(退溪)·퇴도(退陶)·도수(陶叟)이다. 12세 때 ≪논어≫를 배웠고, 20세에 ≪주역≫ 등을 독서하고 성리학에 몰두했다. 1527년 진사시에 합격하여 성균관에 들어가 이듬해 사마시에 급제했다. 1534년에는 승문원부정자(承文院副正字)로 등용되었고, 이후 세자시강원문학(世子侍講院文學)·충청도어사 등을 역임하였고 1543년에 성균관사성이 되었다. 1546년 낙향하여 낙동강 상류 토계(兔溪)에 양진암(養眞庵)을 지었는데, '토계'를 '퇴계'라고 개칭하여 자신의 호로 삼았다. 1552년 성균관대사성으로 임명되었고 이후 여러 차례 벼슬을 제수 받았으나 대부분 사퇴했다. 1560년 도산서당(陶山書堂)을 짓고 아호를 도옹(陶翁)이라 정하였다. 그 후 7년 동안 독서와 자기수양과 저술에 전념하며 많은 제자를 길러냈다. 향년 70세의 나이로 세상을 떠났다.

인빈(印邠 생졸년 미상)

고려 때의 학사로 자는 봉약(封若)이고 호는 초당(草堂)이다. 시어사(侍御史)를 지냈으며, ≪고려사절요≫ 1138년 7월조에 그 이름이 언급되어 있다. 고려 인종 때 문과에 급제하였으며 한림학사와 문하시사를 지냈다. 경북 상주군 이안면에 묘소와 추모재각이 있다.

임숙영(任叔英 1576~1623)

조선 중기의 문신으로, 본관은 풍천(豊川)이고, 초명은 상(湘)이다. 자는 무숙(茂淑)이고 호는 소암(疏庵)이다. 1601년 진사가 되고, 성균관에 10년 동안 수학하였는데 논의가 과감하였으며 전후의 유소(儒疏)가 그의 손에서 나왔다. 1611년 별시문과의 대책(對策)에서 척족의 횡포와 이이첨(李爾瞻)이 왕의 환심을 살 목적으로 주어진 제목 이외에 존호를 올리려는 것을 심하게 비난하였다. 이를 시관 심희수(沈喜壽)가 적극 취하여 병과로 급제시켰는데 광해군이 대책문을 보고 크게 노하여 이름을 삭제하도록 하였다. 삼사의 간쟁과 이항복 등의 주장으로 무마되어 다시 급제되었다. 1613년 계축화옥이 일어나자 신병을 핑계로 사직하였다가 1623년 인조반정으로 검열(檢閱)에 등용되어 사관을 겸하였다. 이어 부수찬 등을 지내고 사가독서를 한 뒤 지평(持平)을 지냈다. 사후 부제학에 추증되었고 구암서원(龜巖書院)에 배향되었다. 문집으로 ≪소암집(疎庵集)≫이 있다.

임억령(林億齡 1496~1568)

조선 중기 사림시인으로, 1496년 2월 15일 전라남도 해남 출생하여 1568년 3월 9일 세상을 떠났다. 본관은 선산(善山), 자는 대수(大樹)이며, 호는 석천(石川)이다. 1525년 문과에 급제하였다. 32세에 의빈부경력(儀賓府經歷)에 제수되었고, 홍문관부수찬·홍문관부교리·승정원동부승지·사간원대사간 등 여러 관직을 역임하였다. 도량이 넓고 청렴결백하였으며 문장에 탁월하여 당대 현인들이 존경하는 대상이었다. 전라남도 동복의 도원서원(道源書院), 해남의 석천사(石川祠)에 제향되었다. 저서로는 ≪석천집(石川集)≫이 있다.

임제(林悌 1549~1587)

조선 중기 문인. 본관은 나주이고, 자는 자순(子順)이며, 호는 백호(白湖)·겸재(謙齋)이다. 대곡(大谷) 성운(成運)의 문인이며 1576년에 생원시·진사시에 급제하였고, 다시 1577년에는 알성문과에 급제하였다. 예조정랑과 지제교(知製敎)를 맡았으나 동인과 서인의 당파싸움을 개탄하며 명산을 찾아다니면서 남은 생을 보냈다. 호방하고 명쾌한 시풍으로 당대의 명문장가로 명성을 떨쳤다. 황진이 무덤을 지나가며 읊은 "청초 우거진 골에…"로 시작되는 시조와 기생 한우(寒雨)와 화답한 시조〈한우가(寒雨歌)〉등이 유명하다.
저서로는 ≪화사(花史)≫, ≪수성지(愁城誌)≫, ≪임백호집(林白湖集)≫, ≪부벽루상영록(浮碧樓觴詠錄)≫ 등이 있다.

정규한(鄭奎漢 1750~1824)

조선 후기의 유학자로 충청남도 공주 출신이다. 본관은 장기(長鬐)이고, 자는 맹문(孟文), 호는 화산(華山)·운수산인(雲水山人)이다. 조선 후기의 성리학자인 송환기(宋煥箕)에게 학문을 배웠다. 학문을 좋아하고 벼슬에는 뜻이 없어 과거를 보지 않았으나 주위의 권유로 1780년 사마시를 보아 진사 3등으로 합격하였다. 그러나 대과는 보지 않았다. 정조 때 국정에 관한 상소를 올려 칭찬을 받았고, 공주지역에서 향약을 실시하여 풍속을 교화하였다. 후학양성에 힘썼으며, 자연을 벗 삼아 시문을 즐겨 당대의 문장가로 이름을 떨쳤다. 시문집인 ≪화산집(華山集)≫이 전한다. 공주의 화산영당(華山影堂)에 위패가 봉안되었다.

정도전(鄭導傳 1342~1398)

고려말 조선 초의 정치가이며 학자이다. 향리 집안의 출신으로 본관은 봉화(奉化)이고, 자는 종지(宗之), 호는 삼봉(三峯)이다. 조선의 개국공신이다. 고려 말에는 성균박사(成均博士), 태상박사(太常博士), 예의정랑(禮儀正郎) 등을 역임했다. 43~36세 시기에 친원정책(親元政策)을 반대하다가 전라도 나주에서 3년간 귀양살이를 하였다. 그 당시 쓴 시 28수는 원래 ≪금남잡영(錦南雜詠)≫에 묶여 있었다고 전해진다. 이곳에서 쓴 시는 대부분 고향을 그리워하는 나그네의 심정을 읊고 있으나, 유배지에 있는 사람에게서 나타날만한 처연한 느낌이나 비감의 정조는 없다고 한다. 그만큼 당시 정도전의 마음이 안정되어 있었음을 알 수 있다.
저서로는 ≪경제문감(經濟文鑑)≫, ≪납씨가(納氏歌)≫, ≪불씨잡변(佛氏雜辨)≫, ≪삼봉집(三峰集)≫, ≪신도가(新都歌)≫ 등이 있다.

정몽주(鄭夢周 1337~1392)

고려말 조선 초 문인. 본관은 영일(迎日), 자는 달가(達可), 호는 포은(圃隱)이다. 시호는 문충(文忠)이다. 영천에서 출생하여 1357년 감시에 합격하였고, 1360년에는 문과에 장원급제하여, 예문검열·수찬·위위시승(衛尉寺丞)을 지냈으며, 1364년에 전보도감판관(典寶都監判官)의 자리에 올랐다. 이어 전농시승(典農寺丞)·예조정랑 겸 성균박사·성균사성 등을 역임했다. 정몽주는 이성계의 지위와 명망이 날로 높아지자 그를 새로운 왕으로 추대하려는 음모가 있음을 알고 이성계 일파를 숙청하고자 하였으나 성공하지 못하고 결국 이성계 일파에게 죽임을 당했다. 그의 작품 중 시조 〈단심가(丹心歌)〉가 특히 유명하고, 이 외에도 많은 한시가 전해진다. 목은 이색과 야은 길재와 더불어 고려 삼은(三隱)의 한 사람으로 1401년 영의정에 추증되었고, 익양부원군(益陽府院君)에 추봉되었다. 문집으로는 ≪포은집(圃隱集)≫이 있다.

정습명(鄭襲明 ?~1151)

고려 중기의 문신이다. 본관은 영일(迎日)이고, 호는 형양(滎陽)이다. 향공(鄕貢)으로 문과에 급제해서 내시에 임명되었다. 병선판관(兵船判官)일 당시 상장군 이녹천 등과 더불어 서적토벌(西賊討伐)을 도모하였으나 대패하고 말았다. 오랫동안 간관직(諫官職)에 있었기 때문에 인종이 그를 승선(承宣)으로 발탁하여 동궁의 스승으로 삼았고, 왕이 죽을 때는 그에게 의종을 잘 보위해 달라는 부탁을 하였다고 한다. 1148년 한림학사가 되고, 1151년 추밀원지주사(樞密院知奏事)가 되었는데 선왕의 유지를 받들어 의종의 잘못을 간하다가 왕의 미움을 샀고, 김존중·정함 등으로부터 비방을 받았다. 그가 병이 들어 김존중이 대직(代職)을 하게 되자 자살하였다. ≪동문선≫에 〈석죽화(石竹花)〉 등 3편의 시와 2편의 표전(表箋)이 전해지고 있다.

정약용(丁若鏞 1762~1836)

조선 후기의 실학자. 자는 귀농(歸農) 혹은 미용(美鏞)이고 호는 다산(茶山), 사암(俟菴), 여유당(與猶堂), 채산(菜山), 근기(近畿) 등을 사용하였다. 남인 가문 출신으로 정조 연간에 문신으로 벼슬살이를 했으나 청년시절에 접했던 서학으로 인해 오랜 세월 동안 유배생활을 하였다. 육경과 사서에 대한 연구는 물론, 국가 경영에 관련된 제도와 법규에 대한 준칙이 될 만한 저술인 ≪경세유표(經世遺表)≫와 목민관이 백성을 다스리는 요령과 본받아야 될 만한 것을 체계적으로 정리한 ≪목민심서≫, 죄인을 처벌할 때 유의해야 할 점과 법을 적용할 때의 마음

가짐 등을 제시한 ≪흠흠신서(欽欽新書)≫ 등 많은 저서를 남겼다. 이 밖에도 ≪아방강역고(我邦疆域考)≫, ≪아언각비(雅言覺非)≫, ≪대동수경(大東水經)≫, ≪마과회통(麻科會通)≫, ≪의령(醫零)≫ 등 모두 500여 권의 저술이 있다. 조선시대 최고의 학자로 추앙을 받고 있다.

정지상(鄭知常 ?~1135)

고려 인종 때의 문신으로, 초명은 지원(之元)이고, 호는 남호(南湖)이다. 1114년 과거에 급제하였다. 1129년 좌사간으로 기거랑(起居郎) 윤언이(尹彦頤) 등과 당시 정치의 득실을 논하는 소를 올리니 왕이 받아들였다. 서경(西京) 출신으로서 도읍을 서경으로 옮길 것을 주장해 김부식을 중심으로 하는 사대적인 성향이 강하던 개경(開經) 세력과 대립하였다. 서경을 거점으로 묘청(妙淸) 등이 난을 일으키자, 적극 가담해 금나라를 정벌하자고 주장하며 칭제건원(稱帝建元)을 하였으나 개경 세력의 김부식이 이끄는 토벌군에게 패해 개경에서 참살되었다. 정지상은 정치인으로서만이 아니라, 뛰어난 시인으로서 문학사에서 큰 비중을 차지한다. 그의 시재(詩才)는 이미 5세 때에 강 위에 뜬 해오라기를 보고 "어느 누가 흰 붓을 가지고 '乙'자를 강물에 썼는고(何人將白筆 乙字寫江波)."라는 시를 지었다는 일화가 야사로 전해온다.
작품으로는 ≪동문선≫에 〈신설(新雪)〉·〈향연치어(鄕宴致語)〉와 ≪동경잡기(東京雜記)≫에 〈백률사(栢律寺)〉·〈서루(西樓)〉 등이 전한다.

정철(鄭澈 1536~1593)

조선 중기의 시인이자 문신, 학자이다. 본관은 연일(延日, 또는 迎日), 자는 계함(季涵)이고, 호는 송강(松江)이며, 시호는 문청(文淸)이다. 당색으로는 서인의 지도자였고, 이이, 성혼 등과 교유하였다. 학문적으로는 기대승·송순·김인후·양응정의 문인이다. 당대 시조문학·가사문학의 대가로서 윤선도와 함께 한국 시가사상 쌍벽으로 일컬어진다. 문집으로 ≪송강집(松江集)≫ 7책과 ≪송강가사(松江歌辭)≫ 1책이 전한다. 정치가로서의 삶을 사는 동안 예술가로서의 재질을 발휘하여 국문시가를 많이 남겼다. 〈사미인곡〉·〈속미인곡〉·〈관동별곡〉·〈성산별곡〉 및 시조 100여 수는 국문시가의 질적·양적 발달에 크게 기여했으며, 특히 가사작품은 우리말의 아름다움을 살린 걸작이라는 평을 받는다.

조광조(趙光祖 1482~1519)

조선 중기의 문신으로, 사상가이자 교육자, 성리학자, 정치가이다. 본관은 한양(漢陽) 사람이고, 자는 효직(孝直), 호는 정암(靜庵)이며, 시호는 문정(文正)이다. 김굉필·유숭조의 문인이며, 사림파의 정계진출을 확립하였다. 그는 성리학적 정치이념을 구현하려고 했지만 훈구 세력의 반발로 실패하였다. 1519년 '주초위왕(走肖爲王)' 사건으로 인해 역모로 몰려 전라남도 화순으로 유배되었다가 사사되었다. 조광조는 기묘명현 중의 한 사람으로, 그에 대한 평가로는 희생된 개혁가라는 평가와 급진·극단적이라는 평가가 양립한다. 관직은 가선대부(嘉善大夫) 사헌부대사헌겸 동지경연성균관사(司憲府大司憲兼 同知經筵成均館事)에 이르렀으며, 죽은 뒤 인종 때 복관되었고, 명종 때에 다시 논란이 있었지만 선조 초에 기대승 등이 상소하여 증 대광보국숭록대부(大匡輔國崇祿大夫)·의정부 영의정에 추증되었다.

조식(曺植 1501~1572)

조선 중기 학자. 본관 창녕(昌寧)이고 자는 건중(楗仲,健中), 호는 남명(南冥)이다. 시호는 문정(文貞)이다. 삼가현(三嘉縣:지금의 합천) 토골(兎洞) 외가에서 태어났으며, 20대 중반까지는 대체로 서울에 살면서 성수침(成守琛), 성운(成運) 등과 교제하며 학문에 열중하였고, 25세 때 ≪성리대전(性理大全)≫을 읽고 깨달은 바 있어 이때부터 성리학에 전념하였다. 30세 때 처가가 있는 김해 탄동(炭洞)으로 이사하여 산해정(山海亭)을 짓고 살면서 학문에 정진하였다. 1561년, 지리산 기슭 진주 덕천동(德山洞:지금의 산청군 시천면)으로 이거하여 산천재(山天齋)를 짓고 평생을 그곳에 머물며 임금이 불러도 한 번도 관직에 나가지 않은 채 연구와 강학(講學)에만 전념하였다. 그는 일상생활을 철저한 절제로 일관하여 불의와 타협하지 않았으며, 당시의 사회현실과 정치적 모순에 대해서는 적극적인 비판을 하였다. 초학자에게 ≪심경(心經)≫ ≪태극도설≫ 등을 가르쳐 성리학으로 세뇌시키다시피 하는 교육 방법을 택한 이황(李滉)의 교육방법을 비판하고 ≪소학≫, ≪대학≫ 등 성리학적 수양에 필요한 기초적인 내용을 우선 가르쳐야 한다고 주장했다. '하학인사(下學人事)' 즉 일상의 형이하학적인 생활규범을 거치지 않은 채, '상달천리(上達天理)' 즉 위로 천리만 추구하는 교육을 비판하여 '하학이상달(下學而上達)'의 단계적이고 실천적인 학문방법을 주장하였다. 진정한 학자이자 교육자로 평생을 일관한 인물이다. 그가 길러낸 인물들이 임진왜란을 당하였을 때 누구보다도 앞장서 나라를 구하려 했다는 점에서 그의 교육이 더욱 돋보인다. 임진왜란 최고 수훈의 의병장 홍의장군 곽재우가 바로 조식의 문인이자 외손서(外孫壻)이다.

조위(曺偉 1454~1503)

조선 초기의 문신으로, 이름은 위(偉)이고, 자는 태허(太虛)이며, 본관(本貫)은 창녕(昌寧)이다. 시호는 문장(文莊)이다. 무오사화 때, 김종직의 시 원고를 수찬하다가 의주에서 체포·투옥되었다. 이극균(李克均)의 극간으로 죽음만은 면하고 오랫동안 유배되었는데, 순천으로 옮겨진 뒤 죽었다. 김굉필·정여창과 함께 초기 사림파의 대표적 인물로서 성리학의 기틀을 마련하였고 김종직과 더불어 신진사류의 기수였다. 저서로는 ≪매계집(梅溪集)≫이 있다. 황간 송계서원(松溪書院), 금산 경렴서원(景濂書院) 등에 제향되었다.

조인벽(趙仁璧 ?~1393)

고려 말 조선 초의 무신이다. 본관은 한양(漢陽)이다. 1356년 부친과 함께 동북면 병마사 유인우(柳仁雨)를 도와 쌍성 회복에 큰 공을 세워 호군(護軍)에 올랐으며 1363년에는 김용(金鏞) 토벌에 공을 세워 2등 공신에 올랐다. 1372년 만호(萬戶)로서 함주와 북청 등지에서 왜구를 물러쳐 봉익대부(奉翊大夫)에 올랐다. 그 뒤 밀직부사(密直副使)를 거쳐 판밀직(判密直)으로 있으면서 화포를 사용하여 수군을 훈련시켜 왜구를 격퇴하였다. 1388년 위화도회군에 가담하여 삼사좌사(三司左使)가 되고 2등 공신에 책록되었으며 정화공주(貞和公主)와 혼인하여 조선개국 후 용원부원군(龍源府院君)에 봉해졌다. 시호는 양렬(襄烈)이다.

조헌(趙憲 1544~1592)

조선 중기 문인. 본관은 백천(白川) 사람으로, 자는 여식(汝式)이고, 호는 중봉(重峯)·도원(陶原)·후율(後栗)이며, 시호는 문열(文烈)이다. 이이와 성혼의 문하생이었으며 1567년에 식년문과에 병과로 급제하여 정주교수(定州敎授)에 임명되었고, 1572년에 왕이 절에 향을 하사하는 것을 반대하여 삭탈관직 당했었지만 곧 저직에 다시 기용되었고, 1574년 질정관으로 명나라에 다녀왔다. 임진왜란 때에는 옥천에서 의병을 일으켜서 승병들과 힘을 합쳐 청주를 탈환하였다. 이어서, 전라도로 향하는 왜군을 막기 위해 금산에서 분전하다가 의병들과 함께 모두 전사하였다. '기발이승일도설(氣發理乘一途說)'을 지지하여 이이의 학문을 계승 발전시켰으며 이이의 문인 중 가장 뛰어난 학자라 일컬어진다. 1754년 영의정에 추증되어 문묘에 배향되었다. 문집으로는 ≪중봉집(重峰集)≫이 있고, 저서로는 ≪동환봉사(東還封事)≫ 등이 있다.

중관해안(中觀海眼 1567~?)

조선 중기 스님으로 속성은 오(吳)씨이며 본관은 무안(務安)이다. 서산대사의 법석에 참여하여 묘리를 깨닫고 임제종(臨濟宗)의 정맥을 전하였다. 임진왜란 때는 승의병을 일으켜 왜적을 막는데 힘을 다했다 한다. 저서로는 ≪중관집(中觀集)≫이 있다.

진묵대사(震默大師 1562~1633)

조선 중기 스님. 본명은 일옥(一玉)이며 진묵(震默)은 법호이다. 전북 김제시 만령면 화포리(火浦里)에서 태어났다. 1568년, 7세 되는 해에 부모를 잃고 출가하여 전주 서방산 봉서사(鳳棲寺)에서 승려가 되었다. 그 후, 신통력을 발휘하여 기이한 행적을 벌이면서 세상에 알려지게 되었으나 일정하게 머무는 곳 없이 천하를 떠돌며 유람하였다. 변산의 월명암(月明菴), 전주의 원등사(遠燈寺), 대원사(大元寺) 등에 기거하였다고 한다. 저술은 없으나 조선 후기의 승려인 초의선사 의순(意恂)이 구전되어오던 것을 정리하여 진묵대사에 대한 유일한 자료인 ≪진묵조사유적고(震默祖師遺蹟考)≫라는 책을 남겼다.

진화(陳澕 생졸년 미상)

본관은 여양(驪陽). 호는 매호(梅湖). 고려시대 무신의 난 이후 새롭게 부상한 무반 출신 신진사인(新進士人)이다. 생몰연대나 행적에 관한 당대의 기록은 없으나, 그의 문집 ≪매호유고(梅湖遺稿)≫의 소전(小傳)에 의하면 1198년에 사마시에 장원급제했는데 이때 나이가 20세가 채 안 되었다고 한다. 이러한 점으로 보아 대략 1180년경에 태어난 것으로 보인다. 1200년에 문과에 부장원을 하고 다음해부터 보내시(補內侍)로 벼슬길에 올랐다. 그가 거친 벼슬이 대개 임금의 조서를 짓는 한림지제고(翰林知制誥), 임금에게 간하여 잘못을 바로잡는 사간·정언 등이었던 것으로 미루어 문장력이 뛰어나고 청렴 강직한 성품이었음을 알 수 있다. 당대에 이규보와 더불어 문필가로서 이름을 날렸다. 특히 금나라에 사신으로 가면서 지은 〈봉사입금(奉使入金)〉은 고려 후기의 신진사인으로서 시대적 자각과 민족적 긍지 등 고려 시인의 문명의식을 매우 사실적으로 그려낸 작품이라고 평가받고 있다.

차천로(車天輅 1556~1615)

조선 중기의 문인이다. 본관은 연안(延安), 자는 복원(復元), 호는 오산(五山)·귤실(橘室)·청묘거사(淸妙居士)이다. 오산의 가문인 연안 차씨는 고려조 명문거족이었으나 조선의 개국과 함께 하륜(河崙) 등

권신에게 원한을 사서 거의 멸문의 화를 입었다. 세종 조에 이르러 6대조 차원조(車原朝)가 신원되었고 부친 차식(車軾)은 문과에 급제하여 벼슬길에 나가게 됨으로써 가문은 회복세를 타게 되었다. 부친을 비롯하여 오산의 형제들 모두 문학에 뛰어난 재능을 지녔다. 동시대의 큰 문인들에게 인정받을 정도로 뛰어난 문학적 재능과 뜻을 지녔음에도 일생의 가장 중요한 시기인 30대에 사환(仕宦)의 신분을 망각하고 타인의 답안을 대작해 주는 부정을 저질렀다. 자유분방한 그의 성격과 무심코 저지른 과오로 인하여 누구보다도 뛰어난 재주와 꿈을 지녔음에도 평생을 미관말직을 전전하며 '회재불우(懷才不遇: 재주를 품고서도 때를 못 만남)'의 한을 노래하다 사라진 불행한 시인이다.

채유후(蔡裕後 1599~1660)

조선 중기의 문신으로, 본관은 평강(平康)이고 자는 백창(伯昌)이며, 호는 호주(湖洲), 시호는 문혜(文惠)이다. 17세에 생원이 되었으며, 1623년 개시문과에 장원급제하여 사가독서 한 이후 교리·이조좌랑·응교·사간을 역임하였다. 효종이 즉위하고 채유후는 대제학으로서 ≪인조실록≫, ≪선조개수실록≫ 편찬 작업에 참여하였다. 이후로 좌부빈객(左副賓客)을 거쳐 이조판서·형조판서를 지내고 예조판서가 되었는데 술에 취해 실수를 저질러 사헌부의 탄핵으로 파직되었다. 현종이 즉위하고 찬집청당상(撰集廳堂上)의 자리에서 ≪효종실록≫ 편찬 작업에 참여하였고 1659년에는 성절사(聖節使)로 청나라에 다녀왔다. 1660년 9월 대사헌의 자리에 올랐으나 유계(兪棨)의 탄핵으로 사임하였다. 이후 다시 벼슬에 나아가지 않고 병사하였다. 그의 작품으로는 시조 2수가 있고, 문집 ≪호주집(湖洲集)≫이 전한다.

천봉만우(千峰卍雨 1457~?)

조선 전기 스님. 호는 천봉(千峰), 이름은 만우(卍雨). 구곡선사(龜谷禪師)의 제자. 유불선 경전에 모두 밝고 시와 글씨에도 능하여 사방의 학자들이 모여 들었으며, 집현전 학사들도 찾아와 유석(儒釋)과 사림(士林)의 사표가 되었다. 90세가 넘도록 용모가 맑고 청수하여 강건하였으며, 음식 절제에 철저하여 벽곡(辟穀)하였다 한다. ≪동문선≫에 이색(李穡)의 〈천봉설(千峰說)〉이 전해지고 있다.

초의선사(草衣禪師 1786~1866)

본명은 장의순(張意恂)이고, 본관은 인동(仁同)이다. 법호는 초의(艸衣)이며, 당호는 일지암(一枝庵)이다. 조선 후기의 대선사로서 우리나라 다도를 정립하였다. 초의를 다성(茶聖)이라 부르는 이유이다. 다산

정약용, 소치 허련, 추사 김정희 등과 폭넓게 교유하였다. 추사 김정희와 함께 다산 초당에서 정약용에게 실학에 대해 배우기도 하였다. 초의선사의 사상은 '다선일미(茶禪一味)' 사상으로 집약된다. 차 안에 부처의 진리[法]와 명상[禪]의 기쁨이 모두 녹아들어 있다는 것이다. 그는 한국의 다경(茶經)이라고 하는 ≪동다송(東茶頌)≫을 지었고, 또한 범패와 원예 및 서예, 장 담그는 법 등에도 능통하였다. 1866년 81세, 법랍 65세에 대흥사에서 서쪽을 향해 가부좌를 하고 입적하였다.

최경창(崔慶昌 1539~1583)

조선 중기의 시인으로, 본관은 해주(海州)이고, 자는 가운(嘉運)이며, 호는 고죽(孤竹)이다. 박순(朴淳)에게서 수학하였으며 문장과 학문에 뛰어나 이이·송익필 등과 함께 팔문장(八文章)으로 불리었고, 송나라 시의 풍조를 버리고 당나라 시에 힘쓴 삼당파(三唐派) 중 한 사람이기도 하다. 1568년에 증광시문과에서 급제하여 대동도찰방(大同道察訪)·종성부사(鍾城府使)를 지냈으며 1583년 방어사(防禦使)의 종사관에 임명되어 상경하던 도중 죽고 말았다. 그는 시·서·화에 뛰어났으며 피리도 잘 불었다고 한다. 함경도 기생 홍랑과의 사랑이야기로도 유명하다. 숙종 때에는 청백리에 추천되었다. 문집으로는 ≪고죽유고(孤竹遺稿)≫가 있다.

최충(崔沖 984~1068)

고려시대 문신으로, 자는 호연(浩然)이고, 해주(海州) 사람이다. 시호는 문헌(文憲)이다. '사학12도(私學十二徒)'의 하나인 문헌공도(文憲公徒)의 창시자이며 1005년에 문과에 장원으로 급제하여 우습유(右拾遺)에 올랐다. 1013년에 거란의 침입으로 소실된 역대 문적을 재편수하는 국사수찬관(國史修撰官)을 겸하여 ≪칠대실록≫을 편찬하는 데 참여하였다. 고려 문종 때 문하시랑이 되었고, '해동공자'라 불렸다.

최치원(崔致遠 857~?)

신라 말기의 문신·유학자·문장가이다. 호는 고운(孤雲)이며, 시호는 문창(文昌)이다. 6두품 출신으로서 12세의 나이로 당나라에 유학하여 6년 만에 당의 빈공과에 장원으로 급제하였으며 황소의 난이 일어나자 절도사 고병의 막하에서 ≪토황소격문(討黃巢檄文)≫을 지어 당나라 전역에 문장으로 이름을 떨쳤다. 귀국하여 헌강왕(憲康王)으로부터 중용되어 왕실이 후원한 불교 사찰 및 선종 승려의 비문을 짓고 외교 문서의 작성도 맡았으며 시무 10여 조를 올려 아찬이라는 관등을 받았다. 그러나 진골 귀족들이 득세하며 지방에서 도적들이 발호하는 현실

앞에서 자신의 이상을 채 펼쳐보지도 못한 채 관직을 버리고 산으로 들어가 여생을 마쳤다. 귀국 직후 당나라에서 쓴 글을 모아 헌강왕에게 바쳤던 ≪계원필경(桂苑筆耕)≫은 한국에서 가장 오래된 개인 문집으로 꼽히며, ≪삼국사기≫에 실려 있는 ≪난랑비서(鸞郎碑序)≫는 신라 화랑도의 사상적 기반을 말해주는 자료로서 주목받는다. 경주최씨의 시조로 모셔지고 있으며, 글씨에도 뛰어났다. 그의 대표적인 글씨로는 국보 제 47호인 쌍계사의 '진감국사대공탑비(眞鑑國師大空塔碑)'가 전한다.

최해(崔瀣 1287~1340)

고려 후기의 문인으로, 본관은 경주. 자는 언명보(彦明父) 또는 수옹(壽翁)이고, 호는 졸옹(拙翁) 또는 예산농은(猊山農隱)이며, 시호는 문정(文正)이다. 최해는 문과에 급제하여 성균관학유를 거쳐서 예문춘추검열이 된 이후에 장사감무(長沙監務)로 좌천되었다가 다시 예문춘추주부로 기용되었다. 1320년 안축·이연경 등과 함께 원나라의 과거에 응시하였는데 최해만 급제하였다. 1321년 요양로개주판관(遼陽路蓋州判官)이 되었으나 신병을 핑계로 5개월 만에 귀국하였다. 성균관대사성 등을 지냈으나 집이 가난하여 말년에는 사자갑사(獅子岬寺)의 밭을 빌려서 농사를 지으며 저술에 힘썼다. 고려 명현의 시문을 뽑은 ≪동인지문≫ 25권을 편수했다. 이제현과 함께 당대의 문호로 이름을 떨쳤다. 그가 남긴 문집은 ≪졸고천백(拙藁千百)≫ 2책인데 현재 일본에 있다.

한용운(韓龍雲 1879~1944)

본관은 청주(淸州). 본명은 정옥(貞玉), 아명은 유천(裕天), 법명은 용운, 법호는 만해(萬海, 卍海)이다. 1879년 충청남도 홍성에서 출생하였다. 서당에서 한학을 배우다가 동학농민운동에 가담했으나 실패하자 1896년 설악산 오세암에 들어갔다. 그 뒤 1905년 인제의 백담사(百潭寺)에 가서 연곡(連谷)을 스승으로 승려가 되고 만화(萬化)에게서 법을 받았다. 1910년 국권이 피탈되자 중국에 가서 독립군 군관학교를 방문, 이를 격려하고 만주·시베리아 등지를 방랑하다가 1913년에 귀국하여 불교학원에서 교편을 잡았다. 범어사에 들어가 종래의 무능한 불교를 개혁하고 불교의 현실참여를 주장하였다. 1918년 서울 계동(桂洞)에서 월간지 ≪유심(惟心)≫을 발간하였으며 1919년 3·1운동

때 민족대표 33인의 한 사람으로서 독립선언서에 서명함으로써 체포되어 3년형을 선고받고 복역했다. 1926년 시집 ≪님의 침묵(沈默)≫을 출판하여 저항문학에 앞장섰다. 1937년 불교관계 항일단체인 만당사건(卍黨事件)의 배후자로 검거되었다. 그 후에도 불교의 혁신 운동과 작품활동을 계속하다가 서울 성북동에서 중풍으로 타계했다.
저서로는 시집 ≪님의 침묵≫을 비롯하여 1973년 ≪한용운전집≫(6권)이 간행되었다.

한장석(韓章錫 1832~1894)

본관은 청주(淸州)사람으로, 자는 치수(穉綏)·치유(穉由)이고, 호는 미산(眉山)·경향(經香)이며, 필교(弼敎)의 아들이다. 1882년 이조참의(吏曹參議)를 거쳐 1883년 1월에는 통리군국사무아문(統理軍國事務衙門)의 협판군국사무(協辦軍國事務)에 임명되어 호무(戶務)에 종사하였다. 같은 해 5월, 전선사(典膳司)를 관장하며 별시회시시관을 역임하였고, 11월 예문관제학을 거쳐 이듬해 3월, 이조참판을 역임하였다. 1887년 3월 함경도관찰사를 거쳐 1891년에 경기도관찰사를 역임하였다. 유신환(兪莘煥)의 문하인 가운데 김윤식(金允植)·민태호(閔台鎬)와 함께 당대의 문장가로 유명하였다. 고종의 묘정에 배향되었다. 저서로는 ≪미산집(眉山集)≫이 있다. 시호는 효문(孝文)이었으나, 1910년 문간(文簡)으로 바뀌었다.

함월선사(涵月禪師 1691~1770)

조선 후기 스님. 법명은 해원(海源)이고, 법자는 천경(天鏡)이다. 법호는 함월(涵月)이며, 속성은 국씨(國氏)다. 3살 때 어머니를 여의고 계모 밑에서 유년을 보내다가 14세에 문주(지금의 함경도) 도창사(道昌寺)에서 삭발, 출가한 뒤 영지대사(英智大師)에게 구족계(具足戒)를 받았고 대선사 지안(志安)에게 수참하였다. 경률론에 능통하였고 인욕행이 남달랐으며, 특히 자신이 얻은 공덕과 이익을 다른 사람들에게 베풀어 주며 중생을 구제하는 이타행을 실천하여 '불심'이라고 불렸다고 한다. 저서로 ≪천경집(天鏡執)≫ 2권이 전한다.

허난설헌(許蘭雪軒 1563~1589)

조선 중기의 시인으로 본관은 양천(陽川) 사람이고, 본명은 초희(楚姬)이다. 자는 경번(景樊)이고, 호는 난설헌이며, 허균(許筠)의 누나이다. 명문 집안에서 태어난 그녀는 용모가 아름답고 천품이 뛰어났다고 한다. 허난설헌은 집안과 교문이 있던 이달(李達)에게서 시를 배웠는데, 8세에 〈광한전백옥루상량문(廣寒殿白玉樓上梁文)〉을 지어 신동소리를 들었다. 15세에 김성립(金誠立)과 혼인했으나 결혼생활이 순탄하지 못했고, 남편의 외도와 고부갈등, 유산까지 겪으며 힘든 삶을 살다가 27세의 젊은 나이로 요절했다. 시 213수가 전해지고 있으며, 그 중 신선시가 128수이다. 후에 동생인 허균이 명나라 시인 주지번(朱之蕃)에게 시를 보여준 것을 계기로 중국에서 ≪난설헌집(蘭雪軒集)≫이 발간되었다. 유고집으로 ≪난설헌집(蘭雪軒集)≫이 있다.

허목(許穆 1595~1682)

조선 후기의 문신이다. 본관은 양천(陽川)이고. 자는 문보(文甫)·화보(和甫)이며. 호는 미수(眉叟)이다. 사상적으로 이황·정구의 학통을 이어받아 이익에게 연결시킴으로써 기호 남인의 선구이며 남인 실학파의 기반이 되었다. 전서에 독보적 경지를 이루었다. 1615년부터 정언눌에게 글을 배웠고, 1624년부터는 광주의 우천에 살면서 자봉산(紫峯山)에 들어가 독서와 글씨에 전념해 그의 독특한 전서를 완성하였다. 1626년 인조의 생모 계운궁 구 씨의 복상문제와 관련하여 박지계에게 벌을 가한 사건으로 인하여 인조는 그에게 정거(停擧)를 명하였다. 뒤에 벌이 풀렸는데도 과거를 보지 않고 자봉산에 은거해 학문에만 전념하였다. 1659년에 장령(掌令)에 임명되자 상소를 올려 송시열·송준길 등의 정책에 반대하는 등 중앙 정부에서 정치활동을 시작하였다. 1660년에 인조의 계비인 조대비의 복상 기간을 서인 송시열 등이 주도하여 1년으로 한 것은 잘못이므로 3년으로 바로잡아야 한다고 주장함으로써 예송논쟁을 시작하였다. 1680년 경신환국으로 남인이 실각할 때 관직을 삭탈당하고 학문과 후진양성에 몰두하였다. 죽은 후 1688년에 관직이 회복되고 경기도 마전에 있는 미강서원(湄江書院) 등에 배향되었다. 문집에 ≪기언(記言)≫이 있고 역사서 ≪동사(東事)≫ 등을 편집하였다.

허봉(許篈 1551~1588)

조선 중기의 문신이다. 본관은 양천(陽川), 자는 미숙(美叔)이고, 호는 하곡(荷谷)이다. 남동생이 균, 여동생이 난설헌이며, 유희춘에게 수학했다. 1568년에 생원시에 합격했고 1572년 친시문과에 급제했다. 1574년 성절사(聖節使)의 서장관(書狀官)으로 명나라에 다녀와 기행문 〈하곡조천기(荷谷朝天記)〉를 썼다. 교리(校理)와 창원부사(昌原府使)를 역임했다. 그는 김효원 등과 동인의 선봉이 되어 서인들과 대립했다. 1584년 병조판서 이이의 직무상 과실을 들어 탄핵하다가 종성으로 유배당했고, 다음해 복권되었으나 정치의 뜻을 버리고 방랑생활을 했다. 1588년 38세의 젊은 나이로 금강산 밑 생창역에서 세상을 떠났다. 저서로는 ≪하곡집(荷谷集)≫, ≪하곡수어(荷谷粹語)≫가 있다. 그의 시는 깨끗하고 산뜻하면서도 정숙하고 아름답다는 평을 들었다.

현덕승(玄德升 1564~1627)

조선 중기의 문신이다. 본관은 성주(星州), 자는 문원(聞遠)이고 호는 희암(希菴)이다. 충청도 천안에서 태어나 1588년 진사시에 합격하였고, 1590년 증광문과(增廣文科)에 을과로 급제하였다. 이후 정자(正字)·주서(注書)·금오랑(金吾郞)·승문원의 저작(著作)·동궁의 기사관(記事官) 등을 역임하였다. 임진왜란 때 공을 세워 여러 곳의 수령을 지냈고, 1601년에는 북평사(北評事)에 제수되었으나 거절하여 탄핵을 받았고, 다음해 복권되어 울산판관으로 부임한 후, 장흥통판(長興通判)·예조정랑(禮曹正郞)을 지내다가 폐모론이 이는 등 정치가 어지러워지자 고향으로 돌아가 취음정(就陰亭)을 짓고 은거하였다. 문집으로 ≪희암유고(希菴遺稿)≫ 4권 2책이 전한다.

현지준(玄至濬 1888~1964)

광복 후, 주로 제주도에서 활동한 서예가 소암 현중화(玄中和)의 선고(先考).

홍경모(洪敬謨 1774~1851)

조선 후기의 문신이자 학자이다. 본관은 풍산(豊山), 자는 경수(敬修)이고, 호는 관암(冠巖), 또는 운석일민(耘石逸民)이다. 정조 때 ≪효경≫을 강의하고 오언시를 잘 지어 서책과 패향(佩香)을 하사받았다. 1805년 성균관 유생이 되었고 3년 뒤 문과에 급제하였으며 1816년 시독관이 되었으나 홍문관에 장서(藏書)가 없음을 한탄하여 왕에게 청하여 ≪예기≫·≪주역≫·≪퇴계집≫을 간행하게 하였다. 이어 대사성을 거쳐 이조참의가 되었으나, 1824년 관리의 임용에 잘못이 있었다 하여 법성첨절제사(法聖僉節制使)로 좌천당하였다. 1830년 사은부사, 1834년 진하사(進賀使)가 되어 청나라에 다녀왔다. 헌종 때 대사헌을 거쳐 이조·예조·호조·병조의 판서를 역임하였고, 돈령부판사에 이르렀다. 독서를 즐겨 장서가 많았으며 문장에 능하고 글씨도 뛰어났다. 저서에 ≪관암전서(冠巖全書)≫ 등이 있다.

홍경손(洪敬孫 1409~1481)

조선 전기의 문신이다. 본관은 남양(南陽), 자는 길보(吉甫), 호는 우국재(友菊齋)이다. 1435년에 사마시에 합격하였고, 1439년 친시문과에 병과로 급제하여 승문원정자에 임명되었다. 이어서 승문원의 저작·박사를 역임하였으며, 1443년에 남부령·교리·감찰 등을 지냈다. 1472년에 첨지중추부사겸동지성균관사(僉知中樞府事兼同知成均館事)에 발탁되었고, 1478년에는 "오랫동안 성균관에 거하였으나 성취한 바가 없다."는 지탄을 받자 사직하려 하였으나 허락되지 않았다.
저서로는 ≪충음시고(蟲吟詩稿)≫·≪우국재집(友菊齋集)≫이 있으며, ≪신증동국여지승람≫에도 그의 시와 문장이 실려 있다.

홍규(洪奎 ?~1316)

고려 후기의 문신으로, 본관은 남양(南陽), 초명은 문계(文系), 시호는 광정(匡定)이다. 원종 때 어사중승(御史中丞)에 임명되었고, 원나라에 갔을 때 원나라 황제의 명으로 고려 1품직과 원나라 좌부승선(左副丞宣)의 직을 받았다. 고려로 돌아와서는 국정이 문란해짐을 개탄하여 사직하였다. 그의 딸이 징발되어 원나라로 보내질 상황에 처하자 이를 기피한 죄로 해도로 귀양 가게 되었고, 결국 두 딸은 모두 원나라로 징발되어 갔다. 가산 또한 모두 몰수되었다. 중찬 김방경(金方慶)과 그의 종형 홍자번(洪子蕃) 등이 면죄를 간청해 곧 가산이 반환되고 풀려났다. 그 다음해 첨의시랑찬성사판전리사사(僉議侍郎贊成事判前理司事)의 자리에 있다가 관직에서 사직했다. 충선왕 때 익성군(益城君)에 봉해지고, 1316년에 세상을 떠났다.

홍길주(洪吉周 1786~1841)

본관은 풍산(豊山), 자는 헌중(憲仲)이고, 호는 항해(沆瀣)이다. 조선 정조 때의 문장가이자 경학자이다. 형은 대제학을 지낸 홍석주(洪奭周)이며, 동생은 정조의 사위인 홍현주(洪顯周)이다. 1807년 식년시 진사 2등 7위로 합격하였다. 30대에 벼슬의 뜻을 버리고 초야에 묻혀 저술 활동에 매진했다. ≪삼국지연의(三國志演義)≫를 읽는 법이나 대인관계에 필요한 예의 등에 관한 글을 비롯하여 박지원, 이익 등 당대 학자들에 대한 평까지 다양한 글을 남겼다.
주요 작품으로는 〈현수갑고(峴首甲藁)〉, 〈서림일위(書林日緯)〉, 〈항해병함(沆瀣丙函)〉, 〈숙수념(孰遂念)〉, 〈독연암집(讀燕巖集)〉을 비롯해 〈수여방필(睡餘放筆)〉, 〈수여연필(睡餘演筆)〉, 〈수여난필(睡餘瀾筆)〉, 〈수여난필속(睡餘瀾筆續)〉 등 4부작 비망록이 있다.

홍랑(洪娘 생졸년 미상)

16세기 후반, 함경도 홍원(洪源)에서 기생으로 활동하였다. 조선시대의 관기로 선조 6년 삼당시인의 한사람인 최경창(崔慶昌)과 깊은 연분을 나누었다. 최경창과 헤어진 후, 경창이 병상에 누웠다는 소식에 7주야를 한걸음에 달려왔으나 만나지 못했으며 이 사건 때문에 최경창은 벼슬을 내놓게 되었다는 일화가 있다. 최경창의 묘에 3년간 시묘살이를 하고 일부러 얼굴에 흉터를 내고 다른 남자를 만나지 않기로 맹세했으며 임진왜란을 당해서는 최경창의 한시 원고를 가지고 피난했다가 임진왜란이 끝나자 최경창의 집에 원고를 돌려주고 자신은 떠난다. 그래서 고죽 최경창의 시집이 현재까지 빛을 보게 된 것이다. 해주최씨 가문에서 홍랑의 정성을 인정하여 최경창의 묘 옆에 묻히게 되고 사후일망정 양반의 신분을 갖게 되었다. 기생으로는 처음으로 양반이 된 것이다.

홍명원(洪命元 1573~1623)

조선 중기 문인. 본관은 남양(南陽). 자는 낙부(樂夫), 호는 해봉(海峯)이다. 1597년 정시문과에 병과로 급제하여 승문원정자를 맡았고, 이어 1600년에 검열・세자시강원설서・사서 등을 지냈다. 도체찰사 이항복(李恒福)의 종사관으로 평안도와 황해도에서 근무하기도 하였고, 동부승지・좌승지에 이어, 광주목사로 나가 선정을 베풀어 가선대부에 올랐다. 1615년 인목대비 폐모론이 일어나자 사직하고 귀향했다. 그러나 1622년 광해군의 집정 초기에 조선이 후금과 수교한 사실을 명나라에서 알게 되면서 양국관계가 미묘해지자 급고사(急告使)로 파견되어 이를 무마했다. 그가 명나라에 갔을 때는 문덕이 뛰어나 장덕군자(長德君子)로 불리기도 했다 한다. 1623년 인조반정 후에 경기도관찰사의 자리를 맡아 민심을 수습하는데 노력하였다. 시와 문장을 짓는 데 능했고, 특히 한대의 문장과 당대의 시에 정통하였다.
저서로는 ≪해봉집(海峯集)≫이 있으며, 경기도 안산시 성곡동에 있는 그의 묘소는 안산시 향토유적 제6호로 지정되어 있다.

홍석주(洪奭周 1774~1842)

조선 후기 학자. 자는 성백(成伯), 호는 연천(淵泉), 본관은 풍산(豊山), 시호는 문간(文簡)이다. 문신 홍낙성(洪樂性)의 손자로 홍길주(洪吉周), 홍현주(洪顯周)와 형제이다. 정조 때, 좌의정을 지냈고, 1795년 식면문과에 갑과로 급제하여 검열(檢閱)・수찬・교리(校理) 등을 거쳐 병조판서에 이르렀다. 그 후 정사로 청나라에 다녀와 이조판서가 되었으며, 순조의 두터운 신임을 받아 벼슬이 좌의정에까지 올랐다. 1834년 순조가 죽자 실록청 총재관(總裁官)에 임명되어 순조실록 편찬에 참여하였다. 주자학에 밝았을 뿐 아니라 정치・경제・과학 등의 학문에도 이름이 높았다.
저서에는 ≪풍산세고(豊山世稿)≫ 6권, ≪상예회수(象藝薈粹)≫ 10권, ≪학강산필(鶴岡散筆)≫ 4권, ≪연천집(淵泉集)≫ 등이 있다.

홍성민(洪聖民 1536~1594)

조선 중기의 문신으로 자는 시가(時可)이고, 호는 졸옹(拙翁)이며, 본관은 남양(南陽)으로 관찰사 춘경(春卿)의 아들이다. 시호는 문정(文貞)이다. 서경덕과 이황의 문인으로, 1564년에 식년문과에 병과로 급제하여 정자와 교리 등을 지냈다. 1575년 호조참판의 신분으로 사은사(謝恩使)가 되어 명나라에 가서 잘못 기록된 이성계의 종계를 바로잡도록 주청하는 일에 힘썼다. 이어 부제학·예조판서·대사헌 등을 역임하였고, 1590년 종계변무(宗系辨誣)의 공으로 광국공신 2등이 되어 익성군(益城君)에 봉해졌으며, 이듬해 왕세자 책봉을 두고 동인과 서인이 서로 대립했던 건저문제(建儲問題)로 정철이 실각 당하자, 홍성민 역시 그와 한패로 얽여 북변에 유배됐다. 1592년 임진왜란 때, 특사로 풀려나왔다. 그 후 대제학의 자리에 있다가 부친상을 당하여 사직했다. 저서로는 ≪졸옹집(拙翁集)≫이 있다.

홍유손(洪裕孫 1431~1529)

조선 중기의 학자로, 본관은 남양(南陽)이다. 아호는 소총(篠叢)이다. 문장은 장자와 같고, 시는 황정견을 섭렵했다. 어릴 적 원각사(圓覺寺)에 우거해 글을 읽었는데, 김수온, 서거정이 조정에서 퇴근하고 절에 들러 홍유손에게 운(韻)을 부르면, 홍유손이 즉시 응하였다고 한다. 그때 김시습이 그걸 듣고 깊이 감동하여 홍유손의 이름이 세상에 널리 알려졌다. 76세에야 비로소 혼인을 하고 아들을 낳았는데 이 아들이 비로 홍지성(洪志誠)이라고 한다.

홍춘경(洪春卿 1497~1548)

조선 중기의 문신이다. 본관은 남양(南陽)이고, 자는 명중(明仲)이며, 호는 석벽(石壁)이다. 1522년 사마를 거쳐, 1528년 식년문과에 을과로 급제하여 저작·정자를 지내고, 1536년 문과중시에 장원하여, 사성·보덕·집의를 거쳐 예조참의에 올랐다. 1541년 성절사(聖節使)로 명나라에 다녀왔다. 그 뒤 좌승지·한성부우윤·이조참의를 지내고, 1545년 중종의 지문(誌文)을 짓기도 하였다. 성품이 강직하여 권세에 굽히지 않았고, 또한 권세가의 집을 찾은 일이 없었다 한다. 글씨에도 뛰어나 김생체(金生體)에 능하였다.

홍현주(洪顯周 1793~1865)

조선 후기의 문신으로, 우의정을 지냈던 홍석주(洪奭周)의 동생이다. 자는 세숙(世叔)이고, 호는 해거재(海居齋)·약헌(約軒)이며, 본관은 풍산이고, 시호는 효간(孝簡)이다. 뛰어난 문장가였으며, 시문과 서화와 차를 즐겼고, 청나라 문인 오숭량, 옹수곤 등과 시문을 통해 교류했다. 1807년 숙선옹주와 가례를 치르고 영명위(永明尉)에 봉해졌으며 1815년에는 지돈녕부사(知敦寧府事)자리에 올랐다. 정조부터 고종에 이르기까지 다섯 왕대를 섬겼으며 1865년에 세상을 떠났다. 그때 대왕대비 조씨가 장례비용으로 돈 1,000냥과 포(布)와 목(木) 각 5동(同)을 내렸다고 한다. 저서로는 ≪해거시집(海居詩集)≫이 있다.

황진이(黃眞伊 생졸년 미상)

조선 중기 기녀. 본명은 진(眞). 기명(妓名)은 명월(明月)이다. 박연폭포·서경덕과 함께 송도삼절(松都三絶)이라 일컫는다. 재색을 겸비한 조선 최고의 명기이다. 어디를 가든 선비들과 어깨를 나란히 하고 대화하며 뛰어난 한시와 시조를 지었다. 가곡에도 뛰어나 당대 가야금의 묘수라 불리는 이들까지도 그녀를 선녀라고 칭찬했다고 한다. 황진사의 서녀(庶女)라고도 하고 맹인의 딸이라고도 하는데, 일찍이 개성의 관기가 되었다. 30년간 벽만 바라보고 수도에 정진하는 지족선사(知足禪師)를 찾아가 미색으로 시험해 결국 굴복시키고 말았다는 일화는 유명하다. 돈만 아는 사람들이 천금을 가지고 유혹해도 돌아보지 않았으나 서경덕이 처사로 학문이 높다는 말을 듣고 찾아가 시험하다가 그의 높은 인격에 탄복하여 평생 서경덕을 사모했다. 소세양(蘇世讓)이 황진이와 만나 30일을 살은 후, 이별하는 날 황진이가 작별의 〈봉별소판서세양(奉別蘇判書世讓)〉을 지어 주자 감동하여 애초의 30일만 산다는 장담을 꺾고 다시 머물렀다고 한다. 또한 임제(林悌)가 평안도 관찰사가 되어 부임하는 도중 황진이의 무덤에 제사를 지내면서 시조를 지었다는 고사가 전해진다.

황현(黃玹 1855~1910)

조선 후기의 우국지사 학자이다. 본관은 장수(長水)이며 자는 운경(雲卿)이며, 호는 매천(梅泉)이다. 전남 광양(光陽)에서 출생하였다. 황희 정승의 후손이다. 1885년 생원진사시에 장원급제하였지만, 국정 상황의 혼란함을 개탄하여 벼슬을 포기하고 전라남도 구례로 낙향하여 구안당(苟安堂)을 짓고 은거하였다. 1910년 일제에 의해 국권이 피탈되자 절명시(絶命詩) 4편을 쓰고, '나라가 선비를 양성한지 500년이나 되었지만 나라가 망하는 날, 한명의 선비도 스스로 죽는 자가 없으니 슬프지 않겠는가.'라는 말을 남기고 1910년 8월 음독 자결하였다. 1911년 영·호남 선비들이 성금을 모아 ≪매천집(梅泉集)≫이 출간하였고, 한말의 풍운사(風雲史)를 담은 ≪매천야록(梅泉野錄)≫은 한국의 최근세사 연구에 귀한 사료가 된다. 그 밖의 저서에 ≪동비기략(東匪紀略)≫이 있다.

효령대군(孝寧大君 1396~1486)

성명은 이보(李補)이고, 초명은 호(祜)이다. 자는 선숙(善叔)이고 시호는 정효(靖孝)이며 태종 이방원의 둘째 아들이다. 독서를 즐기고 활쏘기를 잘했으며 효성이 지극했다. 불교에 독실하여 수많은 유생 신하들의 반대에도 불구하고 승도를 모아 불경을 강론하도록 하였고, ≪원각경(圓覺經)≫을 국역하여 간행하였다. 문장에도 능하였고 원만한 성격으로 친족들과 사이가 좋았다. 세종, 문종, 단종, 세조, 예종, 성종까지 거치면서 91세까지 장수하였다.

한시 제목 찾아보기

ㄱ

看竹門 … 042
甘露寺 次惠遠韻 … 367
感秋回文 … 308
感興(一) … 232
感興(二) … 233
江亭 … 405
開聖寺 … 037
見四仙立馬 … 317
見櫻花有感 … 043
高叟洞窟 … 089
古時調 … 107
古意 … 181
過江陵珍富驛 … 398
觀物 … 044
龜亭 … 285
勸學小詩 … 256
歸田詠 … 069
閨情 … 346
錦江箋(全州紙) … 052
寄松雲 … 101
<騎牛仙人圖> 畵題詩 … 084
金剛山 … 277
金剛山 … 296

ㄴ

樂道吟 … 354
樂書齋偶吟 … 122
落梨花 … 057
落花巖 … 395
浪吟 … 365
綾城文生宅 次玉峯韻二首中一首 … 397

ㄷ

單于夜宴圖 … 303
踏雪野中去 … 030
對月獨酌 … 318
德山卜居 … 162
悼亡室 … 102
道中記所見 … 353
道中乍晴 … 287
途中憶癸娘 … 384
途中避雨有感 … 343
讀書 … 386
讀書有感 … 238
獨笑 … 131
獨坐 … 079
東郊馬上 … 085
同諸友步月甫山口號 … 349
桐千年老恒藏曲 … 109
頭流山 天王峰 … 055

登蛾眉山 ················· 254
登潤州慈和寺上房 ········· 345
登漢拏山絶頂詩 ··········· 394

ㅁ

馬江煙雨 ················· 118
萬里瀨 ··················· 184
滿月 ····················· 058
晩自白雲溪復至西岡口少臥松
　陰下作 ················· 039
萬竹亭四時詞(夏) ········· 168
萬竹亭四時詞(秋) ········· 169
말업슨 청산(靑山)이요 ···· 189
望月 ····················· 351
望天冠山 ················· 090
梅梢明月 ················· 062
梅花 ····················· 106
梅花 ····················· 110
梅花幷題圖 ··············· 258
明道先生 ················· 178
暮春宿光陵奉先寺 ········· 071
夢魂 ····················· 026
無去來 ··················· 304
無語別 ··················· 176
無爲 林居十五詠中一首 ······ 191
無題 ····················· 357
無題六韻 ················· 217
文殊臺 ··················· 187
悶極 ····················· 145

ㅂ

朴淵瀑布 ················· 334
撲棗謠 ··················· 286
朴杏山全之宅有題 ········· 400
伴鷗亭次韻 ··············· 172
訪金居士野居 ············· 228
訪嚴師 ··················· 114
訪曹處士山居 ············· 250
白雪이 즈자진 골에 ······· 212
壁上掛單 ················· 403
別仙巢 ··················· 150
奉別蘇判書世讓 ··········· 163
鳳宇先生詞 ··············· 352
奉恩寺僧軸 ··············· 196
逢孝直喪 ················· 275
赴京 ····················· 197
浮碧樓 ··················· 336
扶餘懷古 ················· 283
北山雜題 ················· 126
佛日庵月臺 次季實韻 ······· 390
不知誰氏作 ··············· 139

ㅅ

謝名偶吟 ················· 049
四月中旬 前山杜鵑爛開 ···· 291
斜日西馳雨散東 ··········· 156
乍晴乍雨 ················· 073
思親 ····················· 268
山居雜詠 ················· 362
山居雜興 連作詩 二十首中一首 198
山寺夜吟 ················· 153
山映樓 ··················· 164

山頂花 …………………… 047	守靜(節錄) ………………… 322
山中 ……………………… 051	宿光州館 ………………… 226
山中 ……………………… 210	宿大興寺 ………………… 305
山中雪夜 ………………… 124	宿復興寺 ………………… 081
山行 ……………………… 324	宿證覺寺 ………………… 335
山行卽事 ………………… 086	述樂府詞 ………………… 348
三角山 …………………… 201	述志 ……………………… 222
三角山 …………………… 202	示頴姪 …………………… 130
相思夢 …………………… 065	示兒輩 …………………… 224
賞蓮 ……………………… 193	示子芳 …………………… 094
書空 ……………………… 041	息機 ……………………… 247
棲白雲 …………………… 401	新羅懷古 ………………… 371
西山具濟伯 草堂 次疇孫韻(一) 234	新雪 ……………………… 382
西山具濟伯 草堂 次疇孫韻(二) 235	愼酬酢自警 山氣九首中第五首‥199
書諸橋驛壁上 …………… 332	室人勸我止酒 詩以答之 … 312
西池賞荷 其三 …………… 035	
西池賞荷 其一 …………… 033	ㅇ
石竹花 …………………… 259	我思古人行 一首 …………… 248
惜春 ……………………… 200	岳陽亭 …………………… 080
船頭 ……………………… 381	愛日堂重新 次退溪 ………… 243
禪詩 ……………………… 363	夜景 ……………………… 360
善竹橋 …………………… 066	野步 ……………………… 154
星山雜題 ………………… 298	野草 ……………………… 315
誠意 ……………………… 242	夜興 ……………………… 333
瀟灑亭卽事 ……………… 165	楊花渡 …………………… 170
送別 ……………………… 301	憶故鄕 …………………… 070
送禮部陸伯瞻使還 ……… 128	蓮 ………………………… 105
送人 ……………………… 111	練光亭 …………………… 249
送人 ……………………… 270	旅懷六言 ………………… 284
送洪光國晟令公之任西河 · 377	列子御風 ………………… 134
睡起 ……………………… 327	靈谷歸來 不勝仙興 乃作步虛
水月吟 …………………… 378	詞 ………………………… 392

한시 제목 찾아보기 479

詠菊	023
詠菊	374
詠琴	271
詠梅	203
詠梅	310
詠梅十二絶 其一	281
詠牛月	282
詠夕	141
詠月	045
詠月	361
寧越郡樓作	369
詠井中月	027
詠黃白二菊	276
永興客館夜坐	192
獄中吟	092
蓼花白鷺	289
浴川	261
用太虛韻 紀嶺南樓之勝 贈崔經歷潤身	151
又同諸友步月甫山口號	350
右別龔吳兩使 清白吏貞惠公府韻	142
又賦 〈八月十五 挐舟溯江…〉 四首	302
又賦梅 其二	294
偶成	093
雨夜有懷	297
偶詠	099
偶吟	221
偶吟	295
偶吟	306
友人李德操輓詞	024
偶題	060
雨中賞蓮	278

雨荷	355
蚖珍詞七首贈內	359
月桂寺晩眺	236
月夜	406
月夜於池上作	028
月夜憶兒	356
月夜偶題	379
有客	061
遊山	095
遊三角山	225
遊仙詞	391
游洗劍亭	119
有友乘晴訪予	208
遺懷	067
夷山	316
以烏几遣容齋	272
人境俱奪	140
日本奉使時作(一)	339
日本奉使時作(二)	340
逸題	174
臨流亭公燮和韻復次之	245

ㅈ

自警	214
自寬	260
煮茶	147
自悼	402
紫洞晴霞	329
自笑	083
作墨戲 題其額 贈姜國鈞	116
長干行	385
齋居有懷	029

適意 … 135	至誠 … 216
田家四時(四) … 223	智異山 … 072
田家雜興 節錄 … 136	叱咤倭政 … 144
絶句 … 279	
絶句 … 246	ㅊ
絶命詩 … 125	次大齊韻 … 138
折楊柳 … 190	次林石川韻 … 299
正房夏瀑 … 120	次白馬江懷古韻 … 207
靜中吟 … 262	次僧軸韻 … 167
題伽倻山讀書堂 … 341	次雙溪寺石門韻 … 388
題江石 … 146	此翁 … 097
題開寧門 … 380	次圓機韻 … 387
題沙斤驛亭 … 219	次尹洪州梅花詩韻兼柬吳君子
題叔保令公四時圖小屛(夏帖)195	… 274
題蔣明輔江舍 … 108	次任大仲韻 … 366
題矗石樓 … 068	次子剛夜坐韻 … 159
題枕流亭 … 206	次太和樓詩 … 325
早起雨晴 書懷 … 230	采蓮曲 … 269
阻雨 宿神勒寺 … 323	天衾地席山爲枕 … 032
晝來一椀茶 … 157	天柱寺看花 … 077
俊禪子 … 404	靑鶴洞 … 389
重九日 題益陽守李容明遠樓	草堂詠柏 … 172
… 375	初雪 … 266
仲春之望 與冠童六七人溪行	初乘海舶 … 185
有作 … 180	村居 … 342
卽事 … 211	秋夜雨中 … 075
贈金上舍 次其與拱弟韻 … 148	秋日 … 048
贈隋右翊衛大將軍于仲文 · 183	秋日泛舟(一) … 319
贈峻上人 其八 … 263	秋日泛舟(二) … 321
贈智光上人 … 127	春景 … 280
贈醉客 … 064	春日城南卽事 … 100
池上 … 328	春日遊水種寺 … 330

한시 제목 찾아보기 481

| 春至 ……………………… 188
| 春興 ……………………… 337
| 穉子 ……………………… 265

ㅌ
泰山歌 …………………… 252

ㅍ
罷接詩 …………………… 205
平海郡 …………………… 237
鮑石亭 …………………… 373
風霜이 섯거 틴 날에 …… 213
楓嶽贈小菴老僧 ………… 121
筆 ………………………… 240

ㅎ
閑居 ……………………… 038
閑居卽事 ………………… 098
閑居卽事 ………………… 132
韓士炯 胤明 往天磨山讀書 留
　一帖求拙跡 偶書所感寄贈·
　……………………………… 103
閑山島歌 ………………… 218
閑山島夜吟 ……………… 059
寒食途中 ………………… 309
漢陽秋夕 ………………… 267
閑中自慶 ………………… 364
咸興客館對菊 …………… 177
海州虛白堂 ……………… 087
香爐峰詩 ………………… 313
許烟客汝正挽 …………… 292
紅桃花下 寄金季珍 ……… 104

花徑 ……………………… 123
畵枯竹 …………………… 227
和宿德淵院 ……………… 113
畵鶴 ……………………… 255
還茗川居 ………………… 160
黃池 ……………………… 253
懷端宗而作詩調 ………… 311
懷人 ……………………… 209
曉雪 ……………………… 076

482 한국한시 316

추천 회원 찾아보기

ㄱ

강덕원 …………… 24, 25
강미자 …………… 26, 27
강수남 …………… 29, 30
강수진 …………… 32, 33
강영화 …………… 35, 37
고강 ……………… 38, 39
고범도 …………… 40, 42
공병일 …………… 43, 44
곽정우 …………… 45, 46
김다순 …………… 47, 49
김두경 …………… 50, 52
김병기 …………… 54, 56, 58
김석호 …………… 59, 60
김성덕 …………… 61, 62
김영기 …………… 63, 64
김왕운 …………… 65, 67
김장호 …………… 67, 69
김재봉 …………… 70, 71
김재승 …………… 72, 73
김정환 …………… 75, 76
김지훈 …………… 77, 78
김진권 …………… 80, 81
김진희 …………… 82, 83
김찬호 …………… 84, 86
김춘자 …………… 87, 88
김현선 …………… 90, 92
김형욱 …………… 92, 94
김효순 …………… 95, 96

ㄴ

나종진 …………… 98, 99
남두기 …………… 100, 101
노영희 …………… 102, 103

ㅁ

문광희 …………… 104, 105
문영희 …………… 106, 107
문재평 …………… 108, 109
문희상 …………… 110, 111
민경부 …………… 112, 114

ㅂ

박덕례 …………… 116, 117
박덕준 …………… 118, 120
박동규 …………… 121, 122
박병옥 …………… 123, 124
박병희 …………… 125, 126
박숙자 …………… 127, 128
박승배 …………… 129, 130
박신근 …………… 132, 133
박양준 …………… 134, 136
박용설 …………… 137, 138
박원규 …………… 140, 141
박원제 …………………… 142
박원해 …………… 143, 145
박정규 …………… 146, 147
박종권 …………… 148, 150
박지석 …………… 151, 153
박철수 …………… 154, 155
변영애 …………… 157, 158

변희문 ·················· 160, 161
빈정심 ·················· 163, 164

ㅅ

서정숙 ·················· 167, 168
서홍식 ·················· 169, 170
성순인 ·················· 171, 172
손미숙 ·················· 174, 175
손수조 ·················· 177, 178
손창락 ·················· 180, 181
송용근 ·················· 182, 184
송현숙 ·················· 185, 186
신동엽 ·················· 187, 189
신명숙 ·················· 190, 191
신수일 ·················· 192, 193
신영란 ·················· 194, 195
신지훈 ························ 196
심소련 ·················· 197, 198

ㅇ

양진니 ·················· 199, 200
여성구 ·················· 201, 203
여원구 ·················· 204, 205
염정모 ·················· 206, 208
오경애 ·················· 209, 210
오명섭 ·················· 211, 212
오명순 ·················· 213, 214
오정근 ·················· 215, 216
위기복 ·················· 218, 219
유백준 ·················· 220, 221
윤관석 ·················· 222, 224
윤대영 ·················· 225, 226
윤점용 ·················· 227, 228
윤정례 ·················· 229, 231
윤종득 ·················· 232, 233
이금화 ·················· 235, 236

이기영 ·················· 237, 238
이남진 ·················· 240, 241
이돈흥 ·················· 243, 244
이동진 ·················· 245, 246
이무호 ·················· 248, 249
이병남 ·················· 250, 251
이병도 ·················· 252, 253
이상백 ·················· 254, 255
이선경 ·················· 257, 259
이성숙(새별) ················ 165
이성숙(소농) ········ 260, 261
이수희 ·················· 262, 263
이승우 ·················· 264, 266
이양기 ·················· 267, 268
이영숙 ·················· 269, 270
이옥년 ·················· 271, 272
이용 ····················· 273, 274
이월희 ·················· 276, 277
이은설 ·················· 278, 279
이재무 ·················· 280, 281
이재병 ·················· 282, 283
이정철 ·················· 284, 285
이종선 ·················· 286, 287
이종훈 ·················· 289, 290
이진선 ·················· 292, 293
이진현 ························ 294
인영선 ·················· 297, 298
임동호 ·················· 299, 301
임성균 ·················· 302, 303
임성수 ·················· 304, 305
임종현 ·················· 306, 307
임춘식 ·················· 308, 310

ㅈ

장주현 ·················· 311, 312
전병택 ·················· 313, 315

전영월 ······················ 316, 317
전인식 ······················ 318, 319
전현숙 ······················ 320, 321
정대병 ······················ 323, 324
정도영 ······················ 325, 326
정도준 ······················ 327, 329
정명숙 ······················ 330, 331
정명환 ······················ 333, 334
정선희 ······················ 335, 336
정양애 ······················ 337, 338
정양화 ······················ 340, 341
정연숙 ······················ 342, 343
정영태 ······················ 344, 346
정웅표 ······················ 347, 349
정재석 ······················ 350, 351
정태희 ······················ 352, 353
정혜영 ······················ 354, 355
조은리 ······················ 356, 357
조인화 ······················ 359, 360
조종숙 ······················ 361, 362
조현판 ······················ 363, 364
주승용 ······················ 365
진영근 ······················ 366, 367

ㅊ

채순홍 ······················ 369, 371
최경춘 ······················ 372, 374
최기영 ······················ 375, 376
최남규 ······················ 377, 378
최돈상 ······················ 379, 381
최명환 ······················ 382, 383
최미연 ······················ 385, 386
최재석 ······················ 387, 388

ㅎ

하태현 ······················ 389, 390
홍금자 ······················ 391, 392
홍도일 ······················ 393, 395
홍동의 ······················ 397, 398
홍우기 ······················ 399, 400
홍재범 ······················ 401, 403
황보근 ······················ 404
황정숙 ······················ 405, 406

📖 편역단체 국제서예가협회

본회는 각국 서예가들이 교류하는 민간 문화 예술 단체로서 세계화의 환경 아래서 문화의 다양성 확보라는 원칙을 바탕으로, 서예를 비롯한 동양전통 문화 전반에 대해 연구·연마하며 우호적인 예술 교류를 통해 아시아는 물론 세계 각국의 예술가와 더불어 인류의 우의와 평화를 추구함을 목적으로 하며 다음과 같은 사업을 한다.

1. 국제서예가, 전각가, 서예교육자, 서예문화학자 등 인적교류와 협력
2. 국제서예교류전 및 회원전
3. 서예관련 자료의 조사·발굴 및 연구
4. 국내외 서예, 문화산업 등에 관한 학술토론회
5. 기타 본회의 목적달성에 필요한 사업

❖ 연혁

1. 창립총회 2006년 11월 18일 창립 : 예술의 전당
2. 창립기념 작품전 2008.2.26.일~3.3 예술의 전당
3. 제2회 국제서예가협회전 2009.8.28.~9.6 예술의 전당
4. 법인설립허가-사단법인 국제서예가협회(제2009-73호)
5. 2010년 중국 용천 국제서법대전 참가 2010.8.15.~9.18
6. 제3회 (사)국제서예가협회전 2010.10.19.~10.24 예술의 전당
7. 제4회(사)국제서예가협회전 2012.11.7.일~11.14 경희궁미술관
8. 2013 광주 국제 서예대전 2013.7.30.~8.23 광주 시립미술관
9. ≪국제서예가협회 추천 한국한시 316≫ 출간 출판기념회
   2014.12.13. 성균관대학교 600주년기념관

📖 감수자 김 병 기

- 중국문화대학 박사 - 논문〈黃庭堅之詩與書法之硏究〉
- 중국 시학·미학·서예학 논문 60여 편, 서예 평논문 150여 편
- 대한민국 서예대전 초대작가
- 국제서예전 초대 출품100여 회 및 강연, 논문발표 50여 회
- 한국서예학회 회장 역임
- 제1회 원곡서예학술상 수상
- 세계서예전북Biennale 총감독
- 국립 전북대학교 중어중문과 교수(현)

국제서예가협회 추천
한국한시 316

2014년 12월 13일 초판1쇄 발행
2015년 04월 10일 초판2쇄 발행

편역자 / 국제서예가협회
감수자 / 김 병 기
발행인 / 김 영 환
발행처 / 도서출판 다운샘

138-857 서울특별시 송파구 중대로27길 1
전화 (02) 449-9172 팩스 (02) 431-4151
E-mail : dusbook@naver.com
등록 제17-111호(1993. 8. 26)

값 27,000원
ISBN 978-89-5817-312-0 03810

「이 도서의 국립중앙도서관 출판예정도서목록(CIP)은 서지정보유통지원시스템 홈페이지(http://seoji.nl.go.kr)와 국가자료공동목록시스템(http://www.nl.go.kr/kolisnet)에서 이용하실 수 있습니다.(CIP제어번호: CIP2014035590)」